beck'sche reihe

Mit dem Einzug Heinrich von Eilenburgs als Markgraf auf dem Burgberg von Meißen im Jahre 1089 beginnt die an die Dynastie der Wettiner gebundene Geschichte des späteren Landes Sachsen. Sie endet mit dem Sturz der Monarchie im November 1918, als König Friedrich August III. nach 929jähriger Herrschaft seines Hauses als dessen letzter regierender Repräsentant zurücktrat.

Während einer fast 1000jährigen Geschichte wurde das Land von zahlreichen Regenten unterschiedlichen Ranges beherrscht – Markgrafen, Kurfürsten und Königen, deren Lebenswege und politische Leistungen in diesem Band von namhaften Historikern gewürdigt werden.

Neben den politischen Aspekten gehen die Autoren auch auf Fragen der Kirchen-, der Kultur- sowie der Wirtschafts- und Sozialgeschichte ein. So entsteht das historische Panorama einer geschichtsträchtigen deutschen Kulturlandschaft, die Weltgeltung in Wissenschaft, Kunst und Musik erlangte und infolge ihrer geographischen Mittellage in Europa auch in Zukunft wieder jene Funktion einnehmen dürfte, die ihr jahrhundertelang zukam: eine Brücke zwischen West und Ost zu sein.

Der Herausgeber, *Frank-Lothar Kroll*, geb. 1959, ist Inhaber der Professur für Europäische Geschichte des 19. und 20. Jahrhunderts an der Technischen Universität Chemnitz und Vorsitzender der Preußischen Historischen Kommission. Von ihm erschienen bei C. H. Beck: *Preußens Herrscher* (^{3}2006) sowie *Geschichte Hessens* (2006).

DIE HERRSCHER SACHSENS

Markgrafen, Kurfürsten, Könige
1089–1918

Herausgegeben von
Frank-Lothar Kroll

Verlag C. H. Beck

Mit 27 Abbildungen im Text

Die erste Auflage erschien 2004 in gebundener Form
im Verlag C. H. Beck

1. Auflage in der Beck'schen Reihe

© Verlag C. H. Beck oHG, München 2007
Umschlagabbildungen: Kurfürst Friedrich der Weise,
Gemälde um 1515 von Lucas Cranach d. Ä.;
Kurfürst Moritz, Gemälde 1578 von Lucas Cranach d. J.;
August II. der Starke, Gemälde um 1718 von Louis de Silvestre;
König Albert von Sachsen, Gemälde 1899 von Leon Pohle.
Fotos: akg-images
Umschlagentwurf: +malsy, Willich
Satz: Fotosatz Otto Gutfreund GmbH, Darmstadt
Druck und Bindung: Druckerei C. H. Beck, Nördlingen
Gedruckt auf säurefreiem, alterungsbeständigem Papier
ISBN 978 3 406 54773 7

www.beck.de

INHALT

Vorworte 7

Die Markgrafen von Meißen im 12. und 13. Jahrhundert
(1089–1291) *Karlheinz Blaschke*. 13

Die Markgrafen von Meißen im 14. Jahrhundert (1291–1423)
Gerhard Dohrn-van Rossum 25

Die Kurfürsten von Sachsen bis zur Leipziger Teilung
(1423–1485) *Enno Bünz*. 39

Die ernestinischen Kurfürsten bis zum Verlust der Kurwürde
(1485–1547) *Uwe Schirmer*. 55

Die albertinischen Herzöge bis zur Übernahme der Kurwürde
(1485–1547) *Enno Bünz und Christoph Volkmar* 76

Moritz (1541/47–1553) *Manfred Rudersdorf*. 90

August (1553–1586) *Jens Bruning* 110

Christian I. (1586–1591) und Christian II. (1591–1611)
Thomas Nicklas 126

Johann Georg I. (1611–1656) *Axel Gotthard*. 137

Johann Georg II. (1656–1680) *Christian Hecht* 148

Johann Georg III. (1680–1691) und Johann Georg IV.
(1691–1694) *Detlef Döring* 160

Friedrich August I. (1694–1733) *Helmut Neuhaus* 173

Friedrich August II. (1733–1763) und Friedrich Christian (1763)
Thomas Nicklas 192

Friedrich August III./I. (1763/1806–1827) *Winfrid Halder*. . . . 203

Anton (1827–1836) *Wolfgang Tischner*. 223

Friedrich August II. (1836–1854) *Hans-Christof Kraus* 237

Johann (1854–1873) *Reiner Groß* 263

Albert (1873–1902) *Sönke Neitzel*. 279

Georg (1902–1904) *Hendrik Thoß*. 290

Friedrich August III. (1904–1918) *Frank-Lothar Kroll*. 306

Anhang

Kommentierte Bibliographie 323
Zeittafel zur Geschichte Sachsens 351
Stammtafel der Wettiner 355
Bildnachweis 361
Die Autoren 364
Register 367

Aus dem Vorwort zur ersten Auflage

Seit der Belehnung Heinrich von Eilenburgs mit der Markgrafschaft Meißen durch Kaiser Heinrich IV. während der Auseinandersetzungen des Investiturstreits 1089 verbindet sich die Geschichte des sächsisch-thüringischen Raumes mit der Dynastie der Wettiner. Die folgenden 829 Jahre ermöglichten diesem Fürstenhaus – länger als den Hohenzollern in Brandenburg-Preußen, länger auch als den Wittelsbachern in Bayern – eine kontinuierliche Herrschaftsausübung im Raum zwischen Saale und Elbe. In der ersten Hälfte des 12. Jahrhunderts erfolgte, nicht zuletzt durch Beteiligung an der Besiedlung und am Landesausbau des Ostens, eine territoriale Konsolidierung der landesfürstlichen Herrschaft, die zur Mitte des 13. Jahrhunderts, nach dem Anfall der Landgrafschaft Thüringen an die Wettiner, ihren vorläufigen Abschluß erlangte und Sachsen in deutliche Konkurrenz zur angrenzenden, damals noch von den Askaniern beherrschten Mark Brandenburg brachte. Die Rivalität zwischen diesen beiden Regionen entwickelte sich seitdem über die Jahrhunderte hinweg zu einer machtpolitischen Konstante im ostmitteldeutschen Raum.

Mit der Erwerbung des Herzogtums Sachsen-Wittenberg 1423 gelangte auch die Kurwürde an die wettinischen Markgrafen, deren Territorium hinfort zu den bedeutendsten Landesherrschaften im Heiligen Römischen Reich deutscher Nation zählte und nach dem Erwerb weiterer Teile Thüringens 1482 den Höhepunkt seiner Machtentfaltung erreichte. 1485 indes erfolgte durch die dynastisch bedingte Aufteilung des sächsischen Gebietes unter die bis dahin gemeinsam regierenden Brüder Kurfürst Ernst und Herzog Albrecht in zwei selbständige Reichsfürstentümer eine nachhaltige machtpolitische Schwächung, die Land und Dynastie niemals mehr ganz überwunden haben: Das kurfürstliche Sachsen, mit Wittenberg als Hauptstadt und dem größeren Teil Thüringens, ging – zunächst – an die Ernestiner; das herzogliche Sachsen, mit Dresden als Hauptstadt und dem Pleißner Land erhielten die Albertiner. 1547 jedoch erfolgte – nach der Niederlage des ernestinischen Kurfürsten Johann Friedrich des Großmütigen in der Schlacht von Mühlberg gegen seinen Vetter, den albertinischen Herzog Moritz –, die Übertragung der Kurwürde an die Albertiner, die sie seither in bleibendem Besitz behielten, während die unterlegenen Ernestiner ihr Territorium als stark verkleinertes selbständiges Reichsfürstentum zwar retten konnten, aber es durch immer erneut vorgenommene Erbteilungen in zahlreiche Linien und kleinere Herrschaften zersplitterten. Zum Zeitpunkt des Sturzes der deutschen Monarchien 1918 existierten im thüringischen Raum noch vier ernestinische Linien mit jeweils eigenen Kleinstaaten: Sachsen-Weimar-Eisenach, Sachsen-Coburg-Gotha, Sachsen-Meiningen und Sachsen-Altenburg.

Im 16. Jahrhundert stand Sachsen als Hauptschauplatz der Reformation im Mittelpunkt des weltgeschichtlichen Geschehens. Das albertinische Kurfürstentum entwickelte sich dabei nach 1547 allmählich zum Musterbeispiel einer frühneuzeitlichen Landesherrschaft mitteldeutsch-protestantischer Prägung, vor allem unter der langjährigen Regentschaft des Kurfürsten August, dessen vielfältige und umsichtige Aktivitäten das Land insbesondere auf den Feldern der Staatswirtschaft, der Landesverwaltung und der Behördenorganisation nach vorne brachten. Zudem ging die fürstliche Landesherrschaft machtpolitisch aus dem Reformationsgeschehen gestärkt hervor. Die durch das Oberbischöfliche Amt des Kurfürsten gegebene enge Bindung der evangelisch-lutherischen Landeskirche an den jeweiligen Landesherrn verlieh den sächsischen Regenten bis zu deren Konversion zum katholischen Glauben 1697 eine zusätzliche Autorität, zumal sich mit der Durchführung der Reformation in Sachsen, wie andernorts auch, das wettinische Territorium durch Säkularisation und Einverleibung geistlicher Herrschaften beträchtlich erweiterte.

Ihre Rolle als politisch führende Kraft der evangelischen Reichsstände und als angesehenste Fürsten des Reiches neben und nach den habsburgischen Kaisern – das enge, jahrhundertelang gepflegte Verhältnis der Wettiner zum Haus Habsburg war 1431, durch die Heirat Kurfürst Friedrichs II. mit Margarete von Österreich, begründet worden – verloren die wettinischen Kurfürsten infolge ihrer schwerfälligen und schwächlichen Politik während der konfessionellen und reichspolitischen Auseinandersetzungen des 17. Jahrhunderts. An dessen Ende stand dann freilich noch einmal Sachsens kühner Versuch einer machtpolitischen Expansion europäischen Ausmaßes. Die dynastische Verbindung mit dem Königreich Polen 1697 führte zur Verbreiterung der territorialen Basis der Wettiner und zu deren Ausgriff nach Ostmitteleuropa. Mehrfach schon waren die sächsischen Kurfürsten in der Vergangenheit mit einem Kronerwerb in Verbindung gebracht worden – Kurfürst Johann Georg I. hätte 1619 böhmischer König werden können und Kurfürst Friedrich der Weise war 1519 gar als Kandidat für das deutsche Kaiseramt im Gespräch gewesen. Beide Monarchen hatten damals jedoch entsprechende Angebote verworfen. Die 1697 dann tatsächlich realisierte Personalunion Sachsens mit Polen und die sich daraus ergebende Außenpolitik unter den Kurfürsten/Königen Friedrich August I. und Friedrich August II. bis 1763 haben ein ambivalentes Ergebnis hinterlassen – zumindest für Sachsen, dessen Flächeninhalt einundzwanzig Mal kleiner war als der des damaligen polnischen Königreichs und das mit diesem keine gemeinsame Grenze besaß. Die wirtschaftlichen Ressourcen und finanziellen Kapazitäten Kursachsens waren 1763, beim Ende der Union mit Polen, vollkommen erschöpft, die künstlerisch-kulturelle Ausstrahlung des kleinen Landes freilich erreichte unter den sächsisch-polnischen Unionskönigen einen in Deutschland damals konkurrenzlosen Höhepunkt, mit Dresden als unbestrittenem Zentrum.

Der mit dem Abschluß des Siebenjährigen Krieges 1763 besiegelte Aufstieg Preußens zur zweiten deutschen Großmacht verwies Sachsen in den folgenden Jahrzehnten in die zweite Reihe der deutschen Mittelstaaten. Auch die Standeserhöhung zum Königreich 1806 und der zeitweilige Besitz des Großherzogtums Warschau brachten den Wettinern keinen dauerhaften Machtzuwachs, da beides nur im Windschatten der Politik des napoleonischen Kaiserreiches erfolgen konnte, mit dessen Zusammenbruch auch die Stellung Sachsens implodierte. Durch den Wiener Frieden 1815 verlor das Königreich zwei Drittel seines Territoriums und knapp die Hälfte seiner Einwohnerschaft an Preußen und sank in dieser stark verkleinerten Form endgültig zur politischen Bedeutungslosigkeit herab. Der politische Machtverlust wurde im 19. Jahrhundert indes noch einmal kompensiert durch den neuerlichen Aufstieg Sachsens zum Kulturland mit Weltgeltung in Bildung und Wissenschaft, Kunst und Musik sowie zur industriell und wirtschaftlich bedeutsamsten Region in Deutschland.

Nach einer Phase der politischen Stagnation erfolgte zwischen 1830 und 1835 eine umfassende Staatserneuerung, die den Übergang Sachsens zur konstitutionellen Monarchie mit einer Verfassung, einem Zweikammersystem und einer gewählten Volksvertretung brachte und eine grundlegende Reorganisation der inneren Verhältnisse des Landes nach sich zog. Dazu gehörten die Errichtung der Ministerialorganisation mit parlamentarisch verantwortlichen Ressortministerien, die Einführung der kommunalen Selbstverwaltung für Städte und Landgemeinden, die Realisierung der

Allgemeinen Schulpflicht und der Allgemeinen Wehrpflicht, aber auch die Abschaffung der feudalen Agrarverfassungsverhältnisse in der Landwirtschaft sowie die Reform der sächsischen Gerichtsverfassung durch die Justizgesetze von 1835. In dieser erneuerten Gestalt fand das Königreich Sachsen ab 1831 als Verfassungsstaat seinen Weg zur modernen bürgerlichen Gesellschaft ebenso wie zum hochentwickelten und florierenden Industrieland im Gefüge des 1871 gegründeten Deutschen Kaiserreichs.

Bis zum Sturz der Monarchie 1918 hatten die sächsischen Könige an allen diesen Entwicklungen maßgeblichen Anteil. Dies geschah allerdings nicht unbedingt durch direkte Einwirkung auf die praktische Politik, obwohl der Person des Monarchen verfassungsmäßig eine gewichtige Rolle und Richtlinienkompetenz bei der Staatsführung zukam. Keiner der sechs nach 1831 noch amtierenden Könige hat diese ihm formal zustehenden Kompetenzen jedoch voll ausgeschöpft. Alle hielten sich streng an den Rahmen der Verfassung und unterließen jeden direkten Versuch, auf die Entscheidungen der Exekutive einzuwirken. Dadurch, wie aber auch durch ihre fortgesetzten kulturfördernden Aktivitäten, und nicht zuletzt infolge der gesellschaftlichen Bedeutung des Hofes in der Haupt- und Residenzstadt Dresden konnten sie weiterhin ein hohes Maß an symbolischem Kapital ansammeln, das der konstitutionellen Monarchie in Sachsen bis zuletzt größte Volkstümlichkeit, Verehrung und Popularität im Land sicherte und jene „landesväterliche vertrauensvolle Nähe und gefühlsmäßige Verbundenheit" (Hellmut Kretzschmar) bewahren half, welche die Wettiner im 16. Jahrhundert gewonnen hatten und, von wenigen Ausnahmen abgesehen, auch behalten sollten.

Der Band „Die Herrscher Sachsens. Markgrafen, Kurfürsten, Könige 1089–1918" rekonstruiert die Hauptetappen dieses spezifisch sächsischen Wegs durch die Geschichte – orientiert an der Biographie der jeweiligen Regenten des Landes. Damit wird ein Bereich besonders gewichtet, der von einer sozial- und strukturgeschichtlich dominierten Forschung in den vergangenen Jahrzehnten stark vernachlässigt worden ist. Angesichts der relativ großen Zahl sächsischer Herrscher und der äußerst verwickelten dynastischen Verhältnisse waren dabei zwei Einschränkungen unabdingbar: zum einen die Begrenzung auf die albertinische Linie der Wettiner, die seit der Leipziger Teilung 1485 zunächst das Herzogtum, dann, ab 1547, auch das Kurfürstentum Sachsen regierten; die ernestinische Linie der Wettiner hingegen findet nur für jene Jahrzehnte Berücksichtigung, in denen die Ernestiner Träger der Kurwürde gewesen sind, nicht aber für die Folgezeit mit ihrer charakteristischen Herausbildung zahlreicher ernestinischer Nebenlinien im thüringischen Raum. Die andere Einschränkung trägt der unterschiedlichen Bedeutung der einzelnen Herrscher Sachsens Rechnung, die nicht alle mit einem eigenen Artikel bedacht werden konnten. Die frühen Jahrhunderte bis zur Übertragung der Kurwürde 1423 sowie die Entwicklungen vom Teilungsgeschehen 1485 bis zur Übernahme der Kurwürde durch die Albertiner 1547 werden kumulativ in fünf Artikeln behandelt. Die biographischen Einzelporträts setzen erst mit Kurfürst Moritz ein. Und auch danach werden jene Regenten, deren Amtszeit nur wenige Jahre umfaßte, in Verbindung mit Vorgängern bzw. Nachfolgern behandelt. Dieses Verfahren bot sich an im Falle von Christian I. und Christian II. im 16. Jahrhundert, Johann Georg III. und Johann Georg IV. im 17. Jahrhundert, sowie Friedrich August II. und Friedrich Christian im 18. Jahrhundert.

Innerhalb der so gesteckten Grenzen soll ein umfassendes Bild sächsischer Geschichte gezeichnet werden, gespiegelt in der Regententätigkeit der Landesfürsten – und zwar in europäischer Perspektive, welche die Grenzen bloßer National-, Regional- oder gar Lokalgeschichtsschreibung grundsätzlich überschreitet. Dies impliziert die Berücksichtigung bzw. Einbeziehung von Aspekten der politischen Geschichte ebenso wie der Kirchengeschichte, besonders im 16. Jahrhundert, der Kulturgeschichte, besonders im 18. und 19. Jahrhundert, sowie der Wirtschafts- und Sozialgeschichte, besonders im 19. und frühen 20. Jahrhundert. Auf diese Weise entsteht das an den jeweiligen Repräsentanten des Staates orientierte historische Panorama einer geschichtsträchtigen deutschen Kulturlandschaft, die infolge ihrer geographischen Mittellage auch in Zukunft wieder jene Funktion einnehmen dürfte, die sie jahrhundertelang besessen hatte: eine Brücke zwischen West und Ost zu sein.

Chemnitz, im August 2004 *Frank-Lothar Kroll*

Vorwort zur Taschenbuchausgabe

Die erfreulich schnell erfolgende Taschenbuchausgabe dieses Buches bot den Autoren wie dem Herausgeber die Gelegenheit zu sorgfältiger Durchsicht und begrenzter Überarbeitung der einzelnen Porträtskizzen. Dabei wurde – neben der Korrektur gelegentlicher sachlicher Ungenauigkeiten – vor allem der bibliographische Anhang dem aktuellen Forschungsstand angepaßt und um eine Reihe neuerer Veröffentlichungen zur Geschichte des Hauses Wettin erweitert und ergänzt.

Die zentrale Bedeutung einzelner Herrscherpersönlichkeiten in ihrer Rolle als gestaltende Entscheidungsträger des politischen und gesellschaftlichen Lebens der jeweiligen Epoche tritt bei alledem einmal mehr hervor – ebenso wie die eminent europäischen Verflechtungen und Handlungsspielräume des sächsischen Kurfürsten- und Königshauses in den Jahrhunderten seiner unmittelbaren historischen Wirksamkeit.

Chemnitz, am 17. Dezember 2006 *Frank-Lothar Kroll*

DIE MARKGRAFEN VON MEISSEN
IM 12. UND 13. JAHRHUNDERT
1089–1291

von Karlheinz Blaschke

I. Die Anfänge des Geschlechts

Aus dem Hochadel des fränkisch-deutschen Reiches sind im 9. und 10. Jahrhundert einige Männer hervorgegangen, die in der schriftlichen Überlieferung nachzuweisen und zu Stammvätern geschichtlich bedeutsamer Geschlechter geworden sind. Unter ihnen sind die Wettiner diejenigen, die in ununterbrochener männlicher Erbfolge am weitesten zurückreichen und noch heute bestehen.

Aus dem gleichen Lebenskreis wie die Vorfahren der Wettiner stammte der Merseburger Bischof Thietmar, der sich in seiner Amtszeit von 1009 bis 1018 eine umfassende Kenntnis über die Angehörigen des Hochadels am damaligen Ostrande des Herzogtums Sachsen verschaffen konnte. Er nennt in seiner Chronik einen Grafen Dietrich oder Dedi als einen Mann von hervorragend freiem Stande, der im Jahre 982 im Heere Kaiser Ottos II. in Kalabrien den Tod erlitt. Er war Graf im Gau Quezici um Eilenburg, in einem Gebiet östlich der Saale, das durch den Slawenzug König Heinrichs I. im Jahre 929 unter die Botmäßigkeit des deutschen Reiches gelangt war. Von diesem Dietrich/Dedi ausgehend, hat die neuere Forschung als Vater einen vor 961 verstorbenen Grafen Volkmar im Harzgau westlich der Saale festgestellt, der als Sohn und Enkel zweier Grafen im Harzgau namens Friedrich nachzuweisen ist, von denen der ältere 875/80 auftritt. Ein Neffe des Grafen Volkmar mit Namen Rikdag starb 985 als Markgraf von Meißen.

Im Gegensatz zu dieser Abstammungslinie stehen andere Forschungsergebnisse, die vom Sohn des schwäbischen Herzogs Burkhard I. ausgehen, der 926 nach Sachsen verbracht wurde und dort durch Einheirat in eine im Liesgau ansässige Familie heimisch geworden sei. Dessen Sohn sei der 982 gefallene Dedi gewesen. Der im 19. Jahrhundert angestellte Versuch, die Wettiner an einen frei erfundenen Geschlechternamen der «Bucconen» an-

Markgraf Heinrich III. (1230–1288)

zuschließen, ist völlig abzulehnen. Jedenfalls kann ihre Herkunft aus dem ostsächsischen Raum um den Harz als sicher gelten. Von dort gingen sie im Zuge der deutschen Ostbewegung über die Saale, wo sie im slawisch besiedelten, noch herrschaftsfreien Lande ein weites Betätigungsfeld fanden.

II. Der Schritt nach Meißen

Mit den Urenkeln des Grafen Dietrich/Dedi kommt man in jene Generation, die durch die Gestalten des Naumburger Westchores weithin bekannt ist. Der dort auftretende Thimo von Kistritz, Graf von Wettin und von Brehna, war der Onkel jenes Grafen von Eilenburg und Markgrafen der Ostmark (= Niederlausitz), der 1089 von Kaiser Heinrich IV. mit der Markgrafschaft Meißen belehnt wurde. Er muß damals noch ein recht junger Mann gewesen sein, so daß die Rangerhöhung weniger aufgrund seiner persönlichen Leistung zu erklären, sondern eher auf das Ansehen zurückzuführen sein dürfte, in dem das ganze Geschlecht stand. Der Wettiner Thimo von Kistritz war mit der Herzogstochter Ida verheiratet und somit im Hochadel anerkannt. Auch der Großvater des Grafen Heinrichs I. von Eilenburg war über seine Frau Mathilde mit den Ekkehardingern als dem damals mächtigsten Adelsgeschlecht im heutigen Mitteldeutschland verwandt. Die frühen Wettiner hatten zu Beginn des 11. Jahrhunderts an der Saale eine starke Stellung erlangt, von der aus sie ihre Macht nach Osten hin ausbauen konnten. Seit dieser Zeit tritt die Bezeichnung «von Wettin» als Familienname auf. Er ergibt sich aus dem Namen der Burg an der Saale nördlich von Halle, die zum Stammsitz des Geschlechts wurde.

Heinrich I. starb im Jahre 1103, sein gleichnamiger einziger Sohn wurde erst nach dem Tode des Vaters geboren. Die Witwe Gertrud muß eine tatkräftige Frau gewesen sein, denn es ist sicher auch auf ihren Einsatz zurückzuführen, daß die Belehnung mit der Markgrafschaft Meißen der Familie erhalten blieb und der herangewachsene Heinrich II. die Nachfolge des Vaters antreten konnte. Aber er starb im Jahre 1123 durch Gift, noch bevor aus seiner Ehe Kinder hervorgegangen waren.

Damals lebten zwei erbfähige Männer des Hauses Wettin, die Brüder Dedo IV. und Konrad als Söhne Thimos von Kistritz. Es läßt sich nicht ergründen, warum der jüngere Konrad in die herrscherliche Nachfolge seines Geschlechts eintrat, während Dedo auch infolge seines 1124 eingetretenen Todes dessen weitere Geschichte nicht mehr bestimmen konnte. Er gewann aber dadurch an Bedeutung, daß er durch seine Ehe mit Bertha, der Tochter des Grafen Wiprecht von Groitzsch, die ansehnlichen Güter des Hauses Groitzsch an das Haus Wettin brachte, als Bertha 1144 starb. Damit erweiterte sich das Hausgut der Wettiner wesentlich. Berthas Schwager Konrad hatte davon seinen Nutzen. Seine Geburt läßt sich glaubhaft auf das Jahr 1098 festlegen.

III. Erste Entfaltung im 12. Jahrhundert

Als Konrad im Jahre 1123 seine Herrschaft antrat, stand ihm nur das wettinische Hausgut zu, während die Reichslehen mit der Markgrafschaft Meißen von König Heinrich V. an Wiprecht von Groitzsch als den treuen Gefolgsmann des salischen Königshauses verlehnt wurden. Es ergab sich aber in den folgenden Jahren, daß Konrad im Bunde mit dem zu anerkannter Macht aufgewachsenen Herzog Lothar von Süpplingenburg 1125 auch in den Lehnsbesitz der Markgrafschaft Meißen gelangte. Weitere Glücksfälle brachten ihm in den folgenden Jahren die Herrschaft über die Markgrafschaft in der späteren Niederlausitz, über das Land Bautzen, den Dresdner Elbtalkessel und die Groitzscher Eigengüter an Saale, Weißer Elster und Zwickauer Mulde ein, so daß er mit gutem Grund in der sächsischen Landesgeschichte als Begründer einer weitgefaßten Territorialherrschaft gilt. Zu seiner Zeit wurde das Haus Wettin zum Nutznießer eines territorialen Aufbaus, den Wiprecht kraftvoll in Gang gesetzt hatte. Die Töchter waren es dann, die das Erbe übernahmen, aber sie brachten es in fremde Dynastien ein und förderten deren Aufstieg. Dabei war auch das Haus Wettin gefährdet, denn mit Markgraf Konrad stand dessen Zukunft auf zwei Augen. Das Glück hat es mit seinem Geschlecht gut gemeint, denn seiner Ehe mit Luitgard entsprossen fünf Söhne.

Nach vorangegangenen Bemühungen seines Bruders Dedo gründete Konrad 1124 auf dem Petersberg bei Halle ein Augustiner-Chorherrenstift. Mit der Ansiedlung dieses Ordens entschied sich Konrad für eine damals ganz moderne Richtung in der Kirche, die sich der christlichen Verkündigung und Seelsorge an den in einer gesellschaftlichen Umbruchszeit lebenden Menschen in einer neuen, zeitgemäßen Weise widmete und namentlich dort eingesetzt wurde, wo in Neusiedelgebieten oder in neu entstandenen Städten Mittelpunkte kirchlicher Arbeit zu schaffen waren.

Der gläubige Christ konnte sein Seelenheil auch durch den Besuch heiliger Stätten befördern, was am wirkungsvollsten mit Wallfahrten zu den herausragenden Orten des christlichen Heilsgeschehens möglich war. So ist Konrad im Frühjahr 1145 in Begleitung heimischer Adliger in Jerusalem eingetroffen. Dem dortigen Grabeskloster vermachte er eine Stiftung, wofür er in die Bruderschaft des Klosters aufgenommen wurde. Während er im Heiligen Lande weilte, starb in der Heimat seine Gemahlin, wovon er erst im Jahre darauf bei der Rückreise in Bayern eine Nachricht erhielt.

Im Jahre 1147 hat Konrad am Wendenkreuzzug teilgenommen, mit dem die seit dem Ende des 12. Jahrhunderts laufende Kreuzzugsbewegung auf den Osten Deutschlands übergriff. Sie war gegenüber der Botschaft von der Liebe und Gnade Gottes eines Jesus von Nazareth eine glatte Verirrung, erklärt sich aber aus den Zeitverhältnissen des hohen Mittelalters, vor deren Problematik auch Markgraf Konrad nicht gefeit war. Er reihte sich in dieses «törichteste Unternehmen des 12. Jahrhunderts» ein, zog an führender Stelle gegen die damals noch heidnischen Slawen im heutigen Vorpommern und erlitt vor der Burg Demmin eine klägliche Niederlage.

Als Konrad sein Ende herannahen fühlte, bereitete er sich bewußt auf das jenseitige Leben vor. Gegen Ende des Jahres 1156 legte er im Dom zu Meißen in Gegenwart der Geistlichkeit und seiner adligen Gefolgsleute die Waffen und die Zeichen seiner Herrschergewalt ab und begab sich zum Petersberg, um als Laienbruder in sein Hauskloster einzutreten. Seine noch lebenden fünf Söhne, sein Kampfgefährte Albrecht der Bär, der Erzbischof von Magdeburg und andere hochgestellte Männer waren zugegen, als er dort am 30. November der Welt entsagte und das geistliche Gewand anzog. Am 5. Februar 1157 ist er im Alter von nahezu 60 Jahren verstorben.

Das geschah inmitten einer großen gesellschaftlichen Bewegung, die mit der bäuerlichen Kolonisation und der Entstehung von Städten für die wettinischen Lande an der mittleren Elbe von hoher Bedeutung war. Wenn Konrad auch in der Überlieferung keine Spuren einer Mitwirkung an diesem Vorgang hinterlassen hat, so gehörte er doch zu derjenigen Generation, von der die Voraussetzungen für das Siedelwerk geschaffen wurden. Die ältere Geschichtsschreibung hat ihn als den Begründer der wettinischen Macht im meißnischen Gebiet angesehen und ihm den Beinamen «der Große» zugesprochen, was im Vergleich zu den übrigen «Großen» der Weltgeschichte nicht angemessen erscheint. Immerhin hat er in einem langen Leben als tatkräftiger, zielstrebiger Mann ein Herrschaftsgebiet aufgebaut, das im Reich eine anerkannte Stellung erlangen konnte. Er nützte alle sich bietenden Gelegenheiten des politischen Wechselspiels, und zudem war ihm das Glück hold. Im Jahre 1142 nannte er sich in einem Schreiben an den Papst in einer ungewöhnlich selbstsicheren Art «durch Gottes Gnaden unter den Fürsten Sachsens alleiniger Besitzer und Beschützer der meißnischen Mark». In der langen Reihe der Wettiner ist er eine herausragende Gestalt.

Bei der Regelung der Nachfolge erhielt der älteste Sohn Otto Camburg an der Saale aus dem wettinischen Hausgut und die Nachfolge im Lehnsbesitz der Markgrafschaft Meißen. Dietrich wurde mit dem Hausgut Eilenburg und der Lehnsherrschaft in der Ostmark, der heutigen Niederlausitz, ausgestattet. Für Heinrich als Grafen von Wettin wurde der Stammsitz des Geschlechts ausersehen. Graf Dedo wurde im ehemals Groitzschen Besitz um Rochlitz ansässig, Friedrich begründete als Graf von Brehna eine eigene Herrschaft. Die vier Nebenlinien hielten sich allerdings nicht lange. Jene in Eilenburg starb 1185 aus, die andere in Groitzsch/Rochlitz im Jahre 1210. Die Nebenlinie Wettin endete 1217, die andere in Brehna 1290. Bleibende Spuren haben drei von ihnen in Gestalt von Klostergründungen hinterlassen: in Doberlug, in Zschillen/Wechselburg und in Brehna. Der an Dietrich und Dedo gelangte Besitz fiel an die Hauptlinie zurück, Brehna wurde den Wettinern entfremdet und kam erst mit der Erwerbung des Herzogtums Sachsen im Jahre 1423 wieder an ihr Haus. Der Stammsitz Wettin gelangte 1288 an das Erzstift Magdeburg und wurde niemals wieder wettinisch.

Für die weitere Geschichte des Hauses Wettin und des meißnisch-sächsischen Landes war des Markgrafen Konrads ältester Sohn Otto am wichtigsten. Er setzte als Lehnsträger der Markgrafschaft Meißen die Hauptlinie fort, ihm fielen die freigewordenen Hausgüter aus den Nebenlinien zu. Er hatte als Gemahlin die Tochter Hedwig des askanischen Markgrafen Albrechts des Bären an seiner Seite, die ihrem tatkräftigen Vater sehr ähnlich war und allen Anzeichen nach auf Otto einen starken Einfluß ausgeübt hat. Sein Leben fiel in eine Zeit, die einem Markgrafen von Meißen große Aufgaben stellte: die bäuerliche Kolonisation, die Entstehung von Städten und der Beginn des Freiberger Silberbergbaus. Auf allen drei Gebieten hat Otto sich den Herausforderungen gestellt und die mächtig vorwärtsdrängende Entwicklung mit bestimmt.

Das trifft auf die bäuerliche Besiedlung zu, die er durch die Rodung von 800 Hufen im Waldgebiet südlich der Freiberger Mulde gefördert hat. Es gilt für den Aufbau des Städtewesens, in den er mit der Verleihung des Stadtrechts für Leipzig um 1165 eingegriffen hat, womit er zwar nicht zum Gründer der Stadt, aber zum Vollender der Stadtentstehung auf dem Wege zur vollgültigen Rechtsstadt wurde.

Das bewies er auch mit den Maßnahmen, die er im Zusammenhang mit den Silbererzfunden im Rodungsgebiet traf, wo die Entdeckung von Silberadern im Jahre 1168 einen Zustrom von Bergleuten und die Entstehung einer Bergmannssiedlung zur Folge hatte. Auch der Markgraf handelte schnell. Noch vor 1170 nahm er das verlehnte Gebiet in unmittelbaren Besitz zurück und legte einen Herrenhof an, um von hier aus seine Rechte an den Silbererzlagern wahrzunehmen. Das Bergregal, das als Königsrecht die Nutzung aller Bodenschätze dem König zusprach, war mit der Belehnung an den Markgrafen übergegangen, der den Bergzehnten erheben konnte. In die Hände des meißnischen Markgrafen floß seitdem ein Strom von Bargeld, wie es sich ein anderer deutscher Fürst kaum erträumen konnte. Otto wurde somit zum Begründer einer jahrhundertelangen Tradition, die das Haus Wettin sehr eng mit dem Bergbau verknüpfte, der zum Ausgangspunkt von Innovation und Modernisierung auf technischem Gebiet wurde und die hohe Entfaltung von Wirtschaft und Kultur in Sachsen vorangebracht hat. Unter diesen Bedingungen konnte sich an dem neuen Bergbauort ein eigenes, freieres Bergrecht ausbilden, das der Stadt ihren Namen Freiberg gab. Im Gegensatz zu der bis dahin üblichen hofrechtlichen Bindung und feudalen Verfassung des Bergbaus wurde hier die unmittelbare Beziehung der Bergleute zum Regalherrn unter Ausschaltung grundherrlicher Abhängigkeit hergestellt. Der meißnische Markgraf Otto hat diese grundlegende Neuerung möglich gemacht, die sich in Gestalt des Freiberger Bergrechts auch auf andere europäische Bergbaureviere übertrug.

Für den Aufbau des Kirchenwesens in der Markgrafschaft Meißen war die Gründung des Klosters Altzelle bei Nossen von Belang, die Otto auf Anraten seiner Gemahlin Hedwig zuwegebrachte. Es diente den wettinischen Markgrafen bis zu ihrer Erhöhung zu kurfürstlichem Rang im Jahre 1423 als Hauskloster, war bis zur Reformation die umfangreichste geistliche Grundherrschaft in Sachsen und strahlte mit seinen theologischen und künstlerischen Leistungen auf das Land aus. In den letzten Jahren seines Lebens mußte Otto von seiten seines älteren Sohnes Albrecht harte Unbilden erdulden, die bis zu Fehde und Gefangenschaft führten; erst der Machtspruch Friedrich Barbarossas gab ihm die Freiheit zurück. Er starb 1190, im gleichen Jahr wie der Kaiser.

Albrecht gehörte zu den unrühmlichsten Gestalten in der langen Reihe der wettinischen Herrscher. Aus dem Erbe seines Vaters übernahm er die Markgrafschaft Meißen, ging aber in seiner gewalttätigen Art auch noch gegen seinen jüngeren Bruder Dietrich in dessen Besitzungen um Weißenfels vor. In rastloser Betriebsamkeit erregte er den Unwillen Kaiser Heinrichs VI., rüstete sich zum Widerstand, wurde aber bald darauf durch Gift ermordet. Sein Tod im Jahre 1195 machte den Weg für die Nachfolge Dietrichs des Bedrängten frei.

IV. Die Hochform im 13. Jahrhundert

Mit diesem Mann begann für ein Vierteljahrhundert eine territoriale Aufbauarbeit, die von der Zielstrebigkeit eines Fürsten getragen wurde, dessen Beiname ihn nur unvollkommen kennzeichnet. In den Anfängen seiner selbständigen Herrschaft lebte er in mancherlei Bedrängnis, geriet er doch in die kraftvollen Bestrebungen Kaiser Heinrichs VI. in Richtung auf ein Erbkaisertum hinein, womit eine Zurückdrängung landesfürstlicher Herrschaftsrechte einhergehen mußte. Der Kaiser nutzte den Tod des meißnischen Markgrafen Otto, um das Reichslehen einzuziehen und setzte einen kaiserlichen Verwalter ein, der dem Wettiner Dietrich nur seine Hausgüter um Weißenfels beließ.

Aber dieser Zustand dauerte nur zwei Jahre lang, denn der plötzliche Tod des Kaisers 1197 in Italien wendete das Blatt. Dietrich eilte von einem Kreuzzug im Heiligen Lande in die Heimat zurück und setzte sich mit dem Beistand seines thüringischen Schwiegervaters Hermann in der Markgrafschaft Meißen durch. Die ritterlichen Vasallen und die Städte des Landes hatten ihrem angestammten Fürstenhaus über die kurze Zeit der kaiserlichen Statthalterschaft die Treue gehalten und standen sofort an seiner Seite. Unangefochten konnte Dietrich sich als Markgraf von Meißen bezeichnen.

In dem nun ausbrechenden deutschen Thronstreit stellte sich Dietrich auf die Seite des Staufers Philipp, der die Stellung des Wettiners anerkannte. Als jener jedoch im Jahre 1208 ermordet wurde, schloß sich Dietrich dem Welfen Otto IV. an, der ihn in seiner reichsfürstlichen Stellung bestätigte. 1213 kehrte Dietrich zur staufischen Partei der deutschen Reichsfürsten zurück und wurde nach einer gewissen Zurückhaltung durch den neuen Kaiser Friedrich II. anerkannt. In den Wirren zwischen Reichs- und Landespolitik mußte er einen Weg finden, der seiner Aufgabe als Träger wettinischer Herrschaftstradition und als Anwalt meißnischer Territorialinteressen angemessen war.

Im Innern seines Landes war Dietrich mit Zielstrebigkeit wie auch mit Härte bestrebt, seine Herrschaft zu festigen. Das große Siedelwerk der deutschen Kolonisation war im meißnischen Lande im allgemeinen abgeschlossen, der Ausbau des neu entstandenen Städtewesens indes ging weiter und wurde von ihm gefördert, ohne daß man ihn förmlich als «Städtebauer» bezeichnen kann, denn die Entstehung der Städte war schon im 12. Jahrhundert in Gang gekommen und in ihren Wurzeln nicht vom Willen fürstlicher «Stadtgründer» abhängig.

An einer Stelle freilich drohte das junge Bürgertum ihm über den Kopf zu wachsen und sich der markgräflichen Gewalt zu entledigen. In den Jahren 1216/17 verhinderte Dietrich den Versuch der Stadt Leipzig, sich zu einer freien Reichsstadt aufzuschwingen. Drei Jahre später brach ein Aufstand der mit den Leipziger Bürgern verbündeten ritterlichen Dienstmannen aus, die mit ihrem Ungehorsam die markgräfliche Herrschaft in Gefahr brachten, denn gerade auf ihre Dienste war der Landesherr angewiesen. Dietrich überwand diese Krise bei der Festigung seiner Landesherrschaft, brachte die ritterlichen Vasallen unter seine Botmäßigkeit zurück und baute seine Macht dadurch aus, daß er auf wichtigen Burgen Vögte einsetzte. Der Herrschaftsraum des Markgrafen war mittlerweile so umfangreich geworden, daß er ihn nicht mehr allein übersehen konnte, sondern diese Dienstmannen als seine Vertrauensleute und Stellvertreter einsetzen mußte.

Dietrich der Bedrängte hat sich im wettinischen Familienstreit, in den deutschen Thronstreitigkeiten und bei der Abwehr innerer Gegenkräfte gegen Widerstände durchsetzen müssen, wobei er sein Schicksal fest in die Hand nahm und die politischen Möglichkeiten, die ihm seine Zeit bot, voll zu nutzen verstand. Seinem unentwegten Einsatz ist es zu danken, daß die wettinische Macht nach einem schweren Niedergang erneuert werden konnte und daß die Grundlagen für den künftigen meißnisch-sächsischen Territorialstaat erhalten blieben. Zu dessen zukünftiger Sicherung schloß der Markgraf mit seinem Schwager, dem thüringischen

Landgrafen Ludwig IV., einen Vertrag, der diesen zum Vormund über seinen unmündigen Sohn machte.

Der Vormundschaftsfall trat ein, als Dietrich im Jahre 1221 starb, möglicherweise durch Gift. Für sein Seelenheil hatte er mit reichen Zuwendungen an die Hausklöster Altzella und Doberlug sowie durch die Stiftung des Augustiner-Chorherrenstifts St. Thomas in Leipzig gesorgt. Von größter Bedeutung für die Zukunft des Hauses Wettin und die weitere Gestaltung der politischen Ordnung im mitteldeutschen Raum war seine Ehe mit Jutta, der Tochter des thüringischen Landgrafen Hermann, denn damit wurde die Grundlage für die künftige Übernahme des ludowingischen Besitzes seitens der Wettiner geschaffen.

Als Dietrichs Leben, noch in jungen Jahren, endete, kam von seinen vier Söhnen nur Heinrich für die Nachfolge in Betracht. Dessen Geburt läßt sich auf die Sommermonate des Jahres 1218 festlegen. Ein dreijähriges Fürstenkind indes besaß keine Macht. Aber es verkörperte den Anspruch des ganzen Herrschergeschlechts auf die Fortsetzung seiner Herrschaft auch über die Jahre der Unmündigkeit hinaus. Mit der Vollendung des zwölften Lebensjahres übernahm Heinrich im Jahre 1230 das väterliche Erbe. Die adligen Vasallen, die ritterlichen Dienstmannen, die Bürger in den Städten des Landes und die Anerkennung durch Fürsten, Kaiser und Reich hatten für die Bewahrung seiner Rechte gesorgt. 1234 heiratete er Constanze von Österreich, die nach neunjähriger Ehe starb.

Im Alter von 19 Jahren erfüllte Heinrich sein Gelöbnis zur Teilnahme an einem Kreuzzug, das er im Einsatz zu «Bekehrung oder Tod» gegen die heidnischen Pruzzen östlich der Weichsel einlöste. 1240 erstrebte er Landgewinn im brandenburgischen Raum, wo er sich in Köpenick, Mittenwalde und Strausberg festsetzte. Aber die von mehreren Seiten bedrängten Markgrafen von Brandenburg konnten schließlich den Wettiner zurücktreiben. Das Land zwischen Spree und Oder fiel nicht an die wettinische Niederlausitz, sondern an die Mark Brandenburg.

Dem Ausbau seiner Macht diente Heinrich im Ringen mit dem Bistum Naumburg, wo er 1242 unter klarem Bruch von Recht und Ordnung gegen die Entscheidung des Domkapitels und mit Unterstützung des Papstes seinen Halbbruder Dietrich auf den Bischofsstuhl brachte. In Rom erhoffte man sich die Hilfe des meißnischen Markgrafen gegen den gebannten Kaiser Friedrich II., aber sowohl Heinrich als auch Dietrich blieben auf der Seite des Staufers, der im Jahre 1243 dem Markgrafen die Eventualbelehnung mit der Landgrafschaft Thüringen zusicherte. Dieser Fall trat 1247 tatsächlich ein, als der letzte Landgraf Heinrich Raspe ohne Erben starb und Heinrich obendrein als Sohn der Landgrafentochter Jutta und nächster männlicher Verwandter von Heinrich Raspe die überzeugendsten Erbansprüche aufweisen konnte. Allerdings erwuchs ihm in seiner Base Sophie eine unnachgiebige, zielbewußte Gegenkraft, die ihrem gerade dreijährigen Sohn Heinrich (dem Kind) die hessischen Besitzungen des Landgrafenhauses zu sichern verstand, so daß Heinrich nur den thüringischen Anteil und den Rang der Landgrafen von Thüringen dem Hause Wettin einbringen konnte. Das war der Beginn einer bis zum Ende der monarchischen Zeit 1918 andauernden Herrschaft der Wettiner im mitteldeutschen Raum.

Ähnlich wie gegenüber dem Bischof von Naumburg ergaben sich um die Mitte des 13. Jahrhunderts auch bedrohliche Reibungen mit dem Bischof von Meißen, die bis zur Anwendung von Waffengewalt auf der einen, zur Verhängung von Exkommunikation und Interdikt auf der anderen Seite führten. Im mittleren Raum seines zwischen der Werra und der Oder verteilten Herrschaftsgebietes gelang dem Markgrafen ein in die Zukunft weisender Erfolg. Bei der Verlobung seines Sohnes Albrecht mit der Kaisertochter Margaretha im Jahre 1245 war zur Sicherheit für die Mitgift das Pleißenland als Pfand ausgesetzt worden. Nach dem Tode Kaiser Friedrichs II. 1250 war dessen Sohn Konrad IV. nicht in der Lage, die vereinbarte Summe auszuzahlen, so daß Markgraf Heinrich noch vor der 1245 vollzogenen Hochzeit Herrschaftsrechte im Reichsterritorium wahrnahm.

Neben den beiden Reichslehen der Markgrafschaft Meißen und der Ostmark besaß Heinrich mit der Landgrafschaft Thüringen und der Pfalzgrafschaft Sachsen vier Fahnlehen des Reiches, zu denen er 1261 aus eigener Machtvollkommenheit und gegen bestehendes Reichsrecht für seinen Sohn Dietrich als fünftes die Markgrafschaft Landsberg einrichtete. Sein Machtbereich erforderte wegen seines Umfangs eine Länderteilung mit seinen Söhnen, er selbst beschränkte sich auf Meißen und die Ostmark. Sein starker Einsatz für den Ausbau der wettinischen Landesherrschaft hinderte ihn offenbar daran, sich an der Reichspolitik zu beteiligen, weshalb er an den Königswahlen des 13. Jahrhunderts nicht teilnahm, so daß die Markgrafen von Meißen nicht in das seit 1298 fest formierte Kollegium der Kurfürsten eintraten.

Zum benachbarten Böhmen unterhielt Heinrich freundliche Beziehungen. 1243/44 heiratete er in zweiter Ehe die Tochter Agnes des böhmischen Königs Wenzel. Unter den deutschen Reichsfürsten nahm er eine angesehene Stellung ein, bei der Brautwerbung für seinen Sohn Albrecht am Hofe des Kaisers trat er mit unerhörter Pracht auf, die alle in Erstaunen setzte. Er verstand das Schwert zu führen, trat in Verhandlungen mit Klugheit auf, scheute sich vor abenteuerlichen Unternehmungen und hielt sich an seine Grenzen.

Wegen seiner Milde und Freigebigkeit wurde er gelobt. Im Jahre 1268 gründete er das Klarissenkloster Seußlitz bei Meißen und das Zisterzienserkloster Neuzelle in der Niederlausitz. Er pflegte den Minnesang und verfaßte Dichtungen, die einen Hang zur Innerlichkeit und ihn selbst als eine kultivierte Persönlichkeit erkennen lassen. Als hochbegabter, tatkräftiger und beherrschter Mann von vorbildlicher Lebensart ist ihm der Beiname «der Erlauchte» zuteil geworden. Er starb im Alter von fast 70 Jahren.

Auf diesen in jeder Hinsicht ausgezeichneten Mann folgte ein gänzlich mißratener Sohn. Albrecht wurde um 1240 geboren, 1254/55 fand seine Verlobung mit der Kaisertochter Margareta statt. Seit 1262 trat er als Landgraf von Thüringen auf, auch herrschte er im Pleißenland als dem Heiratsgut seiner Gemahlin. Sein Lebenslauf war eine einzige Abfolge von Gewalttaten, Aufruhr, Familienzwist, Friedensbruch, Ehebruch und Verschwendung. Unter ihm erlebte die wettinische Macht einen tiefen Verfall, in den im Jahre 1293 noch der Vorstoß des Königs Adolf von Nassau mit der Absicht hineinstieß, sich die Landgrafschaft Thüringen anzueignen. Das Haus Wettin schien auf das Ende seines Bestehens zuzugehen. 1307 zwangen Albrechts Söhne den «zwischen Verschwendung und Mangel» in Erfurt lebenden Vater zur Abdankung. Dort starb er 1314. Die Grablege seines Geschlechts wurde ihm verweigert.

Die Markgrafen von Meissen
im 14. Jahrhundert
1291–1423

von Gerhard Dohrn-van Rossum

Friedrich I., der Freidige (1307–1323)

Im spätmittelalterlichen deutschen Reich sind staatliche Strukturen nicht von der Königsherrschaft, sondern im Bereich der Landesherrschaften entwickelt worden. Deren Anfänge reichen an die Wende vom 12. zum 13. Jahrhundert; im 14. Jahrhundert erfolgte ein zügiger Ausbau der Landesherrschaften. Landesherrschaft läßt sich nicht definieren, sondern eher beschreiben als Bündelung von Hoheitsrechten und als Ausbildung zentraler administrativer Strukturen mit Hofgerichten, Kanzleien, Rechnungskammern, später auch Ämtern, die sich überall der Schriftform bedienten. Die Entwicklung der Landesherrschaft veränderte vasallitische und adelige Herrschaftsformen durch den Übergang von Herrschaft über Land und Leute zur Gebietsherrschaft, ohne daß dabei personale Herrschaftsbeziehungen schon durchweg von souveräner Herrschaft über Territorien abgelöst worden wären. Die Binnenstruktur solcher Herrschaften blieb geprägt von der Vielfalt aus Domänen- oder Allodialgut mit vollen Herrenrechten, von Bereichen geteilter oder beschränkter Rechte, von den zu beachtenden Freiheiten der Städte und Klöster. Im deutschen Reich ermöglichte der im europäischen Vergleich geringere Umfang adeliger und fürstlicher Herrschaften vielfach eine höhere Intensität der Ausbildung frühstaatlicher Funktionen.

Ausgehend von dynastischen Kernen ging der Ausbau von Landesherrschaften zu Lasten lokaler und königlicher Herrschaftsrechte und -strukturen; größere Herrschaften dehnten sich überall auf Kosten von kleineren aus. Gleichzeitig entwickelten sich als Gegenpole zur Landesherrschaft Stände und Korporationen von Privilegierten zwecks Wahrung von Sonderrechten (Freiheiten), in gewissem Umfang auch zur Mitwirkung an der Regierung. Zum erfolgreichen Ausbau einer Landesherrschaft bedurfte es dynastischer Planung, aggressiver Verwaltung, der Verfügung über Geldsummen für Zukäufe, Verpfändungen, Lösegelder und Mitgiften sowie politisch-militärischer Durchsetzungsfähigkeit. Auch gute Beziehungen zum Königtum oder zu auswärtigen Herrschern waren oft entscheidend. Landesherrschaft blieb aber persönliche und auf Erbrecht gegründete Herrschaft, und daher konnten weder Voraussicht, noch Macht und Einfluß das durch biologische Zufälle häufig rasch wechselnde Geschick beeinflussen. Auch bei den Wettinern zeigt sich, daß die Formen mittelalterlicher Herrschaft alle Protagonisten in ständigen Zugzwang brachten. Selbst wenn man berücksichtigt, daß die überlieferten Quellen kaum je vom friedlichen Alltag berichten, tritt uns die Geschichte der wettinischen Herrscher im 14. Jahrhundert als ein fast ununterbrochener Kampf um Sicherung und Mehrung des Ererbten entgegen.

Die Persönlichkeit Friedrichs I. und seine wechselvollen Schicksale haben schon die Zeitgenossen fasziniert und vielfach Stoff zu Legenden abgegeben. Der Beiname ‹der Freidige› tauchte erst im 15. Jahrhundert auf. Die Bedeutung des Wortes ‹freide› hatte sich von seinem ursprünglichen Sinn «Flüchtling/Abtrünniger» zu «starker, unverzagter und kühner Held» gewandelt. Den Beinamen ‹der Gebissene› verdankte Friedrich einem allerdings nur sagenhaft überlieferten Biß in die Wange, den ihm 1270 seine Mutter, eine Tochter des Stauferkaisers Friedrich II., bei ihrer Abreise von der Wartburg zu dauernder Erinnerung an den Abschied beigebracht haben soll.

Als politische Hegemonialmacht hatte das römisch-deutsche Kaisertum nach dem Fall der Staufer in der Mitte des 13. Jahrhunderts sein Ende gefunden. Als ein mit dem deutschen Königtum exklusiv verbundener Herrschertitel und als Leitidee einer christlichen Friedensordnung blieb es jedoch weiterhin lebendig. Seit dem Tod des letzten Staufers Konradin 1268 kursierten Erzählungen, in denen die leibhaftige Wiederkehr Kaiser Friedrichs II., und mit ihm die Erneuerung der staufischen Herrschaft über Deutschland, Italien und Burgund in Verbindung mit der Königsherrschaft über Jerusalem vorausgesagt wurde. Die italienischen Anhänger des staufischen Kaisertums, die Ghibellinen, setzten dagegen konkrete, wenn auch nicht unbedingt realistische, politische Hoffnungen in einen neuen Friedrich und wandten sich schon ein Jahr nach Konradins Tod an die Wettiner, weil nach ihrer Ansicht unter den Enkeln des großen Staufers der zwölfjährige Friedrich berufen sei, dessen Reich wiederherzustellen und der Welt den Frieden zu bringen. Albrecht der Entartete hatte 1254 Margaretha, eine Tochter Kaiser Friedrichs II., geheiratet. Im Hause Wettin wurde ein Italienzug geplant, und in einem Schreiben vom August 1269

Die Markgrafen Friedrich I., der Freidige (1307–1323), Friedrich II., der Ernsthafte (1323–1349) und Friedrich III., der Strenge (1349–1381)

nennt sich Friedrich etwas voreilig «Friedrich III. von Gottes Gnaden König von Jerusalem und Sizilien, Herzog von Schwaben, Landgraf von Thüringen und Pfalzgraf von Sachsen». Die politische Lage in Europa, im Heiligen Land und im Reich ebenso wie innerwettinische Konflikte haben das illusionäre Projekt dann freilich scheitern lassen, und die letzten Anhänger der Staufer in Italien verhandelten bald mit einem anderen Hoffnungsträger.

In Wien heiratete Friedrich 1286 Agnes, die Tochter des Grafen Meinhard II. von Görz und Tirol und Schwester des künftigen Königs Heinrich VII. Deren Schwester ehelichte den späteren König Albrecht von Habsburg, der Friedrich politisch bedrängen wird. Agnes starb indes schon 1293 im Kindbett, und Friedrich warb daraufhin 1300 um Elisabeth, die 14 jährige Tochter seiner Stiefmutter aus dem Hause der Grafen von Lobdeburg-Arnshaugk. 1310 wurde der einzige, den Vater überlebende Sohn Friedrich (II.) geboren, der die Herrschaft weiterführen sollte.

Beim Erwerb und bei der Durchsetzung seiner Herrschaft stand Friedrich I. vor fast unlösbaren Aufgaben, weil die Politik seines Vaters Albrecht und wettinische Erbstreitigkeiten das Königtum auf den Plan gerufen hatten.

Noch zu Lebzeiten Albrechts und dessen Vorgängers Heinrich des Erlauchten wurde Friedrich mittels Teilung an der Regierung der wettinischen Lande beteiligt. 1281 erhielt er die Pfalzgrafschaft Sachsen-Lauchstädt und bald darauf die Herrschaft über Teile der Markgrafschaft Meißen, die er nach dem Tode seines Vetters Friedrich Tuta 1291 vollständig in Besitz nahm. Dem Vater, Landgraf Albrecht, gelang es nicht, in der Landgrafschaft Thüringen den Frieden zu sichern und damit der wichtigsten Herrschaftspflicht zu genügen. Rudolf von Habsburg (1273–1291), der erste in der Reihe der ‹kleinen Könige›, die nur noch Könige, aber nicht mehr Kaiser waren, betrieb eine Politik der Wiedergewinnung von entfremdetem Reichsgut im Elsaß, in Schwaben, im Rhein-Main-Gebiet und in Mitteldeutschland. Sobald Heinrich der Erlauchte 1288 verstorben war, begannen zwischen Landgraf Albrecht und seinem Neffen Markgraf Friedrich Tuta Kämpfe um das meißnische Erbe. Rudolf erschien 1289 persönlich in Erfurt, um Frieden zu stiften. Er ließ Landfriedensbrecher hinrichten, Burgen schleifen und nahm das 1254 an Stelle der Mitgift für Margaretha an die Wettiner verpfändete Pleißenland 1290 in königlichen Besitz zurück. Friedrich und sein Bruder Dietrich (Diezmann) erzwangen vom Vater in dem entmündigenden Vertrag von Eisenach 1290 die Verpflichtung, keine Güter ohne ihre Zustimmung zu verkaufen, zu verpfänden oder zu verleihen.

Friedrich Tuta, der die Mark Meißen erhalten hatte, starb schon 1291, und der neue König Adolf von Nassau (1292–1298) zog die Markgrafschaft als erledigtes Reichslehen ein. Die vorausgegangenen innerwettinischen Teilungsvereinbarungen erkannte er nicht an, weil dabei Reichslehen nach innerfamiliärem Erbrecht als Eigenherrschaft behandelt wurde. Vorgehen konnte er dagegen erfolgreich freilich nur mit militärischen Machtmitteln. Friedrich «der Freidige», Landgraf von Thüringen, und Diezmann, Markgraf der Niederlausitz, nahmen jedoch mit Übergehung ihres erbberechtigten Vaters und ohne Rücksicht auf Ansprüche des Reiches an der Markgrafschaft Besitz von dieser Erbschaft. Friedrich erhielt die Mark Meißen und teilte sich mit seinem Bruder Diezmann die Ostmark.

Gegen alle Absprachen verkaufte der verschwenderisch lebende Vater Albrecht die Landgrafschaft indes im September 1293 an seinen zweiten Sohn und machte diesen zum Mitregenten. Kurz darauf, im April 1294, verkaufte er die Landgrafschaft noch einmal für 12.000 Mark Silber an den neugewählten König Adolf von Nassau, wobei die Besitzübertragung erst nach Albrechts Tod wirksam werden sollte. Da König Adolf auch die Markgrafschaft Meißen als heimgefallenes Lehen eingezogen hatte, waren die beiden Brüder praktisch enterbt, doch sie waren nicht gewillt, dies hinzunehmen. Die Rechtlichkeit des spektakulären Verkaufs der Landgrafschaft war und ist umstritten. Handelte es sich um die Rückgabe eines königlichen Lehens gegen Geldentschädigung, oder konnten die Söhne davon ausgehen, daß das väterliche Lehen faktisch zu ihrem Erbe gehörte?

Albrecht versuchte, seine Ansprüche mittels eines Kriegszugs nach Thüringen gegen die Brüder durchzusetzen. Seine Söldner ruinierten durch Plündern, Brennen und Morden den Ruf des Königs, aber ein Teil der meißnischen Adligen fand sich in seinem Feldlager in der Erwartung ein, daß der König ihnen Rückhalt gegen die Herrschaftsbestrebungen der Wettiner geben würde. Ein zweiter Feldzug führte zur Eroberung Freibergs. Friedrich mußte bei den Verwandten seiner Frau in Tirol Zuflucht suchen. Die Erbstreitigkeiten der Wettiner hatten dazu geführt, daß der König, Adolf von Nassau, für zwei Jahre durch Verwalter in Thüringen und Meißen regieren konnte.

Die Frage des doppelten Verkaufs der Landgrafschaft kam dann freilich doch nicht zur Entscheidung, weil Adolf von Nassau 1298 abgesetzt und im Feld getötet wurde. Auch der neue König Albrecht I. von Habsburg (1298–1308) versuchte, wenngleich nicht sofort, sein Königsgut auf Kosten der Wettiner in Thüringen und Meißen auszuweiten, fiel militärisch in diese Gebiete ein und fand dort auch Unterstützung, etwa durch die Stadt Eisenach, die Hoffnungen hegte, zu einer freien Reichsstadt aufzusteigen. Friedrich I. rettete im Jahr 1306 seinen auf der Wartburg belagerten Vater, nötigte ihm aber eine Art Abdankungsvertrag ab. Erst der mit Hilfe der Leipziger Bürger errungene Sieg Friedrichs und seines Bruders Diezmann in der Schlacht von Lukkau südlich von Leipzig im Mai 1307 gegen die Königlichen sowie der Tod König Albrechts 1308 nahmen endgültig den Druck der Reichsgewalt von den wettinischen Landen, in denen Friedrich nach dem Tode des Bruders 1307 und dem Herrschaftsverzicht des Vaters jetzt allein regierte. Diezmann, der wohl aus Geldsorgen die Niederlausitz 1303 bzw. 1304 an das brandenburgische Fürstenhaus verkauft hatte, starb wenig später.

Der neue schwache König Heinrich VII. von Luxemburg (1308–1313) beanspruchte die Kaiserkrone und das Königreich Böhmen, und dafür benötigte er die Unterstützung der Fürsten. Sein Sohn Johann schloß daher, während Heinrich sich auf dem Weg nach Italien befand, mit Friedrich in Prag einen Vertrag (Prager Einung 1310), welcher dem Wettiner die völlige Wiederherstellung und dauerhafte Anerkennung seiner Herrschaft in Meißen und in Thüringen sicherte. Im folgenden Jahr 1311 wurde jedoch der von Friedrich provozierte Streit mit den Städten Erfurt, Mühlhausen und Nordhausen vor den als Reichsverweser amtierenden Johann gebracht, der die Einung für nichtig und den Markgrafen aller seiner Rechte für verlustig erklärte. Nach seiner Rückkehr deklarierte ihn der Kaiser zum Feind des Reiches und des Friedens, doch das hielt Friedrich nicht davon ab, sich umgehend mit dem Markgrafen von Brandenburg anzulegen. Vor Großenhain gerieten er und sein Sohn Friedrich der Lahme († 1315) in brandenburgische Gefangenschaft und mußten im April 1312 harte Friedensbedingungen akzeptieren: Verzicht auf die Markgrafschaften Lausitz und Landsberg, Abtretung bzw. Verpfändung großer Teile der Markgrafschaft Meißen mit so wichtigen Städten wie Dresden, Großenhain, Meißen, Leipzig und Torgau, Zahlung hoher Summen an den brandenburgischen Sieger. Aber kaum war der vereinbarte Waffenstillstand abgelaufen, begannen die militärischen Auseinandersetzungen 1315 erneut, und diesmal wendete sich das Glück. Im Frieden von Magdeburg erhielten die Wettiner ihre alten Besitzungen zurück, allerdings ohne die Niederlausitz, die Markgrafschaft Landsberg und die Pfalzgrafschaft Sachsen.

Im Verhältnis zum Reich bedeutete der Tod Kaiser Heinrichs VII. 1313 für die Wettiner eine spürbare Entlastung, auch weil sie mit dem 1314 gewählten Nachfolger, Ludwig dem Bayern (1314–1347), auf gutem Fuße standen. Weiteren Herrschaftszuwachs brachte die Erbschaft des Onkels und ‹Herrn zu Dresden› Friedrich Clem, der sich dort als Herrscher über die Burg, die Stadt und die Landschaft etabliert hatte. Noch bedeutsamer war aber die 1323 erfolgte Bestätigung der Reichslehen der Wettiner durch König Ludwig und die erneute pfandweise – tatsächlich endgültige – Überlassung des Pleißenlandes. Friedrich konnte noch erleben, wie aus der Erbmasse der 1319 ausgestorbenen Linie der brandenburgischen Askanier alter wettinischer Besitz wieder an sein Haus zurückfiel, so das Osterland, Leipzig, Torgau und Großenhain. Mit dem schon kranken und regierungsunfähigen Friedrich I. handelte der böhmische König Johann in Komutau 1322 einen Heiratsvertrag aus, nach welchem seine sechsjährige Tochter Judith mit Friedrichs Nachfolger verbunden werden sollte.

Bis zu seinem Tod im November 1323 führte Friedrichs I. Frau Elisabeth mit Beratern die Regentschaft unter Vormundschaft des Grafen Heinrich XVI. von Schwarzburg für den unmündigen Sohn Friedrich II. Die Tradition der Wettiner, sich in Altzelle bei

Nossen beisetzen zu lassen, wurde mit Friedrich I. unterbrochen. Sein Grab befindet sich im Katharinenkloster in Eisenach.

Die verwickelte territoriale Geschichte Sachsens in jener Zeit gilt als ein Beispiel für die Mobilisierung von Herrschaftsrechten und für die Kommerzialisierung der Landesherrschaft in diesem Raum. Im Rückblick ergibt sich aber auch, daß Markgraf Friedrich I., der vier deutsche Könige überlebt hatte und mehrfach in aussichtslose Lagen geraten war, durch Tatkraft, geschicktes Taktieren und eine gewisse Skrupellosigkeit die Macht der wettinischen Landesherrschaft gegen vielerlei Widerstände neu und dauerhaft begründen konnte.

Friedrich II., der Ernsthafte (1323–1349)

In der meißnischen Fürstenchronik gilt die Regierungszeit Friedrichs II. als eine Epoche der Rekuperation, der dauerhaften Wiedergewinnung der durch die Schuld Albrechts des Entarteten entfremdeten Herrschaftsrechte. Nach dem Tode seines Vaters trat Friedrich II. 1323 im Alter von dreizehn Jahren unangefochten in die Nachfolge ein. Seine Regentschaft stand zunächst unter der Vormundschaft seiner Mutter Elisabeth, einer geborenen Gräfin von Lobdeburg-Arnshaugk, und des Grafen Heinrich XVI. von Schwarzburg, der auch die wettinischen Besitzungen in Thüringen verwaltete. Der Graf starb indes schon 1324. An seine Stelle trat der mit den Wettinern eng verwandte Vogt Heinrich II. Reuß von Plauen, zugleich Hauptmann der Wettiner in der Mark Meißen sowie im Pleißen- und Osterland. Durch die Lösung der Verlobung Friedrichs mit Judith, der Tochter des Königs Johann von Böhmen, und seine Verlobung mit Mechthild, Tochter des Königs Ludwig des Bayern (seit 1328 Kaiser), wurde bereits 1323 eine reichspolitische Vorentscheidung gegen die Luxemburger und für die Wittelsbacher getroffen. Die Hochzeit des Paares wurde 1328 gefeiert. Die Verbindung mit dem Haus Wittelsbach erleichterte den Ausbau der Landesherrschaft. Ludwig der Bayer verpfändete seinem Schwiegersohn 1324 das wieder ans Reich zurückgefallene Pleißenland mit den Städten Zwickau und Chemnitz und belehnte ihn 1328 überdies mit der Burggrafschaft Altenburg. Vom Herzog von Braunschweig kaufte Friedrich II. zudem 1347 die Mark Landsberg zurück.

Im Vorfeld des Hundertjährigen Krieges um die englischen Besitzungen in Frankreich zog Friedrich 1338/39 mit König Edward III., der mit Ludwig dem Bayern verbündet war, nach

Frankreich und empfing, ohne daß es zu ernsten Kämpfen gekommen war, unterwegs vom englischen König den Ritterschlag.

Schon ein Jahr nach der Übernahme der Regierung wurden die guten Beziehungen des Vogtes von Plauen zu Kaiser Ludwig durch die Bestätigung aller Rechtstitel und Regalien für die Vögte von Plauen, Gera und Weida gekrönt, die dadurch fast zu Landesherren aufstiegen. Friedrich gewann jedoch den Eindruck, daß der Plauener Vogt seine Position als Vormund zur Stärkung seiner eigenen Herrschaftsrechte zu Lasten der Wettiner benutzte und entließ ihn kurz darauf. Ein Vermittlungsversuch des Kaisers scheiterte, und der Konflikt eskalierte, als sich der Vogt mit anderen thüringischen Grafen verbündete. Die kriegerischen Auseinandersetzungen der ‹Thüringischen Grafenfehde› zwischen 1342 und 1346 endeten mit der erfolgreichen Durchsetzung wettinischer Herrschaft in Thüringen gegen ursprünglich ranggleiche Konkurrenten, die ohne Unterstützung des Königtums gegenüber der erstarkenden Landesherrschaft in eine aussichtslose Lage geraten waren. Weil Friedrich so zu einem der angesehensten Fürsten im Reich geworden war, bot ihm 1348 die wittelsbachische Partei nach dem Tode Kaiser Ludwigs die Königskrone an. Der Wettiner hätte diese Krone allerdings gegen den im Juli 1336 zum König gewählten Luxemburger Karl von Mähren durchsetzen müssen. In richtiger Einschätzung der Kräfteverhältnisse lehnte Friedrich das Angebot ab. Er verhandelte stattdessen mit Karl und festigte in einer Reihe von Verträgen die neue Bündniskonstellation.

Wenige Tage vor seinem Tod im November 1349 versuchte Friedrich II. mittels einer Nachfolgeregelung die Teilung der Herrschaft unter seinen vier Söhnen zu verhindern. Er ließ den schon mündigen Zweitgeborenen Balthasar schwören, in den nächsten zehn Jahren die Herrschaft ungeteilt auszuüben und seinen älteren Bruder als Vormund und Senior anzuerkennen. Durch den befristeten Verzicht war das Problem der Ansprüche der Brüder auf selbständige Herrschaftsausübung vorerst aufgeschoben. An den Übergang zur Primogenitur hat man indes damals noch nicht gedacht. Der dynastische Zusammenhalt wurde jedoch durch die im Februar 1350 in Bautzen durch König Karl IV. erfolgte Belehnung der vier Brüder mit allen Reichslehen zur gesamten Hand verstärkt. Das Aussterben einer Linie der Dynastie würde infolgedessen nicht mehr zum Verlust einzelner Lehen führen.

Die Große Pest erreichte die Markgrafschaft zu Anfang des Jahres 1349. Der verbreitete Verdacht, die Juden hätten die Brunnen vergiftet, wurde vom Markgrafen aufgenommen und mit seiner

Billigung wurden zahlreiche Juden in Dresden, Meißen und anderen Städten getötet.

Wenige Monate nach der erneuten Krönung Karls (IV.) von Böhmen zum Römischen König verstarb Friedrich «der Ernsthafte» auf der Wartburg und wurde im Kloster Altzelle bei Nossen beigesetzt. Der Dresdner Fürstenzug stellt seine Jugend heraus, die zeitgenössische Meißnische Fürstenchronik indes nennt ihn den ‹den Mageren›. Den sehr viel späteren Beinamen ‹der Ernsthafte› könnte er seinen Verdiensten um die Archivierung des markgräflichen Urkundenbestandes verdanken, die sein Notar Johann von Eisenberg im Jahr 1330 begonnen hatte.

Friedrich III., der Strenge (1349–1381)

Selbständige Herrschaft für alle Söhne sowie Sicherung von Macht und Herrschaft für die Dynastie waren zwei sich widersprechende Ziele adeliger Herrschaft. Um politische und militärische Erfolge nicht durch Teilungen zu gefährden, und um stark zersplitterte Herrschaftsrechte zu bündeln, wurden Formen der Konfliktregelung und familiärer Organisation entwickelt und durch Verträge und Traditionen (Observanzen) – wenn auch noch nicht durch Hausgesetze – abgesichert, welche die Verfolgung beider Ziele ermöglichen sollten. Familienmitglieder, auch Ehefrauen und Räte, gewannen dabei als Moderatoren und Schiedsrichter zunehmend Einfluß. Ludwig der Bayer hatte 1341 seinen Nachfolgern testamentarisch eine Landesteilung für mindestens 20 Jahre nach seinem Tod verboten. Ähnliche Regelungen finden sich für das Haus Hohenzollern. Und auch Friedrich II. hatte seine Söhne in diesem Sinne zur Erhaltung der Einheit verpflichtet.

Sein Sohn Friedrich III. übernahm bei seiner Volljährigkeit im September 1351 die Herrschaft und Vormundschaft über seine Brüder Balthasar und Wilhelm, die in einem Vertrag dann auf dreizehn Jahre verlängert wurde. Friedrich stand danach als Ältester einer Brüdergemeinschaft vor, die gemeinsam regieren und mögliche Konflikte durch eine von Räten besetzte Schiedskommission entschärfen lassen wollte. Der Bruder Ludwig war für eine Laufbahn in der Kirche vorgesehen und wurde Erzbischof von Mainz, später von Magdeburg. Friedrichs 1346 geschlossene Ehe mit Katharina von Henneberg brachte 1353 Coburg an die Markgrafen von Meißen. Die Ehe seiner Schwester Elisabeth mit dem Burggrafen Friedrich V. von Nürnberg stiftete die Verbindung zwischen den Häusern Hohenzollern und Wettin. Die förmliche Belehnung mit den vom Vater ererbten Ländern durch Kaiser Karl IV. erfolgte im Februar 1350 in Bautzen. Zugleich wurde dem Wettiner als Zeichen der Verbundenheit mit dem Reich das den späteren wettinischen Fürsten mehrmals bestätigte Oberjägermeister-Amt des Heiligen Römischen Reiches angetragen.

Energisch und geschäftstüchtig sicherte Friedrich den Besitz seines Hauses in der nicht unproblematischen Nachbarschaft zum böhmischen König und zum deutschen Kaiser. Bedeutende Mehrungen gelangen durch den Erwerb der Burggrafschaft Leisnig 1365. Zusammen mit dem Kaiser kämpfte Friedrich III. von 1354 bis 1359 gegen die Vögte von Plauen, Gera und Weida, denen der Ausbau einer konkurrierenden Landesherrschaft nicht gelang. Von Karl IV. erwarb er pfandweise die Niederlausitz, die aber nicht gehalten werden konnte, weil der Kaiser das Pfand 1364 wieder einlöste. Eine Erbverbrüderung mit dem Landgrafen von Hessen brachte, da sich dort Nachwuchs einstellte, nicht den erhofften Erfolg. Wirtschaftliche Prosperität, vor allem durch das aufblühende städtische Leinengewerbe, begünstigte die landesherrliche Politik. Die Chroniken beschreiben Friedrich als schlank, hochgewachsen und freundlich (‹freundholdig›), aber auch als streng gegenüber Feinden und Landräubern. Die Markgräfin Katharina ließ für sich und ihre Söhne einen Fürstenspiegel in deutscher Sprache mit dem Titel ‹Katharina Divina› verfassen. Nach der Tradition aristotelischer Politiklehren behandeln die drei Bücher die Ethik, die Haushaltungslehre (Ökonomik) und die Politik. Einsichten in die wettinische Verwaltung und Hofhaltung lassen sich aus der Schrift zwar nicht gewinnen; sie verdeutlicht aber den Horizont und den Bildungsanspruch an den Höfen der Territorialfürsten des 14. Jahrhunderts.

Über Vorrechte Friedrichs bei der Ausübung der Regierung und über die Beteiligung Balthasars bzw. dessen selbständige Teilherrschaften kam es im Laufe der Jahre dann zu Konflikten, die auch in zahlreichen Vermittlungen und Verträgen nicht dauerhaft beigelegt werden konnten. Überdies wollte der mündig gewordene jüngere Bruder Wilhelm nicht auf Ansprüche auf eine selbständige Herrschaft verzichten. Man einigte sich zunächst auf eine gemeinsame Finanzverwaltung, dann auf ein rotierendes Recht zur Einsetzung eines Hofrichters und schließlich auf die Einteilung des wettinischen Herrschaftsbereiches in drei Verwaltungseinheiten mit je einer eigenen Hofhaltung (‹Behausung›). Jeder der drei Brüder erhielt eine gleichgroße Unterhaltssumme und ‹Behausung› zugewiesen, die er selbständig verwalten sollte. Auch die Ehefrauen Friedrichs III. und seines Bruders Wilhelm I. erhielten gleichgroße Unterhaltszahlungen ohne Anrechnung der Einnahmen aus ihren Mitgiften. Wichtige Entscheidungen, etwa über Fehden und Kriege, sollte die Brüdergemeinschaft einvernehmlich fällen. In einem im Kloster Altzelle beurkundeten und befristeten Vertrag wurde vereinbart, daß die Brüder jeweils für zwei Jahre die Vormundschaft über die Brüdergemeinschaft übernehmen sollten.

Eine neue, noch stärkere administrative Trennung bei gemeinsamer Wahrnehmung der Hoheitsrechte wurde 1379 anläßlich einer «Örterung» bei Neustadt/Orla vereinbart. In dieser freiwilligen Teilung auf Zeit wurden aus den bisherigen ‹Behausungen› abgegrenzte Teile, die ‹Orte› genannt wurden, geschaffen: Thüringen, Meißen und Osterland. Mit Osterland wurde damals ein südlich von Leipzig gelegenes Gebiet zwischen Saale und Mulde bezeichnet, welches das Pleißenland und das Vogtland einschloß. Die Einkünfte wurden nun gleichmäßig geteilt; der Gesamtbesitz, zu dem auch die Stadt Freiberg mit Münze und Bergwerken gehörte, blieb gemeinsam. Zur Finanzierung von Schuldenlasten und von Kriegszügen wurde die Erhebung einer Landsteuer (Bede) verabredet. Die Verteilung der ‹Orte› erfolgte durch Los, und so erhielt der jüngste Bruder Wilhelm die Markgrafschaft Meißen, Balthasar die Landgrafschaft Thüringen, während Friedrich III. sich mit dem Osterland zufriedengeben mußte. Solche Teilungen setzten nicht nur ein hohes Maß an Abstimmung und Kommunikation zwischen den Brüdern voraus, sie förderten auch zukunftweisende Herrschaftspraktiken. Dazu gehörte die Übertragung der Finanzverwaltung an Räte und Kammern ebenso wie die Aufzeichnung der verwickelten Besitzrechte und der immer wichtiger werdenden Geldeinkünfte aus zahlreichen Quellen. Der Aufbau eines leistungsfähigen Kanzleiwesens wurde daher zu einem Erfordernis. Schon bei Beginn der Herrschaft Friedrichs III. war ein ‹Lehnbuch› angelegt worden; zur Vorbereitung der Örterung entstand 1378 ein weiteres, mehr auf die Einkünfte aus einzelnen Ortschaften abstellendes Verzeichnis für Meißen und Thüringen, das ‹Registrum dominorum marchionum Missnensium›. Dieses ‹Landbuch› zeigt, daß bei der Ausbildung der Landesherrschaft trotz aller Teilungen, Verpfändungen und Verkäufe die Länder nach innen durch Ämter bis zu einem gewissen Grad administrativ einheitlich erfaßt worden sind. Die geographische Zersplitterung der Ämter nahm nach Osten hin ab, auch wenn von einer kompakten Territorialität damals noch keine Rede sein konnte.

Die guten Erfahrungen aus der gemeinsamen Regierung wollte Friedrich III. in die Regelung seiner Nachfolge in seinem Herrschaftsgebiet, dem Osterland, einbringen. Daher hat er sich kurz vor seinem Tode im Mai 1381 von seinen noch unmündigen Söhnen versprechen lassen, daß sie sich von ihrer Mutter als Vormund auch bei Erreichen der Volljährigkeit nicht trennen würden. Als letzter der meißnischen Markgrafen wurde Friedrich im wettinischen Hauskloster Altzelle beigesetzt.

Auf der nächsthöheren dynastischen Ebene zerbrach jedoch die brüderliche Einheit bald nach seinem Tod. In der Chemnitzer Teilung vom November 1382 wurde, ohne daß sich die Motive recht erkennen ließen, die Brüdergemeinschaft endgültig aufgelöst. Sie war eine Realteilung (‹Totteilung›), weil sie keine Regelungen bezüglich einer Erbverbrüderung enthielt. Balthasar erhielt Thüringen, Wilhelm Meißen und die Söhne Friedrichs III. das Osterland. Erst nach dem Aussterben zweier Linien 1407 bzw. 1482 wurde die Teilung überwunden.

Wilhelm I., ‹der Einäugige›, regierte die Markgrafschaft Meißen erfolgreich bis zu seinem erbenlosen Tod 1407. Als Pfand brachte er die Mark Brandenburg zeitweise in seinen Besitz. Jenseits des Erzgebirges erwarb er den Pfandbesitz an der böhmischen Herrschaft Riesenburg mit dem Kloster Osegg und der Stadt Dux, die bis 1459 bei der Mark Meißen blieben. Im Verlauf einer blutigen Fehde vertrieb er die Burggrafen von Dohna und arrondierte die Markgrafschaft durch den bis dahin böhmischen Königstein, die Stadt Pirna und die Herrschaften Eilenburg und Colditz bis an die spätere sächsisch-böhmische Grenze. An den Burgen Rochlitz, Dresden und Leisnig sowie am Dom zu Meißen ist Wilhelm I. als Bauherr hervorgetreten.

Friedrich IV./I., der Streitbare (1381/1423–1428)

Friedrich IV. und seine Brüder waren in der Chemnitzer Teilung mit dem verstreuten Territorium Osterland bedacht worden. Gerade volljährig und der Vormundschaft seiner Mutter entwachsen, führte Friedrich 1388 ein meißnisch-thüringisches Ritteraufgebot erfolgreich nach Franken gegen Rothenburg, Windsheim und Nürnberg. Die Teilnahme am Kreuzzug des Deutschen Ordens gegen Litauen verschaffte ihm die Ritterwürde.

Die Vertreter der drei wettinischen Linien hatten durch mehrere Erbverbrüderungen den Gesamtbesitz der Dynastie abzusichern versucht, ohne dabei die Absicht einer Vereinigung der Landesteile zu verfolgen. Doch der generative Zufall machte alle diese Pläne zunichte: Landgraf Balthasar starb 1406, sein Bruder Markgraf Wilhelm I. von Meißen kinderlos schon ein Jahr später. In Thüringen indes war die Nachfolge geklärt, und Balthasars Sohn Friedrich ‹der Friedfertige› übernahm dort die Herrschaft. Die Markgrafschaft Meißen sollte an ihn und an die beiden Brüder Friedrich IV. und Wilhelm II. fallen. Nach längeren und schwierigen Verhandlungen einigte man sich 1410 im Vertrag von Naumburg auf eine Teilung, die für die Osterländer wegen des direkten territorialen Anschlusses der westlichen Teile der Mark an ihr Gebiet vorteilhaft war.

Friedrichs IV. Vater hatte für den dreizehnjährigen Knaben eine Ehe mit Anna, der Tochter Karls IV., verabredet. Aber als Friedrich volljährig geworden war, verweigerte Karls Sohn Wenzel die Einhaltung der Verlobung und verheiratete seine Schwester mit dem König von England, akzeptierte jedoch die Zahlung einer hohen finanziellen Entschädigung. Friedrich hat dann 1402 Katharina aus dem Hause Braunschweig-Lüneburg geheiratet. Der Bruch des Verlöbnisses verschlechterte die Beziehungen zu Böhmen, und Friedrich unterstützte in der Folgezeit die Gegner Wenzels einschließlich des 1410 neugewählten Königs Sigismund.

Eher zufällig wurden Friedrich IV. und Wilhelm II. zu Stiftern und Gründern der Universität Leipzig. Nach von der Hussitenbewegung beeinflußten nationalpolitisch-religiösen Konflikten an der Universität Prag waren die dortigen Professoren und Studenten nach Leipzig abgewandert. Die von den Markgrafen dotierte Universität wurde nach der rasch erfolgten Genehmigung seitens des Papstes schon im Dezember 1409 eröffnet.

Auf dem Konzil zu Konstanz übertrug Kaiser Sigismund die Reichslehen an Friedrich IV., verweigerte aber die Übertragung der böhmischen Lehen, welche die Markgrafen von Meißen seit jeher innehatten. Friedrich IV. erhielt sie erst 1420 im Feldlager gegen die Hussiten vor Prag. Dabei unterstützte der Wettiner Kaiser Sigismund bei dessen Bemühungen um die böhmische Krone, und Sigismund übertrug ihm 1423 als treuem Gefolgsmann gegen gewichtige Ansprüche anderer Bewerber das nach dem Tode des Askaniers Albrecht III. erledigte kleine Herzogtum Sachsen-Wittenberg, mit dem allerdings die Kurwürde verbunden war. Nach Einführung in das Kurfürstenkollegium im folgenden Jahr wurde Friedrich IV. am 1. August 1425 zu Ofen (Budapest) feierlich mit der Kur Sachsen, dem Erzmarschallamt, der Pfalz Allstedt, der Grafschaft Brehna sowie der Burggrafschaft Brandenburg belehnt und nannte sich seitdem als Kurfürst Friedrich I. Damit stiegen die Wettiner in den Kreis der ranghöchsten Fürsten im Reich auf. Seitdem wurde auch der Name Sachsen zur Bezeichnung der wettinischen Länder üblich.

Die andauernden, auch auf sächsisches Gebiet übergreifenden Auseinandersetzungen mit den Hussiten führten 1426 zu einer außerordentlich verlustreichen Niederlage der sächsischen Ritter vor Aussig. Dabei verlor auch der Burggraf von Meißen sein Leben, und der Kurfürst nahm dessen Herrschaft umgehend in Besitz. Friedrichs IV. (I.) Engagement in diesen Kämpfen haben ihm im 16. Jahrhundert den Beinamen ‹der Streitbare› eingebracht.

Friedrich IV. (I.) starb im Januar 1428 in Altenburg und wurde in der von ihm angelegten Begräbniskappelle am Meißner Dom beigesetzt. Der Kurfürstentitel, der hinfort vor den Titel des Markgrafen rückte, spiegelte auch die mittlerweile eingetretenen Veränderungen der Herrschaftsstrukturen. Markgraf war ein Titel für den Träger eines königlichen Amtes. Dieser hatte zu Beginn des 15. Jahrhunderts jedoch nur noch historische Bedeutung, weil die Markgrafen zu Landesherren und weitgehend selbständigen Fürsten geworden waren.

Die Kurfürsten von Sachsen bis zur Leipziger Teilung 1423–1485

von Enno Bünz

Die Dynastie der Wettiner stieg im Laufe des späten Mittelalters zur Hegemonialmacht Mitteldeutschlands auf. Gestützt auf ihren alten Herrschaftsbereich in der Mark Meißen (seit 1089) und in der Landgrafschaft Thüringen (seit 1247/64) konnte sie ihre beherrschende Stellung allmählich ausbauen. Allerdings befand sich das weitgespannte Territorium, das neben dem heutigen Sachsen und Thüringen seit 1353 auch fränkische Gebiete um Coburg umfaßte, seit der Chemnitzer Teilung von 1382 in der Hand mehrerer Linien.

Friedrich IV./I., der Streitbare (1381/1423–1428)

Der älteste Sohn Markgraf Friedrichs III. (gest. 1381) – Friedrich IV., der Streitbare (geb. am 11. April 1370) – konnte in der Chemnitzer Teilung nur mit dem zwischen der Mark Meißen und der Landgrafschaft Thüringen liegenden Osterland ausgestattet werden. Die Herrschaft übte er gemeinsam mit seinen Brüdern Wilhelm II., dem Reichen (1371–1425) und Georg (1380–1401) aus. Die Landgrafschaft Thüringen hatte 1382 Balthasar, ein Bruder Markgraf Friedrichs III., erhalten. Die Markgrafschaft Meißen befand sich aufgrund der Chemnitzer Teilung in der Hand eines weiteren Bruders Friedrichs III., Wilhelms I., der 1407 ohne Nachkommen verstorben ist, wodurch die Mark Meißen an Herzog Friedrich IV. und dessen Brüder fiel. Markgraf Wilhelm war der erste Wettiner, der im Dom zu Meißen beigesetzt worden ist, der bis 1539 als wichtigste Grablege der Dynastie dienen sollte. Markgraf Friedrich IV. ließ zu diesem Zweck seit ca. 1420 die Fürstenkapelle am Dom zu Meißen errichten. Friedrich der Streitbare und sein Bruder Wilhelm II. haben seit 1407 zunächst gemeinsam regiert, bis sie im Naumburger Vertrag 1410 eine Nutzungsteilung («Örterung») vereinbarten: Friedrich erhielt die Mark Meißen, Osterland und Pleißenland fielen Wilhelm zu.

Die letzten Jahre der Regierungszeit Friedrichs des Streitbaren wurden von zwei Ereignissen geprägt: dem Beginn der Hussitenkriege 1420 und der Verleihung der Kurwürde 1423. Die Hinrichtung des Prager Universitätslehrers und Predigers Jan Hus auf dem Konzil von Konstanz 1415 hatte in den folgenden Jahren zur Radikalisierung der Hussitischen Bewegung geführt. Nach dem Tod König Wenzels IV. hatte Papst Martin V. 1420 zum Kreuzzug gegen das verketzerte Böhmen aufgerufen. Mehrere Kriegszüge, die König Sigismund von 1420 bis 1431 gegen die Hussiten unternahm, scheiterten. Die wettinischen Lande wurden zunächst von den Hussitenkriegen nur indirekt berührt. Die Hussiten hofften, Markgraf Friedrich IV. für sich gewinnen zu können, doch entschied sich dieser für König Sigismund. In dessen Gefolge hat er 1420 an dem Feldzug nach Prag teilgenommen, welcher Sigismund die böhmische Königskrone einbringen sollte. Als Anerkennung für seine militärische Leistung hat Sigismund dem Markgrafen und dessen Bruder Wilhelm die böhmischen Lehen verliehen, die er ihnen 1417 in Konstanz noch verweigert hatte. Markgraf Friedrich IV. zeichnete sich 1421 durch weitere Kriegserfolge gegen die Hussiten aus, als es ihm gelang, das schwer bedrängte Brüx zu entsetzen. Der Markgraf erhielt zum Dank durch ein päpstliches Privileg das Recht, mehrere Domherrenstellen in Meißen ohne Mitwirkung des Domkapitels besetzen zu können, was den Markgrafen bereits 1399 für drei Kanonikate eingeräumt worden war. Noch wichtiger aber war die reichsrechtliche Aufwertung seiner Stellung durch die Verleihung der Kurwürde.

Im November 1422 starb Kurfürst Albrecht III. von Sachsen-Wittenberg aus dem Hause der Askanier ohne männliche Nachkommen. Daß die sächsische Kurwürde an die Wettiner fallen würde, war zunächst keineswegs sicher. Neben den Markgrafen von Meißen strebten auch der Kurfürst von Brandenburg, die Fürsten von Anhalt sowie der Kurfürst von der Pfalz die Kurwürde an. Herzog Erich V. von Sachsen-Lauenburg machte Erbansprüche auf das Kurfürstentum geltend. Über die Vergabe des Herzogtums Sachsen-Wittenberg hatte der König zu befinden, und das Reichslehen war nach dem geltenden Leihezwang wieder an einen Reichsfürsten auszugeben. Vor allem aufgrund der Bedeutung des Wettiners für die Hussitenabwehr entschied sich Sigismund für den Markgrafen. Die vorläufige Belehnung Friedrichs des Streitbaren erfolgte am 6. Januar 1423, die formelle Belehnung am 1. August 1425 in Ofen: Friedrich erhielt das Kurfürstentum Sachsen, die Pfalzgrafschaft Sachsen, die Burggrafschaft

Kurfürst Friedrich I., der Streitbare (1423–1428)

Magdeburg und die Grafschaft Brehna. Der Erwerb des Kurfürstentums hatte den Wettinern eine reichspolitisch wertvolle Rangerhöhung, aber auch einen territorialpolitisch bedeutenden Zugewinn im Mittelelbegebiet eingebracht. Im Lauf des 15. Jahrhunderts hat sich für den gesamten Herrschaftsbereich der Wettiner der Name «Sachsen» durchgesetzt, der durch die sächsischen Askanier von Lauenburg über Wittenberg allmählich elbaufwärts in den mitteldeutschen Raum gewandert war. Die Verleihung der Kurwürde an die Wettiner, welcher die Belehnung der Hohenzollern mit dem Kurfürstentum Brandenburg vorangegangen war, verdeutlicht die Verschiebung der politischen Machtgruppierung im spätmittelalterlichen Reich. Das einstige Kolonialland zwischen Saale und Elbe hatte nicht nur politisch Anschluß an das Altsiedelland im Westen gefunden, sondern es holte den einstigen Abstand im Lauf des Spätmittelalters auch in wirtschaftlicher und kultureller Hinsicht auf.

Als Markgraf Wilhelm II. im Frühjahr 1425 starb, trat sein Bruder, Kurfürst Friedrich I., die alleinige Herrschaft über das gesamte wettinische Gebiet außer Thüringen an. Die schwerste politische Aufgabe, die er zu bewältigen hatte, war die Hussitenabwehr. König Sigismund und Papst Martin V. drängten auf einen neuerlichen «Kreuzzug». Während 1426 in Nürnberg zwischen dem König und den Reichsfürsten über die Größe des Aufgebots verhandelt wurde, kam es zur Schlacht bei Aussig an der Elbe. Aussig und Brüx waren von König Sigismund dem sächsischen Kurfürsten verpfändet worden. Beide Städte lagen jenseits der sächsisch-böhmischen Grenze und bildeten für die Hussiten bedrohliche Vorposten, die es einzunehmen galt. In der Schlacht vom 16. Juni erlitten der meißnische und thüringische Adel, aber auch die Aufgebote der landesherrlichen und der oberlausitzischen Städte hohe Verluste. Aussig wurde von den Hussiten gestürmt. Nachdem Kurfürst Friedrich I. wieder nach Sachsen zurückgekehrt war, verfaßte er ein Rundschreiben an die Reichsfürsten, in dem er die Niederlage schilderte. «Und der Markgraf beklagte sich den Fürsten gegenüber sehr und begehrte Hilfe, man sah aber wenig dazu thun», kommentierte ein Chronist. Aussig war der Wendepunkt der Hussitenkriege. Nun gingen die Hussiten von der Abwehr deutscher Einfälle nach Böhmen zur Offensive gegen die Nachbarländer über.

Friedrich II. (1428–1464)

Kurfürst Friedrich der Streitbare ist am 4. Januar 1428 im Alter von 59 Jahren in Altenburg gestorben. In der Fürstenkapelle des Doms zu Meißen liegt er unter einer repräsentativen Bronzegrabplatte begraben. Kurfürst Friedrich II. (geb. am 22. August 1412 in Leipzig), dem Geschichtsschreiber der Frühen Neuzeit die Bezeichnung «der Sanftmütige» beigelegt haben, übernahm von seinem Vater ein schwieriges Erbe. Als Ende 1427 ein neuerlicher «Kreuzzug» gegen Böhmen anstand, ließ sich der kranke Kurfürst Friedrich I. schon durch seinen Sohn vertreten. Das Unternehmen, das sich gegen die Städte Tachau und Mies richtete, endete in einem Desaster. Nicht allein diese neuerliche Niederlage veranlaßte die Hussiten, im folgenden Jahr erstmals nach Sachsen einzufal-

Kurfürst Friedrich II.
(1428–1464)

len. Auch der plötzliche Tod Kurfürst Friedrichs des Streitbaren mochte die Hussiten dazu ermuntern. Nun begann – um ein Wort der zeitgenössischen böhmischen Chronisten zu zitieren – die Zeit der «großen, herrlichen Feldzüge». Von Altenburg aus ermahnte Kurfürst Friedrich II. am 30. März 1429 einen Amtmann, die Ritterschaft, die Bürger und die Landbevölkerung aufzubieten, «wenne wir tegelichen gewarnet werden vnde auch warhafftiglichin vornemen, wy die verdampten ketzer ye in meynunge syn, vnser lande mit macht zu obirzihen vnde die zu beschedigen». Im Sommer 1429 zogen die Hussiten durch Schlesien und die Oberlausitz nach Sachsen. Ein größerer Vorstoß erfolgte im Dezember 1429. Der Kurfürst wagte nicht, sich den Gegnern in offener Feldschlacht zu stellen, denn seine Hilferufe an die Reichsfürsten waren ungehört verhallt. Die Hussiten machten einen Bogen um die größeren Städte und befestigten Plätze. Das flache Land und die kleineren Landstädte hingegen versetzten sie in Angst und Schrecken.

1431 heiratete Kurfürst Friedrich Margarete von Österreich, wodurch das enge Verhältnis der Wettiner zum Haus Habsburg begründet wurde. In diesem Jahr kam es zum letzten «Kreuzzug» gegen Böhmen, der vor Taus scheiterte. Aber weder in diesem Jahr noch in den folgenden Jahren sind die Hussiten wieder in Sachsen eingefallen. Am 23. August 1432 hatten die militärischen und revolutionären Hauptkräfte der Hussiten mit Kurfürst Friedrich II. und dessen mitregierendem Bruder Sigismund den Friedsteiner Vertrag geschlossen. Dieser Vertrag sicherte nicht nur das engere Herrschaftsgebiet der Wettiner vor militärischen Einfällen, sondern auch die Besitzungen in Nordböhmen. Die Niederlage des Kreuzfahrerheeres vor Taus hatte auf der romtreuen Seite zum Umdenken geführt und ermöglichte die Verhandlungslösung auf dem Konzil von Basel. Nicht Waffengewalt, sondern Gespräche haben den Weg zum Frieden eröffnet. Damit war die Epoche der Hussitenkriege für Sachsen abgeschlossen.

Die Territorialpolitik Kurfürst Friedrichs des Sanftmütigen kann hier nur in knappen Zügen skizziert werden. Durch den Tod Heinrichs von Hartenstein in der Schlacht bei Aussig 1426 waren die Burggrafen von Meißen ausgestorben. Obschon der Kurfürst den reichsrechtlichen Status dieser Herrschaft bestritt, verlieh König Sigismund die Burggrafschaft Meißen an Heinrich von Plauen. Um den burggräflichen Güterbesitz erhob sich ein schwerer Streit, der 1428 im Vertrag von Arnshaugk vorläufig beigelegt wurde. Die Wettiner erhielten den Besitz um Meißen, während die Grafschaft Hartenstein und Schloß Frauenstein an die neuen Burggrafen kamen. Heinrich von Plauen war mit dem Vergleich jedoch nicht zufrieden und beanspruchte in einer Klageschrift 1435 den Lehnsbesitz von nicht weniger als 270 Dörfern, die ihm durch Kurfürst Friedrich II. vorenthalten wurden. Im Schiedsspruch von Preßburg 1439 wurde allerdings die Position des Kurfürsten von Sachsen im wesentlichen bestätigt. Viel bedeutender war jedoch der Heimfall der Landgrafschaft Thüringen durch den Tod Landgraf Friedrichs des Friedfertigen, der am 7. Mai 1440 kinderlos verstorben war. Im östlichen Vorfeld des wettinischen Machtbereichs gelangen manche Erwerbungen, so 1451 das niederschlesische Liegnitz. Im Streit um das Erbe der

Kurfürst Ernst (1464–1486)

Herren von Polenz konnten von Friedrich dem Sanftmütigen überdies Hoyerswerda und Senftenberg gewonnen werden, doch mißlang ein weiterreichender Ausgriff auf die Niederlausitz.

Die dynastischen Interessen der Wettiner reichten in diesen Jahrzehnten weiter in den Westen. Sigismund (geb. am 3. März 1416 in Grimma), der jüngere Bruder Friedrichs und Wilhelms, war 1437 in den geistlichen Stand eingetreten und dadurch aus der Mitregierung ausgeschieden. Kurfürst Friedrich II. hatte mit dem Würzburger Domkapitel vereinbart, daß Sigismund zum Koadjutor Bischof Johanns von Brunn gewählt wurde und dessen Nachfolge antreten sollte, was im Januar 1440 erfolgte. Das Bistum Würzburg mußte schon deshalb für die Wettiner von Interesse sein, weil ein Teil ihres Territoriums (Coburger Pflege) innerhalb dieser Diözese lag. Mit Sigismund waren sein Bruder Wilhelm III. und einige Räte an den Main gekommen, die sich jedoch schon bald gegen Sigismund, der mit Markgraf Albrecht Achilles von Brandenburg paktierte, auf die Seite des Würzburger Domkapitels stellten, da Sigismund nicht im Sinne der wettinischen Hausinteressen agierte. Im August 1442 wurde Sigismund als Bischof von Würzburg abgesetzt und mit einer Pension von 2.000 Gulden abgefunden. Sigismunds persönliche Tragödie war es, daß ihm noch ein langes Leben beschieden sein sollte, das er größtenteils als Gefangener seiner Familie auf Burg Rochlitz fristen mußte, weil das Bistum Würzburg die vereinbarte Jahresrente erst nach seinem Tod (24. Dezember 1471) bezahlen konnte. In der Fürstenkapelle des Meißner Doms liegt er begraben. Das Beispiel Bischof Sigismunds von Würzburg zeigt, welchen strengen Regeln dynastische Politik damals folgte, wenn ein Familienmitglied nicht die ihm zugewiesene Position ausfüllte.

Herzog Wilhelm III. von Sachsen hatte sich 1439 mit Anna von Habsburg, der Tochter König Albrechts II., verlobt. Die Vermählung fand 1446 in Jena statt. Dadurch erlangte Wilhelm den Erbanspruch auf das Herzogtum Luxemburg. Die Dynastie der Luxemburger war mit Kaiser Sigismund 1437 ausgestorben. Herzog Philipp der Gute von Burgund (1419–1467) versuchte, dem Wettiner Luxemburg streitig zu machen, weshalb Wilhelm III. das Herzogtum 1441 besetzte. Der Burgunderherzog zwang die sächsischen Truppen jedoch wieder zum Abzug. Ob es tatsächlich das Ziel Friedrichs des Sanftmütigen war, seinen Bruder mit einem eigenständigen Fürstentum im Westen des Reiches auszustatten, um den mitteldeutschen Machtbereich der Wettiner ungeteilt beherrschen zu können, ist umstritten. Das Vorhaben, in den folgenden Jahren aus Luxemburg zumindest durch ein Ehebündnis Kapital zu schlagen, ist gescheitert. Der Sohn Herzog Philipps des Guten von Burgund, Karl der Kühne (reg. 1467–1477), sollte mit einer Tochter Kurfürst Friedrichs II. verheiratet werden. Die wettinische Braut erhielt eine Mitgift von 120.000 Gulden, welche freilich als Kompensation für Luxemburg nicht ausgezahlt werden sollte. Der Ehevertrag lief auf den Verkauf des sächsischen Anspruchs auf Luxemburg an den burgundischen Herzog hinaus. Die Angelegenheit endete in einem Desaster, weil die hochrangige burgundische Gesandtschaft, die im Oktober 1451 nach Mitteldeutschland reiste, von Apel und Busso Vitzthum, welche beiden Kurfürst Friedrich II. Fehde angesagt hatten, entführt wurde.

Die wochenlange Verzögerung, die durch den Überfall auf die Gesandtschaft in den Eheverhandlungen zwischen Sachsen und Burgund eingetreten war, sollte sich als fatal für das gesamte Projekt erweisen: aus der sächsisch-burgundischen Verlobung ist schließlich nichts geworden.

Die gemeinsame Regierung Friedrichs des Sanftmütigen und Wilhelms III. war trotz mehrerer Verträge (Jena 1437, Coburg 1439, Weißenfels 1444) nicht von langer Dauer. Nach dem Scheitern des luxemburgischen Unternehmens 1444 mußte die gemeinsame Regierung neu geregelt werden, da ein enormer Schuldenstand aufgelaufen war. Durch das Aussterben der wettinischen Nebenlinie in Thüringen war zudem der Anfall der Landgrafschaft eingetreten. 1445 wurde in Altenburg eine Landesteilung vereinbart, die – da Wilhelm mit den Teilungsmodalitäten nicht einverstanden war – im Halleschen Machtspruch nachgebessert wurde. Kurfürst Friedrich II. erhielt den östlichen Teil mit den Kurlanden und der Mark Meißen nebst Altenburg und Zwickau, Herzog Wilhelm III. den thüringischen Besitz sowie die Pflege Coburg.

Angesichts der Unstimmigkeiten zwischen den Brüdern waren die Landstände aus der Mark Meißen, dem Osterland, dem Vogtland und Franken zusammengetreten, die allerdings 1445 wie auch 1485 zu schwach waren, um die Landesteilung zu verhindern. Seit der Zusammenkunft in Leipzig 1438 bildeten die Landstände aber eine Korporation, die sich ohne landesherrliche Einberufung versammeln durfte. In Leipzig wurde ein landständischer Ausschuß eingesetzt, der über die Verwendung der Steuern zu wachen hatte. Der «wettinische Ständestaat» (Helbig) wurde damit begründet. Die Fürsten hatten künftig die Macht der Stände zu achten, welche vor allem das Recht der Steuerbewilligung wahrnahmen.

Die Hauptverantwortung für die Landesteilung von 1445 trugen die Räte Wilhelms III. Der Anteil des thüringischen Adligen Apel Vitzthum, der aus dem kurfürstlichen Dienst zu Wilhelm übergewechselt war, ist jedoch vielfach überzeichnet worden. Wilhelm III. versicherte sich 1446 unter anderem mittels einer Landesordnung der Unterstützung der Stände und unterstrich damit die Sonderstellung Thüringens im wettinischen Herrschaftsgebiet. Diese verfassungs- und sozialgeschichtlichen Gegebenheiten und nicht der persönliche Einfluß Apel Vitzthums haben nach der Altenburger Teilung zum Bruch zwischen Kurfürst Friedrich und Herzog Wilhelm geführt. 1446 brach zwischen den Brüdern offener Streit aus, der zum «Sächsischen Bruderkrieg» eskalierte. Der Friede von Naumburg (27. Januar 1451) hat am Ergebnis der Altenburger Teilung allerdings nichts geändert. Aber weite Teile Sachsens und Thüringens waren, nicht zuletzt durch den Einsatz böhmischer Söldner, verwüstet worden.

Der «Sächsische Bruderkrieg» hat ein Nachspiel gehabt, das zu einer der berühmtesten Episoden der sächsischen Geschichte geworden ist. Der sächsische Adlige Kunz von Kauffungen suchte seinen Vorteil aus dem Konflikt zwischen Friedrich II. und Wilhelm III. zu ziehen und beging zahlreiche Rechtsbrüche, für die er durch ein Schiedsgerichtsverfahren, das der Kurfürst eingeleitet hatte, am 25. Juni 1455 rechtskräftig verurteilt wurde. Kunz von Kauffungen fühlte sich in seiner Ehre verletzt, akzeptierte das Urteil nicht, versicherte sich des Beistands Georg von Podiebrads und entführte in der Nacht vom 7. zum 8. Juli 1455 die beiden Prinzen Ernst und Albrecht aus dem Altenburger Schloß. Die Söhne des Kurfürsten konnten jedoch wieder befreit werden, ehe die Entführer die Grenze zu Böhmen erreicht hatten. Der Prozeß gegen Kunz von Kauffungen wurde in Freiberg durchgeführt, wo er am 14. Juli 1455 auf dem Marktplatz hingerichtet worden ist. Sehr bald hat sich die Sage dieses Vorganges bemächtigt und Kunz von Kauffungen zu einem Ritter stilisiert, der aus verletzter Ehre gezwungen war, dem Kurfürsten die Fehde anzusagen. Tatsächlich aber war die Entführung ein klarer Rechtsbruch. Das Schicksal Kunz von Kauffungens steht stellvertretend für zahlreiche Standesgenossen, die von den Wettinern ihrer Landesherrschaft untergeordnet wurden.

Das seit den Hussitenkriegen belastete Verhältnis der Wettiner zu Böhmen wurde 1459 durch den Vertrag von Eger auf eine neue Grundlage gestellt. Aufgrund seiner Ehe mit Anna von Habsburg, einer Schwester des verstorbenen Böhmenkönigs Ladislaus Postumus, erhob Herzog Wilhelm III. Ansprüche auf die böhmische Krone. Diese erlangte jedoch 1458 der böhmische Adlige Georg von Podiebrad, der von Kaiser und Papst anerkannt wurde. Im April 1459 hat Wilhelm III. in Eger auf seine Ansprüche verzichtet. Neben der Erbeinigung sah der Vertrag von Eger, wie es den dynastischen Gepflogenheiten der Zeit entsprach, ein Ehebündnis vor. Albrecht, der jüngere Sohn Kurfürst Friedrichs des Sanftmütigen, wurde mit Georg von Podiebrads Tochter Zdena (Sidonie) verlobt, dessen Sohn Herzog Hinko (Heinrich) II. von Münsterberg mit Katharina, der Tochter Herzog Wilhelms III. des Tapferen. Im Vertrag von Eger gab der böhmische König seine Ansprüche auf die Burgen und Städte nördlich des Elster- und Erzgebirgszuges (Plauen, Ölsnitz und Colditz) auf, mit denen Albrecht belehnt wurde. Die Herrschaften Hohnstein und Wildenstein, die 1443 und 1451 den böhmischen Herren Berka von der Duba abgekauft worden waren, wurden dem Kurfürsten als böhmische Lehen bestätigt. Im Gegenzug gaben die Wettiner böhmische Orte wie Brüx zurück. Die sächsisch-böhmische Grenze wurde jetzt auf dem Kamm des Erzgebirges gezogen. Der Vertrag von Eger gehört deshalb «zu den Grundgesetzen der sächsischen Territorialgeschichte» (Blaschke).

Ernst (1464–1486) und Albrecht (1464–1500)

Kurfürst Friedrich II. verstarb am 7. September 1464 in Leipzig. Ernst und Albrecht übernahmen nun, wie es ihr Vater gewünscht hatte, die gemeinsame Regierung des Kurfürstentums Sachsen. Friedrich der Sanftmütige hatte bereits 1447 testamentarisch die Unteilbarkeit der wettinischen Lande festgeschrieben, dies aber 1459 dahingehend modifiziert, daß Albrecht (geb. 31. Juli 1443) seinen älteren Bruder Ernst (geb. 24. März 1441) bei der Regierung beraten sollte. Ihre gemeinsame Politik war zunächst von manchen Erfolgen gekennzeichnet. 1472 wurde das schlesische Herzogtum Sagan erworben und 1477 auf Wiederkauf mit Sorau, Beeskow und Storkow weitere Herrschaften in der Niederlausitz.

Damit drangen die Wettiner in den brandenburgischen Interessenbereich vor. Eine weitere Konfliktzone war das Erzstift Magdeburg, denn Kurfürst Ernst war es 1476 gelungen, seinen gleichnamigen Sohn zum Erzbischof wählen zu lassen; dieser war damals erst zwölf Jahre alt, erfüllte folglich noch gar nicht die kirchenrechtlichen Voraussetzungen, um die Bischofsweihe empfangen zu können. Dies zeigte, daß es bei dem Zugriff auf einen Bischofssitz nicht um geistliche Belange ging, sondern daß diese Position einem politischen Zweck diente. 1479 konnte Ernst noch die Würde eines Administrators im Hochstift Halberstadt hinzugewinnen. Zum Erzbischof von Magdeburg wurde er aufgrund päpstlicher Dispens bereits 1489 geweiht. Magdeburg wurde indes zum Zankapfel zwischen Wettinern und Hohenzollern, die wechselseitig versuchten, Angehörige ihrer Familie auf dem Bischofssitz zu plazieren. Die Magdeburger Erzbischöfe residierten überwiegend in Halle. Für diese Zwecke hat Erzbischof Ernst dort 1506 die Moritzburg als Renaissanceschloß errichten lassen.

Die kursächsische Politik zielte mit dem Erzbistum Mainz noch auf eine andere bedeutende Diözese. Der Sitz des Erzbischofs lag zwar von Mitteldeutschland weit entfernt, doch das Mainzer Bistumsgebiet umfaßte unter anderem Thüringen bis zur Saale. Erfurt, die bedeutendste Stadt Mitteldeutschlands, unterstand der Herrschaft des Erzbischofs. Ende der 1470er Jahre eröffnete sich für Kurfürst Ernst die Chance, seinen 1467 geborenen Sohn Albrecht (Adalbert) in Mainz zu plazieren. In Thüringen war für Mainz eine schwierige Lage entstanden, weil die Gefahr bestand, das Eichsfeld und die Stadt Erfurt könnten dem Erzstift verlorengehen. Deshalb versicherte sich Erzbischof Diether von Isenburg (1459–1461; 1475–1482) der Hilfe des Hauses Wettin. Albrecht von Sachsen wurde im Alter von erst elf Jahren 1479 zum Provisor von Erfurt und zum Oberamtmann des Eichsfeldes ernannt. Das Domkapitel wählte den Wettiner 1481 zum Koadjutor des alternden Erzbischofs mit dem Recht der Nachfolge. Kurfürst Ernst von Sachsen hatte diese Berufung offenbar dem Papst auf seiner Romreise 1480 abgehandelt.

Bis zum Tod Erzbischof Ernsts 1513 konnten die Wettiner die Hochstifte Magdeburg und Halberstadt als ihre Einflußbereiche betrachten. Der Zugriff auf Mainz hingegen mißlang, da der junge Albrecht bereits 1484 gestorben ist. Im Hinblick auf die Stadt Erfurt zahlte sich das mainzisch-kursächsische Bündnis hingegen für beide Seiten aus, gelang es doch, die Stadt zu unterwerfen. Im Amorbacher Vertrag von 1483 mußte Erfurt den Erzbischof als «rechten Erbherrn» («Concordata Alberti») anerkennen. Durch den Weimarer Vertrag mit Kurfürst Ernst und Herzog Albrecht wurden die beiden Wettiner Schutz- und Schirmherren Erfurts und erhielten dadurch Anspruch auf die Heerfolge Erfurts sowie auf ein jährliches Schutzgeld. Damit unterstand die bedeutendste Stadt Thüringens der gemeinsamen Herrschaft der Erzbischöfe und Kursachsens.

Neben den Erzstiften Magdeburg und Mainz gehörte in der zweiten Hälfte des 15. Jahrhunderts auch das einstige Reichsstift Quedlinburg zum Einflußbereich der Wettiner. Dem Stift stand von 1458 bis 1511 als Äbtissin Hedwig vor, eine Schwester Ernsts und Albrechts. Die Stadtgemeinde Querfurt hatte sich aus der Abhängigkeit vom Stift gelöst und dessen Vogteiherrschaft abgestreift. Äbtissin Hedwig indes wollte diesen Zustand nicht hinnehmen. 1477 eroberten sächsische Truppen, die ihre Brüder entsandt hatten, die Stadt. Querfurt mußte die Landesherrschaft der Äbtissin anerkennen und sich wettinischer Schutzherrschaft unterstellen.

Das wettinische Territorium hat sich seit dem Ende des Bruderkrieges 1451 in einer kontinuierlichen Aufwärtsentwicklung befunden. Ablesbar ist dies an den Erfolgen Kurfürst Ernsts und Herzog Albrechts in den Erzbistümern Magdeburg und Mainz sowie an der Durchsetzung der Schutzherrschaft gegenüber Erfurt und Quedlinburg. 1482 war zudem die Landgrafschaft Thüringen an die wettinische Hauptlinie zurückgefallen. Damit gehörten die Wettiner zu den mächtigsten Fürstendynastien des spätmittelalterlichen Reiches, rangmäßig hervorgehoben als Kurfürsten, machtpolitisch ausgestattet mit einem weitgespannten und wohlorganisierten Territorium in der Mitte Deutschlands, und finanziell abgesichert durch gewaltige Silberfunde im Erzgebirge seit 1470/71, die der wettinischen Politik eine sichere Grundlage boten, obschon die Höhe der Bergerträge vielfach überschätzt worden ist. In den 1470er Jahren verfügte das Kurfürstentum über ein Jahreseinkommen von 80.000 bis 137.000 Gulden. Es gehörte damit zu den «finanziellen Großmächten» im Reich (Schirmer). Äußerer Ausdruck dieser Aufwärtsentwicklung des Territoriums wurde der 1471 begonnene Neubau der Albrechtsburg in Meißen, die allerdings erst 1510 vollendet worden ist. Neben Meißen spielten Dresden und Torgau in der Mark Meißen, Altenburg und Leipzig im Osterland sowie Weimar in Thüringen im 15. Jahrhundert eine bedeutende Rolle als Residenzorte der Wettiner. Die Reiseherrschaft, der Repräsentationsaufwand des Fürstenhauses und die Baumaßnahmen an den Schlössern verursachten jedoch auch laufend hohe Kosten.

Seit dem Beginn ihres selbständigen Regiments 1464 hatten sich Ernst und Albrecht allmählich voneinander entfremdet. Nach der Leipziger Teilung erinnerte Albrecht den Bruder an die frühere Zeit, da sie «auf das allerfreundlichste auf einem Schlosse gewohnet, eines Tisches und einer Schüssel gebraucht, auch alle Renten, Gülten und Einkünfte zugleich empfangen und ausgegeben, und stets so brüderlich und freundlichen Wesens gewesen, daß, was einer vom andern gefordert, was ihm oder seinen Kindern zugute kommen sollte, der andere froh und bereit war, das zu bewilligen und zu fördern». Gut anderthalb Jahrzehnte haben die Brüder eine gemeinsame Hofhaltung aufrechterhalten. Eine erste Trübung des Verhältnisses trat ein, als Kurfürst Ernst 1480 zu einer Romreise aufbrach und für die Zeit seiner Abwesenheit nicht seinen Bruder als selbständigen Vertreter einsetzte, sondern ihm einige Räte zur Landesverwaltung beiordnete. Dies verschärfte dann wohl die Meinungsverschiedenheiten zwischen Albrecht und den

Räten, namentlich mit deren führendem Repräsentanten, dem Oberhofmarschall Hugold von Schleinitz.

In der Forschung hat bislang Herzog Albrecht stets ein größeres Interesse gefunden als Kurfürst Ernst von Sachsen. Das mag damit zusammenhängen, daß Ernst die treibende Kraft der Leipziger Teilung gewesen ist, was von der Geschichtsschreibung zumeist negativ vermerkt wurde. Zudem war sein historisches Wirken stärker auf das Kurfürstentum Sachsen und dessen territoriale Konsolidierung gerichtet, wohingegen sein Bruder Albrecht sich auf den Schlachtfeldern Europas betätigt hat. Die Gegensätze zwischen Ernst und Albrecht spitzten sich weiter zu, obwohl die Räte um ausgleichende Vereinbarungen rangen. 1482 wurde die Auflösung der gemeinsamen Hofhaltung beschlossen. Albrecht verlegte seinen Wohnsitz nach Torgau und erhielt als Kompensation ein Jahrgeld, während Kurfürst Ernst bevorzugt in Dresden residierte.

Als im Juni 1485 der Entschluß zur Landesteilung gefaßt wurde, konnte niemand ahnen, daß die Leipziger Teilung im Gegensatz zu allen vorhergehenden Landesteilungen dauerhaft sein würde. Ernst sollte als der Ältere nach sächsischem Rechtsbrauch die Teilung durchführen und Albrecht seinen Anteil auswählen. Dabei war festgesetzt, daß Ernst die Kurwürde und den Kurkreis – das Gebiet um Wittenberg – behalten sollte. Als Ausgleich sollte Albrecht 25.000 Gulden erhalten. Um das Territorium aufteilen zu können, wurden die Erträge der Ämter ermittelt und auf dieser Grundlage ein Teilungsplan erstellt. Die intensive verwaltungsmäßige Durchdringung des wettinischen Territoriums erleichterte das Verfahren. Der Teilungsplan sah einen meißnisch-osterländischen Teil (mit 56 Städten, darunter Dresden und Leipzig) sowie einen thüringisch-fränkischen Teil (mit 70 Städten, darunter Weimar und Coburg) vor, nahm dabei aber bewußt in Kauf, daß beide Anteile ineinander verzahnt blieben. Der Besitz der adeligen Lehnsträger lag vielfach in beiden Gebieten, so daß die Abhängigkeit der Vasallen von beiden Herren fortbestand. Beiden Fürsten gemeinsam blieben die Nutzung der Bergwerke, die Herrschaft über das silberreiche Schneeberg sowie die wettinischen Erwerbungen in Schlesien und in der Niederlausitz. Auch Schulden, etwaige Anwartschaften und Lehen sollten gemeinsam beglichen bzw. genutzt werden. Gemeinsam ausgeübt werden sollte ferner die Schutzherrschaft über die Städte Erfurt, Nordhausen, Mühlhausen und Görlitz, dazu die Schirmherrschaft über das Hochstift Meißen. Die Schirmherrschaft über das Hochstift Merseburg sollte hingegen zum meißnischen Teil, die Schirmherrschaft über das Hochstift Naumburg zum weimarischen Anteil gehören.

Der thüringische Teil war im Wert etwas geringer veranschlagt, weshalb dessen Besitzer von dem Inhaber des meißnischen Teils einmalig 100.000 Gulden erhalten sollte; die gewaltige Summe wurde schließlich auf die Hälfte reduziert. Kurfürst Ernst, der gerne in Dresden geblieben wäre, hatte wohl gehofft, daß Albrecht den thüringischen Teil wählen würde, doch hat sich dieser anders entschieden. Der Teilungsbeschluß fiel in Leipzig am 11. November 1485 in Gegenwart der Stände, die noch zu schwach waren, um das Geschehen zu verhindern. Herzog Albrecht legte in einer eindringlichen Rede dar, daß die Teilung Gefahren mit sich brächte und wies zudem auf die Zerreißung und Vermengung der Lande hin; schwere Vorwürfe erhob er gegen den Oberhofmarschall Hugold von Schleinitz, der ihn von Ernst entzweit und dessen Teilungspläne befördert habe. Doch der Kurfürst blieb bei seinem Teilungsentschluß. Auf dem Reichstag zu Frankfurt am 24. Februar 1486 wurde die Landesteilung von Kaiser Friedrich III. bestätigt und danach auch von Maximilian I., der gerade zum König gewählt worden war, sanktioniert. Konflikte zwischen dem ernestinischen Kurfürstentum und dem albertinischen Herzogtum Sachsen konnten angesichts der Teilungsmodalitäten nicht ausbleiben. Der Naumburger Schied vom 25. Juni 1486 belegt dies. Streitigkeiten um gemeinsame Herrschaftsrechte und Besitzungen, um den Grenzverlauf und das Geleit auf den Handelsstraßen, auf deren Verlauf die neuen territorialen Gegebenheiten keine Rücksicht nahmen, rissen auch in den folgenden Jahren nicht ab.

Die ältere sächsische Historiographie hat stets auf die Sinnlosigkeit der Leipziger Teilung verwiesen und betont, daß die persönliche Entscheidung eines Fürsten – Kurfürst Ernsts – «einer in Jahrhunderten aufgewachsenen, sinnvollen Territorialentwicklung den letzten Erfolg verbaut» habe (Blaschke). Gewiß wäre ein mitteldeutscher Flächenstaat, wie er 1485 bestand, von ganz anderem Gewicht für die weitere deutsche Geschichte gewesen, etwa in Konkurrenz zu Brandenburg-Preußen oder zu Habsburg. Aber das sind Überlegungen, die der Historiker nur im Nachhinein anstellen kann. Ernst und Albrecht indes folgten, wie frühere Generationen ihrer Familie, dynastischen Vorstellungen, indem sie über ihr Territorium wie über Familienbesitz verfügten. Dem entsprach auch das weithin noch persönliche Fürstenregiment, das sie in ihrem Territorium ausübten. Dies bedeutet jedoch nicht, daß ihnen landesherrliches Denken, das auf das Landeswohl gerichtet war, fremd gewesen wäre. Die Landesordnungen des 15. Jahrhunderts beweisen das Gegenteil.

Im Gegensatz zu den früheren Landesteilungen wurde in Leipzig erstmals neben der Mark Meißen und dem Osterland auch Thüringen geteilt. Sowohl die Ernestiner als auch die Albertiner hatten also seit 1485 Anteil an der Geschichte Thüringens und Sachsens. Erst die territoriale Neuordnung infolge des Schmalkaldischen Krieges 1547 durch Kurfürst Moritz von Sachsen hat dazu geführt, daß der Besitz der Ernestiner fortan allein auf Thüringen beschränkt blieb. Während das ernestinische Thüringen in der Frühen Neuzeit der klassische Raum territorialer Zersplitterung wurde, weil die Ernestiner weiterhin geteilt haben, blieb das albertinische Kursachsen ungeteilt und wurde zu einem zentral regierten frühmodernen Staat.

In der ernestinischen Linie ist der Erbfall schon um einiges früher eingetreten als bei den Albertinern. Kurfürst Ernst, der seit 1460 mit Katharina, einer Tochter Herzog Albrechts III. von Bayern verheiratet war, ist am 26. August 1486 nach einem Unfall verstorben. In der Fürstenkapelle des Meißner Doms liegt er begraben. Daß mit seinem Tod und mit der im Vorjahr erfolgten Landesteilung «ein Zeitalter sächsischer Geschichte zuende» ging (Kötzschke), ist gewiß übertrieben. Auch unter Ernsts Nachfolger Friedrich dem Weisen gehörte Kursachsen zu den bedeutendsten Territorien im Reich. Im Zeitalter der Reformation sollte dem ernestinischen Kursachsen als «Mutterland der Reformation» eine weltgeschichtliche Rolle zufallen, während das albertinische Herzogtum Sachsen den religiösen Umbrüchen gegenüber zunächst eine bewahrende Haltung eingenommen hat.

DIE ERNESTINISCHEN KURFÜRSTEN
BIS ZUM VERLUST DER KURWÜRDE
1485–1547

von Uwe Schirmer

Die Zeitspanne von rund sechzig Jahren vom Regierungsantritt des Kurfürsten Friedrich III., des Weisen, bis zur militärischen Niederlage des Kurfürsten Johann Friedrich des Großmütigen im Schmalkaldischen Krieg schlägt einen Bogen von der glanzvollen Entfaltung höfischer Pracht in den ernestinisch-kursächsischen Residenzen Wittenberg, Torgau, Altenburg, Colditz, Weimar und Coburg bis zum politischen Abstieg infolge der Wittenberger Kapitulation. Nach 1547 schieden die wettinischen Ernestiner als maßgebende politische Akteure im Reich aus, zumal sie sich durch die ernestinischen Hauptteilungen von 1572 noch zusätzlich schwächten. Um so glanzvoller präsentierten sie sich zwischen der Leipziger Teilung und den militärischen Ereignissen im Frühjahr 1547; als wirkmächtige und einflußreiche Kurfürsten bestimmten sie am Ende des 15. und in der ersten Hälfte des 16. Jahrhunderts die politische Entwicklung im Alten Reich zu einem guten Teil mit.

Der ansehnliche politische Machtgewinn der ernestinischen (aber auch der albertinischen) Wettiner muß mit der Neuerschließung von Silbererzadern im Westerzgebirge nach 1470 erklärt werden. Infolge der reichen Silberfunde stiegen die Kurfürsten von Sachsen in kürzester Zeit zum finanziellen Krösus im Reich auf. Einerseits dokumentierten die Kurfürsten Friedrich III., Johann und Johann Friedrich ihren Reichtum und ihre gewonnene Macht mit einem beeindruckenden Bauprogramm. Anderseits wurden sie gefragte Bündnispartner im Reich, wenngleich die *causa Lutheri* seit 1519 alle politischen Beziehungen und Widersprüche in starkem Maße überlagert hat.

Die wenigen einleitenden Worte weisen auf wesentliche Aspekte der Regierungszeiten jener drei Kurfürsten hin: das Berggeschrei im Erzgebirge, die Gründung der Universität Wittenberg, die volle Entfaltung der Renaissancekultur in Mitteldeutschland, die Ausprägung höfischer Pracht in den ernestinischen Residenzen, lutherische Reformation, Auseinandersetzungen auf den

Die Kurfürsten Friedrich III., der Weise (1486–1525), Johann der Beständige (1486–1532) und Johann Friedrich I., der Großmütige (1532–1547)

Reichstagen, Protestation zu Speyer und *Confessio Augustana*, Schmalkaldischer Bund und Schmalkaldischer Krieg – sowie letztendlich: die Wittenberger Kapitulation vom 19. Mai 1547.

Friedrich III., der Weise (1486–1525)

Der seit 1486 regierende Kurfürst Friedrich III. war am 17. Januar 1463 auf Schloß Hartenfels in Torgau geboren worden. Das an einem wichtigen Elbübergang gelegene Schloß gehörte damals neben Meißen zu den bedeutendsten kursächsischen Residenzen. Seine Kindheit hat Friedrich jedoch größtenteils in Dresden verbracht, denn nach dem Tod seines Großvaters, des Kurfürsten Friedrich II., im Jahre 1464 bevorzugten Kurfürst Ernst und Herzog Albrecht die elbaufwärts gelegene Stadt. Bis zur Leipziger Teilung waren die am Elbstrom gelegenen Schlösser in Dresden, Meißen und Torgau sowie gelegentlich auch schon die alte Burg in Wittenberg die wichtigsten Aufenthaltsorte des jungen Prinzen. Nur im Frühjahr, im Herbst und zum Jahreswechsel verweilte er mit der fürstlichen Familie in Leipzig, um das Treiben auf den Jahrmärkten verfolgen zu können. Gelegentlich wird er seinen Vater auch auf die Jagdschlösser nach Lochau und Colditz begleitet haben. Friedrichs Vater Ernst (geboren 1441, Regierungszeit 1464–1486) vermochte nur bedingt außenpolitische Akzente zu setzen. Sein Augenmerk lag auf der Verwaltung des Landes; mit seinem Namen ist die Sanierung der fürstlichen Finanzen verbunden, was ihm freilich bei den sprudelnden Einnahmen aus dem Bergbau nicht schwer gefallen war. Friedrichs Mutter, Elisabeth von Bayern, war die Tochter des Wittelsbachers Albrecht III. von Bayern-München.

Über Friedrichs Kindheit und Jugend informiert vor allem Georg Spalatin, der nicht nur eine Biographie über Friedrich den Weisen, sondern auch über die Kurfürsten Johann und Johann Friedrich verfaßt hat. Standesgemäß beherrschte Friedrich die höfischen Manieren und Fertigkeiten, also das Reiten, Jagen, Fechten und Tanzen. Lateinisch verstand er gut, gelegentlich sprach er es auch, wenngleich nur ungern. Wenn Spalatin zur Stelle war, dann übersetzte dieser für ihn. Friedrichs Französisch beschränkte sich auf Schrift und Rede, Italienisch, Spanisch oder Englisch verstand er nicht. Im Gegensatz zu anderen Prinzen hielt er sich nur kurz an fremden Fürstenhöfen auf. So verweilte er eine Zeitlang am Hof des Mainzer Erzbischofs Dieter II. von Isenburg, wobei der Aufenthalt durch den Tod des Erzbischofs im Mai 1482 abgebrochen wurde. 1486 wurden Friedrich und sein Bruder Johann vom Vater zum Reichstag nach Frankfurt mitgenommen, wo Maximilian noch zu Kaiser Friedrichs III. Lebzeiten zum römisch-deutschen König gewählt worden war. Auf dem Wahltag lernte Friedrich den angehenden Kaiser, den «letzten Ritter» und «Vater der Landsknechte», kennen; später sollte Friedrich ihn über die Jahre hinweg begleiten und ihm treu dienen. Bereits ein halbes Jahr nach dem Frankfurter Tag verstarb Kurfürst Ernst im August 1486, so daß die beiden Söhne die Regierung antreten mußten. Den Kurhut trug fortan Friedrich: Er war am 23. April 1487 auf dem Reichstag zu Nürnberg von Kaiser Friedrich III. belehnt worden. Auf dieser Versammlung präsentierten sich die beiden wettinischen Brüder als hochgestellte Fürsten des Reiches. Ihre Stellung unterstrichen sie durch die Größe ihrer Gefolgschaft, denn sie zogen mit weit über dreihundert gerüsteten Pferden ein.

Der damals 24 jährige Kurfürst Friedrich war nicht verheiratet; sein Leben lang sollte er es bleiben. Ein erstes Heiratsprojekt scheiterte noch zu Lebzeiten seines Vaters. Demnach hatte Kurfürst Ernst 1485 eine Zusammenkunft mit dem dänischen Königshaus angebahnt, um über eine Verlobung Friedrichs mit einer dänischen Prinzessin zu verhandeln. Jahre später, als Kurfürst Friedrich zu seiner Reise ins Heilige Land aufgebrochen war, im Frühjahr 1493, soll er mit dem brandenburgischen Kurfürsten Johann Cicero über die Möglichkeit eines Verlöbnisses mit des Kurfürsten Tochter Anna konferiert haben. Aber auch dies zerschlug sich. Schließlich hoffte der sächsische Kurfürst, die Königstochter

Margarethe heimführen zu können. Als Friedrich 1494 bei König Maximilian in den Niederlanden von Amts wegen verweilte, soll er sich um Maximilians Tochter bemüht haben. Mit Tanzen und Turnieren zog er die Aufmerksamkeit auf sich; beim Bankett saß er zwischen der Königin und der Umworbenen, was manche Anwesende als ein heiratspolitisches Zeichen deuteten. Doch Margarethe hat das Werben nicht erwidert, außerdem hatte König Maximilian schon seit Jahren den spanischen Infanten Juan für seine Tochter im Blick. Nachdem Margarethe Witwe geworden war, bemühte sich Friedrich abermals um sie; erneut wurde er abgewiesen, wodurch sich das Verhältnis zwischen König Maximilian und Kurfürst Friedrich langsam abzukühlen begann.

Unglücklich verlief auch sein Werben um die Tochter des polnischen Königs. 1496 hielt er bei Kasimir Andreas IV. um die Hand Elisabeths an. Obwohl sich die Jagiellonen im letzten Drittel des 15. Jahrhunderts heiratspolitisch verstärkt nach Westen orientierten – 1496 vermählte sich die polnische Prinzessin Barbara mit dem albertinischen Herzog Georg –, gab der König dem Kurfürsten einen Korb. Auch ihm war zu Ohren gekommen, wie heftig Friedrich um Maximilians Tochter gebuhlt hatte; und als zweite Wahl sah Kasimir Andreas IV. seine Tochter nicht an. Diese Mißerfolge haben das politische Handeln von Friedrich kaum beeinflußt; er selbst hat die Fehlschläge auf keinen Fall problematisiert, wußte er doch zu gut, welche Funktionen dynastische Verbindungen besitzen konnten. Allerdings signalisierte vor allem die Ablehnung aus dem habsburgischen Herrscherhaus, welches politische Gewicht man den ernestinischen Wettinern dort beimessen wollte. Auch der Glanz ihrer prächtigen Hofhaltung konnte nicht überdecken, daß sie eben «nur» Kurfürsten waren. Es ist eine Ironie der Geschichte, daß gerade Friedrich, der zudem als einziger regierender wettinischer Kurfürst ehelos blieb, durch kirchenpolitische Entscheidungen das Haus Wettin in den Mittelpunkt der europäischen Politik rücken sollte.

Nach den mißglückten Brautwerbungen unterhielt Friedrich der Weise eine Beziehung zu einer aus einfachen Verhältnissen stammenden Frau, die vielleicht Anna Weller hieß. Martin Luther erwähnt eine Frau Wantzler. Aus dieser Verbindung sind mindestens zwei Söhne hervorgegangen, denn sie sind vom Kurfürsten testamentarisch bedacht worden. Vielleicht war Friedrich auch Vater zweier Töchter. Immerhin sprach man in Kreisen der Wittenberger Hofgesellschaft davon, daß er vier illegitime Kinder habe. Auch aus Luthers Mund wurde dies vernommen. Spalatin berichtet freilich von Friedrichs Kindern nichts, da dies als Makel für das Haus Wettin empfunden wurde. Dafür hat uns der kursächsische Privatsekretär eine andere Geschichte überliefert: Auf dem Augsburger Reichstag 1518 klagten viele Fürsten über Unzucht und Kurtisanen. Der sächsische Kurfürst soll daraufhin den Erzbischof Richard von Trier gefragt haben, was eine Kurtisane sei. Der Erzbischof habe – und darüber hat sich Friedrich noch an seinem Lebensabend amüsiert – geantwortet: «Eine Kurtisane ist eine Bübin, das weiß ich sehr wohl, denn ich bin auch bei einer zu Rom gewesen.»

Auf dem Augsburger Reichstag des Jahres 1518 standen freilich andere Probleme an: die von Maximilian gewünschte Wahl Karls zum römischen König, die Türkengefahr, zudem warf die *causa Lutheri* ihre Schatten voraus. Auf dem Reichstag begegneten sich Maximilian und Friedrich letztmalig, in Augsburg endete eine dreißigjährige Beziehung zwischen dem römisch-deutschen Kaiser und dem sächsischen Kurfürsten, welche viele Höhen und Tiefen erfahren hatte und durch die der Wettiner eine Zeitlang besonders stark in die Reichspolitik hineingezogen worden war. Das Verhältnis zum Habsburger war nicht ausschließlich ein politisches, sondern auch ein persönliches, obgleich es mit Enttäuschungen endete. Insbesondere in den Jahren von 1486/87 bis 1498 begleitete Friedrich König Maximilian, stand ihm mit Rat, Tat und Geld zur Seite und nahm als Reichsvikar sowie als Haupt des Reichshofrates politische Verantwortung wahr. Soweit zu sehen ist, hielt sich kein Wettiner vor und nach ihm so oft im Reich auf wie er. Wenn sein Privatsekretär Spalatin davon spricht, daß Kurfürst Friedrich über 30 Reichsversammlungen besucht hat, so ist dies keine Übertreibung. Zum einen wurden die Reichsfürsten in jenen Jahren fast regelmäßig zu Zusammenkünften geladen, zum anderen ist der wettinische Kurfürst nach Ausweis der kursächsischen Reise-, Hof- und Küchenbücher, die sich im ernestinischen Gesamtarchiv zu Weimar befinden, zwischen 1487 und 1524 tatsächlich über dreißigmal zu Reisen ins Reich aufgebrochen. Kurfürst Friedrich III. scheute weder Zeit noch Kosten und versuchte nach besten Kräften, König Maximilian zu unterstützen.

Freilich muß zwischen dem Beistand Friedrichs des Weisen für den Habsburger einerseits und dem Zutun für die Reformen im Heiligen Römischen Reich deutscher Nation andererseits unterschieden werden, denn der Ernestiner versuchte, die Reformen eher zu bremsen als sie zu befördern. Vielleicht war das auch einer der Gründe, warum sich der König und der sächsische Kurfürst gut verstanden haben. Friedrich III. gehörte eben nicht zu den Kritikern der habsburgischen Außenpolitik; seine Vettern – die Albertiner Albrecht und Georg – standen sogar für Maximilian im Feld. Es würde den Rahmen sprengen, auf die politischen Diskussionen einzugehen, in die der sächsische Kurfürst auf den Reichsversammlungen involviert war. Bis zu den Auseinandersetzungen wegen Martin Luther waren die Ordnung im Inneren des Reiches, Fehdewesen und Landfrieden, die Einrichtung und Funktionsfähigkeit des Reichskammergerichts sowie die Begründung ständiger Zentralbehörden die wichtigsten Diskussionspunkte auf den Reichstagen. Diesbezüglich forderten vor allem die kleineren Fürsten und die Städte, die Reformen voranzutreiben.

Nur: Jene Gravamina betrafen nicht oder nur zum geringen Teil das sächsische Kurfürstentum, denn im wettinischen Herrschaftsgebiet hatten Friedrichs Großvater und Vater mit dem Fehdewesen aufgeräumt; die Straßen in Thüringen, Sachsen, dem Osterland und Meißen waren sicher. Zudem hatten die Wettiner ein effizientes Rechtssystem aufgebaut, dessen Rückgrat ein Instanzenzug war. Schließlich und letztlich gründete sich die Herrschaft der Kurfürsten und Herzöge von Sachsen auf eine effektive Lokal- und Zentralverwaltung, so daß Friedrich der Weise, wie auch König Maximilian, der Einrichtung einer «Zentralbehörde» im Reich eher skeptisch gegenüberstanden. Gleichwohl übernahm er Verantwortung für König und Reich. Wie schon erwähnt wurde, gehörte Friedrich in den neunziger Jahren zu den engsten Beratern des Königs, insbesondere zwischen 1494 und 1498. Ein spanischer Gesandter charakterisierte Friedrich als denjenigen, «der den Hof regiert und Erster des Hofrates sei». Das gute persönliche Verhältnis des Kurfürsten zu Maximilian und die Wahrung der sächsischen Interessen werden Friedrich wohl bewogen haben, das Reichsvikariat zu übernehmen und sich an die Spitze des Reichshofrates zu stellen. Im Herbst 1498 kühlte sich das Verhältnis indes schnell ab, und Friedrich verließ den Königshof. Erst 1500 zog er wieder ins Reich, nunmehr allerdings als ein stiller, aber wirkmächtiger Kritiker der habsburgischen Politik. Diese Position gab er bis an sein Lebensende nicht auf, wobei seine ablehnende Haltung gegenüber den Habsburgern durch die gescheiterte Heiratsaffäre seines Neffen Johann Friedrich mit der Königsschwester Katharina gerade in jenen Jahren bestärkt wurde, als Karl V. der ernestinischen Unterstützung wegen der Luther-Sache so dringend bedurft hätte.

Als Kurfürst Friedrich im November 1498 vom Königshof in Richtung Heimat aufbrach, hatten er und seine engsten Räte praktische Erfahrungen gesammelt, die es in Sachsen umzusetzen galt. So erließen er und sein Bruder Johann 1499 eine Hofratsordnung, die sich auf ein habsburgisches Vorbild gründete. Bereits zu Beginn der 1490er Jahre waren die kursächsische Finanzverwaltung und das Justizwesen reformiert worden. Zum einen hatte der Fürst 1492 den Leipziger Kaufmann und Bankier Hans Leimbach beauftragt, die Finanzen des gesamten Territoriums in einer zentralen Kasse zu verwalten. Zum anderen war 1493 eine neue Ordnung für das Oberhofgericht erlassen worden, weil sich der Kompetenzverlust des Leipziger Oberhofgerichts infolge der Landesteilung von 1485 als schwerer Fehler erwiesen hatte. Der ohnehin hohe Standard der inneren Landesverwaltung wurde auf diese Weise fraglos gesteigert.

Kurfürst Friedrich war wie fast alle Renaissancefürsten ein nur mäßiger Haushalter. Für ihn war es ein glücklicher Umstand, daß sich die 1492 eingeführte Finanzverwaltung bewährte, welche die Ernestiner von den Albertinern übernommen hatten. Hans Leimbach und seine Nachfolger meisterten so manche Liquiditätskrise, obwohl die Erträge aus dem Silberbergbau bei weitem nicht mehr so üppig sprudelten wie zu Beginn der 1470er Jahre. Neben die traditionellen Einnahmen aus dem Bergbau und den Ämtern waren verstärkt Steuern getreten, welche freilich von den Ständen bewilligt und zum Teil auch verwaltet worden sind. Die Entfaltung der kursächsischen Steuerverfassung wurde nicht allein vom Ausbau des Territorialstaates flankiert, sie wurde auch vom Emanzipationsprozeß der kursächsischen Stände begleitet. Der Formationsprozeß frühneuzeitlicher Staatlichkeit, die Genese der Steuerverfassung und der Beginn landständischer Einflußnahme auf die fürstliche Innen- und Finanzpolitik sind aufs engste miteinander verbunden. Signatur dieses Prozesses sind die zahlreichen Land- und Ausschußtage, die zu Lebzeiten Friedrichs des Weisen vor allem in Naumburg und Altenburg stattgefunden haben. Zwischen 1485 und 1525 trafen sich Stände und Fürst insgesamt dreißigmal, was die enge Vernetzung zwischen dem Kurfürsten und seinen Funktionsträgern einerseits und den landständischen Eliten andererseits durchaus widerspiegelt. Diesbezüglich nahm in jenen Jahrzehnten eine Entwicklung ihren Lauf, die für die sächsische Geschichte prägend und charakteristisch werden sollte: die Verflechtung, Verzahnung und Integration der Stände in das sächsische Herrschaftssystem, wobei der kurfürstliche Hof und die sich immer stärker entfaltende Zentralverwaltung als Schmelztiegel der verschiedenartigen Interessen fungierten.

Zwar wirkten die Stände auch als Korrektiv fürstlicher Politik, aber sie halfen zugleich, daß die Steuern auf einem hohen Niveau beständig sprudelten. Insofern sicherten sie das politische Handeln, das großartige Bauprogramm und die Hofhaltung Friedrichs des Weisen in Torgau und Wittenberg sowie die des Bruders Johann in Coburg und Weimar mit ab. Allein die Reisen ins Reich haben immense Summen verschlungen. Gleiches galt mit Blick auf Friedrichs Bauprogramm. Er ließ die Schlösser in Altenburg, Colditz, Grimma und Torgau umbauen und sanieren. 1489 begann der Neubau des Wittenberger Kernschlosses, der nach einer längeren Pause schließlich 1515 wieder aufgenommen und im Todesjahr des Fürsten endlich vollendet wurde. Auch das Jagdschloß in Lochau, in dem sich der Kurfürst in den zwanziger Jahren am liebsten aufhielt, ließ er gründlich sanieren und erweitern. Friedrichs Bautätigkeit rühmte dann auch Luther, der davon sprach, daß der Fürst das Land mit Gebäuden geziert habe.

Die eigentliche Zierde des Kurfürstentums wurde freilich die Universität Wittenberg, die Friedrich 1502 gestiftet hat und einrichten ließ. Der Wormser Reichstag des Jahres 1495 wird ihn nur bedingt bewogen haben, in seinem Territorium eine Hohe Schule zu gründen, denn bereits in seinem Testament von 1493 bezeugte der Fürst, Studenten zukünftig stärker fördern zu wollen. Die Motive für die Universitätsgründung sind vielfältig. Neben praktischen Erwägungen (die Territorialverwaltung benötigte Juristen und Theologen) und auch repräsentativen Gründen – man denke an das im Bau befindliche Schloß und an Friedrichs exorbitante Reliquiensammlung, die sich in der Wittenberger Stiftskirche befand – spielte sicherlich die persönliche Frömmigkeit des Fürsten eine Rolle. Der Zusammenhang zwischen territorialer Kirchen- und Klosterreform und der Universitätsgründung wird besonders sichtbar, wenn man das Engagement des Augustiner-Eremiten Johannes von Staupitz betrachtet. Staupitz, der in Tübingen zum Dr. theol. promoviert worden war, stellte gleichzeitig die Beziehungen zur württembergischen Hohen Schule her, denn es ist unübersehbar, daß in der Gründungsphase die Tübinger Graduierten einerseits sowie Ordensbrüder der Augustiner-Eremiten anderseits überwogen haben. Die kluge Personalpolitik und der in Wittenberg herrschende Reformgeist bescherten der Universität in kurzer Zeit Anerkennung, obgleich ihr Weltruhm erst späterhin durch Martin Luther, Professor für Philosophie und Theologie seit 1512, und Philipp Melanchthon, Professor für Griechisch seit 1518, begründet wurde.

Die Errichtung der Universität Wittenberg zeigt, daß Friedrichs persönliche Frömmigkeit mit der Förderung humanistischer Vorstellungen einherging. Auch seine 1493 unternommene Reise ins Heilige Land unterstreicht dies, denn in Italien erwarb er eine Vielzahl kostbarer Bücher, die umgehend nach Sachsen gesandt wurden und in der kurfürstlichen Bibliothek einen Platz fanden. Bereits 1490 oder 1491 war er zu einer Wallfahrt zum Heiligen Blut nach Wilsnack aufgebrochen; 1493 reiste er mit großem Gefolge ins Heilige Land. Das zentrale Motiv für Friedrich war der in Aussicht gestellte Ablaß. Der Kurfürst glaubte wie alle anderen mittelalterlichen Menschen an den Nachlaß sogenannter zeitlicher Sündenstrafen, d.h. der auf Erden oder im Reinigungsort abzubüßenden Strafen, die nach dem Nachlaß der Sündenschuld im Bußsakrament noch zurückbleiben. Seine Wallfahrten dienten wie die Sammlung der Reliquien einzig und allein dem Sündenablaß. Vor allem von seiner Palästinafahrt hatte der Kurfürst weitere Reliquien für die weithin berühmte und exorbitante Sammlung mitgebracht. Den Grundstock für jenen Schatz, der zwischen 1525 und 1532 komplett vernichtet wurde, hatte Friedrich von seinen Vorfahren bzw. von den Askaniern geerbt. 1513 gab es 5 262 Reliquienpartikel, 1520 waren es über 19 000 Stück, mit deren Verehrung man über 128 000 Jahre Ablaß gewinnen konnte.

Kurfürst Friedrich stand mit Albrecht Dürer, Johannes Aventinus und Erasmus von Rotterdam im Briefwechsel. Die schon mehrfach genannten Johann von Staupitz und Georg Spalatin waren seine engsten Berater. Der Venezianer Jacopo de Barberi wurde 1500 und Lucas Cranach 1504 an den Wittenberger Hof als Maler berufen. Dürer arbeitete in Nürnberg für ihn. 1506 verpflichtete man den Bildhauer und Bildschnitzer Konrad Meit, der bis 1516 für die sächsischen Höfe in Wittenberg und Weimar tätig war. Friedrichs Zuwendung zu humanistischen Kreisen und seine Bedachtsamkeit bei politischen Entscheidungen brachten ihm schon zu Lebzeiten den ehrenden Beinamen «der Weise» ein.

Seine Bedächtigkeit, sein Zögern und sein gelegentlich unentschlossenes Handeln bewahrten ihn und Kursachsen vor ungewissen politischen Abenteuern. Aus seinem Mund wurde mehrmals das Wort vernommen, «ein Regent solle sich vor nichts fleißiger hüten als vor dem geschwinden Antworten». Und so verhielt sich Friedrich auch abwartend gegenüber dem Kaiser, als es um die Wahl des Nachfolgers ging. Bekanntlich favorisierte Maximilian seinen Enkel Karl; doch der Wettiner hielt sich neben den anderen Kurfürsten zurück. Als Maximilian verstorben war und das Gerangel zwischen dem französischen König Franz I. und dem «Spanier» Karl in Gang kam, wurden Stimmen laut, den sächsischen Kurfürsten zum König zu wählen. Friedrich war klug genug, die Kandidatur auszuschlagen. Politischen Machtzuwachs hätte die Krone für Kursachsen kaum gebracht; das Land wäre nur in das Räderwerk der europäischen Politik hineingezogen worden. Allerdings war es dazu – und dies wußte der Kurfürst gut – einfach zu schwach. Im Alten Reich besaßen Land und Fürst zwar politisches Gewicht, doch dies reichte nicht aus, um im Konzert der europäischen Großmächte mitspielen zu können. Es ist gleichsam die Signatur der frühneuzeitlichen sächsischen Geschichte, im Reich zu stark und in Europa zu schwach zu sein.

Friedrichs Gemächlichkeit und sein Zaudern beförderten fraglos die Ausbreitung der Reformation in Kursachsen. Indessen wäre es völlig abwegig, Luthers Wirken und die reformatorische Bewegung allein mit der fehlenden Entschlußkraft des Fürsten erklären zu wollen. Der Kurfürst wußte wohl, welchen Part Kursachsen als Teil des Alten Reiches gegenüber Papst und Kaiser spielen konnte. Friedrich der Weise hat 1518 die Aufforderung abgelehnt, Luther an den Papst auszuliefern. Der in der romantischen oder vaterländischen Geschichtsschreibung wiederkehrende vermeintliche Topos, Friedrich der Weise habe wegen seines ausgeprägten Gerechtigkeitssinnes Luther nicht ausgeliefert, ist im 20. Jahrhundert vielfach auf einen kritischen Prüfstand gestellt worden. Auch neueste Quellenfunde belegen sehr deutlich, daß sich der sächsische Kurfürst für seine Untertanen verantwortlich zeigte. Freilich war dies weniger eine Machtdemonstration gegenüber Kaiser und Papst; vielmehr ordnete sich jenes Verhalten nahtlos in Friedrichs Kampf gegen den Mißbrauch der geistlichen Gerichtsbarkeit ein. Der sächsische Kurfürst verteidigte seinen Untertanen, weil er nicht nur die kurfürstlichen Hoheitsrechte angegriffen sah, er war auch fest davon überzeugt, daß man Luthers Meinung unparteiisch prüfen lassen sollte. Friedrich der Weise verstand sich nie als Anhänger Luthers; seine persönliche Frömmigkeit war die alleinige Norm seines Handelns. Er hat sich auch nicht von der römischen Kirche losgesagt; gleichwohl hat er auf dem Sterbebett das Abendmahl in beiderlei Gestalt empfangen. Auf alle Fälle hat seine Zurückhaltung in den Jahren nach 1520 die Ausbreitung der lutherischen Reformation als eine kräftige Reformbewegung von unten befördern helfen.

Am Ende seines Lebens soll Friedrich müde und enttäuscht gewesen sein. Sein Rat Fabian von Feilitzsch sprach sogar von Schwermütigkeit. Diese Befunde sowie sein Verzicht auf die Kandidatur bei der Königswahl werden dem Kurfürsten kritisch zur Last gelegt. Der Wille zur Macht habe bei ihm gefehlt; diesbezüglich sucht man gelegentlich den Vergleich zu Moritz von Sachsen. Allerdings wird dabei übersehen, wie tief Friedrich im Glauben verwurzelt war und wie stark er auf Gott vertraute. Seine Frömmigkeit gründete sich nicht zuletzt auf eine Achtung vor dem einfachen Menschen, vor dem gemeinen Mann. Als ihm einer seiner Räte riet, die widerspenstige Stadt Erfurt mit Krieg zu überziehen, weil es «nicht mehr denn fünf Mann kosten würde», antwortete der Fürst, «es wäre mit einem zuviel».

Johann der Beständige (1525–1532)

Kurfürst Johann der Beständige stand von 1486 bis 1525 mehr oder weniger im Schatten seines Bruders, denn offiziell bestimmte der Träger des Kurhutes die sächsische Politik, insbesondere die Außenpolitik. Neben dem Markgrafen Wilhelm I. gehört Johann zu jenen wettinischen Fürsten, die über Jahrzehnte hinweg zu Unrecht im Hintergrund der sächsischen Geschichtsschreibung gestanden haben und noch stehen. Johann war am 30. Juni 1468 in Meißen geboren worden. Seine Erziehung und Ausbildung in Kindheit und Jugend unterschied sich kaum von der seiner Brüder Friedrich (geboren 1463), Ernst (geboren 1464) und Albrecht (geboren 1467). Freilich richtete sich vieles auf den Erstgeborenen aus, der als potentieller Erbe des Hauses Wettin im Mittelpunkt stand. Für Johann bestand als Viertgeborener indes kaum Aussicht, jemals den Kurhut tragen zu dürfen. Doch zwei der älteren Brüder traten in den Dienst der Kirche und schieden als mögliche kursächsische Regenten aus. Ernst wurde Erzbischof in Magdeburg, Albrecht Erzbischof in Mainz. Als ihr Vater, Kurfürst Ernst, im August 1486 verstorben war, übernahmen Friedrich und Johann gemeinsam die Regierung. Über 39 Jahre leistete der jüngere Bruder dem Kurfürsten Friedrich Beistand und half ihm, viele innen- und außenpolitische Probleme angemessen zu bewältigen.

Einen eigenen Haushalt begründete Johann nach der Jahrhundertwende, nachdem er sich im März 1500 mit der Herzogin Sophia von Mecklenburg in Torgau vermählt hatte. Aus diesem Anlaß hatten die ernestinischen Wettiner ein glänzendes Fest organisiert, das der Hochzeit des Herzogs Georg mit der polnischen

Prinzessin Barbara (1496) in keiner Weise nachstand. Mit den glanzvollen Hochzeiten und Hoffesten, welche die Wettiner in jenen Jahren veranstalteten, wollten sie nachdrücklich manifestieren, welche Position sie im Alten Reich einzunehmen gedachten. Drei Jahre nach der Vermählung schenkte Sophia ihrem Mann einen Sohn – den späteren Kurfürsten Johann Friedrich –, jedoch verstarb die junge Fürstin vierzehn Tage nach der Niederkunft im Wochenbett. Zehn Jahre später, im Herbst 1513, heiratete Herzog Johann abermals. In Torgau führte er die Tochter des Fürsten Waldemar VI. von Anhalt, die neunzehnjährige Margarete, zum Altar. Aus dieser Ehe entsprangen zwei Mädchen und zwei Knaben. Bereits nach seiner ersten Vermählung hielt sich Johann häufig im südwestlichen Teil des Kurfürstentums auf, vor allem in Coburg und Weimar. Bis zu seiner Verheiratung mit Margarete war Herzog Johann – der in Abgrenzung zu des Herzogs Georg Sohn Johann (geboren 1498) als der Ältere bezeichnet wird – sehr mobil. Die dichte und zuverlässige Überlieferung im Staatsarchiv Weimar erlaubt es, die Reisewege jener Jahre präzise nachzuzeichnen. Gelegentlich begleitete Johann seinen Bruder mit ins Reich, ansonsten war er im ernestinischen Kurstaat unterwegs, was für seine Fürsorge für das Territorium sprechen mag.

Im Gegensatz zu seinem Bruder, der die Ausbreitung von Luthers Lehre nur duldete, bekannte sich Johann frühzeitig zur Wittenberger Reformation: Er und sein Sohn Johann Friedrich hatten sich schon im März 1522 – also unmittelbar nach den Wittenberger Tumulten – bei Martin Luther erkundigt, wie sie das Abendmahl nehmen sollten. Im Herbst 1522 hielt der Wittenberger Professor sogar zwei Predigten am Weimarer Hof über die weltliche Obrigkeit. Und seine zu Beginn des Jahres 1523 gedruckte Schrift «Von weltlicher Obrigkeit, wie weit man ihr gehorsam schuldig sei» war dem Herzog Johann gewidmet, ebenso wie der bereits 1520 erschienene «Sermon von den guten Werken». Luther selbst hat zu Lebzeiten Friedrichs des Weisen bei Tisch mehrmals gesagt: «Ei, wenn wir Herzog Hansen hätten, wär's fein». Auch der radikale Theologe Thomas Müntzer, der seit März 1523 eine Pfarrstelle im ernestinischen Allstedt besaß, warb um die Gunst der beiden Herzöge. Im Juli 1524 predigte er vor Johann und Johann Friedrich in der Kapelle des Allstedter Schlosses. Müntzer wählte als Predigttext die Stelle aus dem Buch Daniel, in dem der Prophet den Traum des Nebukadnezar deutete. Hier fand der radikale Prediger die Vorstellung vom Lauf der Geschichte, die auf ein Endziel gerichtet war: das Reich Gottes auf Erden. Rücksichtslos forderte Müntzer die beiden Fürsten auf, das ihnen von Gott gegebene Schwert zu gebrauchen, um die Vertreter des Bösen zu beseitigen, also jene, die das Evangelium mißachteten. Nach der Predigt brachen Johann und der Kurprinz umgehend aus Allstedt auf. Der radikale Müntzer hatte es nicht verstanden, die beiden Herzöge für seine kompromißlosen Ansichten zu gewinnen. Freilich verhielt sich der Weimarer Hof weiterhin auffallend zurückhaltend gegenüber dem aufrührerischen Pfarrer aus Allstedt. Herzog Johann zauderte selbst dann noch, als der Bauernkrieg mit ganzer Gewalt in Thüringen losbrach. Während der Landgraf Philipp von Hessen oder der albertinische Herzog Georg umgehend handelten, zweifelte Johann und suchte Rat im Gebet und in der Schrift. Er vertraute Gott mehr als dem Schwert. Als ihn seine Räte bedrängten und von dem Aufruhr berichteten, sprach der Herzog: «Will mich Gott lassen einen Fürsten bleiben wie bisher, so geschehe sein Wille und wird mich niemand überwältigen, wo nicht, so kann ich auch ein anderer Mann sein.»

Am 5. Mai 1525, als der Bauernkrieg in Thüringen seinem blutigen Höhepunkt entgegenstrebte, verstarb Kurfürst Friedrich der Weise. Nunmehr hatte Johann die Verantwortung für das gesamte Kurfürstentum Sachsen allein zu tragen. An den kursächsischen Grenzen standen inzwischen die hessischen, braunschweigischen und sächsisch-albertinischen Aufgebote, welche die Insurrektion der Bauern niederschlagen wollten. Zwar hatte Johann im Namen des Kurfürsten bereits Ende April seine Untertanen aufgefordert, in Bereitschaft zu sitzen, aber sein Gebot war im Lärm des Bauernkriegs untergegangen. Zwischenzeitlich waren die verbündeten Fürsten einmarschiert. Johann schloß sich der Streitmacht des Herzogs Georg an. Vor allem der junge Landgraf Philipp, der das hessisch-braunschweigische Heer führte, zeigte sich im Kampf gegen die rebellischen Bauern unerbittlich. Nach der Schlacht bei Frankenhausen am 14./15. Mai 1525 mußte schnellstmöglich Normalität in das aufgewühlte und aufgebrachte Land einziehen. Zumindest nach Ausweis der Kanzleitätigkeit gelang dies. Aus der Kanzlei, die Herz und Hirn jedweder territorialstaatlichen Verwaltung war, gingen im Frühsommer viele hundert Anweisungen, Gebote, Mandate und Briefe an die Amtleute, Schrift- und Amtssassen sowie die Stadträte heraus, in denen auf die Wiederherstellung der alten Ordnung gedrängt wurde.

Normalität zog langsam wieder ein. Ein erster Landtag wurde für den 26. September 1525 nach Zeitz einberufen; ins Reich zog Kurfürst Johann dann im Sommer 1526. Auf dem Tag zu Speyer empfing er die kursächsischen Lehen. Auf keiner Reichsversammlung vor und nach 1526 stand der *gemeine Mann* so stark im Mittelpunkt. Die Frage des Bauernkrieges wurde im Zusammenhang mit dem Glaubenszwiespalt diskutiert. Ein Gutachten der Kurfürsten zeigt jedoch, daß die Meinungen über Ursachen und Folgen weit auseinandergingen. Der sächsische Kurfürst vertrat die Ansicht, daß man die Ungehorsamen ermahnen und ein Konzil einberufen müsse. Die Bekämpfung der Lutherischen Lehre lehnte er kategorisch ab. Diese Ablehnung war auch antihabsburgisch motiviert, denn die ernestinischen Wettiner sind zwischen 1520 und 1523 durch das Haus Habsburg bitter gekränkt und in ihrer Ehre schwer beschädigt worden.

Was war geschehen? Ende Juni 1519 war Karl V. von den Kurfürsten einstimmig zum Kaiser gewählt worden. Karl hatte die französische Konkurrenz durch die Aufbietung ungeheurer Summen Geldes ausgeschaltet. Nachdrücklich hatte Friedrich der Weise die Annahme von Bestechungsgeldern abgelehnt. Allerdings war in jenen Tagen abermals ein habsburgisch-wettinisches Heiratsprojekt entworfen worden: Johann Friedrich – der Neffe Friedrichs des Weisen und Sohn des Herzogs Johann – sollte die Königsschwester Katharina zur Frau bekommen. Alle Verhandlungen führte Friedrichs Bruder Johann. Wenige Tage nach der Wahl schienen die Wettiner am Ziel zu sein. Am 3. Juli 1519 wurden die Ehepakten aufgesetzt, am 3. Februar 1520 war die Ehe von Karl V. selbst und den Vertretern Johann Friedrichs vor Notar und Zeugen in Gegenwart des Kurfürsten Friedrich und königlicher Räte geschlossen worden. Jedoch kam die Ehe nicht zustande. Die Ernestiner wurden von Monat zu Monat vertröstet und hingehalten, letztendlich öffentlich brüskiert. Für Friedrich den Weisen, für Johann und Johann Friedrich war das Scheitern eine persönliche Niederlage, da alle Verhandlungen eigentlich erfolgreich abgeschlossen waren; bis auf die Trauung und den Beischlaf war die Ehe vollzogen. Noch bitterer für die Wettiner war es, daß das mißlungene Heiratsprojekt im Sommer 1523 in aller Munde war, die ernestinischen Wettiner aber offiziell nicht darüber informiert worden waren. Die gescheiterte Heiratsaffäre mag erklären helfen, warum Friedrich, Johann und Johann Friedrich seit 1523 die Anordnungen des Kaisers *coram publico* mißachteten. Die ernestinischen Fürsten hatten die Lutherische Reformation auch geduldet und befördert, weil sie generell die Politik Karls V. mißbilligt haben, und diese Mißbilligung war nicht zuletzt durch die Verletzung der ernestinischen Ehre mitverursacht worden.

Kurfürst Johann konnte seinen ältesten Sohn dann endlich im Sommer 1527 verheiraten. In Torgau vermählte sich Herzog Johann Friedrich mit Sibylla von Cleve. Noch bedeutsamer in jenen Wochen und Monaten war freilich die Tatsache, daß die Reformation im Kurfürstentum Sachsen endgültig zum Durchbruch gelangt war. Die Wittenberger Reformatoren hielten es im Einklang mit dem Landesherrn für wünschenswert, daß der Gottesdienst im gesamten kursächsischen Territorium nach gleichen Grundsätzen abgehalten werden sollte. Luther selbst hat die Richtlinien für die Umgestaltung des gottesdienstlichen Lebens vorgelegt. Dies war die Grundlage für die Visitationen sowie schließlich für den Aufbau der evangelischen Kirche in Kursachsen. Nach 1525/26 ließ Kurfürst Johann verstärkt Kirchengut unter weltliche Verwaltung stellen; säkularisiert wurde es indessen während der Regierungszeit seines Sohnes Johann Friedrich. Kurfürst Johann stand bei seinem Regierungsantritt 1525 im 57. Lebensjahr. Mit ganzer Kraft stellte er sich den anfallenden Problemen. Wiederholt nahm er seine Verpflichtungen im Reich wahr. Im kursächsischen Territorium stand der Fürst im engen Kontakt mit seinen Ständen. Einerseits gebot dies die Türkengefahr, andererseits konnte Kurfürst Johann die Reformation nur mit der massiven Unterstützung seiner Landstände vorantreiben.

Außenpolitisch hatte sich der sächsische Kurfürst im sogenannten Torgauer Bündnis abgesichert. Immerhin mußte man seit dem Wormser Edikt (1521) Maßnahmen des Kaisers zur Niederschlagung der Reformation befürchten. Im Mai 1526 schlossen sich der Landgraf Philipp von Hessen, Kurfürst Johann sowie weitere mittel- und niederdeutsche Fürsten zu diesem Verteidigungsbündnis zusammen. Neben dem Landgrafen Philipp gehörte Johann – wie später auch der Kurfürst Johann Friedrich – zu den führenden protestantischen Fürsten im Reich. Mit Johanns Namen verbunden ist nicht allein die Protestation der evangelischen Minderheit unter den Reichsständen, welche auf dem Tag zu Speyer (1529) die Aufhebung des für sie günstigen Reichstagsabschiedes von 1526 und die erneute Inkraftsetzung des Wormser Edikts ablehnte, sondern vor allem auch die Augsburger Konfession. Auf Johanns Geheiß hatten die Wittenberger Theologen Martin Luther, Justus Jonas, Johannes Bugenhagen und Philipp Melanchthon im März 1530 jene Torgauer Artikel über strittige Religionsfragen verfaßt, welche die Grundlage für die *Confessio Augustana* wurden.

Im Laufe der zwanziger Jahre nahm Johanns Sohn Johann Friedrich verstärkt politische Verantwortung wahr. In Stellvertretung für den kränkelnden Kurfürsten wohnte er der Wahl des Erzherzogs Ferdinand zum römischen König auf dem Reichstag in Köln (1531) bei. Geraume Zeit später, im August 1532, verstarb Johann der Beständige auf seinem Jagdschloß Schweinitz. Johanns Beiname deutet unmißverständlich auf sein Wirken während der Reformation hin. Nach des Bruders Tod (1525) trieb er die reformatorische Bewegung *beständig* und zielstrebig voran und förderte sie nach besten Kräften. Der endgültige Durchbruch der Reformation im mitteldeutschen Raum ist mit der Person des Kurfürsten Johann untrennbar verbunden; seinem Sohn war es dann vorbehalten, das Werk der Wittenberger Reformatoren erfolgreich weiterzuführen, wenngleich es im Schmalkaldischen Krieg ernsthaft bedroht wurde. In gewisser Weise ist es eine Ironie der Geschichte, daß dann derjenige, der Luthers Werk und das Wirken der ernestinischen Kurfürsten gefährdete, das reformatorische Vermächtnis erfüllte: der albertinische Herzog und Kurfürst Moritz.

Johann Friedrich der Großmütige (1532–1547/54)

Kurfürst Johann Friedrich war am 30. Juni 1503 in Torgau geboren worden. Wie bereits erwähnt wurde, verstarb seine Mutter wenige Tage nach seiner Geburt, so daß Johann Friedrichs Erziehung allein in den Händen des Vaters lag. Selbstverständlich übernahmen Hofmeister und Prinzenerzieher die Ausbildung des Knaben; auch die Räte glaubten, auf seinen Bildungsgang achten zu müssen. Ein Hofrat soll dem Fürsten empfohlen haben, «er solle keinen Studenten oder Schreiber aus seinem Sohn ziehen, sondern ihn zur Jagd, Reiterei und ritterlichen Tugenden abrichten lassen». Daraufhin antwortete Johann: «Diese Dinge lernen sich von sich selber wohl, wie man zwei Bein über ein Pferd hängen, des Feinds und wilden Tiers sich erwehren und Hasen fangen soll; meine Reiter, Jungen und Jägerbuben können es. Aber wie man gottselig Leben, christlich regieren, Land und Leute wohl verstehen soll, dazu bedürfen wir gelehrter Leut, guter Bücher und zuvorderst, neben geraumer Zeit, Gottes Geist und Gnade.» Unter diesen Maximen wurde Johann Friedrich erzogen und ausgebildet. Seine ersten Kindesjahre verbrachte er in Torgau, gelegentlich auch in Lochau. 1508/09 begann die eigentliche Ausbildung des Kurprinzen, die in den Händen Georg Spalatins lag. Doch bald darauf zog Friedrich der Weise Spalatin zu vertrauten Aufgaben heran, so daß andere humanistisch gebildete Erzieher an seine Stelle traten. Als Johann Friedrich im Jahr 1519 mit der

Habsburgerin Katharina verlobt worden war, lehrte Magister Veit Warbeck, der 1509 in Paris graduiert worden und 1514 nach Wittenberg gekommen war, den jungen Fürsten die französische Sprache. Warbeck schied jedoch im Sommer 1524 vom ernestinischen Hof, justament zu dem Zeitpunkt, als das Heiratsprojekt gescheitert war. Allerdings versorgte Warbeck den kursächsischen Hof und insbesondere Spalatin in den folgenden Jahren fortwährend mit französischer Literatur und älteren Handschriften.

Im Gegensatz zu anderen Fürsten verweilte Johann Friedrich an keinem fremden Fürstenhof. Dafür lernte er das gesamte Kurfürstentum auf seinen Reisen gut kennen. Neben den im Thüringischen Hauptstaatsarchiv aufbewahrten Reisebüchern legt das in der Dresdner Landesbibliothek befindliche Turnierbuch davon Zeugnis ab. Fraglos am bekanntesten ist Johann Friedrichs Auftritt bei jenem Turnier in Worms gewesen, als sich der Reichstag 1521 versammelt hatte. In den zwanziger Jahren turnierte der Kurprinz oft und gern, hielt enge Kontakte zu Luther und Spalatin, die immer wieder sein Interesse für die Theologie und Geschichte weckten, wuchs aber zugleich auch in die kursächsische Innen- und Außenpolitik hinein. Als sein Vater 1532 starb, trat Johann Friedrich als ein bereits bewährter Fürst an seine Stelle. Er kannte Kaiser und Reich, die Versammlungen der Reichsstände und die dort diskutierten Probleme sowie Land und Leute. In den Grundzügen führte der neue Kurfürst die Politik des Vaters und die seines Onkels Friedrich fort.

Es ist ein Gemeingut der Forschung, daß in der frühneuzeitlichen Geschichte durch die Beseitigung von Privilegien Modernisierungspotential freigesetzt wurde. Die Ausbreitung und Einführung der Reformation, die Neuordnung des Kirchengutes und die Festigung der evangelischen Kirche in den dreißiger und vierziger Jahren haben Potenzen freigelegt, welche die politische, soziale und verfassungsrechtliche Entwicklung beschleunigt haben. Auch in Kursachsen war die Gesellschaft in Bewegung geraten; diesbezüglich war es das Verdienst von Johann Friedrich, die kursächsische Verwaltung gründlich zu erneuern. Mit den Schlagworten Professionalisierung, Institutionalisierung und Bürokratisierung kann jener Prozeß prägnant umschrieben werden. Von besonderer Bedeutung war, daß Johann Friedrich – zumindest bis 1543 – seine Landstände sehr eng in das kursächsische Herrschafts- und Regierungssystem einband, ja einbinden mußte. Alle Entscheidungen bezüglich der Sequestration und Säkularisierung wurden im Konsens mit den Ständen getroffen. Insofern lag die

Verantwortung auf den Schultern der führenden regionalen und lokalen Herrschaftsträger. Auch im Hinblick auf das Steuerwesen besaßen die Stände weitreichende Vollmachten. Durch die Niederlage Johann Friedrichs im Schmalkaldischen Krieg wurde der tiefgreifende Modernisierungsprozeß, der das ernestinisch-kursächsische Herrschaftssystem zwischen 1525/32 und 1547 so grundlegend verändert hat, vielfach aus den Augen verloren, obwohl sich gerade auch das albertinische Reformprojekt nach 1547 dann zu einem guten Teil auf das ernestinische Vorbild gegründet hat.

Es war erwähnt worden, daß Johann Friedrich im Juni 1527 Sibylla von Jülich-Cleve-Berg geheiratet hatte. Aus der Verbindung sind vier Knaben hervorgegangen, wobei der älteste, Herzog Johann Friedrich II., der Mittlere, traurige Berühmtheit erlangte. Er war es, der den Visionen des fränkischen Ritters Grumbach folgte und den offenen Aufstand gegen den Kurfürsten August von Sachsen 1566/67 wagte. Aus der Ehe Johanns des Beständigen mit Margarete von Anhalt (1513) waren vier Kinder hervorgegangen, so daß zumindest eine Erbregelung mit dem Halbbruder von Johann Friedrich, dem 1521 geborenen Herzog Johann Ernst, getroffen werden mußte. 1542 erhielt Johann Ernst die Pflege Coburg sowie eine jährliche Rente von 14.000 Gulden, was nicht zuletzt auch deswegen vorgenommen werden mußte, weil der Herzog im Februar 1542 auf dem Torgauer Schloß Hartenfels in einem glänzenden Fest mit Katharina von Braunschweig-Grubenhagen vermählt worden war. Das junge Paar beanspruchte einen eigenen Hof, der dem repräsentativen Fürstenhof in Torgau nicht nachstehen sollte.

Der ernestinische Hof des Kurfürsten Johann Friedrich in Torgau gehörte in den dreißiger und vierziger Jahren zu den prächtigsten Höfen im Alten Reich. Das Torgauer Schloß Hartenfels war zwischen 1532 und 1540 unter Leitung von Konrad Krebs gründlich umgebaut und erneuert worden. Die Neukonzeption des Schlosses war ein in Stein gesetztes Manifest eines protestantischen Fürsten; auf dem Schloß entstand auch der erste Neubau eines protestantischen Gotteshauses: die berühmte Torgauer Schloßkapelle, die in ihrer Schlichtheit die reformatorische Programmatik verkörpert. In der modernen Forschung wird die Frage diskutiert, ob Johann Friedrichs Hof ein protestantischer Hof oder der eines Renaissancefürsten gewesen sei. Obgleich eine endgültige Antwort noch aussteht, so besteht doch Konsens darüber, daß sein Hof eine überregionale Ausstrahlung besaß. Die Architektur des Konrad Krebs oder die Wittenberger Cranach-

Werkstatt haben das ihre dazu beigetragen; hinzu kamen wertvolle Schmuckstücke, Handschriften und Bücher, Tapeten und Wandteppiche, Münzen, Medaillen und Uhren, Mobiliar und Musikinstrumente, die der Kurfürst aus aller Herren Länder heranschaffen ließ. Unter Johann Friedrich hatte das höfische Leben im ernestinischen Sachsen fraglos einen Höhepunkt erreicht. Die Mobilität des Hofes und der Zentralverwaltung hatten deutlich abgenommen; mit Torgau schien das protestantische Sachsen seine Hauptstadt gefunden zu haben, obwohl Johann Friedrich auch an anderen kursächsischen Schlössern kräftig hat weiterbauen lassen, so in Weimar, Gotha und Wittenberg.

Als Johann Friedrichs Vater verstorben war, hofften nicht wenige Mitglieder des Schmalkaldischen Bundes, daß der junge Kurfürst drängender zu Werke gehen werde als der zurückhaltende Johann. Doch sie wurden enttäuscht – allen voran Philipp von Hessen. Johann Friedrich agierte zumindest bis 1541/42 im Sinne der Bundesstatuten: Für ihn war und blieb der Schmalkaldische Bund ein Verteidigungsbündnis. Der sächsische Kurfürst hielt sich auch 1534 zurück, als der 1519 vom Schwäbischen Bund vertriebene Herzog Ulrich von Württemberg mit der Unterstützung Philipps von Hessen sein Land militärisch wiedergewann. Allerdings vermittelte der Ernestiner zwischen dem Württemberger und dem Erzherzog Ferdinand den Frieden zu Kaaden (1534). Ein Jahr später besuchte er Ferdinand am Königshof in Wien und bemühte sich um Ausgleich in der Religionsfrage. Erfolgreich war dieses Bemühen nicht. Der zurückhaltenden Reichspolitik stand eine kompromißlose Politik im mitteldeutschen Raum gegenüber. Einerseits betraf sie das Hochstift Naumburg, anderseits den albertinischen Vetter Moritz, der sich wegen der ernestinischen Vorherrschaft im Schmalkaldischen Bund dem Bündnis nicht angeschlossen hatte. Trotz vielfältiger Bemühungen des Landgrafen Philipp von Hessen blieben Johann Friedrich und Moritz unversöhnliche Kontrahenten.

Zu Beginn der vierziger Jahre trat Johann Friedrich selbstbewußt, bestimmend und siegesgewiß auf. In Kursachsen schränkte er die Mitbestimmung der Stände ein, und außenpolitisch begann er, sich über Recht und Gesetz hinwegzusetzen. So verstieß er 1541 schroff gegen die Reichsverfassung. Als im Januar 1541 der Naumburger Bischof Philipp von Wittelsbach in Freising verstorben war, setzte der Kurfürst gegen den Widerstand des Domkapitels den evangelischen Theologen Nikolaus von Amsdorf als Bischof ein. Ohne Fingerspitzengefühl agierte der Fürst, denn er glaubte, das Stiftsgebiet ohne größeren Widerstand in das kursächsische Territorium eingliedern zu können. Wenig diplomatisches Geschick bewies er auch im Konflikt mit Herzog Moritz von Sachsen. Seit der Leipziger Teilung stand das Hochstift Meißen mit dem Gebiet um Wurzen unter der Oberhoheit der beiden wettinischen Linien. Als 1542 die Türkensteuer erhoben wurde, meinte Johann Friedrich, auf die albertinischen Rechte keine Rücksicht nehmen zu müssen. Forsch begannen seine Steuereintreiber, im Stift Wurzen die Türkensteuer zu erheben; doch nicht nur das: auch der katholische Gottesdienst sollte abgeschafft und das Stiftsgebiet – gleichermaßen wie in Naumburg – enger an das Kurfürstentum angebunden werden. Moritz reagierte umgehend, zog mit einer bewaffneten Macht heran und drohte mit Krieg. Abermals mußte Philipp von Hessen zwischen seinem ernestinischen Bundesgenossen und seinem albertinischen Schwiegersohn vermitteln; nur mit Mühe gelang es Philipp, die schwierige Situation zu entspannen.

Wenige Wochen nach der Wurzener Fehde eröffneten Johann Friedrich und Philipp von Hessen den Krieg gegen den Herzog Heinrich den Jüngeren von Braunschweig-Wolfenbüttel, der die Reformation erbittert bekämpfte. Im Handstreich eroberten die beiden evangelischen Fürsten das welfische Herzogtum, so daß Heinrich fliehen mußte. In seinem Fürstentum wurde eine kursächsisch-hessische Militärregierung installiert. Die braunschweigische Angelegenheit sorgte bis zum Ausbruch des Schmalkaldischen Krieges für Unruhe im Reich; sie verschärfte deutlich die politischen Spannungen zwischen den Religionsparteien, denn Philipp von Hessen und Johann Friedrich hatten sich mit dem Angriff über die Reichsverfassung hinweggesetzt. 1545 scheiterte Herzog Heinrich mit dem Versuch, sein Territorium zurückzuerobern. Das mißlungene Unterfangen war die Ouvertüre zum Schmalkaldischen Krieg, denn nunmehr war es vielen kritischen Zeitgenossen bewußt geworden, daß sich Karl V. dem Reich zuwenden würde, sobald er seine europäischen Probleme zumindest halbwegs gelöst hatte. Das Jahr 1546 brachte eine erste Entscheidung. Auf dem Reichstag zu Regensburg verstand es Karl, die Herzöge von Bayern und Moritz von Sachsen fest an sich zu binden. Die Reichsacht gegen den sächsischen Kurfürsten Johann Friedrich wurde verkündet und mit der Exekution Moritz von Sachsen betraut. Doch Johann Friedrich vertraute auf die Stärke des Schmalkaldischen Bundes. Im Spätsommer 1546 eröffnete er die Kampfhandlungen. Allerdings agierte er mit seinen Truppen und dem Bundesheer ohne Glück und verbrauchte im Herbst des Jahres 1546 die Ressourcen im oberdeutschen Raum. Zu einer offenen Feldschlacht war es bis dahin noch nicht gekommen.

Als Moritz im November 1546 ernestinisches Territorium besetzte und Kontributionen erhob, eilte Johann Friedrich nach Mitteldeutschland zurück. Um seine geleerten Kriegskassen auffüllen zu können, begann der Kurfürst mit der Belagerung von Leipzig; doch die Messestadt widerstand. Ende Februar drangen die ersten Verbündeten des Kaisers in Mitteldeutschland ein, so daß Johann Friedrich nur noch reagieren konnte und plündernd durch albertinisches Territorium zog. Schließlich ließ Karl V. zum Sturm blasen. In Eger versammelten sich Ende März die Truppen Karls, Ferdinands, des Herzogs von Alba und die von Moritz. Kurfürst Johann Friedrich mußte ausweichen und zog sich auf dem östlichen Elbufer in Richtung Torgau zurück. Auf dem Rückzug – sonntags am 24. April 1547, unweit von Mühlberg an der Elbe – wurden seine Truppen von den Kaiserlichen überrascht und schließlich völlig aufgerieben. Eine Feldschlacht war das nicht; vielmehr metzelten die kaiserlichen Söldner das sich auflösende Bundesheer nieder. Johann Friedrich wehrte sich auf der Flucht, wurde verletzt und geriet in kaiserliche Gefangenschaft.

In der Wittenberger Kapitulation vom 19. Mai 1547 mußte er auf die sächsische Kurwürde, große Teile des ernestinischen Territoriums sowie auf seine Ansprüche auf Magdeburg und Halberstadt zugunsten des Vetters Moritz verzichten. In der kaiserlichen Gefangenschaft hielt er beharrlich an seinem evangelischen Glauben fest. Trotz Haftverschärfungen lehnte er das Augsburger Interim ab; für ihn war es nicht mehr als die «kaiserliche Notreligion». Infolge seiner Standhaftigkeit verehrten ihn seine Untertanen als einen Helden und Märtyrer des Protestantismus. Aus der Haft wurde er nach Moritzens Sieg über den Kaiser im Sommer 1552 entlassen. Der «geborene Kurfürst» – so nannte sich Herzog Johann Friedrich seit der Wittenberger Kapitulation – verstarb im März 1554 in Weimar. Mit ihm sowie mit den Kurfürsten Friedrich und Johann ist untrennbar die evangelisch-lutherische Bewegung im ernestinischen Kurfürstentum Sachsen verbunden. Lucas Cranach d. Ä. hat ihnen in den dreißiger Jahren im *Kurfürstentriptychon*, welches sich heute in der Hamburger Kunsthalle befindet, ein außergewöhnliches Denkmal gesetzt. Cranach konnte damals – wohl um 1535 – nicht ahnen, daß jene drei Fürsten einst symbolisch für ein eigenständiges und sehr bewegendes Kapitel sächsischer Geschichte stehen würden.

Die albertinischen Herzöge bis zur Übernahme der Kurwürde 1485–1547

von Enno Bünz und Christoph Volkmar

Albrecht der Beherzte (1464–1500)

Durch die Leipziger Teilung von 1485 war das wettinische Herrschaftsgebiet dauerhaft in zwei Territorien zerfallen. Albrecht, dem Begründer der albertinischen Linie der Wettiner, war als dem jüngeren Sohn Kurfürst Friedrichs II. (1412–1464) und dessen Gemahlin Margarete von Habsburg (1416–1486) durch die Leipziger Teilung das Herzogtum Sachsen zugefallen. Bis zu ihrer Abdankung im November 1918 sollten die Albertiner als Herzöge, Kurfürsten (seit 1547) und Könige (seit 1806) die Geschichte Sachsens prägen. Albrecht, am 31. Juli 1443 in Grimma geboren, haben Chronisten des 16. Jahrhunderts den Beinamen «der Beherzte» gegeben. Seine Kindheit war überschattet vom Sächsischen Bruderkrieg 1446 bis 1451, zu dessen Folgen der Prinzenraub gehörte. Gemeinsam mit seinem Bruder Ernst wurde Albrecht 1455 von dem Adligen Kunz von Kauffungen aus dem Schloß in Altenburg entführt, doch schon nach wenigen Tagen unversehrt wieder befreit. Mehr noch als andere Ereignisse aus dem bewegten Leben Albrechts hat diese Episode das Andenken des späteren Herzogs gesichert. Als Relikt des Prinzenraubes ist in der einstigen Wallfahrtskirche von Ebersdorf bei Chemnitz ein Kleidungsstück erhalten, das Prinz Albrecht bei der Entführung getragen hat und das vermutlich als Dankgabe für die Errettung des Entführten dorthin gelangte.

Teil des sächsisch-böhmischen Ausgleichs von 1459 war die Eheverabredung Albrechts mit Zdena (Sidonie), der Tochter König Georgs von Podiebrad (1458–1471). Die Ehe war nicht immer einfach und wurde durch Albrechts häufige Abwesenheit im Reichsdienst zusätzlich belastet. Das gemeinsame «brüderliche Regiment», das Albrecht und Ernst nach dem Tod Kurfürst Friedrichs II. am 7. September 1464 vereinbart hatten, scheint in der Tat viele Jahre einvernehmlich funktioniert zu haben. Das mag auch daran ablesbar sein, daß die Brüder 1471 mit dem Bau eines neuen Residenzschlosses in Meißen begannen (seit 1676 als «Albrechtsburg» bezeichnet), das vermutlich zur Unterbringung zweier getrennter Hofhaltungen der gemeinsam regierenden Brüder gedacht war. Da aber der ältere Ernst als Inhaber der Kurwürde die maßgebliche Rolle gespielt hat, engagierte sich Herzog Albrecht schon seit 1467 mehrfach im Dienste des Hauses Habsburg als militärischer Führer in Österreich (Eroberung Steyrs 1467), Böhmen (Zug nach Prag 1471) und am Niederrhein (Belagerung von Neuss 1474). Von März bis Dezember 1476 unternahm Herzog Albrecht mit 119 Begleitern eine Pilgerreise ins Heilige Land. Über den Verlauf und die Höhepunkte der Reise ließ der Herzog seinen Landrentmeister Hans von Mergenthal einen Pilgerbericht anfertigen. Die Rückreise war mit Besuchen an der Römischen Kurie Papst Sixtus' IV., am Kaiserhof Friedrichs III. in der Wiener Neustadt und an den Höfen der Herzöge von Bayern in Burghausen und Landshut verbunden.

Ob bereits der militärische Zug zum Schutz der Königswahl in Prag 1471 von Albrechts Seite mit eigenen Ambitionen verbunden war, die Königswürde zu erlangen, ist umstritten. Nicht Böhmen, sondern der Nordwesten des Reiches sollte letztlich für die politischen Pläne des Herzogs eine herausragende Rolle spielen. Der Reichsdienst brachte Albrecht 1483 die Anwartschaft auf die Herzogtümer Jülich und Berg ein, die freilich nicht eintrat und 1496 praktisch wieder verloren ging. 1485 erhielt Albrecht jedoch infolge der – gegen seinen Willen – durchgeführten Leipziger Teilung mit dem Herzogtum Sachsen ein eigenes reichsständisches Territorium, das große Teile der Mark Meißen, des Osterlandes (mit Leipzig) und einen Gebietsstreifen im nördlichen Thüringen umfaßte. Lange konnte sich Albrecht jedoch nicht dem neugewonnenen Land widmen. Auf dem Nürnberger Reichstag wurde er 1487 zum Reichsfeldherrn ernannt, um die österreichischen Erblande von den Truppen des Ungarnkönigs Matthias Corvinus zu befreien. Zwar legte Albrecht dieses Amt schon 1488 wieder nieder, doch hat er seit 1488 fast pausenlos mit eigenen Truppen im Dienste der Habsburger gestanden und sich vor allem in den Niederlanden engagiert. Neben der Treue zum Kaiserhaus spielten dabei gewiß auch fürstliche Ruhmsucht und Abenteuerlust eine Rolle. 1488 bis 1494 wirkte Albrecht als von Kaiser Friedrich III. ernannter Generalstatthalter in den Niederlanden. Das militärische Engagement des Fürsten bedeutete eine schwere Belastung für den sächsischen Territorialhaushalt. Eine 1497/98 durchgeführte Finanzreform erleichterte die notwendige Aufbringung

Herzog Albrecht der Beherzte (1464–1500)

und Transferierung großer Summen Bargeld. Doch blieb Albrecht trotz der zeitweilig hohen Erträge aus dem sächsischen Silberbergbau gezwungen, Anleihen aufzunehmen, die ihn von den Ständen abhängig machten.

Im Herbst 1494 schuldete das Haus Habsburg dem sächsischen Herzog bereits ca. 300.000 Gulden, doch war völlig offen, wie und wann diese Summe beglichen werden sollte. So verknüpfte Herzog Albrecht sein militärisches Engagement in Friesland mit dynastischen Überlegungen, um eine erneute Landesteilung in Sachsen zwischen seinen Söhnen Georg und Heinrich auszuschließen. Nach längeren Verhandlungen, die mit weiteren militärischen Erfolgen Albrechts einhergingen, ernannte König Maximilian I. den sächsischen Herzog auf dem Reichstag zu Freiburg 1498 zum *Ewigen Gubernator* von Friesland. In der «Dispositio Albertina» («Väterliche Ordnung») vom 18. Februar 1499 hat Albrecht seine Nachfolge geregelt, indem er mit Georg und Heinrich vereinbarte, diesem Friesland und jenem Sachsen als Erbland zu überlassen. Beide Fürstentümer sollten fortan ungeteilt bleiben. Albrechts dritter Sohn Friedrich war an diesem Vertrag nicht beteiligt, weil er seit 1498 Hochmeister des Deutschen Ordens (gest. 1510) war und damit als abgefunden galt.

Albrecht mochte allerdings schon zu diesem Zeitpunkt Grund zu der Annahme haben, daß die wettinische Herrschaft in Friesland nicht von Dauer sein würde. Deshalb bestimmte er für den Fall, daß eines der Fürstentümer verlorenginge, bestimmte Herrschaftsanteile zur Versorgung des betroffenen Sohnes. Im Sommer 1499 überließ er Heinrich die friesische Statthalterschaft, doch forderte dessen Herrschaftspraxis schon im Frühjahr 1500 neuerliche Aufstände heraus, so daß Albrecht nochmals nach Friesland ziehen mußte. Während der Belagerung Groningens brach im sächsischen Heer eine Seuche aus, der Herzog Albrecht am 12. September 1500 erlegen ist. Sein Herz wurde in Emden beigesetzt, der Leib des Herzogs in die Fürstenkapelle des Meißner Doms überführt.

Georg der Bärtige (1500–1539)

Wie es die «Dispositio Albertina» vorsah, folgte Albrecht in der Regierung des Herzogtums Sachsen sein ältester Sohn Georg (geb. am 27. August 1471 in Meißen). Die böhmische Herkunft der Mutter und die dadurch bedingte antihussitische Haltung sollten sich als in vielfältiger Weise prägend für den Lebensweg und die religiöse Grundeinstellung Georgs erweisen. Von Zdena für die geistliche Laufbahn vorgesehen, erhielt Georg eine gründliche Ausbildung, die ihm später noch in den religiösen Kontroversen der Reformationszeit von Nutzen sein sollte. Am 1. Mai 1484 war Albrecht von Sachsen, nachgeborener Sohn Kurfürst Ernsts, als Administrator des Erzbistums Mainz verstorben. Als Georg im Juni 1484 das freigewordene Mainzer Domkanonikat erhielt, war dies der erste Schritt hin zu einer geistlichen Karriere. Doch schon 1488 wies Herzog Albrecht seinem Sohn den Weg zum weltlichen Fürsten, als er dem 17jährigen die Regierungsgeschäfte im Herzogtum Sachsen übertrug. Wie es in der «Väterlichen Ordnung» vorgesehen war, folgte Georg 1500 seinem Vater in der Regentschaft des Herzogtums, die er somit bis zu seinem Tod 1539 faktisch 51 Jahre lang ausgeübt hat. Sein jüngerer Bruder Heinrich erhielt das Fürstentum Friesland, das er aber schon wenige Jahre später gegen Besitzungen in Sachsen an Georg abtrat. Herzog Georg ließ sich 1504 als «ewiger Gubernator von Friesland» huldigen und setzte dort Statthalter ein. Neuerliche Aufstände zwangen ihn 1514, mit einem militärischen Aufgebot persönlich nach Friesland zu ziehen, doch vermochte er sich trotz anfänglicher militärischer Erfolge nicht in dem unruhigen Land zu behaupten. 1515 beendete Georg das friesische Abenteuer durch den Verkauf des Landes für 100.000 Gulden an Erzherzog Karl von Burgund, den späteren Kaiser Karl V. Die gewaltige Schuldenlast von schließlich 308.000 Gulden, die durch das friesische Engagement seit der Zeit Herzog Albrechts aufgelaufen war, beglich das Haus Habsburg zum größten Teil allerdings erst 1535. Sein Gläubigerstatus, vor allem aber seine Parteinahme in der 1517 aufbrechenden «causa Lutheri», banden Herzog Georg eng an das Haus Habsburg.

Kennzeichnender Grundzug der Regierungszeit Herzog Georgs ist das persönliche Regiment des Fürsten, der sich aller erdenklichen Fragen der inneren Verhältnisse seines Landes angenommen und sie im Geiste des frühmodernen Territorialstaats geordnet hat. Er verkörpert damit das genaue Gegenteil des kriegerischen, unternehmungslustigen Vaters. Die Hofordnung von 1502 und die Annaberger Bergordnung von 1509 stehen hierfür exemplarisch. Besondere Förderung genossen die 1497 von Georg gegründete Bergstadt St. Annaberg und die Stadt Dresden, die unter Georg zur dauerhaften Residenz der Albertiner wurde. Der Dresdner Georgenbau steht am Anfang des Umbaus der Residenz zum Renaissanceschloß. In Leipzig förderte Herzog Georg die Landesuniversität durch eine Universitätsreform (1502), die allerdings nicht von großer Wirkung war, sowie durch die Einrichtung von griechischen und hebräischen Lehrstühlen. Die humanistischen Interessen Georgs sind auch an seinen Beziehungen zu Erasmus von Rotterdam ablesbar, mit dem er in regem Briefwechsel stand.

Die Reformation ist in den Jahren 1517 bis 1539 zur politischen und religiösen Wegscheide der wettinischen Territorien geworden. Während das ernestinische Kurfürstentum Sachsen unter Friedrich dem Weisen und vor allem unter Johann dem Beständigen zum «Mutterland der Reformation» wurde, blieb das albertinische Herzogtum Sachsen unter Georg dem alten Glauben treu und kann als «Geburtsland des Kampfes gegen die Reformation»

Herzog Georg der Bärtige (1500–1539)

(Vossler) gelten. Dabei stand Georg von Sachsen, geprägt von persönlicher Frömmigkeit und theologischer Bildung, dem Anliegen Martin Luthers anfänglich sogar positiv gegenüber. Schon vor der Reformation lag ein Schwerpunkt seines Regierungshandelns auf der Kirchenpolitik. Als Vertreter eines starken landesherrlichen Kirchenregiments förderte er die Reform der Weltgeistlichkeit und der Klöster und war bestrebt, Mißstände im Sinne der spätmittelalterlichen Kirchenreformtradition abzustellen. Zur Lösung der Probleme griff Georgs Kirchenpolitik, deren genauere Untersuchung noch aussteht, auch über das eigene Territorium hinaus, wie seine Beteiligung am 5. Laterankonzil (1512–1517) oder an den Gravamina der deutschen Nation auf dem Wormser Reichstag von 1521 belegen.

Erst die Leipziger Disputation des Ingolstädter Theologen Johannes Eck mit Andreas Bodenstein gen. Karlstadt und Martin Luther, die vom 27. Juni bis 14. Juli 1519 in der Pleißenburg zu Leipzig in Gegenwart Georgs stattfand, hat zum Bruch des Albertiners mit Martin Luther geführt. Als Luther bekannte, daß er einige Ansichten des Jan Hus für rechtgläubig hielte, soll Herzog

Georg entsetzt aufgesprungen sein und gerufen haben: «Das walt die sucht!» In Georgs Augen hatte sich Luther damit offen zur Häresie bekannt. Der Herzog von Sachsen sollte fortan zum schärfsten Gegner Luthers unter den deutschen Fürsten werden. Der daraus folgende Gegensatz zu den ernestinischen Vettern brach bereits im folgenden Jahr auf, als die päpstliche Bannandrohungsbulle «Exsurge domine» gegen Luther (15. Juli 1520) im Herzogtum Sachsen, anders als im Kurfürstentum Friedrichs des Weisen, ohne Umschweife publiziert wurde.

Herzog Georg gehörte zu den Teilnehmern des Reichstages von Worms im April 1521, auf dem sich Luther vor Kaiser und Reichsständen rechtfertigen mußte. Es kennzeichnet den Gerechtigkeitssinn Herzog Georgs, daß er selbst sich für das zugesicherte Geleit Luthers einsetzte, den er gleichwohl als «gebannten, meineidigen Mönch» fortan ablehnte und bekämpfte. Georg gehörte zu den wenigen Reichsfürsten, die am 25. Mai 1521 das Wormser Edikt annahmen. Das Edikt stellte die Verbreitung der Schriften Luthers unter Strafe und sprach über ihren Verfasser die Acht aus, was bedeutete, daß die Reichsfürsten, die Luthers habhaft wurden, den notorischen Ketzer festzunehmen und dem weltlichen Gericht vorzuführen hatten. Luther, der den Schutz Kurfürst Friedrichs des Weisen und seines Nachfolgers Johanns des Beständigen genoß, hat es seitdem peinlich genau vermieden, bei seinen zahlreichen Reisen albertinisches Gebiet zu berühren, um nicht verhaftet zu werden. Der Kampf gegen den Wittenberger Reformator und die vordringende Reformation kennzeichnen die letzten beiden Jahrzehnte der Regierungszeit Herzog Georgs. Die Auseinandersetzung wurde dabei auch im direkten Schlagabtausch zwischen dem Herzog und dem Reformator in Briefen und Flugschriften ausgetragen, die es an heftigen persönlichen Invektiven nicht fehlen ließen. Die gemeinsamen Grundzüge beider Persönlichkeiten – Glaubensfestigkeit, Prinzipientreue und cholerische Erregbarkeit – erklären die unversöhnliche Schärfe der Kontroverse.

Ein besonderer Gegenstand der Auseinandersetzung war die Heiligsprechung Bischof Bennos von Meißen (gest. 1105/7), die Georg von Sachsen gemeinsam mit dem Meißner Domkapitel, das den Löwenanteil der anfallenden Kosten des Verfahrens tragen mußte, seit 1497 betrieben hat. Am 31. Mai 1523 ist Benno von Papst Hadrian VI. als letzter Heiliger des Mittelalters kanonisiert und am 16. Juni 1524 in einer aufwendigen Feier im Dom zu Meißen zur Ehre der Altäre erhoben worden. Bereits im Vorfeld der Feier hatte sich Luther gegen diese Heiligsprechung mit der Flugschrift «Wider den neuen Abgott und alten Teufel, der zu Meißen soll erhoben werden» gewandt, woraufhin altgläubige Theologen am Dresdner Hof ihrerseits in Flugschriften Stellung bezogen und damit die Kanonisation Bennos zu einer im ganzen Reich beachteten Kontroverse der frühen Reformationszeit machten.

Herzog Georg verfügte an seinem Hof über eine Reihe humanistisch gebildeter und dem alten Glauben treuer Theologen, darunter so berühmte Namen wie Hieronymus Emser (1478–1527) und Johannes Cochlaeus (1479–1552). Die Mitarbeiter der «Georgischen cantzley und schmidten» (Lazarus Spengler) versuchten, die «lutherische Sekte» (Herzog Georg) mit ihren eigenen Waffen zu bekämpfen, indem sie antireformatorische Flugschriften produzierten. Im Auftrag Georgs gründete Hieronymus Emser zu diesem Zweck die erste Dresdner Druckerei («Emserpresse»). Die sächsischen Luthergegner übernahmen dabei eine Vorreiterrolle im altgläubigen Lager; 53% aller 1525–1539 im Reich erschienenen altgläubigen Schriften stammten aus Leipzig oder Dresden. Als wichtigstes Werk der «Emserpresse» erschien 1527 eine deutsche Übersetzung des Neuen Testament, für die der Herzog selbst ein Vorwort beisteuerte. Emser hatte Luthers Septembertestament zugrunde gelegt, dieses jedoch anhand der Vulgata revidiert und kommentiert. Das Neue Testament war also nur sehr bedingt eine schöpferisch eigenständige Leistung Emsers, blieb aber in der Reformationszeit die maßgebliche altgläubige Übersetzung, die in verschiedenen Fassungen fast 100 Auflagen erleben sollte. Vor diesem Hintergrund ist es leicht nachvollziehbar, wie sehr den Herzog Luthers Vorwurf, er sei ein Feind des Evangeliums, kränken mußte. Die theologisch-publizistische Auseinandersetzung war begleitet von wachsender politischer Repression gegen die Anhänger des neuen Glaubens, der vor allem in den Städten des Herzogtums schnell breitere Bevölkerungskreise erfaßt hatte. 1522 bis 1524 mußte Georg mehrfach gegen reformatorische Prediger in Leipzig vorgehen, die er als Ausstreuer des «Lotterischen gyfts» bekämpfte. In den 1530er Jahren wurden Untertanen, die sich zur Reformation bekannten, sogar ausgewiesen.

Der Bauernkrieg von 1525, der vor allem weite Teile Thüringens erschütterte und mit der Zerstörung zahlreicher Klöster einherging, war in Georgs Augen eine unmittelbare Folge der Reformation. In Nordthüringen erhielt der Aufstand im Frühjahr 1525 durch das Auftreten der chiliastischen Prediger Heinrich Pfeiffer und Thomas Müntzer eine besonders radikale religiöse Komponente. Der Bauernkrieg führte zum letzten Male zu einem politischen Zusammengehen altgläubiger und reformatorischer Fürsten. Bei Frankenhausen erlagen am 15. Mai 1525 die Thüringer Bauern dem Angriff des Fürstenheeres. Pfeiffer und Müntzer wurden gefangengenommen und vor Mühlhausen hingerichtet. An dem von Folter begleiteten Verhör Thomas Müntzers in Heldrungen soll Herzog Georg persönlich teilgenommen haben.

Im Jahr des Bauernkrieges schloß Herzog Georg mit Kardinal Albrecht von Mainz, Kurfürst Joachim I. von Brandenburg und den Herzögen von Braunschweig-Wolfenbüttel und Braunschweig-Calenberg in Dessau ein Defensivbündnis zum Schutz der Altgläubigen. Mehrere evangelische Reichsterritorien wie Kursachsen und die Landgrafschaft Hessen antworteten auf das Dessauer Bündnis 1526 mit dem Torgauer Bündnis. Die von Mißtrauen erfüllte Atmosphäre im Reich wurde noch gefördert durch die Machenschaften des herzoglich-sächsischen Rates Otto von Pack (hingerichtet 1537), der Landgraf Philipp von Hessen gegen eine stattliche Geldsumme 1528 die Kopie eines vermeintlichen Angriffsplanes der Altgläubigen gegen die evangelischen Reichsfürsten zuspielte. Die Angelegenheit erwies sich zwar als Betrug, brachte das Reich aber erstmals an den Rand eines militärischen Konfliktes im Zeichen der konfessionellen Auseinandersetzung.

Die Beurteilung der langen Regierungszeit Herzog Georgs wird bis heute entscheidend von seinem letztlich vergeblichen Kampf gegen die Reformation bestimmt. Daneben sollte aber nicht übersehen werden, daß sich der Herzog über sein Territorium hinaus reichspolitisch auf Reichstagen und im Reichsregiment vielfach betätigt hat. Mehrfach wurde Georg als Friedensvermittler im Reich herangezogen, so daß er nach seinem Tod selbst von einer evangelischen Verwandten nicht zu unrecht als «Fürst des Friedens» gepriesen wurde. Mit dem Nürnberger Bund (1538), in dem sich Georg mit den Herzögen von Bayern und von Braunschweig zusammenschloß, versuchte der alte Herzog noch einmal, der altgläubigen Sache politische Stoßkraft zu verleihen. In den letzten Lebensjahren Georgs wurde jedoch deutlich, daß das Vordringen der lutherischen Lehre weder im Reich noch im Herzogtum Sachsen völlig aufzuhalten war.

Georg war seit dem 21. November 1496 mit Barbara, der Tochter König Kasimirs IV. von Polen, verheiratet, mit der er eine glückliche Ehe führte. Nach ihrem Tod am 15. Februar 1534 ließ sich Georg als Zeichen der Trauer einen Vollbart stehen, wodurch ihm der Beiname «der Bärtige» zufiel. Die meisten Porträts des Herzogs sind erst in dieser Zeit entstanden. Die Glaubensspaltung der Reformationszeit hat sich bis in die engere Familie des Herzogs ausgewirkt. Georgs Tochter Christina (gest. 1549) war seit 1505 mit Landgraf Philipp von Hessen verheiratet, der seit der Homberger Synode von 1527 zum entschiedensten Vorkämpfer der Reformation im Reich werden sollte. Georgs ältester Sohn Johann hatte 1516 Elisabeth, eine Tochter Landgraf Wilhelms II. und Schwester Landgraf Philipps von Hessen, zur Frau erhalten, die sich ebenfalls frühzeitig zur Lehre Luthers bekannte. Es gehört zur Lebenstragik Georgs des Bärtigen, daß sich seine Hoffnung, das Herzogtum als altgläubiges Territorium bewahren zu können, noch zu Lebzeiten zerschlug. Mit Johann starb 1537 der Thronfolger, der den Kurs des Vaters hätte weiterführen können. Auch Friedrich (geb. 1504), der zweite Sohn Georgs, hat seinen Vater nicht überlebt. Obschon Friedrich aufgrund seiner Geistesverfassung für die Nachfolge im Herzogtum nicht geeignet war, ließ Georg ihn nach Johanns Tod für regierungsfähig erklären und am 27. Januar 1539 mit Elisabeth, Tochter des Grafen Ernst II. von Mansfeld, vermählen. Für die Regierungsgeschäfte wurde Friedrich ein Landtagsausschuß an die Seite gestellt, doch ist er bereits am 26. Februar 1539 verstorben. Georgs Testament sah für den Fall, daß sein Bruder Heinrich nach seinem Ableben die Reformation einführen würde, eine Klausel vor, durch die er seinen gesamten beweglichen Besitz und alle Barschaft nach Abzug des Erbteils seiner hessischen und brandenburgischen Verwandten den Habsburgern zugedachte. Damit sollte wohl Kaiser Karl V. eine Einflußmöglichkeit in Sachsen eröffnet werden. Doch blieb dieses letzte Testament ohne Rechtskraft, denn noch bevor die notwendigen Verhandlungen mit den Ständen abgeschlossen werden konnten, verstarb Herzog Georg am 17. April 1539 im Dresdner Schloß. In der eigens für ihn und seine Frau errichteten Georgskapelle im Dom zu Meißen hat er unter einem Triptychon von Lucas Cranach d. Ä. seine letzte Ruhestätte gefunden.

Heinrich der Fromme (1539–1541)

Seinem jüngeren Bruder Heinrich, der bereits 66 Jahre alt war, sollten nur 28 Monate der selbständigen Regentschaft verbleiben, in denen er vor allem die Weichen zur Einführung der Reformation gestellt hat. Heinrich «der Fromme», wie ihn die Nachwelt deshalb

Herzog Heinrich der Fromme (1539–1541)

genannt hat, war am 16. März 1473 in Dresden geboren worden. Als zweiter Sohn Herzog Albrechts blieb es Heinrichs Schicksal, den Großteil seines Lebens im Schatten der langen Regentschaft Georgs zu stehen. Aufgrund der «Väterlichen Ordnung» von 1499 sollte Heinrich nach dem Tod seines Vaters das Fürstentum Friesland erhalten. Nach Heinrichs Rückkehr von einer Pilgerreise ins Heilige Land 1498 hatte Albrecht ihn bereits im Sommer 1499 in den friesischen Erblanden eingeführt und dort einen Fürstenhof eingerichtet. Heinrich vermochte sich in dem von Aufständen erschütterten Land jedoch nicht dauerhaft zu behaupten, weshalb er schließlich Friesland an seinen Bruder Herzog Georg abtrat und dafür im «Brüderlichen Vertrag» von 1505 mit den Ämtern

Freiberg und Wolkenstein und einer Jahresrente von zunächst 12.500, später 13.000 Gulden ausgestattet wurde. Territorialpolitik ließ sich in diesem überschaubaren Rahmen nicht betreiben, doch förderte der Herzog den Ausbau seines Herrschaftsgebietes u. a. durch die Gründung der Bergstadt Marienberg 1521. Anders als sein Bruder Georg hatte Heinrich wohl weder Talent noch Ambitionen zu größerer politischer Wirksamkeit. Elisabeth von Rochlitz spottete noch 1540 in einem Brief an Philipp von Hessen über Heinrich: «Wer S. L. zum regiment tuchtig gewest, S. L. vater hette im nicht das narrenteil also verordnet.» Heinrich war am 6. Juli 1512 mit Katharina, der Tochter Herzog Magnus II. von Mecklenburg, vermählt worden, die ihren Mann um zwei Jahrzehnte überleben sollte (gest. am 6. Juni 1561 in Torgau). Nach drei Töchtern wurde ihnen am 21. März 1521 als erster Sohn Moritz geboren, der spätere Kurfürst. Obschon Moritz seit 1533 zunächst am Hof seines Paten, des Kardinals Albrecht von Brandenburg in Halle, und dann am Dresdner Hof Herzog Georgs erzogen wurde, zeichnete sich im Freiberger Ländchen schon seit längerem eine Wende zum lutherischen Glauben ab. Treibende Kraft war Katharina von Mecklenburg, während Heinrich selbst sich zunächst scheute, gegen seinen Bruder offen Partei zu ergreifen. Erst als sich nach dem Tod von Georgs Sohn Johann die Gefahr abzeichnete, daß der alte Herzog anstelle seines Bruders seinen regierungsunfähigen Sohn Friedrich mit Hilfe der Landstände zum Regenten machen würde, lehnte sich Heinrich stärker an Kurfürst Johann Friedrich d. Ä. an, der dem 1531 begründeten Schmalkaldischen Bund, einem Verteidigungsbündnis der evangelischen Reichsstände, angehörte.

Wenig überraschend ergriff Herzog Heinrich nach dem Tod Georgs sofort Maßnahmen zur Einführung der Reformation. Der Beisetzung seines Bruders nach altgläubigem Ritus in Meißen blieb er demonstrativ fern. Das dortige Bennoheiligtum ließ er zerstören (die Reliquien wurden vermutlich heimlich gesichert und 1576 vom letzten altgläubigen Bischof von Meißen an Herzog Albrecht V. von Bayern übergeben, wo Benno fortan neue Wirkung als Münchner Stadt- und bayerischer Landespatron entfalten sollte). Mit der Einsetzung des Johannes Cellarius als Superintendent in Dresden am 6. Juli 1539 begann im Herzogtum Sachsen offiziell die Reformation. Bereits im Vormonat waren die Fronleichnamsprozession und die Abhaltung von Jahrtagen in Dresden verboten worden.

Noch zu Lebzeiten Herzog Georgs des Bärtigen hatte Heinrich der Fromme 1537 in seinem Herrschaftsgebiet eine Visitation durchgeführt und evangelische Prediger eingesetzt. Das Vermögen der Franziskaner, Dominikaner und der Magdalenerinnen sowie des Kollegiatstifts in Freiberg wurde bei dieser Gelegenheit aufgezeichnet, aber noch nicht angetastet. Das änderte sich auch nach dem Tod Herzog Georgs zunächst nicht, weil sich im Frankfurter Anstand Evangelische und Altgläubige 1539 wechselseitig die Unverletzlichkeit des Kirchenbesitzes garantiert hatten.

Nach dem Regierungswechsel 1539 wurde bereits im Juli in der Markgrafschaft Meißen und im albertinischen Thüringen nach ernestinischem Vorbild unter Mitwirkung von Justus Jonas, Georg Spalatin, Justus Menius und anderer kursächsischer Theologen eine erste Visitation durchgeführt. In Folge dieser «eilenden Visitation», die nur die Städte berührte, wurden die Superintendenturen eingeführt und das Kirchenwesen durch den Erlaß der «Heinrichsagende» neu geordnet. Im Zuge einer zweiten Visitation, die am 22. Dezember 1539 begann, wurden die Klöster und Stifte im Lande aufgesucht, um den Besitz zu verzeichnen und die Auflösung der Konvente einzuleiten. Dabei stießen die Visitatoren in den Nonnenklöstern auf weitaus größeren Widerstand als in den Männerklöstern und Stiften, doch fügten sich schließlich nach längerer Bedenkzeit die meisten Mönche und Nonnen den Anordnungen der Visitatoren. Im Frühjahr 1540 wurde die Sequestration der Klöster beschlossen und im November eingeleitet. Die Verwaltung des Klosterbesitzes wurde in die Hand von sechs landständischen Sequestratoren gelegt, denen der Herzog versprach, die Güter und Einkünfte nicht eigennützig zu verwenden. Seine Söhne Moritz und August sind diesem Abkommen jedoch nicht beigetreten, weil sie wohl später freie Hand behalten wollten. In Verhandlungen mit den Landständen konnten Heinrich und Moritz 1541 erreichen, daß zwei Drittel der Sequestrationserlöse für Kirche, Schule und Universität verwendet werden sollten, während ein Drittel für die allgemeinen Landesausgaben gedacht war. Bei der zweiten Visitation hatte Herzog Heinrich bewußt auf die Mitwirkung Kursachsens verzichtet, was das besondere Mißtrauen Luthers gegen die albertinische Kirchenpolitik förderte.

In der späten Politik Herzog Heinrichs wird eine anti-ernestinische Haltung sichtbar, die sich unter seinem Nachfolger Moritz noch verstärkte. Heinrich mußte in seiner Kirchenpolitik stets mit einer altgläubigen Opposition im Lande rechnen, die neben der Geistlichkeit Teile des meißnischen Adels und der städtischen Oberschicht etwa in Leipzig und Dresden umfaßte. Dies wurde noch von altgedienten herzoglichen Räten wie dem erasmianisch gesonnenen Reformkatholiken Georg von Carlowitz gefördert, die befürchteten, daß ein reformiertes Herzogtum Sachsen nicht die kaiserfreundliche Politik Herzog Georgs des Bärtigen fortsetzen könnte. Herzog Heinrich der Fromme hat seinem Sohn Moritz am 7. August 1541 die Regierung übergeben und ist am 18. August in Dresden verstorben. In bewußter Abwendung von der bisherigen wettinischen Grablege im Meißner Dom ließ sich Heinrich im Freiberger Dom beisetzen. Moritz übernahm die schwierige Aufgabe, die Reformation im Herzogtum zu vollenden und eine Neuorientierung der albertinischen Politik einzuleiten, die schließlich 1547 in der Verleihung der Kurwürde an den Albertiner in Folge des Schmalkaldischen Krieges gegen die Ernestiner gipfeln sollte.

MORITZ
1541/47–1553
von Manfred Rudersdorf

Nach der langen Regierungszeit seines Onkels, Georgs des Bärtigen, und dem kurzen Intermezzo seines Vaters, Heinrichs des Frommen, trat mit Moritz von Sachsen 1541 ein junger Albertiner an die Spitze der Regierung in Dresden, der zweifellos zu den eindrucksvollsten, ja bedeutendsten Herrscherpersönlichkeiten des Hauses Wettin zu zählen ist. Moritz gelang es, jenen doppelten Konflikt zu lösen, den seine Vorgänger unbewältigt hinterlassen hatten – zum einen den Gegensatz zur ernestinischen Linie, der im Kampf um die Kurwürde und die Vorherrschaft in Mitteldeutschland kulminierte, zum anderen die Behauptung der evangelischen Religion und damit auch der deutschen Fürstenlibertät gegen die religiösen und politischen Machtansprüche Kaiser Karls V. Der Sieg bei Mühlberg 1547 leitete dafür faktisch wie symbolisch die Wende ein: Er sicherte dem albertinischen Zweig der Wettiner an der Seite des Kaisers den Kurhut und die herrschaftliche Dominanz im mitteldeutschen Raum zu Lasten der ernestinischen Vettern, deren Haupt, der ehemalige Kurfürst Johann Friedrich der Großmütige, nach der Kapitulation vor Wittenberg zum Gefangenen des Kaisers wurde. Der siegreiche Moritz, der 1547 als «Judas von Meißen» gebrandmarkt wurde, verstand es jedoch, sich Zug um Zug aus den Fesseln des katholischen Kaisers zu lösen und zu dessen wichtigstem protestantischen Gegenspieler im Reich aufzusteigen. Durch den Feldzug des Jahres 1552 gegen Karl V. und das politisch-diplomatische Zusammenspiel mit den deutschen Habsburgern, vor allem mit König Ferdinand I., vermochte Moritz schließlich das Überleben der deutschen Protestanten und deren dauerhafte Integration in die Reichsverfassung sicherzustellen. Tatkraft und Verhandlungsgeschick zeichneten ihn als Führer der deutschen Fürstenopposition aus. 1552 half er bei den Passauer Verhandlungen entscheidend mit, die reichsrechtliche Anerkennung der lutherischen Reformation durchzusetzen. Im Jahr danach starb er im Alter von nur 32 Jahren in der Schlacht bei Sievershausen im Kampf um die Verteidigung der Rechts- und Territorialordnung des Alten Reiches.

In Moritz von Sachsen, dem ersten albertinischen Kurfürsten, tritt uns demnach ein überaus erfolgreicher, vielleicht sogar der prominenteste Protagonist des Reichsfürstenstandes in seiner Generation entgegen, dessen relativ kurze Regentschaft durch politischen Ruhm und persönliche Tragik gleichermaßen geprägt war. Der Name dieses Fürsten steht einerseits für eine neue Qualität der Reichspolitik am Ende der Reformationszeit in Deutschland, andererseits für eine Neuvermessung der politischen und konfessionellen Grundlagen des kursächsischen Staates in der neuzeitlichen Geschichte, die von langer Dauer war. In seiner Person verkörperte er wie kaum ein anderer das Spannungsgefüge zwischen alteuropäischer Herrschaftstradition und zeitgemäßer «staatlicher» Modernität, mehr noch das Spannungsgefüge zwischen säkularem politischen Machtstreben, konfessioneller Selbstbehauptung und dem «Geist» einer selbstbewußten reichsständischen Libertät. Schließlich stand er exemplarisch für das enge Ineinandergreifen der Ebenen von Kaiser und Reich mit derjenigen des regionalen landesherrlichen Einflußbereiches im eigenen Territorium. Es ist daher nicht ganz einfach, dem politischen Kopf der deutschen Fürstenopposition wertend und gewichtend gerecht zu werden, wenn es gilt, die unterschiedlichen Facetten seines Handelns in adäquate Deutungsmuster zu kleiden – und zwar vor der Folie der allgemeinen politischen Konstellation der noch jungen Reformation im Reich, der großen Zahl ihrer Bekenner und ihrer Gegner, die beide gleichermaßen von dem neuen Durchsetzungsmonopol in der Hand der territorialen Obrigkeiten am Beginn der Neuzeit so nachdrücklich geprägt waren.

Wie kaum ein anderer Politiker seiner Generation war Herzog Moritz von Sachsen, der spätere Kurfürst, ein Exponent der kraftvoll entstehenden, sich Schritt für Schritt herausbildenden Reformations- und Bildungslandschaft Mitteldeutschlands, die in Wittenberg und Torgau, in Dresden und Leipzig, in Weimar und Jena wie in einem feingesponnenen Netzwerk über kulturelle und höfische Knotenpunkte verfügte, deren eigentliche Blütezeit, wie wir wissen, damals erst noch bevorstand. Es darf als eine beachtliche Leistung der jüngeren reichs- und landesgeschichtlichen Historiographie angesehen werden, daß es gelungen ist, das allgemeine, klischeehaft tradierte, von innerwettinischen und innerprotestantischen Auseinandersetzungen gespeiste Moritzbild des «Judas von Meißen», des «sächsischen Machiavelli» und «protestantischen Nationalhelden» Schritt für Schritt im Lichte der jeweiligen Epoche zu überwinden und in eine sachlichere, vor allem aber quel-

Kurfürst Moritz (1541/47–1553)

lenmäßig fundiertere, wissenschaftliche Betrachtungsweise übergehen zu lassen. Angesichts der komplizierten persönlichen Natur des Herzogs und Kurfürsten Moritz, des politischen «Aufsteigers» in Dresden, stellt die Versachlichung fraglos einen gewichtigen Fortschritt in der Beurteilung der Reichspolitik des albertinischen Dynasten in der Nachfolge Georgs des Bärtigen und Heinrichs des Frommen dar.

Drei Zäsurjahre waren es, die das Lebenswerk des Moritz von Sachsen markant umrahmen und die Stationen seines Aufstiegs wie auch seines jähen Endes sinnbildlich markieren: 1541 die Regierungsübernahme als Landesherr in Dresden, 1547 der Erwerb der Kurwürde und der damit eng zusammenhängende Aufstieg zu einem der führenden deutschen Reichsfürsten, schließlich 1553 der unerwartete Tod nach der Schlacht bei Sievershausen im Alter von erst 32 Jahren. Dazwischen lagen Fakten und Ereignisse, Optionen und handfeste Konsolidierungserfolge, Visionen, Enttäuschungen und Rückschläge, aber auch kühne fiktionale Konstruktionen späterer Historikergenerationen, die darüber nachsannen, was alles im mitteldeutschen und reichspolitischen Rahmen machtpolitisch an Expansion und Hegemoniebildung hätte passieren können, wenn der junge «Held» Sievershausen 1553 überlebt hätte. Es kam jedoch anders.

Auch ein so beweglicher und ambitionierter Mann, wie es Moritz von Sachsen war, hatte sich von Anfang an den traditionell festen Vorgaben der albertinischen Territorial- und Reichspolitik einzufügen. Dazu gehörten einerseits die Aufgaben der inneren Herrschaftskonsolidierung und des territorialen Staatsausbaus, zum anderen die Durchsetzung der Reformation und damit die Bewahrung und Festigung des lutherischen Protestantismus im Reich – beides vor dem Hintergrund der Folgen der innerwettinischen Landesteilung von 1485, die in dieser Zeit keineswegs untypisch war angesichts der dynastischen Teilungsproblematik auch in anderen wichtigen Kernländern des Reiches, so bei den Wittelsbachern, den Welfen, den Hessen, den Mecklenburgern, den Hohenzollern, selbst innerhalb der Kaiserdynastie der Habsburger. Doch Sachsen, das Mutterland des originären Luthertums, erhielt durch die Dynamik der Reformation ein in vielerlei Hinsicht besonderes Gewicht – weit über die engeren Machtverhältnisse in Mitteldeutschland hinaus, auch und gerade auf der Ebene von Kaiser und Reich.

Moritz war es gelungen, kaum an der Regierung, einen Weg einzuschlagen, der sich schon bald als zukunftsträchtig erwies, nämlich den Gehorsam gegen den Kaiser, das Reichsoberhaupt, den Defensor der Alten Kirche, mit demonstrativen Gesten der Loyalität zu unterstreichen und ihn dennoch gleichermaßen mit dem Festhalten am neuen evangelischen Bekenntnis im eigenen Land zu verbinden. Der Herzog konnte so in den entscheidenden Jahren der Reformation seinen evangelischen Weg in gemäßigten Formen, aber gleichwohl mit entschiedenen Schritten gehen. Er vermochte es, sich zunächst von der aktiven Politik der Protestanten im Reich fernzuhalten, profitierte aber dennoch erkennbar von ihrem Schutz. Es war freilich dieser Spagat zwischen der Anlehnung an den Kaiser einerseits und dem konfessionellen Selbstbehauptungswillen des Schmalkaldischen Bundes andererseits, jenes kunstvolle Ausnutzen der politischen Handlungsspielräume durch geschicktes Finassieren, das im albertinischen Sachsen zweifellos zu einer Politik der zeitweisen Ambivalenzen, der partiellen Dissimulation und der begrenzten operativen Risiken führte.

I.

Schon die Jugendjahre des 1521 im Freiberger Schloß geborenen Moritz waren unmittelbar geprägt von dieser Ambivalenz der innerwettinischen Spannungen: Die eine Seite im albertinischen Lager verfocht mit wechselnden Methoden stets von neuem die Revision der als Positionsverlust empfundenen Landesteilung von 1485, die andere Seite betrieb die Durchsetzung der bereits schon wirksamen lutherischen Reformation bei Wahrung der territorialen Integrität und in Distanz zum Hause Habsburg. Die Möglichkeit für Moritz, eine größere Landesherrschaft anzutreten, war zunächst ganz auf das kleine Freiberger Land, die Herrschaft seines Vaters Heinrich, beschränkt. Die Perspektive für einen Aufstieg des jungen Moritz war also aus der Sicht der «Nebenlinie» denkbar ungünstig und zunächst noch mit dynastischen Unwägbarkeiten versehen. Der Einfluß der lutherfreundlichen Mutter Katharina von Mecklenburg auf den Sohn war dabei beträchtlich. Seine Ausbildung genoß er freilich im wesentlichen an den drei Großhöfen, die es damals in Mitteldeutschland gab, und die zugleich auch für die unterschiedlichen Orientierungen in der Reichs- und in der Religionspolitik standen: am geistlichen Hof Kurfürsts und Erzbischofs Albrecht von Brandenburg in Halle 1533/34, am romtreuen albertinischen Herzogshof in Dresden 1534/37 sowie am ernestinischen Kurfürstenhof in Torgau 1537/39, wo er in Johann Friedrich nicht nur dem privilegierten Inhaber der wettinischen Kur, sondern auch dem mächtigen Repräsentanten des Schmalkaldischen Bundes begegnete.

Weichenstellend waren dabei vor allem die Jahre in Dresden während der späten Georgszeit, wo unterschiedliche Einflüsse und Erfahrungen am Hof die Wahrnehmung des jungen Prinzen ganz maßgeblich mit Blick auf sein späteres politisches Handeln bestimmten. Hier lernte er seinen Ratgeber und loyalen Mentor Georg von Carlowitz kennen, an dessen altgläubiger und vor allem habsburgfreundlicher Einstellung es keinen Zweifel gab. Sie sollte auch später zu einer wichtigen Konstante der Dresdner Reichspolitik werden. Carlowitz erkannte im Geiste Georgs des Bärtigen durchaus die Reformbedürftigkeit und die Defizite der Alten Kirche, steuerte auch pragmatische Kompromißlinien an, ging aber zu keiner Zeit zur Wittenberger Reformation über. Anders war dagegen der Einfluß der am Dresdner Hof lebenden Herzogin Elisabeth, der älteren Schwester Landgraf Philipps des Großmütigen von Hessen, die sich vehement für eine evangelische Erziehung von Moritz einsetzte und erfolgreich mit dazu beitrug, daß 1541 die Heirat mit der Philippstochter Agnes von Hessen und damit eine erneute Bekräftigung der dynastischen Liaison zwischen den erbverbrüderten Häusern Hessen und Sachsen zustande kam. Philipp von Hessen, einer der politischen Vorkämpfer des Protestantismus im Reich, konnte auf diese Weise im Rahmen des enggeknüpften Familienverbandes als Schwiegervater von Moritz das Denken und Handeln des jungen Albertiners zeitweise stark beeinflussen. Die Rolle der konfessionell ambitionierten Herzoginwitwe Elisabeth von Rochlitz darf dabei keineswegs gering veranschlagt werden: Durch ein ausgedehntes Korrespondentennetz war sie es vor allem, die vorrangig die Kontakte zu den evangelischen Residenzen in Torgau und Kassel förderte und dadurch die Option für den jungen Moritz zugunsten des Protestantismus auf diskrete, aber bestimmte Weise offenhielt.

So wurde in Dresden mit Bedacht schon frühzeitig der Weg für eine evangelische Fürstenexistenz von Moritz gebahnt, obwohl die altgläubigen Gegenkräfte in der Spätzeit Georgs des Bärtigen alles versuchten, um das Spiel der Kräfte innerhalb der dezimierten albertinischen Familie so lange wie möglich offenzuhalten. Es war gewiß ein Stück der frühen Staatskunst Moritz von Sachsens, mit der Ambivalenz dieser offenen, ungewissen und doch gleichzeitig schon in vielem vorbereiteten Nachfolgesituation klug und pragmatisch umzugehen. Was er nach seiner Regierungsübernahme 1541 in Dresden administrativ in Angriff nahm, konnte er in seinem Selbstverständnis nur als evangelischer Fürst, nur als Anwalt der ständischen Libertät und der ständischen Autonomie tun – mit Kompromissen und schmalen Handlungsspielräumen zwar, aber doch schon mit einer festen politischen Zielvorstellung. Moritz setzte so in gewisser Weise, über die kurze Ära seines Vaters Heinrich hinausgehend, die herrscherliche Linie Georgs des Bärtigen, der zu den markantesten altgläubigen Landesherren der Reformationszeit in Deutschland gezählt hatte, fort, natürlich auch dessen Antagonismus zu den Ernestinern – nun aber unter anderen, entschieden evangelischen Vorzeichen.

II.

Der seit 1541 regierende Herzog Moritz war der Prototyp eines Fürsten «der zweiten Generation der Reformation» (K. Blaschke), der sich von Anfang an verstärkt mit den gewachsenen institutionellen Strukturen in Staat und Kirche und deren Reformbedürftigkeit auseinanderzusetzen hatte. Bei Moritz spielten unstrittig noch die traditionellen Regeln und Gesetzmäßigkeiten seines Territoriums eine Rolle – diese haben dann in der Folge die konfessionelle Solidarität mit den Ernestinern deutlich zurückgedrängt und eigene Opportunitätserwägungen und machtpolitische Vorteile nach vorne gerückt. Der Ausbau der politischen Macht des albertinischen Staates erfolgte zunächst unter innenpolitischen Vorzeichen, und zwar entlang der traditionellen Scheidelinie, einerseits die prohabsburgischen Interessen, besonders zu Ferdinand I., dem jüngeren Bruder Karls V., nicht zu vernachlässigen, andererseits das Drängen der Wittenberger Theologen ernst zu nehmen und mit dem Aufbau einer neuen evangelischen Landeskirche von Dresden aus zu beginnen. So stand in den 1540er Jahren eine Zeit wichtiger Grundentscheidungen für strukturelle Veränderungen, für neue Normsetzungen und Institutionalisierungsprozesse in Dresden an, die sowohl die Grundlage für den Aufstieg des Herzogtums Sachsen im Reich als auch die Voraussetzung für die eigene Machtstellung des zwanzig Jahre alten Fürsten an der Spitze seines Regiments schufen. In dieser Konstellation ist der Ausgangspunkt zu suchen für die rasche und bemerkenswert erfolgreiche «reichsöffentliche» Profilierung Moritz von Sachsens – zunächst als Herzog und Landesfürst, dann als Kurfürst des Reiches, lange Zeit als Partner des Kaisers, schließlich als dessen Opponent und entschiedener Gegner. Dabei konnte er sich auf einen Kreis von bewährten Räten stützen, die bereits unter seinem Vater Heinrich und seinem Onkel Georg in die Ämter gelangt waren. Dazu gehörten an führender Stelle Georg und Christoph von Carlowitz, Melchior von Osse, Georg von Komerstadt sowie die weiteren Räte von Miltitz, Pistoris und Fachs. Unter ihnen wurde Georg von Carlowitz sehr bald zur dominanten Figur am Dresdner Hof: Er vermochte mit seiner habsburgfreundlichen Politik die entscheidenden Akzente wirkungsvoll zum richtigen Zeitpunkt zu setzen. Moritz indessen verstand es seinerseits, in rascher Abfolge eine Reihe innerer Reformen einzuleiten, die im Zeichen einer forcierten Erneuerungs- und Aufbauarbeit nahezu alle Bereiche der Landesverwaltung erfaßten – von der Errichtung einer zentralen, auf die Dresdner Behörden hin orientierten Regimentsordnung an der Spitze des Staates bis zu einer neuen Gerichtsordnung und einer neuen Bergordnung, die den Bergbau als wichtigsten monetären Wirtschaftszweig für das wohlhabende Sachsen neu organisierte. Die Gestaltwerdung der neuen Landeskirche freilich erwies sich in ihrer verfassungs- und institutionengeschichtlichen Dimension als ein überaus schwieriger und langwieriger Prozeß, der ohne die konsensorientierte grundsätzliche Zustimmung des Landesherrn als weltlicher und geistlicher Obrigkeit – die verschiedenen Räte- und Theologenkonferenzen belegen dies – wohl kaum richtig funktioniert hätte. Das albertinische Herzogtum, lange Zeit im Schatten des ernestinischen Kurfürstentums stehend, war ohne jede Frage in den 1540er Jahren auf dem Weg zu einem bekenntnismäßig festgefügten evangelischen Territorium, auch wenn die Einführung der reformatorischen, insbesondere der konsistorialen Kirchenstrukturen noch eine Zeitlang auf den Widerstand der altgläubigen Gegner in Dresden stieß und von daher nur zu unvollkommenen Ergebnissen gelangte. Der etatistische Grundzug jedenfalls, über das Instrument der Einführung der Reformation die neuen kirchlichen Strukturen in das System der Landesherrschaft zu integrieren, war bei alledem unverkennbar.

Einen besonderen Schub für die Infrastruktur des Landesausbaus brachte dann die 1543 erlassene «Neue Landesordnung», die Herzog Moritz dazu benutzte, in prononcierter Weise neue kultur- und bildungspolitische Akzente für die Signatur der sich ausbreitenden vitalen lutherischen Reformationslandschaft in Mitteldeutschland zu setzen. Neben der Reform der Leipziger Universität war es vor allem die Gründung der drei neuen Landesschulen, der sogenannten sächsischen Fürstenschulen in Meißen, Pforta (1543) und Grimma (1550), die großes Aufsehen über Sachsen hinaus erregte, weil sie in der Symbiose von lutherischer Reformation und humanistischem Geist in bislang singulärer Weise den landesherrlichen Gründungsimpuls bestimmt, ja geradezu herausgefordert hat – ähnlich wie wenige Jahre später die evangelischen Klosterschulen im herzoglichen Württemberg. Hier ist fraglos eine der wesentlichen Wurzeln für die große Ausstrahlung der kulturellen Dimension der «mauritzianischen Regentschaft» in Dresden zu sehen, die auch die Bildungspolitik des Nachfolgers, Kurfürst Augusts, noch maßgeblich mitbestimmt hat.

Damit übernahm die Fürstenobrigkeit in programmatischer Weise zugleich die Verantwortung für die Ausgestaltung des neuen territorialen Bildungswesens, das die systematische Heranziehung einer staatstragenden Führungselite im Geiste der Wittenberger Bildungsreformen für weltliche und kirchliche Ämter gewährleisten sollte. Die so geschaffenen infrastrukturellen Voraussetzungen, die Etablierung eines landesherrlichen Schul- und Universitätsregiments in Sachsen, waren für die Stabilität der Fürstenherrschaft ebenso wie für den loyalen Zusammenhalt des landesherrlichen Räte- und Dienerverbandes von großer Bedeutung – dies um so mehr, als der entstehenden konfessionellen Uniformität innerhalb des albertinischen Territoriums nach außen hin weiter die Ambivalenz des Schwankens, des Offenhaltens, des vorsichtigen Dissimulierens zwischen den Religionsparteien im Reich, zwischen dem Haus Habsburg und den Schmalkaldischen Bundesgenossen, komplementär gegenüberstand. Der Konflikt spitzte sich 1546/47 in ungeahnter Weise schnell zu.

III.

Neben dem traditionellen Gegensatz zwischen den Ernestinern und den Albertinern, der sich, wie die Wurzener Fehde zeigte, Anfang der 1540er Jahre dramatisch verstärkte, waren es die Kriege des Reiches gegen die Türken in Ungarn 1542 und gegen Frankreich 1543/44, die Moritz immer näher an die Seite des habsburgischen Kaisers und seines jüngeren Bruders Ferdinands I. heranführte. Georg von Carlowitz, der Exponent der prohabsburgischen Kräfte am Dresdner Hof, konnte den sächsischen Herzog von der Richtigkeit seiner Argumente überzeugen und ihn zu einem Ausgleich mit den Habsburgern bewegen, unter denen Ferdinand als böhmischer König über ein weit nach Sachsen reichendes Lehenssystem verfügte, das gegebenenfalls als ein gefährlicher Hebel gegen die territoriale Stabilität des Herzogtums eingesetzt werden konnte. Natürlich erleichterte dabei die Existenz eines festgefügten evangelischen Bündnissystems im Reich dem Albertiner die Entscheidung, ja sie gab ihm erst den politischen Handlungsspielraum für seine Unternehmungen – eine Position, die einst die ernestinischen Kurfürsten mit allen Risiken und Rückschlägen hatten mühsam erkämpfen müssen. Die Strategie eines mittleren Weges, den Gehorsam gegen den Kaiser mit dem Festhalten am Protestantismus zu verbinden – einen Weg, den Moritz immer konsequenter einschlug –, stand nunmehr vor einer entscheidenden Bewährungsprobe. Freilich stand dabei auch die von Moritz bislang so elastisch gehandhabte koalitionspolitische Neutralität auf dem Spiel, zumal man in Dresden immer deutlicher sah, daß die militärische Auseinandersetzung zwischen Kaiser Karl V. und den Schmalkaldenern bedrohlich näherrückte.

Weichenstellend für die sächsische Politik der nächsten Jahre wurde der habsburgisch-albertinische Vertrag vom Juni 1546, geschlossen am Rande des Regensburger Reichstages, der Moritz endgültig vom Schmalkaldischen Bund wegführte, ihn zur «Neutralität» zwang und damit zur Aufgabe seiner Vermittlungsposition zwischen den konkurrierenden Religionsparteien im Reich nötigte, die nunmehr unaufhaltsam in die militärische Konfrontation hineintrieben. Der Sieg des Kaisers über die protestantischen Schmalkaldener wurde allgemein erwartet, so daß sich in der Dresdner Politik zunehmend Motive politischer Opportunität mit einem ausgeprägten herrscherlichen Machtbewußtsein und reichspolitischem Karrieredenken des jungen Fürsten verbanden. So bildete bei seiner Entscheidung zugunsten des Waffengangs für den Kaiser in Mitteldeutschland der Gegensatz zur ernestinischen Kurlinie seines Hauses eine maßgebliche Triebfeder. Dabei zeichneten sich grundsätzlich zwei Komponenten ab: einerseits der Abtausch der Garantie von religiöser Freiheit gegen die Anerkennung der kaiserlichen Hoheitsrechte, andererseits das enge politische Zusammenspiel des jüngeren Wettiners Moritz mit dem jüngeren Habsburger Ferdinand I. Diese Konstellation hatte Moritz schnell in eine vorgegebene Vermittlerrolle zwischen den konfessionellen Lagern geführt, die er aber vor dem Ausbruch des Religionskrieges bei weitem nicht ganz auszufüllen vermochte, auch nicht im Konflikt mit den konfessionsverwandten Schmalkaldischen Bundesgenossen, die andere Zielvorstellungen verfolgten.

Moritz setzte in der Folge auf den Kaiser, ganz aus dem berechtigten Kalkül heraus, daß dieser der wahrscheinliche Sieger über die evangelischen Schmalkaldener sein würde. Es sollte sich zeigen, daß erst das enge habsburgisch-albertinische Zusammenwirken im Zeichen des zentralen Konflikts von 1546/47 den Aufstieg der Albertiner im Reich so richtig möglich machte und die Machtstrukturen in Mitteldeutschland nachhaltig beeinflußte, ja entscheidend veränderte. Dissimulierend und finassierend begab sich Moritz 1546 immer weiter in das Lager Karls V., freilich nicht ohne vorher religiöse Zusagen aus der Umgebung des Kaisers erhalten zu haben, die auch die Berücksichtigung evangelischer Forderungen durch das Konzil von Trient zum Inhalt hatten. Daß der Herzog dabei von dem Habsburger kühl überspielt wurde, hat er diesem nie verziehen. Moritz zögerte daher angesichts seiner Neutralitätsverpflichtung mit dem Kriegseintritt, er griff erst ein, als er fürchten mußte, abermals vom Kaiser überspielt zu werden – diese Aktionen waren bei den evangelischen Ständen seines Landes erkennbar unpopulär und haben das öffentliche Meinungsklima negativ beeinflußt. Es war dann der jüngere Habsburger Ferdinand, nicht der anrückende Kaiser Karl, der im

Herbst 1546 die Zusage der sächsischen Kur zu Lasten der Ernestiner in Torgau ins Spiel brachte und auch die verlangten religiösen Garantien abgab.

Der kurze Kriegsverlauf war indessen für Herzog Moritz nicht ohne Risiko. Doch der Sieg Karls V. über die Schmalkaldener bei Mühlberg an der Elbe am 24. April 1547 entschied auch für ihn, den Albertiner, und für dessen Zukunft: In der Wittenberger Kapitulation vom 19. Mai 1547 mußte Johann Friedrich die Kurwürde, den Kurkreis, die Anteile an der Markgrafschaft Meißen und an den sächsischen Bergwerken an den Albertiner abgeben sowie den böhmischen Lehen entsagen. Die geächteten Bundeshauptleute Johann Friedrich und Philipp von Hessen, der seines Kur-Privilegs entmachtete Ernestiner und der Landgraf, gerieten nacheinander in die Gefangenschaft des Kaisers. Schon am 4. Juni 1547 wurde Moritz, wie versprochen, die sächsische Kurwürde übertragen, die elbaufwärts von Torgau nach Dresden transferiert wurde. Damit revidierte der siegreiche Kaiser nicht nur die umkämpfte innerdynastische Weichenstellung des Leipziger Vertrags von 1485 zugunsten der verbündeten Albertiner – im Gegenteil, die Konsequenzen dieses Revirements reichten wirkungsgeschichtlich noch viel weiter. Es wurde eine neue territoriale Geschlossenheit in Mitteldeutschland erreicht, die durch die komplizierten Vorgänge von 1485 verloren gegangen war. Das stabilere Territorium des albertinischen Sachsen mit seiner reichen Städtelandschaft zwischen Dresden, Chemnitz und Leipzig gewann jetzt klar die Führungsrolle, welche die Ernestiner in ihrem thüringischen Restterritorium, mit Weimar als Mittelpunkt, in der Folge durch immerwährende Teilungen mehr und mehr verspielten. Zugleich aber wurde der territoriale Schwerpunkt der albertinischen Wettiner zunehmend nach Osten verschoben, weg vom thüringischen Raum, der zu den traditionellen kaisernahen Kerngebieten des Reiches gehörte. Die größere territoriale Geschlossenheit des albertinischen Herrschaftsbereichs wurde so auf lange Sicht mit einem verengten reichspolitischen Manövrierfeld bezahlt – dies war freilich 1547 in seinen Auswirkungen so noch nicht vorhersehbar.

Damit war die Leipziger Teilung von 1485, ein typisches Ergebnis spätmittelalterlicher dynastischer Territorial- und Hauspolitik, nach reichlich 60 Jahren weitgehend überwunden und eine neue Situation in Mitteldeutschland entstanden, die für die Dauer von mehr als zweieinhalb Jahrhunderten bis zum Ende des *Ancien régime* Bestand haben sollte. Das neue albertinische Kurfürstentum Sachsen mit seiner höfischen Residenz in Dresden als dem politischen und kulturellen Mittelpunkt des Staates wurde neben der österreichisch-habsburgischen Hausmacht schon bald zum zweitmächtigsten deutschen Territorialstaat und zur Führungsmacht der evangelischen Stände im Reich. Die Zäsur von 1547 war also zweifellos eine wichtige Weichenstellung für die politische Neuorientierung im Kurstaat Sachsen, aber auch für den lutherischen Protestantismus der Wittenberger Observanz in Deutschland.

Moritz, der neue, erste albertinische Kurfürst, hatte 1546/47 ein gewagtes Spiel begonnen und politisch viel dabei gewonnen. Er war gewiß kein militärischer Hasadeur, kein unüberlegter Spieler, auch kein skrupelloser Draufgänger, sondern ein pragmatisch denkender, kühl kalkulierender, erfolgsorientierter Machtpolitiker, dem das Glück der günstigen Konstellation in seinem ehrgeizigen dynastischen Prestigestreben zur Seite stand, der zudem im innerwettinischen Konkurrenzkampf ohne Leidenschaft in Kauf nahm, die ständisch vornehmeren ernestinischen Verwandten kalt zu brüskieren, sie politisch zu schwächen und aus der ersten Reihe der Mitspieler im Reich zu verdrängen. Der Makel des unzuverlässigen, konfessionell indifferenten, undurchsichtigen Machtstrategen hing ihm bei den Glaubensverwandten im Reich noch lange Zeit an – in der ernestinischen lutherischen Flugschriftenpolemik wurde er propagandistisch unerbittlich als Feind des Evangeliums, als Verräter, als «Judas von Meißen» gebrandmarkt.

Während so die unterlegenen ernestinischen Wettiner auf territoriale Restauration und evangelische Fürstensolidarität im Reich hofften, war Moritz bestrebt, als neuer Kurfürst der öffentlichen Wirkung seines angeschlagenen Erscheinungsbildes durch politische Akzente kraftvoll entgegenzusteuern. Das war gewiß nicht einfach, denn die Ambivalenz seines Tuns hielt zunächst weiter an. Karl V., nach dem Sieg von 1547 auf dem Höhepunkt seiner Macht in Europa stehend, drang nun vehement auf eine Lösung der offenen Verfassungs- und Religionsfrage im Reich. Freilich gelang es ihm nicht, auf dem Reichstag zu Augsburg 1547/48 gegen den Willen der Reichsstände einen kaiserlichen «Reichsabsolutismus» zu etablieren, und auch sein Versuch, die umkämpfte Religionsfrage auf dem Verordnungswege – ohne Papst, ohne Konzil, gegen die evangelische Ständeopposition – im Reich zu lösen, scheiterte. Das 1548 in Augsburg veröffentlichte kaiserliche Interim bedeutete daher erneut eine grundsätzliche Infragestellung der Erfolge der Reformation, des evangelischen Kirchentums, der lutherischen Lehre, der noch jungen protestantischen Konfessions- und Traditionsbildung in Deutschland.

Der neue Kurfürst jedenfalls mußte das Interim, das 1548 zum Reichsgesetz wurde, nolens volens akzeptieren, jene kaiserliche «Zwischenreligion» also, die in der Realität weniger einem konfessionellen Ausgleich, als vielmehr der Rückkehr der Protestanten in die Alte Kirche dienen sollte. In schwierigen Kompromißverhandlungen mit seinen Theologen, besonders mit Philipp Melanchthon, der Wittenberger Autorität nach Luthers Tod, gelang es Moritz, das sogenannte *Leipziger Interim* zu errichten und damit eine eigene Konzeption durchzusetzen, mit der er das apodiktische kaiserliche Vorgehen zu relativieren verstand. Mit seiner eigenständigen Position, dem Resultat umfassender Gespräche mit seinen Theologen und Räten, rührte er keineswegs an die Grundlagen des territorialen evangelischen Kirchenwesens, sondern bekannte sich zur Lehre Luthers und war nachhaltig um einen Konsens mit seinen mißtrauischen Landständen bemüht. Daß er dennoch politische Optionen und Erwägungen der theologischen Glaubenswahrheit und Grundsatzklarheit strategisch überordnete, setzte ihn im evangelischen Lager erneut des Verdachts vordergründigen Taktierens und illoyalen Verhaltens aus. In Wahrheit jedoch war er in der Krisenzeit des Interims, nachdem er den ungebrochenen politischen und konfessionellen Anspruch des habsburgischen Herrschaftsuniversalismus erkannt hatte, auf innere Distanz zum Kaiser gegangen und wieder näher an die Seite der evangelischen Reichsstände herangerückt, deren korporativer reichspolitischer Organisationsgrad nach dem Zerfall des Schmalkaldischen Bundes faktisch nicht mehr vorhanden war – dies ein deutlicher Ausdruck der Defensive und des inzwischen eingetretenen Positionsverlustes.

Der Versuch von Kurfürst Moritz, bedingt durch die Krise des Interims und deren Bewältigung, sich als evangelischer Reichsfürst und als ständischer Interessenwahrer zu profilieren, leitete schließlich den Beginn der Neuorientierung seiner Reichs- und Außenpolitik ein, die sich nach 1548 in sukzessiven, teilweise noch verdeckten, aber durchaus konsequenten Schritten entwickelte – mit einer klaren reichsständischen Stoßrichtung gegen den Kaiser und gegen dessen kompromißlose antiprotestantische Religionspolitik. Die kontinuierliche diplomatische Pflege des Verhältnisses zu König Ferdinand, der das «libertäre» Anliegen der deutschen Reichsstände gegen die rigorose Durchsetzung des monarchischen Prinzips durch seinen älteren Bruder Karl vertreten hatte, machte sich jetzt bezahlt.

IV.

Gleichsam eine doppelte Zielrichtung war es, welche die veränderte, auf Unabhängigkeit und Autonomie bedachte Reichspolitik des Kurfürsten Moritz in dessen letzten Jahren bestimmte: Zum einen galt es, die umkämpfte, vom Kaiser nach wie vor abgelehnte *Confessio Augustana* als verbindliches evangelisches Glaubensbekenntnis durchzusetzen; zum anderen waren die traditionelle deutsche Ständelibertät und damit die reichsfürstlichen Handlungsspielräume im Reich gegen den Omnipotenzanspruch des «spanischen» Kaisers Karl V. zu verteidigen. Die Suche nach loyalen, zuverlässigen, in der Zielsetzung vereinten Koalitionspartnern wurde in der Folge zur entscheidenden Bewährungsprobe, die geeignet war, das latente Mißtrauen unter den evangelischen Glaubensverwandten zu zerstreuen. War Moritz eben noch Verbündeter des katholischen Kaisers gewesen, so wurde er bekanntlich 1552 zum Kristallisationskern einer protestantisch dominierten Frontenbildung gegen Karl V. und dessen autoritäre herrscherliche Ansprüche. Dabei konnte der sächsische Kurfürst die seit 1547 bekannten Spannungen zwischen der spanisch-niederländischen und der österreichisch-deutschen Linie des Hauses Habsburg bezüglich der Sukzession im Kaisertum geschickt ausnutzen, um den alten Zustand im Reich mit Bedacht zu restituieren. Nun war er es, der den Kaiser in die Enge trieb und am Ende militärisch und politisch düpierte. Dies war um so eher ins Werk zu setzen, als es ihm gelang, Ferdinand von Habsburg auf die Seite der deutschen Reichsstände zu ziehen.

Der Konflikt um das umkämpfte Magdeburg brachte Bewegung in die Sache. Die unpopuläre Belagerung der evangelischen Stadt 1550/51 im Auftrag des Kaisers benutzte Moritz als Hebel zur verdeckten Konzentration von Truppen und damit zur militärischen Vorbereitung seiner eigenen antikaiserlichen Pläne: Die Stadt Magdeburg, im Schmalkaldischen Krieg bereits schwer mitgenommen, erwies sich in den Wirren des Interims abermals als eine Zitadelle des lutherischen Protestantismus im Reich. Weder unterwarf sich die Bürgerkommune den Truppen des Kaisers noch akzeptierte sie die Annahme des Interims – die Verhängung und Vollstreckung der Reichsacht war die logische Konsequenz dieser Renitenz. Daß es dennoch zu keinen echten Kampfhandlungen, sondern nur zu begrenzten Scheinmanövern kam, war allein dem Raffinement des kaiserlichen Achtvollstreckers und politischen Taktikers Moritz zu verdanken, der andere Ziele verfolgte, und der vor allem den Wortbruch des Kaisers hinsichtlich der Gefangenschaft und Demütigung seines Schwiegervaters Philipp von Hessen, des einstmals prominenten Repräsentanten des Reichsfürstenstandes, nicht vergessen hatte. Nunmehr stellte er die Söldner vor Magdeburg unter sein Kommando und verstärkte zugleich die verdeckten Verhandlungen mit einer Reihe norddeutscher evangelischer Fürsten, darunter jenen von Mecklenburg, Preußen und Brandenburg-Küstrin, die sich Schritt für Schritt zu einem antikaiserlichen Bündnis, dem 1550 gegründeten Königsberger Bund, zwecks Wahrung der Glaubens- und Ständefreiheit zusammengeschlossen hatten.

Die politische Gemengelage zwischen 1550 und 1552 war angesichts der unterschiedlichen Optionen schwer durchschaubar, und sie wurde weiter kompliziert, als es gelang, Frankreich mittels Geheimverhandlungen in das neue Bündnis der evangelischen Reichsfürsten einzubeziehen und zu Subsidienzahlungen zu verpflichten. Das dezimierte Hessen, ohne das Haupt seiner gefangengesetzten legitimen Fürstenobrigkeit, fühlte sich in seinem Souveränitätsverständnis verletzt und förderte daher neben Kursachsen in besonderer Weise durch seine Kasseler Spitzenräte von Schachten und Bing den Brückenschlag zum Valois-König Heinrich II. nach Paris. Neben dem Königsberger Bund im norddeutschen Raum bildete mithin die Allianz zwischen Kursachsen und Hessen im mittleren Deutschland nach wie vor eine vitale Antriebskraft zum Handeln.

Moritz war sich wohl bewußt, daß er aus seiner reichspolitischen Isolierung nach 1547/48 am ehesten mit Hilfe Frankreichs, dem traditionellen Habsburg-Gegner im Westen Europas, herauskommen würde, um sein Hauptziel doch noch zu erreichen: den Kaiser zum Einlenken in eine politisch-konfessionelle, reichsrechtlich sanktionierte Kompromißlösung im Binnenreich zu zwingen. Was sich hier aus der Sicht der ständischen Akteure reichspolitisch auftat, war ein hoch riskantes Spiel mit wechselnden Koalitionen und ungewissem Ausgang: Denn jetzt wurde, erstmals in der neuzeitlichen Reichsgeschichte, ein Pakt mit einem ausländischen Souverän gegen den Kaiser angestrebt. In exponierter Weise wurde damit ein binnendeutscher Konflikt internationalisiert. Immerhin erhielt der französische König als Gegenleistung für seine Zusagen im Vertrag von Chambord im Januar 1552, ungeachtet aller reichsrechtlichen Bedenken, die Städte Cambrai, Toul, Verdun und Metz ausgeliefert, die er als Reichsvikar in Besitz nahm. Ausgreifende Pläne der französischen Krone zu einer großangelegten antihabsburgischen Eindämmungspolitik, die auf eine

Neustrukturierung des Machtgefüges in der Mitte Europas hinausliefen, mußte Heinrich II. jedoch schon bald zu den Akten legen. Doch es war der französische Souverän, der im eigenen Land die Protestanten verfolgen ließ, welcher den Weg für einen Erfolg der deutschen evangelischen Fürstenopposition mit freimachen half. Der eigentliche militärische Vorstoß von Moritz erfolgte mit Rückendeckung der Allianz dann schnell und kurz: er erging im Mai 1552 gegen Tirol und setzte den überraschten Karl V., der überstürzt fliehen mußte, sogleich matt. Daß der gedemütigte Kaiser, der von den deutschen Fürsten keine nennenswerte Unterstützung erhielt, den gefangengehaltenen Exkurfürsten, den Ernestiner Johann Friedrich, in größter Bedrängnis freiließ, brachte ihm nunmehr politisch nichts mehr ein.

Die kurzlebige sächsisch-französische Allianz von 1552 war indes schon nach wenigen Wochen obsolet geworden – sie hatte ihren Zweck erfüllt. Kurfürst Moritz hatte es geschafft, im Laufe seiner verschlungenen politischen Aktionen vor und nach 1550 die Verbindungen mit König Ferdinand, aber auch mit Albrecht V., dem neuen Herzog von Bayern, nicht abreißen zu lassen. Dies machte sich jetzt bezahlt, da alle drei Politiker aus unterschiedlichen herrschaftspolitischen und konfessionellen Beweggründen an einer tragfähigen neuen Friedenslösung für das Reich interessiert waren. An Kaiser Karl V. vorbei, dessen Einfluß spürbar verblaßte, vereinbarten sie im August 1552 den Passauer Vertrag, der vor allem die evangelische Religion bis zu einer endgültigen konfessionellen Entscheidung im Reich rechtlich absichern sollte. Karl V., dem gescheiterten machtverlustigen Reichsoberhaupt, blieb danach nur noch die Ratifizierung des Vertrages übrig – nach längerem Zögern und schon ganz im Zeichen der innerdynastischen Resignation, zudem im Stich gelassen von der Mehrheit der deutschen Reichsstände, die weiterhin in Neutralität verharrten und dadurch die Sanktionierung des konfessionellen Status quo im Reich erst möglich gemacht haben. Bereits in Passau 1552, nicht erst in Augsburg 1555 sind die normativen Voraussetzungen für die Etablierung eines neuen Systems der Machtbalance zwischen dem habsburgischen Kaiser und den territorialisierten Reichsständen erstmals konkret durchdacht worden. Das Interim wurde aufgehoben. Die Religions- und damit auch die Verfassungspolitik des Kaisers im Reich erlitt eine schwere Niederlage. Schließlich wurde Landgraf Philipp von Hessen nach fünfjähriger Gefangenschaft in den Niederlanden auf freien Fuß gesetzt. Sein Schwiegersohn Moritz jedoch, der erfolgreiche Kriegsherr der

Fürstenrebellion von 1552, wurde nach dem Scheitern der universalistischen kaiserlichen Machtansprüche zusehends als Schutzherr des Protestantismus, als Verteidiger und Bewahrer der «ständischen Libertät» gegen die verhaßte «spanische Servitut» angesehen und entsprechend typisiert, trotz des anhängenden Stigmas hinsichtlich seiner umstrittenen Rolle im innerwettinischen Konflikt um Rang und Machteinfluß wenige Jahre zuvor.

Gleichwohl – das plötzliche Ende dieses Mannes war jäh und bitter: Kurfürst Moritz mußte nämlich schon bald nach seinem Erfolg die Geister bannen, die er zuvor maßgeblich selbst mit auf den Plan gerufen hatte. Markgraf Albrecht Alkibiades von Brandenburg-Kulmbach hatte die Koalition der Kriegsfürsten gegen Karl V. zunächst uneingeschränkt unterstützt, später jedoch suchte er raubend und plündernd seinen eigenen Vorteil in der Kombination von ungehemmter Kriegsrhetorik und territorialer Expansionspolitik, vor allem gegenüber den geistlichen Staaten in seiner engeren fränkischen Nachbarschaft. Kurfürst Moritz sah sich als erster herausgefordert, dem Landfriedensbrecher mit Entschiedenheit entgegenzutreten – natürlich im Kampf für die Friedens- und Rechtsordnung sowie für die gerade stabilisierte territoriale Ständeordnung des Reiches. Zwar schlug er den ungezügelten, condottierehaften Markgrafen am 9. Juli 1553 bei Sievershausen in die Flucht, starb aber unerwartet zwei Tage später im Alter von nur 32 Jahren an den Folgen der erlittenen Verwundung. Die Wiener Habsburger, Ferdinand I. und sein Sohn Maximilian (II.), die späteren Kaiser, beklagten in dem toten Moritz reichsweit einen deutschen Patrioten von Rang.

V.

Es war ein beachtliches Lebenswerk, das Kurfürst Moritz nach nur wenigen Jahren hinterließ, geprägt vom Auf und Ab persönlicher Ambivalenzen, bestimmt von traditionellen territorialen Bindungen und weichenstellenden Erfolgen für die Neugestaltung von Staat und Kirche in seinem Territorium und darüber hinaus auch im Reich. In einem mehrjährigen, politisch höchst sensiblen Zusammenspiel war ein enges Einvernehmen mit dem andersgläubigen König Ferdinand von Habsburg entstanden. Noch 1552/53 wollte ihm dieser in einem Bundesprojekt die «Juniorpartnerschaft» in Norddeutschland überlassen – mehr als nur eine Geste symbolischer Anerkennung der politischen Leistung für den Protagonisten der deutschen Ständefreiheit, der sich aus der politischen Umklammerung des Kaisers durch mutige Entscheidungen und riskante Unternehmungen selbstbewußt emanzipieren konnte. Die Fürstenrebellion von 1552 wäre gewiß nicht denkbar gewesen ohne das feste Vertrauen des sächsischen Kurfürsten, mit Ferdinand I. schließlich zu einem Ausgleich in den deutschen Angelegenheiten zu gelangen. Im Passauer Vertrag konnte sich daher der deutsche Habsburger mit dem benachbarten Albertiner, freilich nicht ohne das entscheidende Zutun der konfessionsneutralen Stände, nahezu mühelos verständigen. Der Landfriede, ein jahrhundertelanges Anliegen der deutschen Geschichte, sollte nunmehr ergänzt und normiert werden durch klare Bestimmungen einer geregelten konfessionellen Koexistenz innerhalb des Reiches. Die handelnden Akteure von Passau bildeten damit den Kern eines neuen politischen Systems der ausgleichenden Machtbalance, das dem Reichsverband für ein halbes Jahrhundert lang den Frieden garantieren sollte. Dabei war die sich anbahnende, habsburgisch-wettinisch-wittelsbachische Allianz von 1555 ein bemerkenswerter Katalysator dieser spannenden Entwicklung, die Kurfürst Moritz freilich selbst nicht mehr miterlebte.

Was aber bedeutete dies alles für das «neue» Kursachsen im langen Reformationsjahrhundert? Moritz von Sachsen hatte die langwierige Auseinandersetzung mit den Ernestinern durch die Gewinnung von Kurwürde und Kurlanden gekrönt – im Jahre 1547, auf dem Höhepunkt des Konflikts, war er Landesherr Wittenbergs, des Herzens der Reformation in Deutschland geworden. Doch sein Erfolg bedeutete weit mehr. Die drei ernestinischen Kurfürsten hatten das welthistorische Verdienst, die Reformation in ihrem Land durchgesetzt, geschützt und bewahrt zu haben. Aber sie mußten dies über weite Strecken in Distanz und Opposition zu Kaiser und Reich tun, aus einer reichs- und machtpolitisch äußerst gefährdeten Position. Seit dem Tode Friedrichs des Weisen 1525 mußten sie überdies befürchten, daß Georg der Bärtige, der katholische albertinische Gegenspieler in Dresden, mit der sächsischen Kur belehnt wurde.

Moritz hat 1547 diese Drohung dann einerseits realisiert, andererseits aber das Mutterland der Reformation in der Reichsverfassung neu verankert. Er hat sozusagen die reichspolitischen Früchte der ernestinischen Reformationspolitik im Zeichen der Behauptung von ständischer Libertät und evangelischer Konfessionalität geerntet. Das lutherische Kursachsen wurde nun der bevorzugte «Juniorpartner» des Kaisers und damit de facto machtstrategisch zum ersten weltlichen Kurfürstentum des Reiches. Es wurde zum privilegierten Wortführer der deutschen Lutheraner, die damit wiederum fest in das Institutionengefüge des Reiches eingebunden waren. Dies war freilich nicht denkbar ohne den von Kursachsen gestützten Aufstieg der deutschen Habsburger unter Ferdinand I. Unter dem Eindruck der Schläge des Kurfürsten Moritz gab Kaiser Karl V. schließlich auf und überließ den Abschluß des Augsburger Religionsfriedens einschließlich der reichsrechtlichen Anerkennung des Luthertums seinem Bruder Ferdinand. Dieser konnte nach 1555 jenes politische Friedenssystem im Reich etablieren, das sich bereits im Passauer Vertrag in Umrissen herauskristallisiert hatte. Kurfürst Moritz hat die Vollendung dieses Werkes nicht mehr erlebt – aber er, der junge Wettiner, war es, der die Weichen nach 1547 entscheidend mitgestellt hatte für die Hauptsignatur der kursächsischen Reichspolitik in der neuzeitlichen Geschichte, für die typische Kombination von Reichstreue und Luthertum, welche Kursachsen zum Sprecher des deutschen Protestantismus und zum loyalen Partner des katholischen Reichsoberhauptes gleichermaßen machte.

Bleibt zuletzt der Blick auf die Person, auf eine der markantesten Fürstengestalten des 16. Jahrhunderts, auf ein Wirken voller Dynamik und Positionsmaximierung, auf ein Leben mit Brüchen, Erfolgen und riskanten Optionen, das von kurzer Dauer, aber von großer politischer Wirkung gewesen ist. Nur zwölf Regierungsjahre waren dem Herzog und Kurfürsten Moritz von Sachsen beschieden, die geprägt waren von der Teilnahme an Feldzügen gegen die Türken und gegen Frankreich, von innerwettinischen und innerreichischen Konflikten, von Landesausbau und administrativer Institutionalisierung, aber auch vom traditionellen Fürstenengagement des evangelisch gewordenen Landesherrn sowie vom Wechselspiel eines sowohl innovativen als auch opportunistisch-taktisch kalkulierenden, bisweilen skrupellos agierenden Reichspolitikers, der in der Allianz *mit* dem Kaiser wie in der Koalition *gegen* ihn am Ende glanzvoll reüssierte. Die dynastische Selbstdarstellung und Repräsentation des aristokratischen Hoflebens in Dresden standen dabei noch weitgehend im Schatten der Reichspolitik und erreichten nicht annähernd jenen bedeutenden Glanz der nachfolgenden Augustzeit, der stilbildend für viele evangelische Fürstenresidenzen im Reich im Zeichen der deutschen Spätrenaissance und des Späthumanismus werden sollte.

Anders als andere Fürsten seiner Zeit verkörperte Moritz in einer spezifischen Doppelung den Typus des tatkräftigen, gestaltenden, konfessionsbewußten Reformationsfürsten der zweiten Generation, doch zugleich auch den Typus eines schillernden deutschen Renaissancefürsten am Beginn der Neuzeit, der zupackend auf persönlichen Machtgewinn und offensive territoriale Expansion hinarbeitete, der als säkularer Kriegsherr, als Glaubenskämpfer, als Anwalt der ständischen Libertät, schließlich als autoritätsbewußter Verfechter der Staats- und Familienräson im albertinischen Hausinteresse konsequent seine Ziele verfolgte und dabei sogar den Vorwurf des Verrats öffentlich in Kauf nahm. Allenfalls die komplizierte, von Höhen und Tiefen gleichermaßen geprägte Biographie Philipps des Großmütigen von Hessen, des machtbewußten, doch letztlich unterlegenen Schwiegervaters, kann hierfür im Reichsverband vergleichend als Parameter herangezogen werden. Vielleicht ist es ja kein Zufall, daß gerade der hessische Schwiegervater und der sächsische Schwiegersohn beispielhaft für diesen exzeptionellen «Doppeltypus» des deutschen Reformations- und Reichsfürsten in der Mitte des 16. Jahrhunderts stehen.

Der Erfolg indessen sollte Moritz und seiner Politik in der Bilanz recht geben: Gegen alle ernestinischen Revisionsansprüche hatte er am Ende seiner Regierungszeit die innere Einheit von Dynastie, Glaube und Territorium im albertinischen Kurstaat gewahrt, im Heiligen Römischen Reich jedoch war das Gegenteil davon, nämlich die Bikonfessionalität von alter Kirche und evangelischer Neugläubigkeit, als Grundstruktur des gesellschaftlichen Zusammenlebens paritätisch verankert. Kurfürst Moritz von Sachsen hatte sich bei alledem, trotz der schweren Finanzkrise am Ende seiner Ära, als glänzender Modernisierer seiner Zeit bewährt und überdies unter Beweis gestellt, daß das politische Kräftespiel, das die neue Konfession auf Dauer sicherstellte, auf der Ebene des frühneuzeitlichen deutschen Territorialstaates angesiedelt werden konnte. Daß Moritz, der diesen für den Gang der Reformation fundamentalen strukturellen Prozeß der Herausbildung der deutschen Ständestaatlichkeit maßgeblich mitgestaltet und mitbeeinflußt hat, in der *memoria* der Sachsen, ja der Deutschen überhaupt, nach wie vor im Schatten der mächtigen Figur des populären Königs und Kurfürsten August des Starken rangiert, bedürfte dringend einer grundsätzlichen historiographischen Revision. Denn es war die Dynamik der Reformation, die Dynamik der konkurrierenden Konfessionalisierung, die als erste wichtige Modernisierungsschwelle die Weichen für eine Erneuerung von Staat, Kirche, Kultur und ständischer Gesellschaft in der Neuzeit gestellt hat – auch und gerade in Sachsen.

August
1553–1586

von Jens Bruning

Der zweite Kurfürst aus dem albertinischen Zweig des Hauses Wettin hat sowohl in der Historiographie als auch in der Öffentlichkeit kein sonderlich ausgeprägtes Interesse erfahren. Kurfürst August steht zum einen im Schatten seines älteren Bruders Moritz, der durch geschickten Frontenwechsel die Kurwürde erwarb und so als einer der großen gestaltenden Landesherrn und Strukturbegründer des Reformationsjahrhunderts gilt. Zum anderen ist der Schatten von Augusts Urururenkel übermächtig, der unter der Bezeichnung «August der Starke» (als sächsischer Kurfürst Friedrich August I., als polnischer König August II.) sicherlich der populärste Herrscher Sachsens ist. Der Name «August» wird heute daher fast ausschließlich mit diesem Landesherrn verknüpft. Kurfürst August steht aber genauso auch im Schatten der Zeit, in der er nahezu dreiunddreißig Jahre die Geschicke seines Territoriums und des Heiligen Römischen Reichs mitbestimmte: Die zweite Hälfte des 16. Jahrhunderts wurde nämlich jahrzehntelang ausschließlich unter negativen Aspekten betrachtet und mit Begriffen wie «Zerrissenheit», «Zerfahrenheit», «Verfall» oder «Auflösung» belegt. Der Zeitraum zwischen 1555 und 1618, den der Historiker und politische Publizist Heinrich von Treitschke überaus wirkungsvoll als «die häßlichsten Zeiten deutscher Geschichte» gebrandmarkt hatte, konnte so erst in den letzten zwanzig Jahren in seiner zumindest streckenweise durchaus positiven und eigenständigen Entwicklung wiederentdeckt und nicht mehr nur als reine Vorgeschichte des Dreißigjährigen Krieges gesehen werden. Als verantwortlich für diesen vermeintlichen Niedergang des Alten Reichs wurde die Fürstengeneration ausgemacht, die nach dem Generationenwechsel um 1550 die Macht übernommen hatte und die im Gegensatz zu ihren tatkräftigen Vorgängern angeblich nur langweilig und unzuverlässig auftrat und vor allem politische Apathie erkennen ließ (Treitschke: «Sauf- und Betfürsten»). So ist es nicht verwunderlich, daß zu Kurfürst August keine größere biographische Studie existiert und das Bild dieses Landesherrn zwischen recht extremen Polen schwankt. Nach wie vor anzutreffen ist die Charakterisierung Augusts als «tyrannischer Despot», der demnach vor allem jähzornig und rachsüchtig agiert habe und der hinsichtlich seiner äußeren Politik unsicher und planlos gewesen sein soll. Eingeprägt hat sich aber vor allem das Bild des patriarchalischen Landesvaters («Vater August»), der insbesondere auf innenpolitischem, juristischem und wirtschaftlichem Gebiet tätig war und als Angehöriger der fürstlichen «Baumeistergeneration» Entscheidendes für die Gestaltung des neuzeitlichen Sachsens geleistet hat. Auch eine solche über Generationen tradierte Einschätzung des sächsischen Kurfürsten bedarf jedoch der Überprüfung, denn gerade die in den 1990er Jahren erschienenen Studien zur Reichsgeschichte in der zweiten Hälfte des 16. Jahrhunderts zeichnen ein ganz anderes und differenzierteres Bild Augusts, der hinsichtlich seiner Bedeutung für die Stabilisierung des Reichs mittlerweile sogar als überragender Vertreter der Fürstengeneration zwischen Augsburger Religionsfrieden und Dreißigjährigem Krieg gewertet wird.

I.

August von Sachsen wurde am 31. Juli 1526 als jüngstes Kind von Herzog Heinrich von Sachsen und seiner Frau Katharina von Mecklenburg auf Schloß Freudenstein in Freiberg geboren. Herzog Heinrich («der Fromme») hatte als jüngerer Bruder des regierenden Georg («des Bärtigen») lediglich die Herrschaft über die albertinischen Ämter Freiberg und Wolkenstein inne, so daß es als nahezu ausgeschlossen gelten konnte, daß August jemals die Regierung über das albertinische Sachsen erhalten oder gar die Kurwürde erlangen würde. Herzog Georg starb jedoch 1539 ohne einen männlichen Nachkommen, wodurch der bereits bei seinem Regierungsantritt kranke Herzog Heinrich seinem Bruder nachfolgte. Wenn auch mit Heinrich dem Frommen die Einführung der Reformation im albertinischen Sachsen verbunden ist, blieb seine Herrschaft doch nur eine kurze Episode. Bereits 1541 übernahm der älteste Sohn Moritz nach dem Tod des Vaters die Regierung. Entgegen den Überlegungen Heinrichs, das Territorium unter seinen Söhnen aufzuteilen, setzte sich der geschickt agierende Moritz als Alleinerbe durch, während August lediglich bestimmte Einkünfte und ab 1544 die Administratur des Bistums Merseburg erhielt. Nach seinem Aufenthalt an der Universität Leipzig in den Jahren 1540 und 1541 in Begleitung seines Erziehers Graf Johann von Mansfeld und seines Lehrers Johann Rivius, dem humani-

Kurfürst August (1553–1586)

stisch geprägten Rektor der Freiberger Stadtschule, konnte August bereits 1542 bei einem Aufenthalt am Hof König Ferdinands enge Kontakte zu den österreichischen Habsburgern knüpfen, wo er mit dem nahezu gleichaltrigen späteren Kaiser Maximilian II. Freundschaft schloß.

Dem Wunsch nach einem mächtigen Bündnispartner außerhalb des Reichs entsprang die im Jahr 1548 eingegangene Ehe Augusts mit der dänischen Prinzessin Anna, einer Tochter König Christians III., aus der fünfzehn Kinder hervorgingen, von denen allerdings elf frühzeitig starben und nur ein Sohn, der spätere Kurfürst Christian I., seinen Vater überlebte. Die offenbar «glückliche» Ehe basierte wohl auf ähnlichen Interessen und vergleichbaren tatkräftigen Fähigkeiten und führte dazu, daß im historischen Gedächtnis neben «Vater» August «Mutter» Anna trat. In der Tat muß man feststellen, daß keine andere Fürstin aus dem albertinischen Zweig des Hauses Wettin eine ähnlich wichtige und herausgehobene Rolle gespielt hat, auch wenn sich ihre Gestaltungs- und Einflußmöglichkeiten durchaus innerhalb der Normen der Zeit bewegt haben und von einem «Weiberregiment» sicherlich nicht gesprochen werden kann. Nach dem Tod Annas im Oktober 1585 heiratete August im Januar 1586 die Tochter des Fürsten Joachim Ernst von Anhalt, Agnes Hedwig, doch starb der Kurfürst bereits wenige Wochen nach der Hochzeit am 12. Februar 1586 an einem Schlaganfall, den er auf der Jagd erlitten hatte.

Schon Mitte der 1540er Jahre hatte Moritz seinen jüngeren Bruder August in seine umfangreichen Aktivitäten einbezogen und ihm beispielsweise die Verteidigung Dresdens im Schmalkaldischen Krieg übertragen; mit dem ihm zur Verfügung stehenden Truppenkontingent von mehr als 10.000 Soldaten besetzte dieser 1547 schließlich auch die ernestinischen Besitzungen in Thüringen. Trotz einiger Auseinandersetzungen, die sich vor allem um die finanzielle Ausstattung des jüngeren Bruders drehten, unterstützte August loyal die risikoreiche Außenpolitik von Moritz, obwohl er selbst eher einen zurückhaltenderen Kurs vertrat, der auch bei den sächsischen Landständen auf größere Sympathien stieß. Während der Abwesenheit des Kurfürsten im Fürstenkrieg gegen Kaiser Karl V. im Jahr 1552 übte August, der 1548 in Augsburg die Mitbelehnung an der Kur erhalten hatte, die Statthalterschaft im neuen albertinischen Kurfürstentum Sachsen aus und wurde 1553 von Moritz nach Dänemark entsandt, um dort finanzielle Unterstützung im Falle eines erneuten Konflikts mit dem Kaiser zu erwirken. Auf dieser Reise erreichte August die Nachricht vom Tod seines Bruders am 11. Juli 1553, zu einer Zeit also, als sich der junge sächsische Kurstaat insgesamt in einer recht problematischen Lage befand: Der neue Landesherr traf erst am 5. August in Wittenberg ein, die Bedrohung durch Markgraf Albrecht Alkibiades von Brandenburg-Kulmbach blieb trotz dessen Niederlage bei Sievershausen bestehen, und die ernestinischen Vettern starteten sofort neue Versuche zur Rückgewinnung der Kurwürde, zudem war die finanzielle Situation durch die expansive Außenpolitik der zurückliegenden Jahre äußerst angespannt – hatte doch Moritz einen Schuldenberg von nahezu 2 Millionen Gulden hinterlassen. So waren die ersten zwei Regierungsjahre des neuen Kurfürsten davon geprägt, die drängendsten Probleme mit Hilfe seiner fast ausnahmslos von Moritz übernommenen Räte anzugehen und damit seine Herrschaft und das Territorium zu stabilisieren. Ohne Zweifel hat dieser von zahlreichen Problemen überschattete Beginn seiner Herrschaft die politische Orientierung Augusts stark beeinflußt und zu einem eher vorsichtigen und risikoabwägenden Vorgehen geführt. Trotz des starken Kontrasts zu dem wendigen und expansiven Kurs seines Bruders muß allerdings betont werden, daß August in vielen Bereichen nur die von Moritz und seinen Räten begonnenen Maßnahmen fortsetzte, zumal auch Moritz seinen Risikokurs unter den schwierigen Rahmenbedingungen und dem wachsenden Widerstand im Land selbst kaum hätte fortsetzen können, ihn vielmehr seit 1552 bereits in ruhigere Bahnen gelenkt hatte. Überaus problematisch ist damit der von Seiten der sächsischen Landesgeschichte häufig zu hörende Stoßseufzer, was alles aus Sachsen und Deutschland hätte werden können, wenn Kurfürst Moritz nicht bereits in so jungen Jahren gestorben wäre. Eine solche Beurteilung orientiert sich an der (vermeintlich) so erfolgreichen Expansionspolitik des im Laufe der Zeit übermächtig werdenden Nachbarn Brandenburg-Preußen vor allem im 18. Jahrhundert und ist für den hier zu betrachtenden Zeitabschnitt absolut nicht adäquat.

Die Erfolge bei der Konsolidierung der Herrschaft des neuen Kurfürsten ließen nicht lange auf sich warten: Noch im September des Jahres 1553 kam es zur Einigung mit Markgraf Albrecht Alkibiades über die Einstellung der Feindseligkeiten, und im Februar 1554 wurde der Naumburger Vertrag zwischen den albertinischen und den ernestinischen Wettinern geschlossen, wodurch die Kurwürde bei den Albertinern blieb und die Ernestiner für ihre Anerkennung der Wittenberger Kapitulation mit umfangreichen Gebietsabtretungen und Geldzahlungen entschädigt wurden. Von reichspolitisch entscheidender Bedeutung und strukturprägend für die nächsten Jahrzehnte waren demgegenüber die Beschlüsse des Reichstages in Augsburg vom Sommer 1555. In Fortführung des noch unter Moritz ausgehandelten Passauer Vertrages von 1552 setzte sich vor allem dank des Verhandlungsgeschicks des kursächsischen Rates Lorenz Lindemann die Konzeption eines immerwährenden Religionsfriedens durch, Kursachsen übernahm die Rolle des protestantischen Leitterritoriums im Reich und stellte gemeinsam mit dem katholischen Reichsoberhaupt gewissermaßen eine «Garantiemacht» dieses Religions- und Landfriedens dar. Abgerundet wurde die nunmehr abgesicherte Position des albertinischen Kurstaates durch die Stellung im Obersächsischen Reichskreis, wo Kurfürst August seit 1555 nicht nur der kreisausschreibende Fürst war, sondern zugleich auch zum Kreisobersten gewählt wurde. Nach dieser in nur zwei Jahren erfolgten Konsolidierung der äußeren Verhältnisse konnte sich August nun mit Hilfe seiner Räte dem inneren Landesausbau und hier insbesondere der Behördenorganisation und dem Finanzwesen widmen, doch war der mit vielen Kompromissen behaftete Augsburger Religionsfriede keineswegs ein «Selbstläufer», sondern mußte durch eine überaus aktive Reichspolitik immer wieder neu abgesichert werden.

II.

Obwohl Kurfürst August einen wesentlich zurückhaltenderen reichspolitischen Kurs als sein Bruder Moritz einschlug, verfolgte auch er recht zielstrebig die gebietsmäßige Erweiterung des kursächsischen Territoriums. Zentrale Anknüpfungspunkte waren dabei die Stiftsgebiete der Bistümer Meißen, Merseburg und Naumburg/Zeitz, deren verdeckten Erwerb der Kurfürst trotz des Augsburger Religionsfriedens betrieb. So wählten die Domkapitel von Merseburg und Naumburg 1561 bzw. 1564 den ältesten Sohn Augusts zum Administrator; nach dessen Tod übernahm der Kurfürst selbst die Administratur, wobei Verträge später die endgültige Einbeziehung der Stiftsgebiete in den kursächsischen Staat regelten, während das Bistum Meißen erst 1581 in die Verwaltung des Kurfürstentums eingegliedert wurde. Als Entschädigung für den Vollzug der Reichsexekution gegen Wilhelm von Grumbach und den ernestinischen Herzog Johann Friedrich II. im Jahr 1567 erhielt August vier ernestinisch-thüringische Ämter als Pfandbesitz. Da dieser nie eingelöst wurde, blieben die Gebiete als Neustädter Kreis dauerhaft bei Kursachsen. Diesem ersten Schritt zur vollständigen Entmachtung der ernestinischen Konkurrenz folgte dann nach dem Tod Herzog Johann Wilhelms von Sachsen-Weimar im Jahr 1573 der endgültige Gang der wettinischen Vettern in die politische Bedeutungslosigkeit. Wenn auch für die Söhne des bis zu seinem Tod in Gefangenschaft ausharrenden Johann Friedrich und für die Söhne Johann Wilhelms neben Kurfürst August noch andere Vormünder bestellt wurden bzw. August gar nicht als Vormund eingesetzt werden sollte, gelang es dem Albertiner, die Administration über das gesamte ernestinische Thüringen zu erhalten. Er gab diese Vormundschaftsregierung bis zu seinem Tod nicht ab, obwohl seine Mündel zwischenzeitlich längst volljährig geworden waren. Neben der Ausschaltung des wichtigsten Raumkonkurrenten und der endgültigen Sicherung der Kurwürde gelangten als Nebennutzen dieser durchaus in der Moritz-Tradition stehenden machtbewußt-skrupellosen Aktion auch Teile der Grafschaft Henneberg in kursächsischen Besitz (1583). Abgerundet wurden die Gebietserweiterungen während der Regierung Augusts durch Erwerbungen des Vogtlands

(1569/1575), großer Teile der Grafschaft Mansfeld (1570) sowie der Schutzvogteirechte über das Stift Quedlinburg, die sich der Kurfürst 1574 ausdrücklich bestätigen ließ. So war das albertinische Kurfürstentum Sachsen inmitten einer jahrzehntelangen Friedenszeit beträchtlich erweitert und territorial abgerundet worden, die «Einheit von Dynastie, Glaube und Territorium» hatte unter August einen Grad an Homogenität erreicht, der von anderen Herrschaftseinheiten des Alten Reichs bei weitem nicht erzielt werden konnte. Erleichternd kam hinzu, daß der Kurfürst weder mit den Landständen in größeren Konflikten stand – wenngleich sich das landesherrliche Regiment im Laufe der langjährigen Regierung Augusts in vielen Bereichen immer mehr vom ständischen Einfluß emanzipierte –, noch ausgeprägte Probleme hinsichtlich der wirtschaftlichen und finanziellen Lage zu verzeichnen waren.

Im Gegenteil, gerade die weitestgehend erfolgreiche Finanzpolitik Kurfürst Augusts führte dazu, daß Sachsen aufgrund seiner Finanzkraft mit durchschnittlich 865.000 Gulden Nettoeinnahmen als «Krösus» unter den Territorien des Reichs angesehen werden muß. Der Landesherr arbeitete dabei – nicht zuletzt infolge des Mißtrauens gegenüber seinen Räten – beständig innerhalb der Finanzverwaltung mit und deponierte jährlich ungefähr 150.000 Gulden in einer geheimen fürstlichen Verwahrung, so daß bei seinem Tod Bargeldvorräte von immerhin 1,8 Millionen Gulden in der Schatzkammer aufgefunden wurden. Diese außergewöhnlichen Rücklagen konnten in Krisenzeiten leicht aktiviert werden, so geschehen bei den Grumbachschen Händeln und der Gothaer Exekution im Jahr 1567, und sie sicherten dem Kurfürstentum Aktionsmöglichkeiten, die jedem anderen Reichsterritorium überlegen waren. Wenn auch die Bezeichnung des Kurfürsten als «erster fürstlicher Staatswirt» etwas übertrieben erscheint, so hat sich August doch für alle Fragen der Wirtschaftspolitik und Wirtschaftsentwicklung, und hier insbesondere für den Bergbau sehr interessiert, obwohl landesherrliche Fördermaßnahmen in diesem Bereich nur begrenzt wirksam werden konnten und auch die Aktionen des Landesherrn als Unternehmer nicht immer von Erfolg gekrönt waren.

Die Versuche Augusts, ordnend und fördernd in die Entwicklung des kursächsischen Territorialstaates einzugreifen, kamen in einer Vielzahl von Mandaten, Reskripten und Ordnungen zum Ausdruck, die nun nicht mehr als allumfassende Landesordnungen erlassen wurden, sondern als spezielle Regelungen für einzelne Bereiche galten, wie beispielsweise die Bergordnungen von 1554, 1571 und 1575, die Münzordnung von 1558, die Forstordnung von 1569 oder die Kirchen- und Schulordnung von 1580. Vorbildhaft für andere Territorien wirkten dabei insbesondere die 1572 als Gesetz erlassenen und noch im 19. Jahrhundert gültigen 172 Constitutionen, die das gerichtliche Verfahren, die vertragsrechtlichen Entscheidungen, das Erbrecht und das Strafrecht vereinheitlichten und verbindlich regelten sowie die Schriftlichkeit der Prozeßführung festlegten. Unterstützt werden mußten diese Ordnungsbemühungen durch eine Verwaltungs- und Behördenorganisation, die im Laufe der Zeit immer weiter ausgebaut wurde und sich zunehmend spezialisierte. So schuf der Kurfürst 1555 die kurfürstliche Kammer mit einem Kammersekretär an der Spitze, der die Landesregierung mit dem Kanzler und den Hofräten unterstellt wurde, wodurch sich der Landesherr selbst die wichtigsten Angelegenheiten vorbehielt. Höhepunkt der Behördenentwicklung war dabei die Gründung des vierköpfigen *Geheimen Rates* im Jahr 1574 als oberste kollegialisch organisierte Zentralbehörde Kursachsens, wobei August hier wohl auch von seinem Mißtrauen gegenüber zu einflußreichen Räten, die ohne Rücksprache mit ihm Politik betrieben, geleitet wurde. Die davon abgetrennte Landesregierung bearbeitete lediglich die inneren Angelegenheiten und die Rechtssprechung, und es ist bezeichnend, daß der Kurfürst allein in diesem Bereich seinem Sohn Christian seit den frühen 1580er Jahren wesentliche Befugnisse überließ. Da auch auf den unteren Ebenen der Verwaltung eine Einteilung des Landes in Kreise und auf der lokalen Ebene in Ämter gelang, entwickelte sich eine staatliche Organisationsform, die für die damalige Zeit überaus straff war und vorbildlich für andere Territorien des Reichs wirkte – auch wenn man die direkten Einflußmöglichkeiten der Landesherrschaft auf lokaler Ebene sicherlich nicht überbewerten sollte.

Der Aufbau einer Landeskirche in Kursachsen kam zwar mit den Generalartikeln von 1557 unter August zu einem vorläufigen Abschluß, doch war der Kurfürst, der eine vor allem durch Philipp Melanchthon geprägte vermittelnde Position in Glaubensdingen einnahm, alles andere als ein Experte in theologischen Fragen. Erst mit den Krisenereignissen des Jahres 1574 wurde dem Herrscher die Sprengkraft religiöser Auseinandersetzungen bewußt, wobei für ihn allerdings mehr die politische Seite des Konflikts und die mögliche Reduzierung seiner landesherrlichen Macht im Mittelpunkt standen. Als Folge der Unruhen setzte sich

August von Sachsen an die Spitze der bislang erfolglosen Einigungsbemühungen im deutschen Luthertum, und tatsächlich führte diese massiv durch den Kurfürsten vorangetriebene Initiative dazu, daß bereits 1577 die von immerhin ungefähr 80 Reichsständen und zahllosen Theologen unterzeichnete Konkordienformel veröffentlicht und dann im Jahr 1580 in das Konkordienbuch aufgenommen wurde, das fortan als theologische Grundlage des orthodoxen Luthertums diente. Umgesetzt wurden diese vor allem gegen den Calvinismus gerichteten Normen in der kursächsischen Kirchen- und Schulordnung von 1580, die für die nächsten 250 Jahre die Grundlage der Kirchenverfassung des Kurfürstentums bildete.

Insgesamt hat Kurfürst August von Sachsen, aufbauend auf der strukturbegründenden dynamischen Politik seines älteren Bruders Moritz, entscheidende Maßnahmen zur Ausgestaltung des frühmodernen kursächsischen Territorialstaates auf den Weg gebracht und zahlreiche Entwicklungen, die sogar bis in das 19. Jahrhundert hinein strukturprägend wirkten, bereits während seiner Regierungszeit durchaus erfolgreich zu Ende geführt. Ähnlich wie sein Bruder agierte er dabei sehr pragmatisch und erwies sich ebenso als scharf kalkulierender Machtpolitiker, so daß die volkstümliche Bezeichnung vom patriarchalischen und gutmütigen «Vater» August sicherlich als überaus schönfärberisch angesehen werden muß und den wahren Charakter des Kurfürsten kaum trifft. Doch war der sächsische Landesherr aufgrund seines zeitlebens sehr ausgeprägten persönlichen Regiments und seiner beständigen Mit- und Aktenarbeit in allen Bereichen der territorialen Verwaltung der Prototyp eines «gewissenhaften Baumeisters», und er hat durchaus einiges dazu beigetragen, daß Kursachsen in der zweiten Hälfte des 16. Jahrhunderts als lutherischer Modell- und Musterstaat eine große Vorbildfunktion für zahlreiche andere – und nicht nur protestantische – Territorien des Reichs gewann. So war August in einer Zeit, in der es um Herrschaftsrationalisierung, Konsolidierung und Weiterentwicklung des Erreichten ging, vielleicht sogar der bessere Landesherr für das albertinische Sachsen als sein ambitionierter und risikobereiter Bruder Moritz. Eine solche Aufbauleistung konnte nur in einer Zeit vollzogen werden, die von äußeren Interventionen und akuten Kriegsgefahren unbehelligt blieb, doch war der Augsburger Religionsfriede von 1555, der die Basis für eine jahrzehntelange friedliche Entwicklung legte, überaus kompromißbehaftet und je nach Blickwinkel auslegbar, so daß es auf die tatkräftigen und

permanenten Bemühungen der Reichsstände ankam, ob diese
Ordnung aufrecht erhalten und positiv wirksam werden konnte.

III.

Nach weitverbreiteter Meinung hat Kurfürst August seine außen-
und reichspolitischen Möglichkeiten kaum genutzt, da er sich zu
sehr der Politik der habsburgischen Kaiser angepaßt habe, um
das im Jahr 1555 in Augsburg Erreichte zu bewahren. Im Gegensatz zu seinem Vorgänger Moritz habe ihm strategische Geni-
alität und entschlossener Kampfesmut gefehlt; ein starker Wille
zur Mitgestaltung der Angelegenheiten im Reich sei ebenso
wenig festzustellen wie das Hinaustreten auf das Feld der europäischen Politik. So habe Sachsen seine unter Moritz erreichte
richtunggebende Rolle in der Reichs- und Konfessionspolitik verloren.

Tatsächlich verdeutlichen neuere Forschungen zur Reichsgeschichte jedoch, daß die Phase der relativen Stabilität und Integration des Reichs nach innen und außen von Kurfürst August
und seinen Beratern an entscheidender Stelle mitgestaltet wurde,
wobei sich Kursachsen keineswegs mechanisch an den habsburgischen Kaisern orientierte, sondern gleichberechtigt und aktiv den
«Friedensverband Reich» mittrug. Sicherlich hatte die überaus
enge Allianz zwischen Wien bzw. Prag und Dresden noch unter
Kurfürst Moritz als eine Art «Juniorpartnerschaft» im nördlichen
und mittleren Deutschland begonnen, doch war daraus spätestens
während der Regierung Kaiser Maximilians II. ein gleichberech-
tigtes Miteinander geworden, und unter Kaiser Rudolf II. kann
man Dresden sogar als den dominierenden Part in dieser Allianz
ansehen. So war Kursachsen seit 1562, also noch in den späten
Regierungsjahren Kaiser Ferdinands, als Motor der Friedenssicherung in zentraler Verantwortung und damit der politisch tonange-
bende Reichsstand, was auch außerhalb des Heiligen Römischen
Reichs entsprechend eingeschätzt wurde.

Der Kompromißfriede von Augsburg 1555 als Dreh- und An-
gelpunkt der Entwicklung in den nächsten Jahrzehnten wurde
ganz im Sinne der offenbar weithin konsensfähigen Dresdner
Konzeption verabschiedet; nicht zu Unrecht hat man diese neue
Ordnung des Reichs «Saxonica Pax» genannt. Ziel der Dresdner
Politik waren die unbedingte Stabilität des Alten Reichs, die
Sicherung der erst vor kurzem erworbenen Kurwürde und die
Absicherung des weiter voranschreitenden Landesausbaus oder,

anders ausgedrückt, die Abschirmung des frühmodernen territorialen Staatsbildungsprozesses. Der Vorrang des Augsburger Religionsfriedens und damit die Priorität reichspolitischer vor konfessionellen Erwägungen war so die Grundkonstante der kursächsischen Politikgestaltung der nächsten drei Jahrzehnte. Dieses Agieren auf dem Boden der Reichsverfassung und die immer stärker vorangetriebene Einbindung in das System des Alten Reichs brachten es mit sich, daß die unter Kurfürst Moritz betriebene Aktionspolitik im europäischen Maßstab nicht mehr weiterverfolgt wurde. Entscheidend für die in erster Linie von Kursachsen und vom Kaiser, aber auch von Kurmainz, Bayern, Hessen, Württemberg und Kurbrandenburg getragene Reichs- und damit Friedens- und Konsenspolitik nach 1555 war – neben den in diesem Zeitraum überaus zahlreichen Reichsversammlungen – das Mittel der überkonfessionellen politischen Kommunikation, welche eben nicht nur bei persönlichen Zusammenkünften, sondern auch in schriftlicher Form praktiziert wurde.

Die von Kursachsen seit 1562 initiierte Stärkung des Kaisers in der Reichsexekution und damit der Beginn der Emanzipationsphase der kursächsischen Reichspolitik hing eng mit den sogenannten Grumbachschen Händeln zusammen, die seit der Verbindung der ernestinischen Wettiner mit dem fränkischen Reichsritter und Landfriedensbrecher Wilhelm von Grumbach nicht nur das Dresdner Interesse am Frieden im Reich nachhaltig störten, sondern ganz konkret auch eine Gefahr für die albertinische Kur darstellten. So war der seit 1564 regierende Kaiser Maximilian II. keineswegs ein überzeugter Anwalt der Exekution gegen den Reichsritter, letztlich mußte er sich aber der harten und energischen Dresdner Haltung beugen. Der Kaiser beauftragte den sächsischen Kurfürsten also nicht aus eigenem Antrieb mit der Exekution gegen Grumbach und den ernestinischen Herzog Johann Friedrich (II.) den Mittleren, vielmehr konnte Maximilian trotz persönlicher Vorbehalte gar nicht mehr anders, als die seit Jahren in Dresden vorangetriebene und nun über Umwege realisierbare Machtreduzierung der wettinischen Vettern und Raumkonkurrenten zu sanktionieren. Die sogenannte Gothaer Exekution wurde allerdings auch nur deshalb erfolgreich durchgeführt, weil Kurfürst August für den Kriegszug nahezu 700.000 Gulden aus der eigenen Schatzkammer vorstreckte – ein deutliches Zeichen für die den anderen Reichsständen weit überlegenen Finanz- und Militärressourcen des Kurfürstentums, wobei diese Mittel hier aber nicht allein zur Sicherung des Reichsfriedens, sondern vorrangig zum Ausbau territorialpolitischer Positionen und der Hegemonialstellung im mitteldeutschen Raum genutzt wurden.

Nach einer kurzen Phase der Distanzierung vom habsburgischen Kaiserhaus und einem etwas offensiveren Kurs in den Jahren 1568 bis 1572 schwenkte die kursächsische Reichspolitik unter dem Einfluß der das Reich massiv destabilisierenden Vorgänge in Frankreich und in den Niederlanden, über die der Kurfürst minutiös informiert war, wieder vollends auf den alten Stabilitätskurs zurück. Im Gegensatz zur Kurpfalz lehnte August, wie die Mehrheit der lutherischen Reichsfürsten, gerade nach dem Fanal der Bartholomäusnacht von 1572 eine entschiedene Parteinahme in den westeuropäischen Konflikten immer wieder ab, um den von außen bedrohten Religionsfrieden im Reich nicht aufs Spiel zu setzen. So scheiterte jeder Versuch, Kurfürst August für ein konfessionell geprägtes Bündnis zu gewinnen, an der durch die spätere Entwicklung bestätigten Auffassung des albertinischen Landesherrn, daß eine konfessionelle Blockbildung den Reichsfrieden massiv bedrohen würde. Wenig erfolgreich waren allerdings die Bemühungen des Kurfürsten, durch eine konsequent betriebene Heiratspolitik mäßigend auf die konfliktbereiten Parteien einzuwirken und insbesondere die Kurpfalz wieder stärker in das Reichssystem einzubinden: Sowohl die im Jahr 1570 geschlossene Ehe der Kurfürstentochter Elisabeth mit dem Pfalzgrafen Johann Casimir als auch die Verbindung von Augusts Nichte Anna mit Wilhelm von Oranien im Jahr 1561 nahmen einen mehr als unglücklichen Verlauf und belasteten die gegenseitigen Beziehungen mehr, als daß sie ihnen förderlich gewesen wären.

Dem nach 1572 vollzogenen außenpolitischen Einschwenken auf den alten Politikkurs folgte dann mit dem Sturz der in der Tradition Melanchthons stehenden Philippisten im Jahr 1574 auch die konsequente innen- und konfessionspolitische Ausrichtung auf einen streng orthodox-lutherischen Kurs, der schließlich in die persönlich und eigenhändig durch den Kurfürsten initiierte federführende Rolle Kursachsens in der lutherischen Konkordienbewegung mündete. Die Ausschaltung der philippistischen Gruppierung am Hof hatte allerdings nicht nur eine innenpolitische Komponente, sondern betraf auch die reichspolitische Orientierung Kursachsens, für die unter Kurfürst August über mehr als zwei Jahrzehnte vor allem Ulrich Mordeisen (bis 1565), Georg Cracow (bis 1574) und Lorenz Lindemann (bis 1576) verantwortlich waren. Ausschlaggebend war hier, daß die «Kryptocalvinisten» und vor allem der einflußreiche Cracow von August verdächtigt wurden, Kursachsen an die Seite der risikobereiten und antikaiserlich orientierten Kurpfalz zu führen. Nicht zuletzt brachte das mit diesen Vorgängen verbundene Zurückdrängen des Einflusses der kurfürstlichen Räte einen neuen Politikstil im Dresdner außenpolitischen Handeln zum Tragen. August schränkte die Macht und den Einfluß einzelner Ratgeber mit der Etablierung des *Geheimen Rates* konsequent ein und führte aufgrund der offenbar traumatischen Ereignisse von 1574 und seiner Angst vor zu eigenmächtig agierenden Räten wesentlich mehr auf seine Person ausgerichtete autokratische Entscheidungskanäle ein. Das Vorgehen des sächsischen Kurfürsten – selbst durchaus ein frommer Landesherr und treuer Anhänger des Luthertums – gegen die als Kryptocalvinisten denunzierten Philippisten war überaus brutal und traf gerade diejenigen seiner Berater am härtesten, die ihm am Hof am nächsten gestanden hatten.

Die nicht nur hier deutlich werdende überaus problematische und jähzornige Seite in Augusts Charakter hat sicherlich mit dazu beitragen, daß die allgemeine Einschätzung dieses Landesherren eine eher negative Tendenz entwickelte; insgesamt darf wohl festgestellt werden, daß August kaum einen strahlenden oder bewunderungswürdigen «Helden» der Geschichte abgibt. Der Kurfürst und die Kurfürstin Anna fühlten sich bei den Ereignissen des Jahres 1574 wohl vor allem persönlich hintergangen und verraten, die eigentlichen Motive der Handelnden sowie die Kräftegruppierungen am Dresdner Hof können dabei kaum mehr exakt bestimmt werden. So scheint der Kryptocalvinismus-Verdacht in erster Linie als politische und personelle «Brechstange» genutzt worden zu sein, um den starken Einfluß der Philippisten am Dresdner Hof und auf den Kurfürsten zu reduzieren, wenn nicht gar zu beenden, da der Kurfürst mit zahlreichen Schülern Melanchthons für eine ausgeprägte Kontinuität des Erbes des Wittenberger Reformators in seiner Nähe gesorgt hatte. Die Instrumentalisierung der Konfessionsfrage war deshalb so erfolgversprechend, weil Kurfürst August wie viele andere Landesherren der Zeit offenbar über kein besonderes Wissen in Glaubensdingen verfügte und in konfessionellen Detailfragen letztlich hilflos war, sie als «Theologengezänk» sogar verachtete. Bei den Geschehnissen des Jahres 1574 ging es aus der Sicht des Herrschers demnach wohl weniger um generelle religiöse Entscheidungen und Ausrichtungen.

Trotz des innenpolitischen Einschnitts von 1574 muß betont werden, daß die Reichspolitik Kursachsens mit diesem Datum keinen Bruch erlebte, und auch von der Autorität Melanchthons sagte sich der Kurfürst persönlich keineswegs vollständig los. Die Politik der Erhaltung des Augsburger Friedenswerkes und damit des Friedens im Reich, der Vorrang politischer Interessen vor der Religionsfrage wurde auch unter den neuen Bedingungen bis an das Ende der Regierungszeit Kurfürst Augusts mit einer – nicht zuletzt durch das kompromißlose Entfernen der um Ausgleich bemühten Philippisten am Dresdner Hof – nun allerdings scharf anticalvinistischen Komponente konsequent beibehalten. Dabei trug das Verhalten Kursachsens und seines Landesherrn auf den Reichstagen in Regensburg 1576 und in Augsburg 1582 entscheidend dazu bei, daß Deutschland in dieser Zeit das Schicksal eines Religionskrieges, wie er zur gleichen Zeit in Frankreich tobte, erspart blieb. Vor allem in den letzten zehn Jahren seiner Herrschaft erwarb sich Kurfürst August damit ein enormes Ansehen bezüglich seiner Bedeutung für die Stabilität des Reichs – eine Wertschätzung, die dann bei seinem Tod in solchen Formeln und Wendungen wie «imperii cor, manus ac oculus» (Herz, Hand und Auge des Reichs) oder «conciliator et arbiter imperii ac moderator» (Vermittler, Schiedsrichter und Lenker des Reichs) seinen Niederschlag fand.

Gerade der Reichstag von Regensburg 1576 verdeutlichte die nun eindeutige Haltung des Kurfürsten. In der Frage der Freistellung der evangelischen Konfession in den geistlich-altkirchlichen Territorien des Reichs hatte sich eine breite protestantische Partei mit der Kurpfalz an der Spitze gebildet, die dem Wunsch des Kaisers nach umfangreicher Reichshilfe gegen die Osmanen nur um den Preis ausgeprägter konfessioneller Zugeständnisse nachkommen wollte. Die Gefahr der Lähmung bzw. Sprengung des Reichstages durch die Pfalz schien höchst wahrscheinlich. Da zum einen in Kursachsen sicherlich ein weit ausgeprägteres Gefühl für die Türkengefahr als in den westlichen Territorien vorhanden war und zum anderen das kursächsische Ziel der friedlichen Koexistenz und Kooperation im Reich durch ein solches Vorgehen der Protestanten massiv gefährdet war, stellten die sächsischen Räte auf direkte Anweisung ihres Kurfürsten die konfessionspolitischen Forderungen der Protestanten zugunsten des Erhalts des Reichstages und der Friedensordnung von 1555 zurück. Nur mit äußerstem Druck und massiven Drohungen Kursachsens, die reichspolitische Gemeinsamkeit mit den konfessionsverwandten Parteien aufzugeben, konnte die Sprengung des Reichstages verhindert und somit die kaiserliche Politik und das kaiserliche Ansehen gerettet werden. Die Stabilität des Reichs, wenn nicht sogar seine Einheit, hing mehr denn je von der Initiative und vom Entgegenkommen Augusts ab sowie von der nach wie vor vorhandenen Autorität Kursachsens, die anderen protestantischen Reichsstände bis auf die Kurpfalz hinter sich zu bringen.

Sowohl die mehr und mehr zu spürende Brüchigkeit des Augsburger Religionsfriedens als auch die nach wie vor machtvolle Stellung Kursachsens und seines Kurfürsten im System des Reichs zeigten sich bei der Kölner Krise, dem sogenannten Kölner Krieg der Jahre 1583/1584. Nach dem Übertritt des Kölner Erzbischofs Gebhard Truchseß von Waldburg zum Protestantismus versuchte die Kurpfalz, ein Bündnis zur militärischen Unterstützung des Fürsten zu organisieren. Doch scheiterten diese pfälzischen Bündniswerbungen, wie so oft, an Kurfürst August, der den Religionsfrieden im Reich selbst um den Preis des Erzbistums Köln, eines der bedeutendsten Territorien des Alten Reichs, mit dessen Übergang zum Protestantismus ein Wechsel der Mehrheitsverhältnisse im Kurfürstenrat verbunden gewesen wäre, nicht aufzukündigen bereit war. Daß dann mit dem Tod Augusts 1586 endgültig das Ende der Ausgleichs- und Kompromißfriedensepoche gekommen war, war auch zeitgenössischen Beobachtern durchaus bewußt. So erscheint das Todesjahr Kurfürst Augusts auch als ein Zäsurdatum der Reichsgeschichte: Ein solch enger Zusammenhang zwischen der allgemeinen Entwicklung des Heiligen Römischen Reichs und der Regierungszeit eines einzelnen Herrschers ist vergleichsweise selten zu konstatieren und zeigt, wie wenig adäquat die lange Zeit vorherrschende Geringschätzung der Regierungszeit Kurfürst Augusts ist.

Nicht zuletzt angesichts der erstaunlichen Wirkung, welche die kursächsische Politik bei der Ausgestaltung und Stabilisierung des Heiligen Römischen Reichs nach 1555 erzielte, wird man nicht umhin können, Kurfürst August von Sachsen als einen der profiliertesten und bedeutendsten Herrscher einordnen zu müssen, die das Haus Wettin hervorgebracht hat. Vergleicht man ihn innerhalb der Fürstengruppe, die in der zweiten Hälfte des 16. Jahrhunderts an der Spitze der Reichsterritorien stand, ist sicherlich aktuellen Forschungsmeinungen beizupflichten, die August als überragenden Vertreter der irenischen Fürstengeneration nach 1555 ansehen. Wenn der Aufstieg Brandenburg-Preußens vielfach damit erklärt worden ist, daß zwischen 1640 und 1786 vier tüchtige und langregierende Herrscher aufeinander folgten, wird man für das albertinische Sachsen feststellen müssen, daß die herausgehobene Stellung, die das Kurfürstentum am Ende des 16. Jahrhunderts erreicht hatte, auch ein Verdienst von drei bemerkenswerten Landesherrn ist, die seit dem Ende des 15. Jahrhunderts für nahezu 100 Jahre regierten. Vor allem unter den beiden kurfürstlichen Brüdern Moritz und August erlangte das albertinische Sachsen eine Machtfülle und eine Position im System des Alten Reichs, die nie wieder in der sächsischen Geschichte erreicht werden sollte – auch nicht im angeblich so glanzvollen Augusteischen Zeitalter des 18. Jahrhunderts.

CHRISTIAN I.
1586–1591
UND CHRISTIAN II.
1591–1611

von Thomas Nicklas

Zwischen den schon wegen ihrer langen Dauer prägenden Regierungszeiten der Kurfürsten August und Johann Georg I. liegt das Vierteljahrhundert, in dem die beiden Christiane, Vater und Sohn, den Kurhut trugen. Diese Zeit um die Wende vom 16. zum 17. Jahrhundert erscheint auf den ersten Blick als unbedeutendes Intermezzo in der Geschichte Sachsens, doch zeichnen sich beim genaueren Hinsehen klare Alternativen und folgenschwere Weichenstellungen ab. Als Kurfürst August im Februar 1586 starb, erwartete man an den deutschen Höfen einen grundlegenden Kurswechsel des Kurstaates, der wegen der überragenden politischen, wirtschaftlichen und kulturellen Bedeutung Sachsens große Rückwirkungen auf das gesamte Reich zur Folge haben mußte. Die für gut informierte Zeitgenossen verwunderliche Tatsache, daß dieser Kurswechsel in Dresden zunächst ausblieb, um sich später doch schrittweise zu vollziehen, hing auf das engste mit der Persönlichkeit Kurfürst Christians I. zusammen.

I.

Im Oktober 1560 als achtes Kind Augusts und Annas in Dresden geboren, entwickelte sich der Prinz ganz anders als es sich die Eltern gewünscht haben mochten. Das galt zumal für seine religiöse Einstellung. Prägend wirkte auf Christians Ansichten über die Religion sein langjähriger Lehrer Christian Schütz, der jedoch von der Seite des Jungen gerissen wurde, als dieser gerade 14 Jahre alt war. Schütz hatte als Hofprediger eine wichtige Vertrauensstellung im Umkreis des kurfürstlichen Paares genossen, doch fiel er wie viele andere Mitarbeiter Augusts dem heftigen Schlag gegen die *Philippisten* genannten Schüler oder Anhänger Melanchthons zum Opfer. Beim Sturz der Philippisten 1574 verlor er Amt und Würden und kam zusammen mit einer ganzen Reihe von Gesinnungsgenossen in Haft. Gescheitert war damit der Versuch der humanistisch gebildeten und weltgewandten Aufsteiger aus dem Bürgertum, am Hof in Dresden entscheidenden Einfluß zu gewinnen. Vorerst triumphierten die lutherischen Theologen, die sich als Verteidiger der reinen Lehre der Reformation gegen die dogmatischen Aufweichungen Melanchthons verstanden, sowie die alten adligen Eliten Sachsens, die den Griff der strebsamen Bürgersöhne nach der Macht sehr ungern gesehen hatten.

Die Unterlegenen von 1574 hofften auf den Nachfolger Augusts. Tatsächlich hatte der junge Christian sehr an dem als verkappter Calvinist vom Hof gejagten Magister Schütz gehangen, dessen Ansichten den Heranwachsenden stark beeinflußt haben dürften. Den neuen Prinzenerzieher Paul Vogel, einen starren Lutheraner, konnte Christian nicht leiden. Seine erste Amtshandlung als regierender Kurfürst sollte die Relegation Vogels vom Hof sein. Trotz und Widerspruch gegen die lutherische Orthodoxie des Lehrers Vogel und die religiösen Ansichten seiner Eltern kennzeichneten den unruhigen Charakter Christians. So war der Prinz bereits früh in den von seinen beiden gegensätzlichen Erziehern verkörperten Gegensatz zwischen westeuropäischen Reformierten und deutschen Lutheranern hineingeraten. Von schwacher Persönlichkeit, hat er diese Gegensätze niemals zu verarbeiten vermocht.

Besucher am Dresdner Hof schilderten den Prinzen als nicht unbegabt, jedoch höchst unausgeglichen. Christian habe ein *gutes Ingenium*, wirke jedoch vollkommen unerzogen, berichtete ein Zeitgenosse. Der künftige Herrscher Sachsens pflegte als junger Mann einen zügellosen Lebensstil. Er trank unmäßig, stürzte sich in Spielschulden und machte die Jagd zu seinem wichtigsten Zeitvertreib. Wenn er sturzbetrunken war, ließ er sich von seinen Kumpanen auf einen Berg tragen, oben dann aufs Pferd setzen, um anschließend in vollem Galopp den Abhang hinunterzujagen. Diesen unverantwortlichen Umgang mit dem eigenen Leben und der eigenen Gesundheit sollte der Wettiner auch später beibehalten. Weder seine 1581 geschlossene Ehe mit der Hohenzollernprinzessin Sophie noch seine schrittweise erfolgende Heranführung an die Regierungsarbeit zu Lebzeiten des Vaters änderten etwas an der maßlosen Lebensweise Christians. Einen gewissen Halt gab dem charakterlich ungefestigten Prinzen wohl der regelmäßige Umgang mit einem Mann, der die politischen Akzente in seiner Regierungszeit setzen sollte, nämlich mit dem acht Jahre älteren Nikolaus Krell aus Leipzig. Krells Feinde behaupteten später, dieser habe sich beim Kurprinzen eingeschmeichelt, indem er ihm mit einem Darlehen zur Begleichung von Spielschulden

Kurfürst Christian I.
(1586–1591)

aus arger Verlegenheit half. Dies mag sogar zutreffen, war Krell doch als Sohn eines wohlhabenden Leipziger Ratsherrn tatsächlich in der Lage, seinem künftigen Landesherrn mit Geld auszuhelfen. Krell entstammte einem philippistischen Milieu. Verheiratet war er mit einer Enkelin des einstigen kursächsischen Kanzlers Georg Cracow (1525–1575), der als Hauptopfer des Philippistensturzes von 1574 bezeichnet werden kann. Cracow hatte sich nach seiner Verhaftung in der Leipziger Pleißenburg das Leben genommen.

Nikolaus Krell zog für seine Person die im Philippismus angelegte Konsequenz einer Hinwendung zur Reformation westeuropäischer Prägung. Er hatte in Frankreich und in Genf studiert. In der Stadt Calvins schloß er Bekanntschaft mit dem Franzosen François Hotman, dem Vordenker des politisch aktiven Reformiertentums. Es mag daher erstaunen, wenn der unverkennbar calvinistisch geprägte Krell nach seiner Rückkehr 1580 von dem entschieden lutherischen Kurfürsten August an den Dresdner Hof gezogen und mit Aufgaben in der Landesverwaltung betraut wurde. Vielleicht wollte der alternde Kurfürst mit dieser Perso-

Kurfürst Christian II. (1591–1611)

nalentscheidung die Beziehungen zum Leipziger Bürgertum verbessern, die seit 1574 äußerst angespannt waren.

So fehlte es denn zu Augusts Lebzeiten nicht an Angriffen aus der lutherisch-orthodoxen Richtung auf Nikolaus Krell, den konfessionellen Abweichler. Der Angegriffene verteidigte sich jedoch geschickt und konnte seinen Gegnern auch mit Gegenattacken zusetzen, da er sich der Gunst des Kurprinzen Christian erfreute. Kluge Beobachter unter den europäischen Diplomaten und in der humanistischen Elite stellten daher Vermutungen über einen abrupten Wechsel Kursachsens ins calvinistische Lager an. Diese Einschätzungen waren übertrieben, wie sich nach dem Regierungsantritt Christians im Jahre 1586 zeigen sollte. Zu sehr blieb der junge Mann auch als Kurfürst seinen Schwächen verhaftet, der Trunksucht, die er nicht mehr meistern sollte, der Spielleidenschaft, der Freude an Festen und Spektakeln jeder Art, der er als Herrscher noch mehr frönen konnte als zuvor. Über alles liebte Christian I. Ritterspiele. Daher ließ er sogleich ab 1586 den Stallhof beim Dresdner Residenzschloß als Turnierplatz anlegen. Es hieß sogar, die Gegner Krells am Hof hätten Christian in seiner

Neigung zu den schönen Dingen eines Fürstenlebens noch bestärkt, um ihn von ernsten Entschlüssen abzuhalten.

Jedenfalls blieb die von manchen erwartete religiöse und politische Wende in Dresden zunächst aus. Dies bedeutete nicht, daß Nikolaus Krell die Hoffnung aufgegeben hätte, das Luthertum zu überwinden und der Zweiten Reformation Calvins in Sachsen zum Durchbruch zu verhelfen. Eine Vorentscheidung im Machtkampf zwischen Lutheranern und Calvinisten am Hof bedeutete der öffentliche Zusammenstoß zwischen Krell und dem Hofprediger Martin Mirus im Oktober 1587. Von Mirus offen der konfessionellen Abweichung bezichtigt, rechtfertigte sich Krell vor versammeltem Hofstaat. Dabei machte Kurfürst Christian deutlich, daß er auf der Seite seines Vertrauten stand. Mirus mußte klein beigeben und wurde im Juli 1588 ganz vom Hof verdrängt. Unterdessen betrieb Krell mit Rückendeckung des Kurfürsten reformierte Personalpolitik. Auf seine Initiative hin wurde die Verpflichtung der kursächsischen Theologen auf die lutherische Konkordienformel beseitigt. In allen Bereichen, am Hof und in der Regierung, in Kirche und Hochschule, rückten Männer voran, die wie Krell den sächsischen Kurstaat im Sinne einer Zweiten Reformation verändern wollten. Nach der endgültigen Niederlage der Lutheraner wurde Nikolaus Krell 1589 zum Kanzler Kursachsens, der unter den häufig getrübten Augen des Kurfürsten die ganze Macht in Händen hatte.

Wie viel von diesen Intrigenspielen, von den Parteienkämpfen und ihren tieferen Implikationen ist dem Kurfürsten zu Bewußtsein gekommen? Christian war eigentlich unwillig, sich auf die Konflikte einzulassen und eine klare Position im Streit zwischen Lutheranern und Reformierten in seiner Umgebung zu beziehen. Seine Standardformel, auf die er sich gemeinhin zurückzog, lautete einfach: «Der Partheyischen Namen nehme ich nicht an/Sondern bin ein Christ/wilß auch bleiben und so sterben.» So schrieb er 1590 dem Markgrafen von Brandenburg-Ansbach, der es gerne genauer gewußt hätte. Nicht Calvinist, nicht Lutheraner, sondern Christ. Mit solchen schlichten Positionsbeschreibungen konnte man der komplexeren Wirklichkeit jedoch nicht beikommen. Christian, verunsichert angesichts der Fülle an Problemen, vertraute sich erst recht der Führung Krells an. Dabei gab es allerdings Zeugnisse, die von einer religiösen Bekehrung des Kurfürsten im Jahre 1589 wissen wollten. Das Datum fiele dann in etwa mit dem Aufstieg Krells zum Amt des nahezu allmächtigen Kanzlers zusammen. Sollte es die Wendung Christians zu einem intensiv erlebten Christentum reformierter Prägung tatsächlich gegeben haben, so war sie doch auch wieder nicht stark genug, um ihm zum Sieg über seine tödlichen Laster zu verhelfen. Besonders die Trunksucht ließ ihn nicht mehr los und sollte ihm bald ein frühes Ende bereiten.

Unterdessen arbeitete Kanzler Krell an der Umgestaltung des Landes. In den Kirchen und Schulen des Kurstaates hatte er Calvinisten in die Schlüsselpositionen gehoben und sich damit den unversöhnlichen Haß der Lutheraner zugezogen. Diese hatten Sachsen verlassen müssen. Ins Exil war auch der geborene Franke Nikolaus Selnecker (1530–1592) gezogen, der nach dem Verlust seines Pastorats in Leipzig im fortgeschrittenen Alter noch einen beruflichen Neuanfang in Hildesheim wagen mußte. Von dort aus verfolgte er Krell in polemischen Schriften mit seinem Haß. Der teuflische Kanzler habe, so hieß es bei Selnecker, den arglosen Kurfürsten verführt und auf die Bahn einer frevelhaften Kirchenpolitik geleitet. Diese Lesart sollten sich nach dem Sturz Krells viele zu eigen machen.

Auch dem schlichten Kirchenvolk waren die Veränderungen, die mit der Zweiten Reformation einhergingen, nur schwer zu vermitteln. Heftigen Widerstand rief 1590 eine scheinbar unbedeutende Liturgiereform hervor, der unter anderem der Exorzismus bei der Kindertaufe zum Opfer fiel. Dieses aus vorreformatorischer Zeit stammende, von der lutherischen Kirche Sachsens bewahrte Ritual war den Calvinisten ein heidnischer Greuel. Anders sahen es die einfachen Leute, die auf diese in grober Form vorgenommene Dämonenaustreibung beim Säugling nicht verzichten wollten, weil sie darin eine Heilsversicherung für ihre Kleinsten erkennen wollten. Glaubhaft ist die oft erzählte Geschichte von dem Dresdner Metzgermeister, der den Geistlichen mit geschwungenem Beil zwang, den abgeschafften Exorzismus bei der Taufe seiner kleinen Tochter anzuwenden, um dem Kind die ewige Seligkeit zu sichern. Die Episode zeigt deutlich, wie problematisch es um Reformen stand, die zwar auf dem Einverständnis gebildeter späthumanistischer Eliten beruhten, aber die Vorstellungswelt der Massen verfehlten.

Zu den Feinden Krells gehörten nicht nur emigrierte lutherische Theologen wie Selnecker, sondern auch die Kurfürstin Sophie. Die Brandenburgerin hing mit ganzem Herzen am Luthertum, sie haßte Krell aber auch aus Eifersucht, weil er größeren Einfluß auf ihren Mann ausübte als sie selbst. Noch gefährlicher für Krells Staatsumbau war jedoch der Widerstand aus den Rängen des Adels. Der Kanzler verzichtete daher auf die Einberufung der Landstände, er setzte sich über die Verfassungsordnung und die Mitspracherechte der adligen Herrn hinweg. Gestützt auf die Autorität des Kurfürsten, glaubte er auch die personalpolitischen Ansprüche des Adels ignorieren zu dürfen. Größten Widerspruch rief zudem des Kanzlers außenpolitisches Programm hervor. Krells Umgang mit dem hugenottischen Staatslehrer Hotman in Genf hatte seinem Denken europäische Dimensionen aufgeprägt. Die reformierte Außenpolitik beinhaltete einen entschiedenen Bruch mit der unter Kurfürst August befolgten Linie einer engen Zusammenarbeit mit dem habsburgischen Kaiserhaus.

Am Geschehen in Frankreich nahm der kursächsische Kanzler lebhaften Anteil. Hier hatte der Calvinist Heinrich (IV.) von Navarra 1589 die Königskrone geerbt, konnte sich aber gegen die katholische Mehrheit im Land nicht durchsetzen. Fiel jedoch erst einmal Frankreich ins reformierte Lager, so wäre es nicht mehr weit bis zum Durchbruch der Zweiten Reformation in ganz Europa. So dachte Krell, der auf einen Zusammenschluß aller reformierten Territorien im Reich zur Unterstützung Navarras abzielte. 1590 vereinigten sich Hessen-Kassel, die Kurpfalz und Kursachsen zu gemeinsamen Hilfsaktionen für den Bourbonen. Kurfürst Christian selbst sorgte dafür, daß auch sein Schwiegervater Johann Georg von Brandenburg an diesem Bündnis teilnahm. Auf dieser Basis entstand bis August 1591 der um Sachsen und Pfalz gescharte Torgauer Bund, der die außenpolitisch handlungswilligen Reichsfürsten gegen Habsburg und gegen die katholische Gegenreformation vereinte. Die Torgauer wollten ein Heer aufstellen, um dem Machtanspruch Spaniens in Europa auch militärisch entgegenzutreten. Der Bündnisvertrag von Torgau kann als diplomatisches Meisterstück Krells bezeichnet werden. Nur leider war er auf Sand gebaut, weil mit Kurfürst Christian von Sachsen und Pfalzgraf Johann Casimir die wichtigsten Akteure der Allianz bald darauf verstarben. Ohne Kursachsen als Bindeglied sollte der Bund zerfallen, um erst 1608 in Gestalt der Union wieder aufzuleben, an der sich Sachsen freilich wegen des mittlerweile erfolgten politischen Umschwungs nicht beteiligte.

Im Herbst 1591 waren in Kursachsen die Fundamente für die Zweite Reformation gelegt. Außenpolitisch trat der Kurstaat in die Front reformierter Mächte, an die Seite Englands, der niederländischen Generalstaaten, des hugenottischen Königs Heinrich IV. von Frankreich und der Kurpfalz. Da erlag Kurfürst Christian I. am 5. Oktober 1591 in Dresden einem schweren Magen- und

Darmleiden. Der Fürst, seit einem Jahr kränkelnd, hatte mit seiner Lebensweise früh seine Kräfte vergeudet. Er hatte nicht an seinen Tod gedacht, obwohl er doch alles tat, um ihn zu beschleunigen. Weder war die Zweite Reformation in Kursachsen wirkungsvoll abgesichert, noch gab es Schutz für Christians Kanzler und Freund Nikolaus Krell. Zwar stand im kurfürstlichen Testament geschrieben, daß Amtspersonen nicht abgesetzt oder verfolgt werden dürften und daß der Bekenntnisstand Kursachsens unverändert bleiben müsse, doch war kein reformierter Fürst zum Garanten des Testaments bestellt worden, so daß es Makulatur wurde. Krell, voll berechtigter böser Ahnungen, bat um das persönliche Erscheinen Landgraf Wilhelms von Hessen zur Testamentseröffnung in Dresden. Im Schutze dieses Fürsten hätte er noch außer Landes fliehen können. Der Landgraf, todkrank, konnte jedoch nicht mehr persönlich an die Elbe kommen. Er schickte lediglich einen Gesandten, der nach Kassel berichtete, daß ganz Sachsen das «Kreuziget ihn» über Krell ausrufe.

II.

Die politische Wende nach dem Tod Christians I. war von größter Tragweite. Aus seiner Ehe mit der Brandenburgerin Sophie waren sechs Kinder hervorgegangen, darunter die beiden Kurfürsten Christian II. und Johann Georg I. Da der älteste Sohn Christian (II.) erst acht Jahre zählte, kam es zur Regentschaft, der Kurfürst Johann Georg von Brandenburg als Großvater des Knaben und Herzog Friedrich Wilhelm von Sachsen-Weimar als nächster Verwandter aus wettinischem Hause angehörten. Noch mehr als die Regenten bestimmte aber die Kurfürstinwitwe Sophie, im Verein mit den zurückkehrenden lutherischen Theologen und den Vertretern des Adels, die weiteren Geschicke Sachsens. Die Witwe gebot über Christian II., den sie im Sinne eines strikten, aber auch engstirnigen Luthertums erzog. Sie verwöhnte den dicklichen Jungen sehr und sorgte nicht für eine Ausbildung, die seine ohnedies geringen geistigen Fähigkeiten gefördert hätte. Wenn Christian II. «einer der unbedeutendsten Wettiner» (Karlheinz Blaschke) geworden ist, so trifft daran die Mutter vielleicht noch mehr als diesen selbst die Schuld. Christian II. galt allen Beobachtern als einfältig und bot mit seiner rundlichen und plumpen Erscheinung eine Zielscheibe für den heimlichen Spott der Höflinge. Diese nannten ihn «frommes Herz» und machten sich über sein schlichtes Gemüt lustig. Während der Vater Christian I. noch den Willen, wenn auch selten die Kraft, zum eigenständigen Urteil hatte und in der Lage gewesen war, die überragende Bedeutung der Persönlichkeit Krells zu erkennen, blieb der Sohn Christian II. zeit seines ebenfalls kurzen Lebens ein Spielball in den Händen anderer. Er beklagte selbst einmal, in einem seiner lichteren Augenblicke, daß er gezwungen war, mit fremden Augen zu sehen und mit fremden Ohren zu hören. Dieses rührende Eingeständnis der eigenen Beschränktheit hat der Kurfürst mit treffender Einsicht in seine Lage manchmal noch um die Offenbarung erweitert, daß er gezwungen sei, mit fremdem Mund zu sprechen, gab ihm doch seine Umgebung ein, wie er zu regieren hatte. Zu allem Unglück hatte Christian II. nicht nur wie der Vater einen Hang zum banalen Zeitvertreib, er erbte von ihm sichtlich auch die Trunksucht, die seinem Verstand noch weiter zusetzte.

Einen erkennbaren eigenständigen politischen Akzent hat Christian II. nicht gesetzt. So sind die mit seiner Regierungszeit verbundenen heftigen Schläge gegen den Calvinismus wohl am wenigsten auf ihn selbst zurückzuführen. Höflinge, Theologen und die Mutter Sophie bestimmten den weiteren Gang der Dinge. Krell saß im Kerker, seine Mitarbeiter waren abgesetzt, ebenfalls inhaftiert oder vertrieben. Die herrschende Clique um die Witwe argwöhnte nun allenthalben calvinistische Umtriebe und Verschwörungen. Aus diesem Gefühl der eigenen Bedrohung heraus suchte der Dresdner Hof den Schutz des Hauses Habsburg. Als Regent und Vormund Christians II. leitete der Weimarer Ernestiner Friedrich Wilhelm die Anlehnung Kursachsens an die katholischen Mächte ein, indem er Kaiser Rudolf II. im 1592/93 beginnenden «Langen Türkenkrieg» die kraftvolle Unterstützung Sachsens mit Geld und mit Soldaten gewährte. Es fiel ihm nicht ein, die bis zum Friedensschluß 1606 fortgesetzten sächsischen Geld- und Truppenhilfen für das Haus Österreich mit konfessionspolitischen Forderungen zu verbinden, wie sie andere evangelische Reichsstände erhoben. Von der Allianz mit den österreichischen und den spanischen Habsburgern erhofften sich die neuen Machthaber Kursachsens die Sicherung ihrer eigenen Position gegen die weltweiten Aktivitäten des Calvinismus. Als sich die protestantischen deutschen Fürsten 1608 auf Initiative der Kurpfalz in der Union zusammenfanden, deren Satzung sich wortwörtlich an die Ordnung des einst von Krell begründeten Torgauer Bundes anlehnte, blieben die Kursachsen abseits. «Politice seint wir bäpstisch», resümierten im Jahre 1610 die kurfürstlichen Räte Esaias von Brandenstein und Max Gerstenberg die

Haltung ihres Hofes. Die Abwehr des Calvinismus mündete mit einer gewissen Zwangsläufigkeit in eine katholisierende Außenpolitik, die Dresden zu einem Stützpunkt der europäischen Politik Habsburgs machte.

Die Früchte dieses kursächsischen Kurswechsels in der Außenpolitik wurden in Prag und Madrid geerntet, nicht in Dresden. Die Erwartungen Christians II. und seiner Räte, im 1609 begonnenen Streit um das Erbe der Herzöge von Kleve, auf das die Wettiner eine Lehensanwartschaft besaßen, nachdrücklich von Rudolf II. und dessen spanischer Verwandtschaft unterstützt zu werden, erwiesen sich als irrig. Zwar haben die habsburgischen Kaiser die Kurfürsten von Sachsen wiederholt mit den umstrittenen Landen am Niederrhein belehnt, ohne ihnen jedoch zum wirklichen Besitz des Gebietes zu verhelfen. Dennoch blieb man in Dresden weiterhin davon überzeugt, seinen eigenen Nutzen am ehesten im Bund mit dem Kaiser gegen die von Kurpfalz angeführten Protestanten zu finden.

Der Mann, der die Zweite Reformation in Kursachsen und ihr Scheitern verkörperte, Nikolaus Krell, saß unterdessen zehn Jahre im Kerker, ohne daß es gelungen wäre, ihm glaubhaft Verfehlungen nachzuweisen. Obwohl er immer wieder verhört wurde, kam nicht genügend belastendes Material für einen Prozeß zum Vorschein. Sein Fall erregte in Europa großes Aufsehen. Sogar Königin Elisabeth I. von England und König Heinrich IV. von Frankreich verwandten sich mit Bittschreiben für seine sofortige Freilassung. Die erbitterten Feinde Krells, voran die Witwe Sophie, ließen sich jedoch auch von königlichen Schreiben nicht beeindrucken. Sophies Haß ging mit den Jahren nicht zurück, sondern steigerte sich im Laufe der Zeit noch. Krell habe, so lautete ihr Vorwurf, den verstorbenen Christian I. in diabolische Ränke eingesponnen und ihn seines freien Willens beraubt. Der Kuradministrator Friedrich Wilhelm versuchte in der Zeit seiner Regentschaft wenigstens das Schlimmste zu verhindern. Zwar konnte er die Freilassung Krells angesichts der starken Widerstände nicht erwirken, doch stellte er sich auch entschieden gegen die von Sophies Clique geforderte Hinrichtung des einstigen Kanzlers. Erst nachdem 1601 das Ende der Administration gekommen und der Ernestiner Friedrich Wilhelm in seine Residenz Altenburg zurückgekehrt war, hatten die Feinde Krells freie Bahn. Ein von ihnen am Reichshofrat Rudolfs II. in Prag erwirktes, reichlich fadenscheiniges Todesurteil gegen den Gestürzten sollte als Kriegserklärung an alle unruhigen Reformierten in Europa verstanden werden. Wenn der Justizmord an Krell im Namen des Kaisers vollzogen werden konnte, so ist darin auch ein Resultat des Bündnisses zwischen den Machthabern in Dresden und dem Haus Habsburg zu sehen.

Kurfürst Christian II. wohnte der Hinrichtung Krells auf dem Dresdner Altmarkt am 9. Oktober 1601 nicht bei. Anders seine Mutter Sophie, die sich einen Ehrenplatz bei dem Spektakel gesichert hatte. Bald verbreitete sich auch außerhalb Sachsens der Bericht, daß auf dem Richtschwert, mit dem der einstige Kanzler zu Tode gebracht wurde, die Worte standen: *Cave, Calviniane* («Hüte Dich, Calvinist!»). Die Feinde krönten ihren Triumph mit einer 1602 in Leipzig gedruckten Leichenpredigt, in der dreist behauptet wurde, Krell habe seine religiösen und politischen Überzeugungen angesichts des nahenden Endes widerrufen. Das traf wohl kaum zu, hatte der todgeweihte Mann doch noch auf dem Schafott gegen das ihm zugefügte Unrecht protestiert. Alle diese Vorgänge beeindruckten Christian II. nicht, war er doch zu einfältig, um sie zu verstehen. Zu der Zeit, da das trübselige Machwerk der Leichenpredigt erschien, hielt er zu Dresden glanzvoll Hochzeit mit der dänischen Prinzessin Hedwig. Dabei entfaltete die Residenz an der Elbe einen Prachtaufwand, der in ganz Europa für Aufsehen sorgte. Rauschende Feste, höfischer Prunk und reichhaltige Gelage bildeten auch sonst das Signum der Herrschaft Christians II. Neben die Dresdner Lustbarkeiten traten die häufigen Jagdausflüge des Herrschers in die Wälder, die jeweils mit ausgiebigen Besäufnissen der Jagdkumpane endeten. Auch nach Prag reiste der Kurfürst unter dem Vorzeichen einer sich verdichtenden sächsisch-österreichischen Allianz des öfteren. Dabei ist er an der Moldau, seinen eigenen Worten zufolge, kaum je eine Stunde nüchtern gewesen.

Am 23. Juli 1611 vergnügte sich Christian II. bei größter Sommerhitze bei einem Ritterspiel im Dresdner Stallhof. Er selbst legte die Rüstung an und turnierte mit einigen Gegnern. Die körperliche Betätigung bekam dem beleibten Mann nicht. Nachdem er vom Pferd gestiegen war und einen gewaltigen Schluck kalten Bieres zu sich genommen hatte, traf ihn ein tödlicher Schlag. Der Kurfürst starb mit 28 Jahren. Da seine Ehe mit der dänischen Prinzessin kinderlos geblieben war, folgte ihm sein Bruder Johann Georg in der Regierung nach.

JOHANN GEORG I.
1611–1656

von Axel Gotthard

Am Ende seiner 45 jährigen Regierungszeit war das Territorium etwas größer und der Einfluß auf den Gang der Dinge in der deutschen Nation viel kleiner geworden. Der Kurhof hatte die Lausitzen gewonnen und sein Ansehen verspielt. Nie waren Haltungen und Handlungen in Dresden für den Verlauf der deutschen Geschichte so ausschlaggebend wie in den ersten beiden Jahrzehnten Johann Georgs; aber ob der biedere Zecher überhaupt begriffen hat, welche Schlüsselrolle im dreißigjährigen deutschen Kriegstheater für ihn vorgesehen war?

Johann Georg verlor 1591 als Sechsjähriger den Vater, die Vormundschaft übte Kuradministrator Friedrich Wilhelm aus: ein Mann, unter dem Dresden die zuletzt vorsichtig angebahnte reichspolitische Zusammenarbeit mit den «calvinischen teufeln» abrupt einstellte, ein Mann, für den Sachsens Staatsräson in Kaisertreue aufging. Ein Jahr nach dem Tod des Vormunds, 1603, übernahm Johann Georg die Administration des Stifts Merseburg, um mit 26 Jahren dem plötzlich verstorbenen Bruder, Christian II., in der Kur nachzufolgen. Dem Achtzehnjährigen war am Stuttgarter Hof eine stille Schönheit aufgefallen, Sibylla Elisabeth von Württemberg, die er im September 1604 heiratete. Sie erlag im Januar 1606 einem «hitzigen fieber». Im Juli 1607 heiratete Johann Georg zum zweiten Mal. Die Hohenzollernprinzessin Magdalena Sibylla, eine Frau mit eigenen politischen Ansichten, sollte ihren Mann um drei Jahre überleben.

Unter Johann Georg setzten die Dresdner eine Reichspolitik fort, deren Wurzeln bis in die Vierzigerjahre des 16. Jahrhunderts zurückreichten, als der spätere Kurfürst August mit dem späteren Kaiser Maximilian Freundschaft geschlossen hatte. Der latente Konflikt mit jener ernestinischen Linie der Dynastie, die zu überflügeln Kaiser Karl V. ermöglicht hatte, sowie der Wunsch, die von diesem Reichsoberhaupt übertragene Kurwürde und außerdem die Hochstifte Merseburg, Naumburg und Meißen zu be-

Kurfürst Johann Georg I. (1611–1656)

haupten: das waren stete Mahnungen, sich nicht die Gunst des Kaiserhofs zu verscherzen – noch im Testament von 1652 wird Johann Georg den Nachfahren anempfehlen, den Kaiser als «das höchste oberhaupt der Christenheit» zu ehren, sei doch «durch dessen gute affection und vermittelung die Churwürde sambt andern Landen auf unser haus transferiret» worden. Der Religionsfriede von 1555, der die Territorialisierung der Konfessionsentscheidung in Mitteleuropa besiegelte, schien wie für Kursachsen, dieses durchkonfessionalisierte Territorium, geschaffen zu sein.

Die Aufrechterhaltung des für Kursachsen seit der Mitte des 16. Jahrhunderts so erquicklichen Status quo wurde fortan zum Fixpunkt der Dresdner Politik, und an dieser generationenalten, nur in den späten 1580er Jahren kurzfristig unterbrochenen Traditionslinie orientierte sich auch Johann Georg, weil man doch bislang so gut mit ihr gefahren war. Daß die Auswirkungen ein und derselben Außenpolitik mit sich wandelnden Rahmenbedingungen anders werden konnten, nahm er nicht zur Kenntnis. Der die Glaubensgenossen quälende Zwiespalt zwischen Konfession und Staatsräson, zwischen entschiedener evangelischer Interessenwahrung im Reichsverband (mit seiner strukturellen Bevorzugung der katholischen Seite) einerseits, friedförderndem Konfliktmanagement in einem kaum mehr steuerbaren politischen System andererseits brachte in Dresden niemanden um den Schlaf, weil dort Friede, Status quo und «Gehorsam» gegenüber der Reichsspitze tautologisch waren. Die Dresdner konnten «Politice bäpstisch» sein, d.h. eine Reichspolitik nach Art der katholischen Reichsstände betreiben, weil sie sich wie diese am katholischen Kaiserhaus orientierten. Unter den Bedingungen des grassierenden Konfessionalismus, der das extrem polarisierte Reichssystem nach und nach lahmlegte, war diese Politik nicht mehr «neutral», wie die Dresdner indes weiterhin behaupteten, der Kurhof Johann Georgs legte sein Pfund vielmehr auf die schwerere, die kaiserlich-katholische Waagschale.

Natürlich blieb Johann Georg, wie sein Vorgänger, der evangelischen Union von Auhausen fern. Sie sei den «Constitutionibus zuwider, dem haubt nachtheilig, und den Stenden als gliedern ganz schedlich», erklärte er einmal; mit konfessionell motivierten Vereinigungen riskiere man «ruin und undergang» des Reiches, weil sie «stadtliche und wolverfaste Harmoniam et consonantiam tam capitis quam membrorum» zerstörten. Als Kaiser Matthias ein Dreivierteljahr vor dem Prager Fenstersturz vom 23. Mai 1618 mitsamt den Erzherzögen Maximilian und Ferdinand in Dresden vorbeischaute, um dem «treugehorsamen Churfürsten» schwarze Gedanken auszureden, nachdem Pläne für eine militärisch erzwungene, vor der Drohkulisse spanischer Truppenkontingente abzuwickelnde Königswahl aufgeflogen waren, stellten sich alle habsburgischen Besorgnisse rasch als falscher Alarm heraus: der «treugehorsame Churfürst» traute seinem Kaiser ja doch nichts Schlechtes zu, ein sächsisches Protokoll der freundschaftlichen Besprechungen hielt fest, man sei «in allen puncten eines sinnes und eines herzens» gewesen.

Die Demonstration engsten Schulterschlusses zwischen katholischem Kaiserhaus und evangelischem Kurstuhl sollte die aufgewühlte Stimmung im Reich besänftigen, tatsächlich wirkte die Dresdner Politik destabilisierend. Sie drängte Unionsinteressen auch im Kurkolleg in eine ohnmächtige Minderheitenposition und verstärkte so den Druck auf die an sich überwiegend konfliktscheuen Auhausener, über evangelische Interessenvertretung an den Reichsorganen vorbei nachzudenken. Daß die Dresdner so angestrengt nach Wien schauten, hat die prekäre Position des Protestantismus im polarisierten Reichsverband weiter geschwächt und so dazu beigetragen, daß er sich am Ende subjektiv genötigt sah, gegen die Strukturen und Spielregeln dieses Verbandes anzukämpfen: ein Bedrohungssyndrom, das erst verständlich macht, warum das böhmische Abenteuer Friedrichs von der Pfalz an vielen Unionshöfen vorübergehend zur Verlockung werden konnte.

So Johann Georg gewollt hätte, hätten die Aufständischen ihn zum neuen Böhmenkönig gemacht: noch immer galt ja Dresden als renommiertester evangelischer Hof im Reich. Johann Georg wollte natürlich nicht, es dürfte noch nicht einmal eine Versuchung für ihn gewesen sein. Böhmen, Schlesien, Kursachsen in einer Hand; der Lenker dieser riesigen evangelischen Ländermasse an der Spitze der dadurch revitalisierten, enorm gestärkten Union; nunmehr vier evangelische Kurstimmen und nurmehr drei katholische, bei einem siechen Reichsoberhaupt. Welche Chancen – freilich, bei welchen Risiken: das schon auch!

Johann Georg sah lediglich die Risiken, denn die Aufständischen bedrohten Frieden und Stabilität, den in Dresden sakrosankten Status quo. Man nahm die böhmischen Querelen nicht als Kampf für religiöse Freiheiten wahr, sondern als Rebellion gegen die von Gott eingesetzte Obrigkeit. Die angebliche «religionssache» sei tatsächlich eine «regionsache», erklärte die Graue Eminenz des Dresdner Kurhofes, Kaspar von Schönberg, einmal: eine regionale Insubordination, die nicht um sich greifen durfte, weil

Kursachsen nah war und ein Ruin des ganzen Reiches nicht fern. Die böhmischen Unruhen würden lediglich «vor eine religionssache außgegeben», machten sich die Dresdner Räte weis, würden religiös legitimiert, seien indes nicht so motiviert. Daß am böhmischen Aufstand viele Calvinisten mitschürten, kam nur noch verschlimmernd hinzu. Besonders inbrünstig pflegte Johann Georg den fast allen Wettinern eingefleischten Anticalvinismus – «Du Calvinist!» war das kräftigste der ihm zu Gebote stehenden Schimpfwörter. Man sah also auch jetzt kein Spannungsverhältnis zwischen Loyalität zur habituellen Kaiserdynastie und konfessioneller Interessenwahrung. Daß die Dresdner zunächst zu vermitteln suchten, erwuchs nicht etwa aus dem Wunsch, sich einem entsprechenden Optionszwang zu entwinden, sondern verstand sich vielmehr als Deeskalationsstrategie: Funkenschläge aus Böhmen, dieser Randzone mit verdünnter Reichspräsenz, sollten nicht ganz Mitteleuropa in Brand setzen.

Als diplomatische Vermittlung nicht rasch griff, hielt man in Dresden einen zügigen kaiserlichen Sieg für die nun angemessene Therapie. Ein wahrer Reichspatriot half dabei mit: also erklärte sich Johann Georg bereit, als kaiserlicher Kommissar die beiden Lausitzen und Schlesien zu befrieden. Ferdinand II. versprach die Verschreibung der Lausitzen als Pfand für die Kosten, die dem Kurfürsten bei seinem Einmarsch in die böhmischen Nebenländer entstünden, der nahm gerne an, wäre aber auch sonst marschiert. Im September 1620 rückten sächsische Truppen in die Oberlausitz ein, Bautzen ergab sich nach vierwöchiger Belagerung. Weiterem Widerstand machte der Triumph kaiserlicher und bayerischer Truppen vor Prag, am Weißen Berg, ein Ende.

Mit der 1623 erfolgenden Einweisung in den Pfandbesitz konnte sich Johann Georg in einem traditionellen Interessengebiet der Wettiner festsetzen. Sein eigentliches Ziel, eine Einhegung der regionalen Querelen, hat er indes nicht erreicht – die aus Böhmen herüberwehenden Funkenschläge hatten gezündet, der dreißigjährige deutsche Konfessionskrieg nahm seinen Lauf. Der Wettiner hatte den ambitionierteren und gerisseneren Standeskollegen in München und in Wien den Rücken freigehalten für einen Triumph, den diese nun zur Realisierung weiter gespannter Kriegsziele nutzten: Kappung der herkömmlichen politischen und konfessionellen Freiräume in Böhmen, Rangerhöhung und Territorialgewinne für den Bayernherzog, Oktroi der katholischen Ausdeutung des Augsburger Religionsfriedens (Restitutionsedikt von 1629). Auch, weil die Dresdner ihr Pfund nicht von der schwereren Waagschale nahmen, mündeten die kaiserlich-katholischen Siege der 1620er Jahre in bedrohliche Terrainverluste für den deutschen Protestantismus, drängte sich außerdem immer mehr protestantischen Höfen die Ansicht auf, daß das reichsinterne Gleichgewicht ohne externen Beistand für die verfolgte Unschuld nicht mehr herstellbar sei, was eine sukzessive Internationalisierung des deutschen Konfessionskriegs befördert hat. Johann Georg wollte Ausgleich und Stabilität, gefördert hat er zuerst die konfessionelle Konfrontation und dann den katholischen Triumph. Kurzfristig half die als «neutral» etikettierte Parteinahme für die stärkere Seite immerhin, das Territorium von den schlimmsten Kriegsfolgen abzuschirmen.

Daß der deutsche Konfessionskrieg nicht reichsintern beigelegt werden konnte, ehe er sich zum europäischen Hegemonialkrieg ausweitete, ist nicht nur Johann Georg anzulasten. Zuvörderst hatte es der Münchner Herzog Maximilian mit seinem Gewissen auszumachen: Indem die maßlos-unklugen Sieger, um das bayerische Engagement am Weißen Berg zu honorieren, dem Winterkönig die Kur und die Oberpfalz nahmen, zwangen sie diesen geradezu, sich mit dem Mute der Verzweiflung dessen, der nun nichts mehr zu verlieren hatte, nach immer neuen Verbündeten umzuschauen. Aber die Dresdner hatten den kaiserlich-katholischen Triumph eben mit ermöglicht, das nahm man an den anderen evangelischen Höfen angewidert zur Kenntnis, um es nie mehr zu vergessen. Soeben mit den Lausitzen abgespeist, konnte Johann Georg nicht glaubwürdig widersprechen, als Maximilian von Bayern die größeren Happen nahm: die Oberpfalz einheimste, den Kurhut verlangte. Der «treugehorsame Churfürst» überließ Widerstand dem Kollegen in Berlin, was nicht hinreichte, Maximilian wurde eben ohne das hohenzollernsche Plazet in einer Nacht- und Nebelaktion auf den Kurverein vereidigt. Daß sich die Konfessionsverhältnisse im Kurfürstenkolleg einschneidend zugunsten der Katholiken verschoben, nahm Johann Georg in einer Haltung hin, welche die Münchner abschätzig so charakterisierten: Er wird es gut sein lassen, wenn er nur behaupten kann, «das er nit darzu geraten». Während an vielen evangelischen Höfen Entsetzen und Verzweiflung über die kursächsische Indolenz um sich griffen, verraten katholische Akten eine immer beißendere Geringschätzung der Dresdner Politik – Johann Georg, dieser nützliche Idiot, würde ja doch höchstens ein klein wenig mekkern, sich indes niemals gegen seinen Kaiser stellen. Der gute Tropf war und blieb «des Kaysers treugehorsamer Churfürst».

Niemand wird nach vierhundert Jahren neunmalklug den Ratschlag erteilen wollen, daß Johann Georg 1619 in Böhmen unbedingt hätte zugreifen müssen, denn hier entsprach das Ausmaß der Risiken wohl ungefähr den Chancen – die für Johann Georg gar keine gewesen sind, weil sie seinem politischen Kardinalziel, der Wahrung des Status quo, diametral widersprachen. Von den Prämissen der Dresdner Außenpolitik aus geurteilt, verspielte Johann Georg deshalb nicht 1619, sondern in den frühen 1620er Jahren seine größte politische Chance, als er alle Versuche, eine reichspatriotische «dritte parthey» zu errichten, ins Leere laufen ließ. Das Desaster des calvinistischen Direktors der Union, Friedrichs von der Pfalz, und die Auflösung des Auhausener Bündnisses im Mai 1621 eröffneten an sich die Möglichkeit, den deutschen Protestantismus neu zu organisieren, unter lutherischen Vorzeichen und kursächsischer Leitung. Wiederholt sprachen Emissäre evangelischer Höfe in Dresden vor, um dafür zu werben, sich unter dem Banner eines lutherischen Reichspatriotismus der ruinösen Polarisierung wie dem drohenden katholischen Triumph entgegenzustemmen. Hinter dem Projekt des lutherischen Friedensbundes stand die Vision einer überkonfessionellen Dritten Partei aller verantwortungsbereiten Kräfte, man wollte «tertiam partem machen pro sola libertate patriae et religionis und es nit ad extrema kommen lassen, das die fremde in unsern landen ihre passiones ausfiehrn». Die Dresdner ließen das alles an ihrem demonstrativen Desinteresse abprallen. Sie legten sich die politischen Realitäten weiterhin nach der Antinomie «Gehorsam und Widersetzlichkeit» zurecht, eine betont reichspatriotische und friedfördernde Dritte Partei paßte nicht in dieses Raster, man stempelte, was als «Teutscher Bund», «Friedbund» oder «dritte parthey» daherkam, in Dresden als «newe union» ab und verwies es damit ins Reich des Bösen. Der deutsche Protestantismus habe es sich wegen seiner Respektlosigkeit dem Kaiser gegenüber selbst zuzuschreiben, wenn er nun «fast ganz und gar auf der nase liegit», höhnte Johann Georg.

Wenn je zwischen der Katastrophe am Weißen Berg und dem Eingreifen Gustav Adolfs die Chance bestanden hat, aus der Mitte des Reiches heraus (und nicht als Annex einer auswärtigen Interventionsmacht) eine neue Formation des deutschen Protestantismus zu errichten, dann in den frühen 1620er Jahren, aber Johann Georg erinnerte sich an die soeben skizzierten Projekte erst, als alles zu spät war und schwedische Truppen auf Reichsboden standen. Wenn gutes «Timing» zu guter Politik gehört, dann waren die Dresdner Stümper.

Der Leizpiger Konvent von 1631 hat eine längere Vorgeschichte. Erstaunt hatten die Dresdner zur Kenntnis nehmen müssen, daß Truppen Wallensteins auch Gebiete des «treugehorsamen Churfürsten» streiften, daß die vorgebliche Dresdner «neutralitet» nicht vor Einquartierungen und Durchzügen schützte. Jenes Restitutionsedikt, das die katholische Lesart des Religionsfriedens zur authentischen erklärte und kurzen Prozeß für die Rückführung des demnach hundertfach entwendeten Kirchengutes an die rechtmäßigen altkirchlichen Besitzer anordnete, hatte 1627 der Kurfürstentag von Mühlhausen angeregt, und dort waren kursächsische Emissäre mit am Tisch gesessen. Als es zwei Jahre später dann wirklich erging und auch Johann Georg zugestellt wurde, machte dieser sich dann doch Sorgen um Meißen, Merseburg und Naumburg, ferner um die Rechte seines 1628 zum Administrator von Magdeburg gewählten Sohnes August. Auf einmal fand Johann Georg das von den Seinen mitangeregte Edikt «schmerzlich und bekümmerlich», «denn wir uns viel einer andern vergeltung unserer geleisteten untertenigsten treuen dienste versehen». Als den katholischen Triumph in der Pose eines Retters des deutschen Protestantismus der Schwede Gustav Adolf verhindern wollte, erinnerte sich Johann Georg genau zum falschen Zeitpunkt daran, daß man diese Rolle einmal ihm zugedacht hatte. Er lud für Ende Februar 1631 nach Leipzig. Fast alle wichtigen evangelischen Fürsten kamen oder ordneten ab. Man einigte sich treuherzig auf eine Ablehnung des Restitutionsedikts, ohne die organisatorischen Voraussetzungen dafür zu schaffen, daß diese Ablehnung militärischen Nachdruck bekam: schließlich wollte man ja keine «newe unionem» gründen, noch immer nicht!

Die schwachen, kaum über die entsprechende Absichtserklärung hinausreichenden Ansätze zu einer bewaffneten Neutralität zwischen «Spaniern» und «Schweden» wurden von Gustav Adolf hinweggefegt: «Unsere Angelegenheiten dulden in Teutschland keine Neutralen.» Der deutsche Konfessionskrieg internationalisierte (und entkonfessionalisierte) sich just zu der Zeit, da sich Kursachsen mit dem Leipziger Projekt der Idee einer deutschen Friedenspartei geöffnet hatte. Die Idee war einmal gut gewesen, aber nun, da das Reich zum Nebenkriegsschauplatz eines europäischen Hegemonialkampfes verkam, paßte sie nicht mehr zu den Realitäten.

Fünf Monate nach der Verabschiedung des Leipziger Manifests, am 11. September 1631, machte der Coswiger Vertrag Johann Georg zum nolens-volens-Verbündeten Gustav Adolfs. Es gab keine Alternative mehr, der Schwedenkönig hatte schon zuvor den Anschluß Kurbrandenburgs erzwungen, andererseits begannen katholische Truppen unter Tilly den Kurstaat zu verwüsten. Nur sechs Tage nach dem Bundesschluß kämpften kursächsische Truppen (wenig glorreich) an der Seite der schwedischen in der berühmten Schlacht bei Breitenfeld. Während sich Gustav Adolf nach Süddeutschland aufmachte, rückten die Sächsischen in Böhmen ein: Besetzung Prags, Gegenschlag Wallensteins, der im Sommer 1632 Erzgebirge und Vogtland heimsuchte. Politisch spielte Kursachsen keine Rolle mehr, dafür durfte es nun endlich die Kriegsfolgen spüren. Nach dem Tod Gustav Adolfs, der großen charismatischen Führungsfigur, begann sich der Kurhof rasch wieder seiner herkömmlichen politischen Ausrichtung zu erinnern. Dem evangelischen Heilbronner Bund trat Kursachsen nicht bei, trotzdem wurde das Land von kaiserlichen Truppen geplagt. Man streckte Friedensfühler gen Wien aus. Aber erst der Triumph Habsburgs vor Nördlingen im September 1634 eröffnete die Chance, sich wieder an diesen Wunschpartner anzulehnen: Friedensentwurf von Pirna, Prager Frieden. Er sprach Kursachsen die bislang verpfändeten Markgrafschaften Ober- und Niederlausitz als Lehen der Krone Böhmen zu, ferner die bisher zum Erzstift Magdeburg gehörenden Ämter Burg, Dahme, Jüterbog und Querfurt. Das von den Dresdnern mitverschuldete, aber längst mißliebige Restitutionsedikt wurde suspendiert, der konfessionelle Besitzstand vorerst nach Maßgabe eines Stichdatums eingefroren – eine Lösung, die der Westfälische Friede wiederaufgreifen wird.

Der Prager Friede, der die dritte, schwedische Kriegsphase beendet hat, atmete nicht mehr den hitzigen Glaubensfanatismus des Restitutionsedikts am Ende der zweiten, niedersächsischen Phase; ihn durchwehte vielmehr reichspatriotisches Pathos. Alle «gehorsamen» und gutwilligen Reichsstände wurden eingeladen, sich anzuschließen. Aber die Dresdner Hoffnungen, daß sich der Vertrag zum allgemeinen Reichsfrieden erweitere und die Chance eröffne, mit vereinten Kräften die ausländischen Truppen vom Reichsboden zu vertreiben, erfüllten sich nicht. Die Schweden blieben, und gern suchten sie das Land ihres einstigen Zwangsverbündeten heim. Politisch war Kursachsen keine Potenz mehr, militärisch war es nie eine gewesen, es gab keinen Grund, diese Landstriche zu verschonen: Brandschatzungen, Plünderungen, die Pest wütete. Ohne, daß das außerhalb Dresdens noch jemanden interessiert hätte, sah sich Johann Georg weiterhin stramm an der Seite des Reichsoberhaupts, freilich, als im Sommer 1645 die militärischen Erfolge der Schwedischen in der Region allzu beängstigend waren, schloß er doch hurtig seinen Waffenstillstand mit ihnen (Vereinbarung von Kötzschenbroda).

Ob Kursachsen gestärkt aus dem deutschen Konfessionskrieg hervorging, ist auf den ersten Blick schwer zu beurteilen. Die reichspolitischen Gehalte des Friedensschlusses von 1648 waren den Dresdnern zuwider. Dem Kaiser, an den sich der «treugehorsame Churfürst» so inbrünstig angelehnt hatte, wurden seine Grenzen aufgezeigt, was das Amt allerdings nicht nachhaltig schwächen wird. Sehr geschwächt indes ging das Kurkolleg in die zweite Hälfte des 17. Jahrhunderts. Die Zeiten, da der Kaiser das Reich in bevorzugter Zusammenarbeit fast nur mit den kurfürstlichen unter den Reichsgliedern regiert hatte, waren vorbei. Gegen die Überdehnung kurfürstlicher Leitkompetenzen während der Kriegsjahre formierte sich erfolgreich breiter fürstlicher Widerstand. Johann Georg hatte mitgedehnt: mit den Standeskollegen das Restitutionsedikt angeregt, seinem Kaiser am Kurfürstentag von 1636 eine Reichssteuerbewilligung (die Kernkompetenz des Reichstags!) gegönnt, auch der Prager Friede war nicht zuletzt Steuerbewilligung. Als «treugehorsamer Churfürst» mußte es Johann Georg ausbaden, daß der Kaiser in Westfalen am Pranger stand, dem Kurkolleg wird es viel mehr schaden als dem Kaisertum – die «praeeminenz» der Kurfürsten im Reichsverband sei «ziemblich angezapffet und mercklich verschnitten», wird Johann Georg im Mai 1651 lamentieren, und das zu Recht. Auch, daß das Friedensinstrument von 1648 das Schutzversprechen des Religionsfriedens ausdrücklich auf den in Dresden so verteufelten Calvinismus ausdehnte, hat Johann Georg sehr bedrückt.

Der traditionelle Ruf, Leitmacht des deutschen Protestantismus zu sein, war angekratzt. Brandenburg wird sich das Vakuum zunutze machen, indem es fortan geschickt jene Verbindung knüpft, die Johann Georg erst gar nicht gesucht hat: zwischen kühler Interessenpolitik nach Maßgabe der eigenen territorialen Staatsräson und dem Part des Protektors aller Protestanten im Reich. Das hat den Aufstieg Brandenburg-Preußens zur norddeutschen Hegemonialmacht, für den es mehrere Gründe gab, begünstigt, Kursachsen wird daneben zur zweitrangigen Potenz absinken.

Andererseits bestätigte der Westfälische Friede den Zugewinn der Lausitzen, auch der vier einst magdeburgischen Ämter, ansonsten sollte das vom wettinischen Prinzen August regierte Erzstift nach dessen Tod an die brandenburgischen Hohenzollern fallen: eine mit der Preisgabe westlicher Interessen verbundene Osterweiterung des Territoriums, die vor dem Hintergrund der späteren wettinischen Polenpolitik Interesse verdient. Freilich wird Johann Georgs Testament von 1652 das soeben vergrößerte Territorium schwächen, indem es drei albertinische Nebenlinien begründet: in Weißenfels (bis 1746), Merseburg (bis 1738) und Zeitz (bis 1718).

Daß Johann Georg von der Mehrzahl der Historiker (es gibt indes auch peinliche Elogen) ziemlich abschätzig beurteilt worden ist, liegt aber nicht am Testament, es liegt an seiner «Persönlichkeit»: man mokierte sich über Lebensweise und Leidenschaften des Fürsten. Gern verspottete man den Mann, der Heinrich Schütz zum Hofkapellmeister machte, als derben Gewohnheitsjäger ohne Esprit, als «Trinker und Spieler», der sein Quentchen Geist im Alkohol ertränkt habe. In der Tat apostrophierten den Kurfürsten schon zeitgenössische Akten als «Bierjörg», Relationen waren voll von Klagen, daß es Abend für Abend «wieder ans sauffen gehet», daß «an diesem hof schier mehr von saufen und fressen und von jagden als von andern sachen discurrirt» werde. An Diplomaten, die nicht allzu trinkfest waren, nagte die Sorge, unter diesen Umständen nur schwer das Ohr des kurfürstlichen Zechers gewinnen und somit keine effektive Lobbyarbeit leisten zu können.

Ob solche Befürchtungen berechtigt waren, läßt sich schwer beurteilen, weil die Dresdner Aktenbestände kaum interne Beratungsprotokolle und kurfürstliche Notizen bieten. Der Historiker kann die schriftlichen Überreste dieser Zeit noch so intensiv studieren, er wird nie den Politiker Johann Georg finden. Die Politik des Kurfürstentums war nicht das ganz persönliche Werk dieses Mannes, wie wir das jedenfalls für den Bereich der Außenbeziehungen seinem schillernden Großonkel Moritz bescheinigen dürfen, und dem gradlinigen Großvater August, diesem hervorragenden Vertreter eines persönlichen Regiments, sowieso. Johann Georg sah sich offenbar eher als ausführendes Organ, er repräsentierte das jeweilige Kräfteparallelogramm im *Geheimen Rat*. Zuverlässig vertrat er das momentan als richtig Erkannte nach außen, so lang, bis ihn seine Räte über fällige Kursänderungen informierten. Es ist für einen Biographen unbefriedigend, sich auf die politische Letztverantwortung seines ansonsten nicht greifbaren Helden hinauszureden, aber mehr läßt sich im Fall Johann Georgs nicht behaupten. Spott über die Trinkfestigkeit des «Bierjörgen» ist nicht der Schlüssel zum Verständnis der für die deutsche Geschichte wichtigsten Phase kursächsischer Außenpolitik.

Johann Georg II.
1656–1680

von Christian Hecht

Kurfürst Johann Georg II. hat – wie die meisten sächsischen Herrscher des 17. Jahrhunderts – eine schlechte Presse. Die Geschichtsschreibung des 19. Jahrhunderts bezeichnete ihn regelmäßig als «viel zu genuß- und vergnügungssüchtig» (Theodor Flathe); und wenn man Johann Georg überhaupt positiver würdigte, dann als den ersten «barocken» sächsischen Herrscher, gern wurde etwa seine Vorliebe für die Oper herausgestellt. In den meisten Untersuchungen überwiegen jedoch die negativen Züge. Der Kurfürst hätte im Interesse seiner Prunkliebe die Staatsfinanzen zerrüttet und außerdem durch seine Annäherung an den katholischen Kaiser die politischen und konfessionellen Interessen Sachsens vernachlässigt. Letztlich machte man ihm den Vorwurf, er habe eine Politik betrieben, die sich von der als ungleich effizienter erachteten des Kurfürstentums Brandenburg unterschieden hätte. Hinzu kommt, daß Johann Georg II. und die übrigen sächsischen Kurfürsten des 17. Jahrhunderts im Schatten ihres Nachfolgers August des Starken stehen, der in den Augen der Nachwelt natürlich noch prunkvoller und «barocker» als seine Vorgänger gewesen ist. Heute wird man sich indes ein differenzierteres Bild Johann Georgs II. bilden müssen, dessen zentrales Bemühen der wirtschaftlichen und politischen Stärkung Sachsens im Reich und in Europa galt, und der in zeittypischer Weise gerade auch seine Repräsentationsbemühungen diesen Zielen unterordnete.

Johann Georg II. wurde 1613 als Sohn des Kurfürsten Johann Georgs I. in Dresden geboren – nach dem damals in Sachsen noch gültigen alten Julianischen Kalender war der Geburtstag der 31. Mai, während man in den Ländern, in denen der neue Gregorianische Kalender galt, bereits den 10. Juni schrieb. 1638 heiratete er Magdalena Sibylla (1612–1687), die Tochter des Markgrafen Christian Friedrich von Brandenburg-Bayreuth. Nach dem Tod seines Vaters wurde er im Jahr 1656 Kurfürst von Sachsen. Johann Georg II. starb am 22. August/1. September 1680 in Freiberg in Sachsen, wohin er sich wegen einer Pestepidemie, der letzten in

Sachsen, zurückgezogen hatte. Wie seine direkten Vorfahren wurde er im Chor des dortigen Domes beigesetzt.

Tatsächlich wird man ihn nicht zu den prägenden politischen Gestalten seiner Epoche zählen, seine eigentliche Bedeutung liegt vielmehr in einem anderen Bereich. Johann Georg II. war der erste sächsische Herrscher, der die Schwerpunkte seines Handelns – vielleicht eher unbewußt – aus dem Bereich der «großen» Politik mehr und mehr auf das Gebiet von Kunst und Kultur sowie auf die Förderung der Wirtschaft legte. Eine widerspruchsfreie Regierung, gar ein Regierungsprogramm wird man ihm jedoch keineswegs attestieren wollen. Derartiges hätte ganz außerhalb der Möglichkeiten eines Fürsten des 17. Jahrhunderts gelegen.

Die Erziehung des Kurprinzen bewegte sich im Rahmen des Üblichen; vor allem auf Frömmigkeit, aber auch auf alte und moderne Sprachen wurde Wert gelegt. Schon dem Sechsjährigen ist auferlegt worden, zwischen Pfingsten und Weihnachten neben zahlreichen Gebeten und geistlichen Sprüchen den lateinischen und den deutschen Katechismus auswendig zu lernen. Je selbständiger der Kurprinz wurde, der erst mit 43 Jahren an die Regierung kommen sollte, desto deutlicher zeigten sich seine kulturellen Interessen. 1629 berichtet etwa der hochgebildete Augsburger Patrizier Philipp Hainhofer, daß er mit dem Kurprinzen «gutte conversation ... von der mahlerey, von federrüssen (d. h. Federzeichnungen), von der Musica, von kunstcämmern und anderen anmuthigen sachen» gehabt habe. Überdies bewies Johann Georg II. bereits als Kurprinz eine Vorliebe für italienische Musik, deren Vorherrschaft damals in ganz Europa anerkannt war.

Mit dem Tode Johann Georgs I. am 8. Oktober 1656 ging die Herrschaft an seinen ältesten Sohn über – allerdings nicht vollständig, denn der verstorbene Kurfürst hatte in seinem Testament vom 20. Juli 1652 eine Erbteilung vorgesehen. Johann Georg II. selbst erhielt die Kur- und Erblande sowie den kursächsischen Teil der Grafschaft Mansfeld. Seine Residenz war und blieb in Dresden. Für die Nachgeborenen sollten nach dem letzten Willen des verstorbenen Kurfürsten sogenannte Sekundogenituren eingerichtet werden, obwohl im albertinischen Sachsen ansonsten die Primogenitur üblich war. Die Gebiete, die man zu diesem Zweck ausersehen hatte, waren vor allem ehemalige geistliche Territorien. Während jedoch die vielen Erbteilungen der ernestinischen Verwandtschaft in aller Regel neue selbständige Fürstentümer begründeten, die Thüringen in einen bunten Flickenteppich von Zwergstaaten verwandelten, hatte Johann Georg I. darauf geach-

*Kurfürst Johann Georg II.
(1656–1680)*

tet, daß den neuen Herrschaftsbezirken keine volle staatliche Autonomie zuteil wurde. Ein am 22. April 1657 unterzeichneter «Freundbrüderlicher Hauptvergleich» regelte die betreffenden Fragen in vielen hochkomplizierten Punkten nochmals genauer. Im Kern ging es darum, den Gesamtbestand der albertinischen Territorien durch die Sekundogenituren nicht auf Dauer zu mindern – diesem Vorhaben hätte letztlich auch kein Erfolg beschieden sein können, denn die drei Nebenlinien strebten, solange sie bestanden, nach voller Souveränität. Wären die Nebenlinien nicht im 18. Jahrhundert wieder ausgestorben und an die Hauptlinie zurückgefallen, hätten sie dieses Ziel wohl auch erreicht. Von vornherein hatte man jedoch Regelungen getroffen, die die Selbständigkeit der Sekundogenituren einschränkten, nicht nur in der Außenpolitik, sondern auch in steuerlicher Hinsicht; die Steuern blieben nämlich unter gemeinschaftlicher Verwaltung. Auch die konfessionelle Einheit wurde gewahrt. Ganz wichtig nahm man Regelungen, die verhinderten, daß die neu geschaffenen Fürstentümer an die ernestinische Verwandtschaft fallen konnten. Herzog August, der in der Erbfolge auf Johann Georg II. folgte, war bereits seit 1628 Administrator des Erzstifts Magdeburg. Aufgrund der Bestimmungen des Westfälischen Friedens mußte Sachsen dieses Territorium nach dem Tode Augusts an Brandenburg abgeben, was 1680 auch geschah. Für den nachgeborenen Herzog wurden aber noch weitere Gebiete bestimmt, die dann bis 1746 das Herzogtum Sachsen-Weißenfels bildeten. Herzog Christian war das Stift Merseburg (Sachsen-Merseburg, erloschen 1738) zugewiesen worden und Herzog Moritz das Stift Naumburg-Zeitz (Sachsen-Zeitz, erloschen 1718), jeweils erweitert um einige andere Gebiete. Mit der Schaffung der neuen Fürstentümer entstand – trotz aller zur Schau getragenen brüderlichen Eintracht – ein Konfliktpotential, das die kursächsische Politik bis ins 18. Jahrhundert hinein beschäftigen sollte. Gleichzeitig jedoch bildeten sich vor allem in Halle (bis 1680), Merseburg und Weißenfels, aber auch in Zeitz neue kulturelle Zentren, die das Bild des sächsisch-thüringischen Barock wesentlich mitbestimmen sollten. Die Hauptleistungen lagen auf dem Gebiet der Musik – so pflegte etwa der Weißenfelser Hof eine Opernkultur (Johann Philipp Krieger), die europaweite Bedeutung hatte.

Neben dem Verhältnis zu seinen Brüdern mußte für Johann Georg II. vor allem auch die Beziehung zu seinen ernestinischen Verwandten von Belang sein. Der 1672 eingeleitete Versuch, das ernestinische Gesamthaus zu einer irgendwie gearteten Gemeinsamkeit zu bringen, scheiterte allerdings ohne greifbares Ergebnis.

Von großer Bedeutung war das Eingreifen Sachsens in die Reichspolitik. 1657 starb Kaiser Ferdinand III. und Kursachsen fiel das Reichsvikariat zu, d.h. die Vertretung des Herrschers in den Territorien des sächsischen Rechts. Wichtiger als dieses Amt, das eher eine Ehre als eine wirkliche Machtposition darstellte, war hingegen der Einfluß, den Johann Georg II. auf die Wahl hatte. Hier zeigte sich, daß die Position Kursachsens im Reich selbstverständlich immer noch sehr bedeutend war. Bei der damaligen Wahl versuchte Frankreich zum wiederholten Male, den Kaiserthron zu erlangen, und tatsächlich war es durch geschickte Diplomatie so weit gekommen, daß sich die Wahl Ludwigs XIV.

von Frankreich schon abzuzeichnen schien. Es war nicht zuletzt Sachsen und Brandenburg zu verdanken, daß 1658 trotzdem Leopold I. gewählt wurde, der dann bis 1705 römisch-deutscher Kaiser war. Johann Georgs II. Entscheidung für den Habsburger entsprach dabei der Grundlinie albertinischer Politik, wie sie sich schon vor dem Dreißigjährigen Krieg, ja vor der Reformation, abgezeichnet hatte. Die Beteiligung an der Wahl Leopolds I. und die Verhinderung der Wahl Ludwigs XIV. darf man als die wichtigste politische Tat Johann Georgs II. ansehen. Angesichts dieser Parteinahme gegen Frankreich verwundert es auch nicht, daß Sachsen vorerst den verschiedenen französischen Einflußnahmen widerstand. Die Politik frühneuzeitlicher Herrscher war aber durchaus zu schnellen Kurswechseln in der Lage, auch wenn es in aller Regel irgendwann wieder zu einem Umschwenken auf die alten Leitlinien kam. Im Falle Kursachsens sollte es *tatsächlich* zu einer kurzfristigen Verbindung mit Frankreich kommen.

Den Anlaß dazu bildete ein Ereignis, das beispielhaft den pragmatischen Charakter frühneuzeitlicher Politik erkennen läßt – keineswegs aber den schwankenden Charakter des Kurfürsten. Es handelte sich um die sogenannte «Erfurter Reduction». Schon seit dem hohen Mittelalter hatte die zum Herrschaftsgebiet des Mainzer Kurfürsten gehörige Stadt Erfurt versucht, ihre Unabhängigkeit zu erreichen. Während des Dreißigjährigen Krieges schien die Stadt, die weitgehend protestantisch geworden war, dank des direkten Eingreifens König Gustav Adolfs von Schweden dieses Ziel erreichen zu können. Deutliches Zeichen dieser veränderten Situation war, daß seit 1631 der katholische Landesherr im offiziellen Kirchengebet nicht mehr genannt wurde. Die Verwicklungen des Krieges brachten es dann aber mit sich, daß die Stadt, obwohl sie sich 1635 dem Prager Frieden zwischen dem Kaiser und dem Kurfürsten von Sachsen angeschlossen hatte, bis 1650 schwedisch besetzt blieb. Schweden hatte sich auch bemüht, bei den Friedensverhandlungen von Münster und Osnabrück für Erfurt den Status einer Freien Reichsstadt zu erwirken, was von Kurmainz und Kursachsen jedoch gemeinsam verhindert worden war. Bereits damals zeigte sich also, daß Sachsen, trotz seiner Schutzherrschaft über Erfurt und trotz der konfessionellen Gemeinsamkeiten, keineswegs bereit war, die Unabhängigkeitsbestrebungen der Stadt zu unterstützen. Schon bald nach der Rückgabe der Stadt an Mainz drängte der Kurfürst – es war der in jeder Hinsicht hochbedeutende Johann Philipp von Schönborn – auf Wiedereinführung des Kirchengebets und vollständige Anerkennung seiner Oberhoheit. Da sich die Stadt verweigerte, kam es zu einer Eskalation, auf deren Höhepunkt sich Sachsen ganz von Erfurt abwandte und 1664 die militärische Exekution der Reichsacht gegen die Stadt unterstützte. Johann Philipp von Schönborn hatte nicht nur rechtliche Argumente auf seiner Seite, er konnte seinem sächsischen Kollegen auch anbieten, daß Frankreich an Kursachsen erhebliche Zahlungen leisten würde, wenn Johann Georg bereit wäre, sich gegen Erfurt zu wenden. Angesichts der klammen Finanzlage des Kurstaates war es nicht verwunderlich, daß der sächsische Kurfürst auf dieses Angebot tatsächlich einging, obwohl er sich dadurch in eine bis dahin so nicht gekannte Abhängigkeit von Frankreich brachte. Sachsen verzichtete anschließend gegen eine größere Geldzahlung sogar auf sein altes Schutzrecht über Erfurt. Diese Entscheidung gegen die Unabhängigkeit Erfurts wurde Johann Georg II. von einer konfessionell einseitigen protestantischen Geschichtsschreibung sehr übelgenommen. Bei einer genaueren Betrachtung erweist sich jedoch, daß der Kurfürst keineswegs damit einverstanden sein konnte, daß seinem Mainzer Kollegen in einer eindeutig Mainzischen Stadt der Gehorsam verweigert wurde. Es ging um die Prinzipien des Reichsrechts; Sachsen konnte sich als ein getreuer Wahrer dieses Rechts zeigen und gleichzeitig seine Finanzen deutlich verbessern. Für die Sicherung der Position des Kurstaates mußte diese Haltung als vernünftig gelten. Schwierig war allerdings das Problem eines engen Anschlusses an Frankreich, das der Hauptgegner des Kaisers war. Johann Georg II. versuchte, dieses Problem durch Geheimdiplomatie zu lösen, indem er 1664 mit dem Kaiser, Brandenburg und Bayern über ein Bündnis gegen Frankreich verhandeln ließ. Nach einigem Hin und Her kam es endlich dazu, daß Johann Georg am Ende seiner Regierungszeit generell einen festeren Anschluß an den Kaiser suchte und fand, um bei ihm Rückhalt gegen Brandenburg zu erhalten, an das Sachsen im 17. Jahrhundert das wichtige Magdeburg sowie Jülich und Cleve verloren geben mußte.

Die Innenpolitik Johann Georgs II. war durch die relativ starke Stellung der Stände bestimmt. Obwohl immer mehr Adlige am Hof bedeutende Positionen einnahmen, kam es, anders als etwa in Frankreich, durch die «Verhofung» des Adels nicht zu einem Verlust von dessen politischer Bedeutung. 1660/61 erhielten die kursächsischen Stände, d.h. die Vertretungen für die eigentlichen Erblande sowie das Stift Meißen, sogar das Recht der eigenständigen Versammlung – allerdings machten sie davon nur ein einziges Mal Gebrauch, nämlich 1697, nachdem August der Starke zum Katholizismus konvertiert und zum König von Polen gewählt worden war. Die gerade im Vergleich zu anderen größeren Territorien immer noch sehr mächtigen Stände schränkten den Kurfürsten zum Teil recht stark ein, so daß von «Absolutismus» durchaus keine Rede sein konnte. Im Lauf der weiteren Entwicklung verschob sich das Schwergewicht dennoch in Richtung auf den Fürsten, da die Handlungsfähigkeit der Stände nicht besonders groß war, während im Gegensatz dazu die Zentralverwaltung immer effektiver wurde. Trotz aller Streitigkeiten scheint der in politischen Fragen konservativ gesonnene Johann Georg II. die starke Stellung der Stände und des Adels im Grundsatz keineswegs als ein Übel angesehen zu haben, das er unbedingt hätte überwinden müssen. Vielmehr dürfte es ihm wichtig gewesen sein, die von seinen Vorgängern ererbte Ordnung seiner Staaten zu erhalten, und dazu gehörte eben auch, die alten Rechte des Adels, der Bürger, aber auch der Bauern zu respektieren. 1669 etwa wurde ein landesherrliches Mandat erneuert, demzufolge es Adligen, aber auch Bürgerlichen verboten war, sich bäuerliche Erbgüter anzueignen. Die Lage der bäuerlichen Bevölkerung, die in Sachsen seit alters her in vergleichsweise freien und günstigen Verhältnissen lebte, sollte sich nach dem Willen der kurfürstlichen Verwaltung nicht verschlechtern. In diesem Zusammenhang kann auch darauf hingewiesen werden, daß schon 1680 der Kartoffelanbau im Erzgebirge eingeführt wurde.

Für die Herrschaftsausübung innerhalb Sachsens war jedoch vor allem die Stärkung von Industrie und Handel von Bedeutung. Johann Georg II. hat dieser Frage durchaus seine Aufmerksamkeit zugewandt, wenn es auch immer nur zu punktuellen Eingriffen von seiten seiner Regierung kam. Eine koordinierte Wirtschaftspolitik war damals wie heute nicht durchsetzbar. Aus diesem Grunde gelang während der Herrschaft des Kurfürsten keine umfassende Verbesserung der Steuerverfassung. Im Vergleich mit anderen europäischen Staaten waren die sächsischen Verhältnisse aber keineswegs besonders negativ auffällig – im Gegenteil. Sachsen hatte zwar durch den Dreißigjährigen Krieg und zahlreiche schwere Seuchen sehr gelitten; da das Land aber spätestens seit dem hohen Mittelalter ein industrielles «Innovationszentrum» war, gab es hier wesentlich bessere Voraussetzungen für einen Wiederaufbau als in anderen Regionen des Reiches. Nach Beendigung des Krieges versuchte man, vor allem auf dem Gebiet des Bergbaus an die alten wirtschaftlichen Erfolge anzuknüpfen. Der persönliche Einsatz des Kurfürsten für die Wiederbelebung des Bergbaus spiegelt sich noch heute in der kostbaren Bergmannsausrüstung Johann Georgs wider (Dresden, Grünes Gewölbe). Es handelt sich um Geräte, wie sie die Bergleute und Bergbeamten tatsächlich benutzten. Als Materialien wurden ausschließlich sächsisches Silber und sächsische Edelsteine verwendet. Mit dieser Bergmannsgarnitur zeigte sich der Kurfürst gewissermaßen als der erste Bergmann seines Landes. Angesichts der Tatsache, daß es wohl keine vergleichbaren Stücke anderer Fürsten gibt, wird man darin sicherlich den Ausdruck einer persönlichen Haltung sehen können. Die große Bedeutung dieser Garnitur wird auch daran erkennbar, daß sie für keinen privaten Zweck bestimmt war, sondern daß der Kurfürst sie für die «Durchlauchtigste Zusammenkunft» des Jahres 1678, also für ein offizielles Zusammentreffen mit seinen drei Brüdern, von dem Freiburger Goldschmied Samuel Klemm anfertigen ließ. Seit 1676 hat dieser an den aufwendigen Stücken gearbeitet.

Trotz der letztlich zurückgehenden Bedeutung des Bergbaus spielte das Vorhandensein einer technischen Elite, die sich auf diesem anspruchsvollen Gebiet herausgebildet hatte, für Sachsen eine große Rolle. Die sächsischen Hammerwerke erlangten schon bald wieder europäische Bedeutung, was sich in dem 1668 erfolgten Zusammenschluß der Hämmer in der «Erzgebirgischen Blechkompagnie» dokumentiert. In den kommenden Jahrzehnten sollte aber vor allem die Textilindustrie wichtig werden. Schon 1666 gab es eine ertragreiche Damastproduktion in der Oberlausitz (Oberschönau). Es entstanden in diesem Zusammenhang zahlreiche – aus heutiger Sicht – mittelständische Unternehmen, unter anderem neue Blaufarbenwerke. Diese Vielfalt, zu der auch eine ansehnliche Luxusgüterproduktion gehörte, entsprach merkantilistischen Forderungen nach Selbstversorgung und nach exportorientiertem Wirtschaften, d.h. das Geld sollte im Lande gehalten bzw. ins Land gezogen werden. Angesichts der hohen Städtedichte Sachsens spielte dabei der Handel eine große Rolle, der sich zwar nicht nur auf Leipzig und die dortige Messe konzentrierte, aber dort sein unbestrittenes Zentrum hatte. Die in den 1670er Jahren entstandene Leipziger Börse zeigte, daß man vom reinen Warenhandel auch zu einer modernen Finanzwirtschaft überging. Das ab 1678 errichtete Börsengebäude belegt bis heute diese einflußreiche Stellung Sachsens.

Eng verbunden mit dem wirtschaftlichen Aufschwung Sachsens war die künstlerische Blüte des Landes. Da seit der Reformation die meisten großen geistlichen Institutionen Sachsens säkularisiert waren und der Adel erst langsam wieder an Finanzkraft gewann, konzentrierte sich die künstlerische Erneuerung vor allem auf den Dresdner Hof. Wieder erwies sich, daß Sachsen, anders als die meisten übrigen Territorien des Reiches, über starke eigene Kräfte verfügte, die nicht nur Produktion und Handel beleben konnten, sondern in der Lage waren, künstlerisch eigenständig tätig zu werden. Während in fast allen deutschen Staaten italienische Architekten die führenden Rollen übernahmen, war es in Sachsen der Dresdner Wolf Caspar von Klengel (1630–1691, geadelt 1664), dem als Oberlandbaumeister die wichtigsten Bauaufgaben übertragen wurden. Klengel, der das Vertrauen Johann Georgs II. genoß, war dabei keineswegs provinziell, hatte er doch ausgedehnte Reisen durch Europa, vor allem durch Italien unternommen. Auch wenn als einziger größerer Bau Klengels heute nur noch die Kapelle von Schloß Moritzburg (1661–1672) erhalten ist, wird doch besonders an seinen italienischen Reiseskizzen deutlich, daß er die Tendenzen der modernen europäischen Architektur bestens kannte. Für Dresden machte er speziell seine Florentiner Erfahrungen fruchtbar. Französische Architektur spielte hingegen zu seiner Zeit noch kaum eine vorbildhafte Rolle. Klengel pflegte, obwohl er auch mit dem modernen römischen Hochbarock vertraut war, einen eher zurückhaltenden, sehr klaren, fast nüchternen Stil, wie er offensichtlich den Intentionen des Kurfürsten entsprach, denn Johann Georg selbst hat sich immer wieder für möglichst einfache Bauformen ausgesprochen. Sehr deutlich werden diese Bestrebungen Klengels am Hausmannsturm des Dresdner Schlosses, der in der einfachen Konzeption hervorragend zur alten Substanz paßt, der aber andererseits gut proportionierte moderne Einzelformen aufweist. Beispielhaft wird hier erkennbar, wie sich Klengel an die damals in Dresden immer noch vorherrschenden Renaissanceformen anschloß, jedoch gleichzeitig die klassizisierenden Formen vorbereitete, die dann die sächsische Architektur des 18. Jahrhunderts wesentlich bestimmen sollten. Als Architekturlehrer Augusts des Starken hat er direkten Einfluß auf die nachfolgende Epoche ausgeübt.

Der größte Zivilbau, den Johann Georg II. je ausführen ließ, das ab 1664/65 projektierte Komödienhaus auf dem Dresdner Taschenberg, ist nicht mehr erhalten; es wurde bereits 1691 wesentlich umgebaut und später als Katholische Hofkirche adaptiert, im späten 19. Jahrhundert abgerissen. Die Bedeutung dieser Anlage kann nicht hoch genug eingeschätzt werden, handelte es sich doch um eines der frühesten festen und freistehenden Theater Deutschlands. Beachtlich sind aber nicht nur die architektonischen Aspekte, hervorzuheben ist auch das außerordentlich große Fassungsvermögen des Dresdner Hauses. Auch wenn die alten Angaben, es hätte 2000 Personen Platz geboten, vielleicht zu hoch gegriffen sind, kann doch nicht bezweifelt werden, daß der Kurfürst offensichtlich den Besuch von Dresdner Bürgern eingeplant hatte.

Das Komödienhaus bot den Rahmen für eine der wichtigsten Leidenschaften des Kurfürsten: die Musik. Schon als Kind hatte Johann Georg die großartigen Leistungen von Heinrich Schütz (1585–1672) erleben können, so war er etwa 1627 in Torgau bei der Aufführung der «Dafne» anwesend, die als erste deutsche Oper gilt. 1629 widmete ihm Schütz den ersten Teil seiner «Symphonia sacrae». Für die Musikgeschichte wurde Johann Georg II. aber vor allem bedeutsam, weil er den Umschwung zur italienischen Musik des Hochbarock schon als Kurprinz wesentlich mitbestimmte. Zahlreiche italienische Musiker wurden von ihm nach Dresden gezogen. Der wichtigste von ihnen war Giovanni Andrea Angellini, genannt Bontempi, der erste Kastrat in Dresden. Nicht zuletzt wegen des Gegensatzes zwischen der neuen italienischen Musik und der kontrapunktisch-polyphonen Kompositionsweise, wie sie Schütz weiterhin pflegte, wurde dieser nach dem Regierungsantritt Johann Georgs in den ersehnten, allerdings nur halben, Ruhestand nach Weißenfels versetzt. An seiner Stelle bestimmten nunmehr Vincenzo Albrici und Marco Giuseppe Peranda den Ton. Beide stammten aus der Schule Giacomo Carissimis, eines Hauptvertrers des römischen Barock. Bemerkenswert war dabei wiederum die Tatsache, daß Johann Georg – ohne konfessionelle Vorbehalte – den Anschluß an die internationale Kunstentwicklung suchte. Es scheint ihn keineswegs gestört zu haben, daß seine bevorzugten Komponisten an dem von Jesuiten geleiteten «Collegium Germanicum» ausgebildet worden waren. Johann Georg ließ auch immer wieder Musiker, die an seinem Hof wirkten, in den Adelsstand erheben.

Angesichts der großen Bedeutung, welche die Musik für den Kurfürsten hatte, darf nicht vergessen werden, daß der polyglotte Johann Georg auch literarisch-sprachlich interessiert war. 1658 wurde er unter dem Namen «Der Preiswürdige» Mitglied der bekanntesten deutschen Sprachgesellschaft, der «Fruchtbringenden Gesellschaft», zu der neben Dichtern und Gelehrten auch zahlreiche deutsche Fürsten gehörten.

Trotz des weiter bestehenden großen politischen Gewichts des Kurstaates verlagerte sich der Schwerpunkt langsam auf die Repräsentation, d.h. auf künstlerische Fragen. Dabei ging es keineswegs um das persönliche Vergnügen des Herrschers, im Vordergrund stand vielmehr der Glanz des Kurstaates, dessen unbestreitbarer Rang unter den bedeutendsten deutschen Territorien nach innen und außen dokumentiert werden mußte. Es galt dabei, den übrigen Staaten des Reiches und Europas auf einer angemessenen Ebene entgegentreten zu können. Der außerordentlich hohe Rang des Kurfürsten von Sachsen erforderte in den Augen der Zeitgenossen unbedingt einen entsprechend großen Repräsentationsaufwand. Johann Georg II. hat schon nach seinem Regierungsantritt zahlreiche neue Hofämter geschaffen und die Pracht der Festlichkeiten auffallend gesteigert. In diesem Zusammenhang stehen auch die wichtigsten Bauunternehmungen des Kurfürsten, der sich vor allem darum bemühte, das weitgehend noch renaissancezeitliche Residenzschloß zu modernisieren.

Daß künstlerische Repräsentation und das Blühen des Herrscherhauses von den Zeitgenossen als Einheit gesehen werden konnten, zeigt sich auch an den Kunstsammlungen, die unter Johann Georg II. großzügig erweitert wurden. Tobias Beutel, Kunstkämmerer und Verfasser einer 1671 erschienenen lateinisch-deutschen Beschreibung der Kunstkammer, nannte sein Buch bezeichnenderweise: «Chur-Fürstlicher Sächsischer stets grünender hoher Cedern-Wald/Auf dem grünen Rauten-Grunde. Oder Kurtze Vorstellung/Der Chur-Fürstl. Sächs. Hohen Regal-Wercke/Nehmlich: Der Fürtrefflichen Kunst-Kammer/anderer [...] unvergleichlich wichtigen Dinge/allhier bey der Residenz Dreßden [...]». Beutels Schrift läßt im übrigen erkennen, daß der Kurfürst keine reine Gemäldegalerie besaß, sondern eine typische Kunst- und Wunderkammer, in der etwa «Mechanische Werk-Zeuge» und «Kostbare Trinck-Geschirre» eine entscheidende Rolle spielten. Trotzdem wurden auch zur Zeit Johann Georgs II. Gemälde angekauft, wobei man ein besonderes Gewicht auf Werke sächsischer Meister legte, an erster Stelle auf Lucas Cranach d. Ä.

Obwohl eine Vielzahl von Briefen des Kurfürsten erhalten ist, läßt sich – wie bei den meisten Herrschern seiner Zeit – ein Bild seiner Persönlichkeit nurmehr ansatzweise rekonstruieren. Johann Georg scheint ein frommer Mann gewesen zu sein, doch bewegte er sich auch hier im Rahmen dessen, was man von einem lutherischen Fürsten des ausgehenden 17. Jahrhunderts erwarten konnte. Sein persönlicher Wahlspruch lautete: «Sursum Deorsum» («hinauf und hinab»). 1679 schrieb er diese leicht fatalistischen Worte, die den Briefen des antiken Philosophen Seneca (Epistolarum moralium ad Lucilium, 5. Buch, XLIV) entnommen sind, zusammen mit einer Ermahnung, nach den Gesetzen Gottes zu leben, eigenhändig in zwei Bibeln, die er seinen beiden Enkeln schenkte. Ein charakteristischer Persönlichkeitszug Johann Georgs II. war sein hochentwickelter Kunstsinn, der weit über das bei seinen Standesgenossen Gewohnte hinausging – ein durchaus sympathischer Zug. Vielleicht war er auch ansonsten kein unangenehmer Mensch, denn hin und wieder lassen die Quellen erahnen, daß er auch gegenüber Niedrigergestellten einen freundlichen Umgang pflegen konnte. Manches, wie etwa die üblichen Anrede- und Schlußformeln von Briefen, ist dabei sicher auch floskelhaft gewesen, aber wenn der Kurfürst einen Brief an Klengel (17./27. April 1667) mit «Ewer herr Ewer diener Johann Georg Churfürst» unterschrieb, dann unterschied er sich vom Üblichen, und wenn er gar Klengel gegenüber versicherte, daß er halte, was er versprochen habe, weil er ein «ehrlicher Churfürst» sei (18./28. Februar 1667), dann wird vielleicht doch ein kurzer menschlicher Blick auf die Person Johann Georgs II. möglich.

JOHANN GEORG III.
1680–1691
UND JOHANN GEORG IV.
1691–1694

von Detlef Döring

In der langen Reihe der sächsischen Herrscher zählen die Kurfürsten Johann Georg III. und Johann Georg IV. zu den unbekanntesten Persönlichkeiten. Selbst einem mit den Grundzügen der Geschichte Sachsens vertrauten Zeitgenossen dürften bei jenen Namen bestenfalls die Stichworte «sächsischer Mars» (für Johann Georg III.) und Magdalene Sybille von Neitschütz (die unglückselige Mätresse Johann Georgs IV.) in den Sinn kommen. Dabei fallen die nur kurzen Regierungsjahre beider Fürsten in eine Epoche, der für Sachsen sowohl außen- als auch innenpolitisch eine zentrale Bedeutung zukommt. In Europa formierte sich zwischen ca. 1680 und 1715 das System des Gleichgewichts der großen Mächte, wie es sich mit Veränderungen bis ins 20. Jahrhundert erhalten sollte. In den deutschen Territorien vollzog sich der Übergang vom ständisch geprägten Gemeinwesen zum (freilich nirgends völlig ausgeformten) absolutistischen Staat. Es stellt sich mithin die Frage, wie Sachsen unter den beiden letzten Johann Georgen auf diese Herausforderungen reagierte. Kernthese der lange Zeit herrschenden borussisch geprägten Geschichtsschreibung ist es immer gewesen, daß Sachsen im Vergleich zu Brandenburg-Preußen auf beiden Gebieten hoffnungslos ins Hintertreffen geriet, und zwar schon im ausgehenden 17. Jahrhundert: Während Preußen durch seine militärische Aufrüstung und seine ausgreifende Außenpolitik eine selbständige Stellung in Europa erlangte, verharrte Sachsen infolge seiner Schwäche und seiner unflexiblen Außenpolitik im Kreis der minderen Mächte. Auch die innenpolitische Aufgabe der Ausschaltung der Stände und des Aufbaus eines durchbürokratisierten Staates wurde, so meinte man, nur in Preußen vorbildlich gelöst. Der Grundfehler dieses Geschichtsbildes bestand indes darin, daß es eine Ausnahmeerscheinung – Preußen – zum Maßstab erhob. Vergleicht man dagegen Sachsen mit den anderen über ein gewisses Machtpotential verfügenden deutschen Ländern, so scheint die Politik der sächsischen Kurfürsten Ende des 17. Jahrhunderts durchaus nicht vorrangig durch Unfähigkeit und Schwäche geprägt gewesen zu sein.

I.

Der spätere Johann Georg III. wurde am 30. Juni 1647 als Sohn des Kurprinzen (ab 1656 Kurfürsten) Johann Georg II. und der Magdalena Sibylla von Brandenburg-Bayreuth geboren. Zwar erhielt er eine sorgfältige Ausbildung, doch hat Johann Georg im Gegensatz zu seinen beiden Söhnen, die ausgedehnte Kavalierstouren durch halb Europa absolvierten, das Ausland nur auf seinen allerdings zahlreichen Feldzügen kennengelernt. Ausnahmen bildeten der Besuch des Karnevals 1685 in Venedig und seine Hochzeitsreise. Diese führte ihn nach Kopenhagen, wo er am 9. Oktober 1666 die gleichaltrige dänische Prinzessin Anna Sophie heiratete. Die Kurprinzessin bzw. spätere Kurfürstin verfügte über eine solide Bildung und stand mit beiden Füßen fest auf den Grundlagen des Luthertums. Zusammen mit ihrer Schwiegertochter Christine Eberhardine bildete sie nach dem Übertritt ihres Sohnes Friedrich August zum Katholizismus (1697) einen Rückhalt für das sich bedroht fühlende Luthertum in Sachsen. 1672 übernahm Johann Georg das Amt eines Landvogtes der Oberlausitz. Diese Tätigkeit in dem erst vor wenigen Jahrzehnten erworbenen Territorium, das allerdings seine eigene Verwaltung behielt und manche Besonderheiten bewahrte, wird den Kurprinzen mit den innenpolitischen Strukturen seines zukünftigen Herrschaftsbereichs bekannt gemacht haben. Bald wurden ihm aber auch die außenpolitischen Verhältnisse vertraut. Ab 1673 nahm er am Reichskrieg gegen Frankreich teil – nicht ohne Geschick und Fortune. Neben Moritz ist Johann Georg III. der einzige Wettiner der Frühen Neuzeit gewesen, der Talente als Feldherr besaß. So ist denn seine Regierung, die er im August 1680 antrat, gerade für die Militärgeschichte Sachsens von nicht geringer Bedeutung geworden. Erst die sich jetzt vollziehende Schaffung eines Stehenden Heeres (1682) gab dem Fürsten die Möglichkeit einer aktiven Außenpolitik. Mit dem Geheimen Kriegsratskollegium (1684) entstand erstmals eine übergeordnete Behörde für alle Militärangelegenheiten. Dies alles ließ sich nur gegen die heftige Opposition der Stände durchsetzen, die schon immer jedwede außenpolitische Verwicklung des Landesherrn mit Mißtrauen betrachteten und wenig geneigt waren, ihr Geld für die Verfolgung militärischer Zwecke herzugeben. Das galt nicht nur für Sachsen, son-

Kurfürst Johann Georg III. (1680–1691)

dern bildete ein Thema aller ständisch strukturierten deutschen Staaten. Preußen ist hier einen Sonderweg gegangen, indem es dem Großen Kurfürsten gelang, den Ständen das Steuerbewilligungsrecht weitgehend zu entwinden. In den anderen Territorien indes, so auch in Sachsen, wurde der Weg der Kompromißregelung beschritten, d. h. die Stände gewährten nur teilweise die geforderten Mittel und ließen sich dafür ihre Rechte und Privilegien garantieren.

Eine besondere Herausforderung bildeten die außenpolitischen Entwicklungen. Der Westfälische Friede hatte den Reichsständen ausdrücklich die Möglichkeit einer eigenständigen Außenpolitik eingeräumt. War Kursachsen zuvor nur in einigen wenigen herausragenden Fällen außerhalb des Reiches aktiv geworden, so änderte sich jetzt die Situation. Mit der bereits erwähnten Bildung des Stehenden Heeres und mit der gleichzeitigen Herausformung des sächsischen Gesandtschaftswesens entstanden die Instrumentarien, die ein außenpolitisches Agieren überhaupt erst ermöglichten. Im letzten Drittel des 17. Jahrhunderts existierten für die Reichsstände, deren Machtpotential ein eigenes außenpolitisches Handeln erlaubte, vier Möglichkeiten der Option: Sie konnten sich in die Klientel einer der beiden Rivalen Paris oder Wien begeben, oder sie mußten versuchen, eine eigenständige Position zu gewinnen. Letzteres war erreichbar, wenn sich mehrere Glieder des Reiches zwecks Bildung einer dritten, militärisch hinreichend potenten Partei verbanden. Schließlich konnte man den Ehrgeiz darauf richten, in den Kreis der wirklich unabhängigen Mächte vorzustoßen, was allein durch den Erwerb einer auswärtigen Krone zu erreichen war. Sachsen hat sich in alle vier Richtungen versucht. Johann Georg II. paktierte zuerst mit Frankreich, um in den 1670er Jahren zusammen mit Bayern an der Begründung einer dritten Partei zu wirken. Dies geschah gegen die Vorstellungen seiner Räte, die unbedingt empfahlen, an der traditionellen Verbindung Sachsens mit dem Kaiserhaus festzuhalten. Auf diesen Kurs einer Orientierung nach Wien schwenkte auch Johann Georg III. nach seinem Machtantritt sofort ein. Dahinter stand nicht nur das überkommene Bewußtsein, die Kurfürsten trügen in besonderem Maße eine Verantwortung für den Zusammenhalt des Reiches, sondern hier wirkte auch der sich nach dem Frieden von Nijmwegen (1678) allenthalben verstärkt herausbildende Reichspatriotismus. Der Blick auf die von Frankreich her im Westen drohenden Gefahren und die Nachricht von der wachsenden Kriegsbereitschaft der Osmanen im Osten ließ die alte Furcht vor den absolutistischen Bestrebungen des Hauses Habsburg in den Hintergrund treten. Sollte das Reich nicht von seinen übermächtigen Gegnern gänzlich überrannt werden – so die wachsende Erkenntnis –, mußte der Kaiser gestärkt werden.

Die Außenpolitik Johann Georgs III. wurde während seiner gesamten Regierungszeit denn auch hauptsächlich von der Abwehr der von Ost und West drohenden Gefahren bestimmt. So war der Kurfürst in Person auf den Schlachtfeldern der Kriege seiner Zeit anzutreffen: am Rhein, vor Wien, in Ungarn. Überall nahm er eine führende Stellung ein; Sachsen betrieb unter ihm eine durchaus aktive Außenpolitik, wenn auch im wesentlichen im Dienst des Reiches. Sein Sohn, der viel gescholtene August der Starke,

Kurfürst Johann Georg IV. (1691–1694)

ist ihm hier in den Anfängen seiner Regierung in mancherlei Hinsicht gefolgt. Selbst der Plan des Erwerbs der polnischen Krone, der zumeist als ureigene Idee Augusts ausgegeben wird, ist schon von seinen Vorgängern erwogen worden – so hat Johann Georg IV. sich 1692 die Unterstützung Hannovers für eine polnische Kandidatur zusichern lassen.

Die Tat, die Johann Georg III. ganz im Brennpunkt der großen Geschichte zeigte, war seine Beteiligung an der Rettung Wiens vor den Türken. Es war der letzte große Angriff des Osmanischen Reiches auf das christliche Europa, der sich bereits seit Jahren abgezeichnet hatte und 1683 mit scheinbar unaufhaltsamer Wucht losbrach. Im Januar 1683 wurden in Istanbul als Kriegserklärung die Roßschweife gegen Ungarn aufgesteckt. Ein 150.000 Mann starkes Heer unter der Führung des Großwesirs Kara Mustafa überschritt im Juni die Grenze zu den Habsburger Territorien, wälzte sich auf Wien zu und schloß am 16. Juli die Stadt vollständig ein – eine der härtesten Belagerungen der Weltgeschichte begann. Der Kaiser allein konnte seine Hauptstadt nicht verteidigen, zumal jederzeit der erneute Ausbruch des Krieges mit Frankreich drohte. An die

Stände des Reiches erging die dringende Bitte um sofortige Hilfe. Tatsächlich gelang es Leopold I., eine Allianz zu schmieden, der als Hauptglieder Polen, Bayern und eben Kursachsen angehörten. Jedoch hatte Johann Georg III. mit erheblichen Schwierigkeiten zu kämpfen. Es blieb unklar, wer für die Versorgung der Truppen aufzukommen hatte, und vor allem stellten sich die Stände in Sachsen den militärischen Plänen des Landesherrn entgegen. Dennoch gelang es, 10.000 Mann aufzubieten, an deren Spitze der Kurfürst über Prag in Richtung Wien marschierte. Nachdem sich Anfang September alle Kontingente des Entsatzheeres vereinigt hatten, erreichte dieses die Kaiserstadt, die sich bereits in einer verzweifelten Lage befand. Am 12. September kam es zu der mit äußerster Erbitterung geführten Entscheidungsschlacht am Kalenberge, die mit der vollständigen Niederlage der Türken endete. Die zeitgenössischen Berichte billigten den Sachsen einen erheblichen Anteil am Sieg zu. Der türkische Gegner selbst schien das zu bestätigen. Jedenfalls erklärte der Jahre später (1686) gefangengenommene Vizekommandant von Ofen, der Kampf hätte einen anderen Ausgang genommen, «wenn der König aus Sachsen bey dem Entsatze Wiens nicht also tapfer gefochten und einen so vigoreusen angrief gethan hätte, nach den übrigen, in specie den Kayserlichen und Polnischen Troupen würden Sie wenig gefragt haben». Das Bündnis mit dem Kaiser war freilich von Anfang an nicht spannungsfrei, und nach dem großen gemeinsamen Erfolg wurden die Differenzen umso sichtbarer. Johann Georg III. fühlte sich um seinen Anteil am Ruhm und an der Beute betrogen, dazu kam ein Streit um die Gewährung von Winterquartieren, und schließlich spielte auch der konfessionelle Gegensatz eine Rolle. Bereits drei Tage nach der Schlacht traten die Sachsen den Rückzug an; Ende September war der Kurfürst wieder in Dresden. Die Habsburger haben die Hilfe des Sachsen in der Tat wenig gewürdigt: Johann Georg habe, um mit einem zeitgenössischen Parteigänger der Österreicher zu sprechen, «nichts anders gethan, als was seine schuldigkeit gewesen». Das sei den Sachsen ins Gesicht gesagt worden, «mit welchem dann der abschied sich von selbsten wird in die hand gelegt haben». Außerdem habe man befürchtet, daß zwar nicht der Kurfürst selbst, aber «gewiße andern leute» aus seiner Umgebung mit den aufständischen ungarischen Protestanten paktieren würden.

Sächsische Truppen beteiligten sich auch weiterhin am Krieg gegen die Türken, der sich noch bis 1699 hinzog. In diesen Zusammenhang gehört die Vermietung sächsischer Truppen an die

Republik Venedig, die sich der Koalition gegen die Osmanen angeschlossen hatte. Die Motivation zu diesem Schritt lag freilich nicht allein im gemeinsamen Willen begründet, die Türkengefahr abzuwehren. Dem Kurfürsten ermöglichte dieser Vertrag zudem, seine Regimenter von einer anderen Macht finanzieren zu lassen. So nahmen die Sachsen an den Feldzügen auf der Peloponnes und in anderen Teilen Griechenlands teil, so auch an der Eroberung Athens, bei der es zur Zerstörung des Parthenons kam. Nur die Hälfte der sächsischen Truppen hat allerdings die Heimat wiedergesehen.

Der Kurfürst selbst, anscheinend dauerhaft verstimmt durch seine Erlebnisse vor Wien, beteiligte sich nicht mehr an den militärischen Aktionen im Osten. Erst der Ausbruch des Pfälzischen Erbfolgekriegs, der mit einer kurzen Unterbrechung eine fast dreißig Jahre währende kriegerische Phase der europäischen Geschichte eröffnete, rief ihn wieder ins Feld. Ludwig XIV. befürchtete, daß der Kaiser durch die Eroberung Ungarns eine Macht erlangen könnte, die Frankreich ebenbürtig war. Im September 1688 fielen daher die Armeen des Franzosenkönigs ins Reich ein. Seine Rechnung, er werde nur geringen Widerstand finden, ging jedoch nicht auf. Noch im Herbst dieses Jahres erschien als einer der ersten Reichsfürsten Johann Georg III. mit 14.000 Mann am Rhein und drängte die Franzosen zurück. Unter den patriotisch gesonnenen Zeitgenossen fand dieses rasche Handeln des Fürsten durchaus Lob und Anerkennung. So urteilte der berühmte Historiker und Jurist Samuel von Pufendorf: «Der Churfürst von Sachsen hat ein ehrlich hertz, und rechten Teutschen Sinn, und ist itzo von keinem Teutschen Fürsten eine andere resolution zu faßen, wo sie nicht alle wollen zugrunde gehen.» Jahr für Jahr erschien jetzt der Kurfürst im Feld und hatte mit seinen Truppen maßgeblichen Anteil daran, daß den Franzosen zumindest keine Erfolge beschieden waren. Das wurde auch auf französischer Seite mit Sorge bemerkt.

Wie schon beim Türkenfeldzug von 1683 kam es jedoch immer wieder zu starken Spannungen mit dem Kaiser, der den Sachsen die Verpflegung und die Erlangung von Winterquartieren sehr erschwerte. Die Feldzüge setzten dem Kurfürsten außerdem gesundheitlich zu, und längst rieten ihm seine Ärzte, sich zu schonen. Johann Georg schlug diese Warnungen jedoch in den Wind und übernahm in der Kampagne von 1691 sogar den Oberbefehl über die Reichstruppen. Der Feldzug verlief indes nicht glücklich, der Zustand des Fürsten verschlimmerte sich bedenklich. Er zog sich daher nach Tübingen zurück, wo ihn am 12. September der Tod ereilte. Über seine letzten Stunden berichtet ein Augenzeuge: «... es ist vergangene Mitwochs nachmittage mit Ihm umgeschlagen, Donnerstags Nachts habe ich bey Ihme gewachet, da Er denn sehr matt worden, darauf mann gestern frühe angefangen, zu bethen und singen, als ich Ihn im werenden Gebethe gefraget, ob Er den Herrn Pfarrer verstünde? hat Er mir geantwortet: ja ich höre alles, folgends ist Er immer schwächer worden, da wir denn von 3. Uhr heute frühe mit bethen und singen, auf den Knien bis an sein seeliges Ende fortgefahren.» Wie schon seine Vorfahren wurde Johann Georg III. im Freiberger Dom beigesetzt. Die Plastik seines Sarges verwies noch einmal auf den militärischen Ruhm des Wettiners: Helm, Siegeskränze, Schilder und Lanzen, der Kopf eines Türken.

II.

Der älteste Sohn des Verstorbenen folgte als Johann Georg IV. – geboren am 18. Oktober 1668 – in der Regierung. Diese sollte nur zweieinhalb Jahre währen, schon allein deswegen fällt es schwer, eine Einschätzung der Herrschaft des letzten Johann Georgs zu geben. Ähnlich wie sein Vater war er auf die Übernahme der Regierungsgeschäfte gut vorbereitet worden. Dazu gehörte eine mehrjährige Kavalierstour, die er nach den Gepflogenheiten des Adels jener Zeit durch Frankreich, England und die Niederlande unternahm. Später kam es auch noch zum Besuch Italiens. Diese Reisen dienten nicht zuletzt dazu, den künftigen Kurfürsten Sachsens mit den herrschenden Häusern Europas bekannt zu machen. Johann Georg scheint dabei keine schlechte Figur abgegeben zu haben, meinte doch die spottsüchtige Herzogin von Orléans im Rückblick auf dessen Besuch in Paris: «jeder man ist persuadirt, dass er verstandt hatt ... spricht auch das Frantzösisch sehr woll auss undt weiss sich in alle hiesige gethuns gar woll zu schicken, undt kan E. L. ohne flaterie sagen, dass er gar woll hir reussirt.»

Im Inneren hat die Politik Johann Georgs IV. infolge der kurzen Regierungszeit kaum Konturen gewinnen können. Sicher ist, daß er die Macht des Adels beschneiden wollte und den Einfluß der Stände weiter zurückzudrängen suchte. In der Außenpolitik war der junge Kurfürst zunächst bestrebt, einen anderen Kurs einzuschlagen als sein Vater, d. h. eine Lockerung der engen Anbindung an den Kaiser zu suchen. Dahinter standen die Verstimmungen über ausstehende Subsidienzahlungen und fehlende

Winterquartiere, die während der zurückliegenden Kriegsjahre immer wieder das Verhältnis zwischen Sachsen und dem Kaiser belastet hatten. Dazu trat noch ein anderes Problem. Durch den Tod des letzten Herzogs von Sachsen-Lauenburg (1689) hatte sich für Sachsen die Möglichkeit einer nennenswerten territorialen Ausweitung ergeben, denn unter den zahlreichen Anwärtern auf das Erbe besaß Kursachsen wohl die begründetsten Rechte. Einer der Konkurrenten, Herzog Georg Wilhelm von Braunschweig-Celle, besetzte jedoch kurzerhand das zwischen Lübeck und der Elbe gelegene Gebiet militärisch und schuf damit vollendete Tatsachen. Die sächsischen Kurfürsten, zuerst Johann Georg III., dann sein Sohn, prozessierten vor dem Kaiserhof, allerdings ohne erkennbare Fortschritte, wodurch sich das Verhältnis zwischen Dresden und Wien weiter verschlechterte. Diese Situation öffnete bei Johann Georg IV. die Ohren für die Vorschläge des Generals Hans Adam von Schöning, der aus brandenburgischen in sächsische Dienste getreten war. Schöning besaß unverkennbare politische und militärische Talente, war aber selbst an den Maßstäben der Zeit gemessen eine schillernde Persönlichkeit. Schöning vermochte auf den Kurfürsten großen Einfluß zu gewinnen und ihn in Distanz zum Kaiser zu bringen. Als Alternative wurde die alte Idee einer «Dritten Partei» wieder aus dem Reservoir außenpolitischer Orientierungsmöglichkeiten gezogen. Eine weitere, über die pflichtgemäße Stellung des Reichskontingents hinausgehende Teilnahme Sachsens am Krieg gegen Frankreich drohte damit in Frage gestellt zu werden. Bei einem Kuraufenthalt in Teplitz ließ der Kaiser Schöning daher überraschend festsetzen, was in ganz Europa die größte Sensation hervorrief. Johann Georg IV., der einen Moment lang ein militärisches Vorgehen gegen den Kaiser erwog, war aufs höchste erzürnt. Der Rest seiner Regierungszeit ist dann zu einem erheblichen Teil mit Verhandlungen über die Freilassung seines Vertrauten angefüllt gewesen. Wenige Tage vor dem Tod des Kurfürsten hat Wien nachgegeben, die Nachricht davon traf Johann Georg IV. indes nicht mehr lebend an. Was den Krieg gegen Frankreich betraf, hat er letztendlich doch weiter die Sache des Reiches vertreten; 1693 führte Johann Georg in Person die sächsischen Truppen ins Feld.

Das Regiment Johann Georgs IV. war von Beginn an von einem Problem überschattet, das zwar in die Privatsphäre des Fürsten gehörte, dennoch aber das ganze Land zu erschüttern drohte. Spielten bei Johann Georg III. erstmals Mätressen eine allerdings sehr nachgeordnete Rolle, so zählte die Liebesbeziehung seines

Sohnes zu Magdalene Sybille von Neitschütz zu den zentralen Kapiteln der *Chronique scandaleuse* frühneuzeitlicher Höfe. Das Interesse, das man den Dresdner Vorgängen entgegenbrachte, war europaweit. Der Kurprinz hatte die Tochter eines Gardeoffiziers 1688 als 13 jährige kennengelernt. Der geistig als völlig unbedarft geschilderten jungen Frau verfiel er in einem Ausmaß, das den Zeitgenossen nur mit der Anwendung magischer Künste zu erklären war. Als treibende Kraft wurde die Mutter der Neitschütz angesehen, die das wahnsinnige Bestreben verfolgt haben soll, ihre Tochter in den Rang einer Kurfürstin zu erheben. Nach dem Tod Johann Georgs IV. ist daher gegen die Mutter eine Untersuchung angestrengt worden, die auch auf das Mittel der Folter zurückgriff. Dabei wurde nicht nur die Verhexung des Kurprinzen «nachgewiesen»; auch das Ende Johann Georgs III. soll im Auftrag der Neitschütz und deren Tochter mittels Magie herbeigeführt worden sein, um den Sohn an die Regierung zu bringen. Tatsächlich wich die Neitschütz nach dem Regierungsantritt Johann Georgs IV. nicht von seiner Seite, selbst nicht bei der Hochzeit des Kurfürsten, die dieser in Leipzig im April 1692 mit der «schönen Princeßin von Eisenach», Eleonore Erdmuthe Luise, feierte. Selten war eine Ehe denn auch so wenig gesegnet wie diese. Man berichtete von handgreiflichen Auseinandersetzungen zwischen den Ehepartnern, wobei in einem Fall der Kurfürst mit dem Degen auf seine Frau eingedrungen sein soll. Allein das Eingreifen seines Bruders habe das Schlimmste verhindert. In der sicher sehr ausschmückenden Schilderung, die diese Szene in dem vielgelesenen zeitgenössischen Skandalroman «Das galante Sachsen» erfahren hat, entreißt Friedrich August dem Bruder den Degen und muß den tobenden Fürsten, der «mine machte sie mit denen Haenden zu erdrosseln», aus dem Zimmer tragen. Der Wunsch, die Geliebte standesmäßig zu erhöhen, trug trotz der Affäre Schöning zu einer gewissen Wiederannäherung zwischen Dresden und Wien bei, denn allein der Kaiser konnte diesen Schritt vollziehen. So wurde die Neitschütz zur Gräfin von Rochlitz erhoben. Man weiß nicht, wie sich die Dinge weiterentwickelt hätten, wäre die frischgebackene Gräfin länger am Leben geblieben. Es wurde gemunkelt, Johann Georg hätte mit ihr eine Doppelehe eingehen wollen. Dazu ist es nicht gekommen, die Gräfin von Rochlitz starb am 4. April 1694 an den Pocken. Noch an ihrem Totenbett erklärte der Kurfürst sie zu seiner wahren und eigentlichen Gemahlin. Unbestreitbar hat Johann Georg echte und tiefe Gefühle für die Verstorbene empfunden. Das sollte man als einen menschlichen Zug achten, auch wenn dem Land dieses unglückliche Verhältnis nicht zugute gekommen ist. Dem Tod der Mätresse folgte wenige Wochen später das Ende des Kurfürsten, der sich an der Leiche der Geliebten mit der Krankheit infiziert hatte. In Anwesenheit seiner Frau, seines Bruders und seiner Mutter starb er am 27. April 1694 um 5 Uhr nachmittags.

Die vierzehn Regierungsjahre der letzten Johann George sind auch für die Kultur- und Wissenschaftsgeschichte Sachsens von einiger Bedeutung. So wie in den meisten anderen deutschen und europäischen Territorien wuchs auch in Sachsen die Bedeutung des Hofes als Zentrum des absolutistischen Staates und als Bühne für die Repräsentation des Fürsten. Vor allem fanden weite Teile des Adels hier ihren Lebensmittelpunkt, wo sie dem Herrscher dienten und zugleich von ihm protegiert wurden. Höfisches Leben bedeutete zuerst die fast unaufhörliche Gestaltung von Festen der unterschiedlichsten Art, so auch in Dresden. Schon unter Johann Georg II. hatte sich am Hof eine Festkultur entwickelt, die in Mitteldeutschland ihresgleichen suchte. Der Regierungsantritt Johann Georgs III. führte hier zu keinem Bruch, wenn auch die häufige Abwesenheit des Kurfürsten, hauptsächlich aufgrund seines militärischen Engagements, die Intensität des Festlebens einschränkte. Auch auf Johann Georg III. übte, wie auf so manchen Fürsten nördlich der Alpen, der venezianische Karneval große Anziehungskraft aus. Der sächsische Kurfürst nahm an den dortigen rauschenden Festlichkeiten des Jahres 1685 teil und war fasziniert von der Stimme und der Schönheit der gefeierten Sängerin Margherita Salicola. Der Kurfürst selbst entführte sie aus der Lagunenstadt und brachte sie nach Dresden, an die gerade erst gegründete italienische Oper. Die Salicola war dann nicht nur die erste Primadonna der Dresdner Oper, sondern auch eine Mätresse des Kurfürsten, der dieses «Amt» erstmals am sächsischen Hof einführte; unter seinen Söhnen sollte es die größte Rolle spielen.

Ein deutscher Musiker und Komponist im Dienst des Fürsten war Nicolaus Adam Strungk (1649–1700) – einer der Bahnbrecher der deutschen Oper. Die Eröffnung der von ihm ins Leben gerufenen Leipziger Oper am 8. Mai 1693 unter Anwesenheit des Kurfürsten – mittlerweile Johann Georg IV. – bildete einen Meilenstein der deutschen Musikgeschichte. Auch das Theater blieb ein wichtiger Teil des kulturellen Lebens in Dresden. Der wohl bedeutendste deutsche Schauspieldirektor jener Zeit, Johann Velten, trat 1685 in den Dienst Johann Georgs III. und errichtete in Dresden das erste ständige Theater. Auf dieser Bühne war etwas zu erleben, was es in ganz Deutschland sonst noch nicht gab: der Auftritt von Schauspielerinnen, denn weibliche Rollen waren bislang allein von Männern besetzt worden. Den Regierungswechsel von 1691 überlebte das Theater allerdings nicht. Johann Georg IV., der sich stärker für die Musik als für das Schauspiel interessierte, ließ es schließen.

Die kulturelle Entwicklung in der Regierungszeit der beiden letzten Johann George war jedoch nicht nur von der Pracht des Dresdner Hofes geprägt, sondern auch von den Anfängen der Aufklärung, die im folgenden Jahrhundert in Sachsen eines ihrer Zentren finden sollte. Ab 1682 erschienen die *Acta Eruditorum*, das erste wissenschaftliche Periodikum Deutschlands. Mit diesem Blatt übernahm Leipzig eine Führungsposition in der Zeitschriftenpublikation, die im folgenden Jahrhundert fast den Charakter einer Monopolstellung annehmen sollte. Die meisten namhaften Gelehrten Leipzigs waren Mitarbeiter der *Acta*, so deren Hauptherausgeber Otto Mencke oder Friedrich Benedikt Carpzov, der hochgebildete Ratsbaumeister der Stadt. Nicht zum Kreis um die *Acta* gehörte Christian Thomasius, Lehrer an der Leipziger Juristenfakultät, mit dessen Namen wie mit keinem anderen in Deutschland der Beginn der Aufklärung verknüpft war. Konsequente Benutzung der deutschen Sprache in den Vorlesungen, die Herausgabe der ersten deutschsprachigen wissenschaftlichen Zeitschrift, die Weiterentwicklung des Naturrechtes, der Kampf gegen den Hexenwahn – das waren nur einige der Verdienste von Thomasius. Der Einfluß der sächsischen Landesherren auf die Formierung der Aufklärung scheint bei alledem freilich eher gering gewesen zu sein. Als Makel der Regierungszeit Johann Georgs III. erschien zudem die Vertreibung von Thomasius aus Leipzig nach Halle, mit der die angebliche Übernahme der geistigen Führung Deutschlands durch Kurbrandenburg symbolisch verknüpft wurde. Allerdings erfolgte diese Vertreibung des Gelehrten nicht aufgrund seiner aufklärerischen Ideen, sondern wegen mehrerer unglücklicher literarischer Streitigkeiten, die den Hof außenpolitisch belasteten und daher Anlaß boten, gegen Thomasius vorzugehen.

Ein weiteres Ereignis, das immer wieder als Beleg für die Abkoppelung Sachsens von den großen geistigen Tendenzen der Zeit angeführt wird, war der Kampf gegen den Pietismus. Nach anfänglicher Sympathie des Kurfürsten für Philipp Jakob Spener – er wurde 1686 als Oberhofprediger nach Dresden berufen – entfremdeten sich beide Männer zusehends voneinander, Spener war die aufwendige Lebensführung des Kurfürsten ein Dorn im

Auge, und er fand bald eine ihm besser behagende Anstellung in Berlin. Vorausgegangen war die Vertreibung von August Hermann Francke und seiner Freunde aus Leipzig: Deren Versammlungen zur Erbauung und zum Studium der Bibel (Collegia pietatis), in die in breitem Umfang auch Laien einbezogen wurden, fanden das Mißtrauen der Theologen. Auch hier endete die Entwicklung mit dem Übertritt der Hauptbeteiligten in die Dienste Brandenburgs.

Die Regierungszeit Johann Georgs III. und seines Sohnes Johann Georg IV. war aufs Ganze gesehen nicht so belanglos, wie sie bei einem flüchtigen Blick auf die sächsische Geschichte erscheinen mag. Im Inneren schritt der Ausbau eines modernen Staatswesens voran. Auf den Gebieten der bildenden Künste, der Musik und der Wissenschaften sowie im Bereich der beginnenden Aufklärung bahnte sich eine Entwicklung an, die Sachsen in Kürze an die Spitze Deutschlands führen sollte. Außenpolitisch erschien der Kurstaat als einer der aktivsten Reichsstände; die militärische Abwehr der aus Osten und Westen drohenden Gefahren war zu einem erheblichen Teil den Dresdner Kurfürsten zuzuschreiben. Daß daraus für Sachsen selbst ein geringerer Gewinn erfolgte, als dies bei der weniger reichspatriotisch angelegten Politik Brandenburgs der Fall war, ist nicht zuletzt auf die kurzen Regierungszeiten der beiden Wettiner zurückzuführen. Kontinuitäten ließen sich dadurch schwerer bewahren, jeder Herrscherwechsel bedeutete ein Risiko und schwächte vorübergehend das Staatswesen. Dennoch trat Kursachsen am Ausgang des 17. Jahrhunderts als ein deutscher Teilstaat auf den Plan, dem eine vielversprechende Zukunft zu winken schien.

FRIEDRICH AUGUST I.
1694–1733

von Helmut Neuhaus

I. Politik und Kultur

Früher als die Chefs der anderen großen Dynastien des Heiligen Römischen Reiches hatte es der Wettiner Friedrich August I. an der Wende vom 17. zum 18. Jahrhundert geschafft, eine Königskrone zu erringen: Am 27. Juni 1697 wurde er in Warschau zum König Polens gewählt und kein Vierteljahr später am 15. September in Krakau gekrönt. Der Hohenzoller Friedrich III. (1657–1713) erlangte erst 1701 als Friedrich I. die neu geschaffene preußische Königskrone. Dazu bedurfte es auch der Mitwirkung des Polenkönigs, des früheren Lehensherrn des Herzogs von Preußen. Der Welfe Georg Ludwig (1660–1727) wiederum wurde infolge des *Acts of Settlement* König Wilhelms III. (1650–1702) aus dem Jahre 1701 als Georg I. 1714 König von Großbritannien und Irland. Die Wittelsbacher hatten zwar bis 1699 eine Aussicht auf die Königskrone Spaniens, aber sie erreichten erst im Jahr 1741 mit der Erlangung der böhmischen Wenzelskrone ihr Ziel. Der bayerische Kurfürst Karl Albrecht (1697–1745) wurde nicht nur zum König von Böhmen, sondern im folgenden Jahr 1742 auch zum Römischen König gewählt und gekrönt und damit als Kaiser Karl VII. für drei Jahre seinen Vorgängern aus dem 1740 ausgestorbenen Haus der Habsburger ebenbürtig. Wer im europäischen Mächtekonzert im Zeitalter des Absolutismus mitspielen wollte, der konnte nicht nur ein noch so angesehener Kurfürst des Heiligen Römischen Reiches bleiben, sondern mußte souveräner Herrscher in Europa werden, um den übrigen Monarchen des Kontinents gleichgestellt zu sein. Als Kurfürst von Sachsen strebte dies Herzog Friedrich August I. selbst um den Preis der Konversion an, denn polnischer König konnte nur ein römisch-katholischer Christ werden: Warschau war ihm eine Messe wert.

Mit der Erlangung der Königskrone Polens betrat Friedrich August I. die europäische Bühne. Er geriet zwangsläufig im Kontext der mittelosteuropäischen Konflikte in machtpolitische Rivalitäten mit den Monarchen Schwedens, Rußlands und Österreichs und

Kurfürst und König Friedrich August I. (August II.), der Starke (1694–1733)

wurde zum einzigen frühneuzeitlichen Herrscher Sachsens von kontinentaler Bedeutung. Zugleich suchte er – orientiert am epocheprägenden Königtum Ludwigs XIV. von Frankreich (1638–1715) – in fortdauernder Konkurrenz mit den Herrschern Europas, seine monarchische Erhöhung sichtbar zu machen und seine Selbstdarstellung mehr und mehr zu steigern. Um dieses Ziel zu verwirklichen, bediente er sich mit dem Baumeister Matthäus Daniel Pöppelmann (1662–1736) und dem Bildhauer Balthasar Permoser (1651–1732) zwei der vorzüglichsten Künstler seiner Zeit von europäischem Rang. 1695, im Jahr nach seinem Herrschaftsantritt als Kurfürst von Sachsen, trat Friedrich August I. zur Eröffnung des Karnevals in Dresden in einem Götteraufzug als Merkur auf. Bei einem Fest im Jahr 1709 trug er eine von seinem Hofjuwelier Johann Melchior Dinglinger (1664–1731) in Kupfer getriebene und vergoldete Inventionsmaske in der Form einer dem Kosmos und allen Gestirnen Licht spendenden Sonne mit seinen Gesichtszügen. Schließlich entrückte er in den 1720er Jahren in den von Permoser geschaffenen Apotheosen im Schloß von Oberlichtenau und in der Stadtkirche von Elstra in gleichsam unerreichbare Höhen. Johann Sebastian Bach (1685–1750) komponierte nach seinem Dienstantritt als Thomas-Kantor der Stadt Leipzig im Jahre 1723 aus Anlaß des Geburtstages des Landesherrn die Motette «Singet dem Herrn ein neues Lied» (BWV 225). In seiner Zeit entwickelte sich Dresden zu jener zuerst von Johann Gottfried Herder (1744–1803) als «Deutsches Florenz» gerühmten Kunstmetropole Europas, die dann – analog zu Berlin als «Spree-Athen» – «Elb-Florenz» genannt wurde. Mit dem «Grünen Gewölbe» richtete der Kurfürst und König ebenfalls in den 1720er Jahren in seinem Dresdener Residenzschloß eine in Europa singuläre Schatzkammer mit einmaligen Gold- und Silber-, Edelstein-, Glas-, Porzellan-, Email- und Elfenbeinarbeiten ein. Besonderes Prunkstück dieser Schatzkammer war das für eine Juwelierarbeit geradezu monumentale Werk «Der Hofstaat zu Delhi am Geburtstag des Großmoguls Aureng-Zeb», gefertigt von Dinglinger und seinen Brüdern in den Jahren 1701 bis 1708. Verehrt wurde in indischer Kulisse die «Zierde des Thrones», was das persische «Aurangseb» in deutscher Übersetzung heißt und womit in metaphorischer Anspielung Friedrich August I. gemeint war. Er wurde als Person in einzigartiger Weise herausgehoben wie als zentrale Figur dieses Kunstwerkes jener unter einer vielstrahligen Sonne mit Löwen-Bild thronende Großmogul Aurangseb (1618–1707). Dieser Herrscher verschaffte seinem Reich zwar die größte Ausdehnung, im Inneren aber leitete er unter anderem durch eine nicht bezahlbare Hofhaltung und einen sich verschärfenden Konflikt zwischen Moslems und Hindus dessen Zerfall ein. Indem der Kurfürst und König das «Grüne Gewölbe» ab 1729 auf einem Rundweg frei zugänglich machte, schuf er nicht nur die erste öffentliche Schaustellung seiner konkurrenzlosen

Schatzkammer, sondern zugleich mit den Exponaten das auf ihn konzentrierte Museum als höfisches Fest.

II. Kavalier und Militär

Daß Friedrich August I. von Sachsen zu einer der markantesten Herrschergestalten seiner Zeit werden würde, war bei seiner Geburt in Dresden am 22. Mai 1670 – nach dem auf Beschluß des Corpus Evangelicorum für alle evangelischen Reichsterritorien erst ab 1. März 1700 in Sachsen eingeführten Gregorianischen Kalender – nicht absehbar, war er doch lediglich der zweite Sohn Kurfürst Johann Georgs III. (1647–1691). Aber der nach den Bestimmungen der Goldenen Bulle Kaiser Karls IV. von 1356 für weltliche Kurfürstentümer und nach den wettinischen Hausgesetzen seinem Vater 1691 folgende ältere Bruder Johann Georg IV. (1668–1694) starb bereits nach nur gut zweieinhalbjähriger Regierungszeit ohne eheliche Kinder. Auf diese Weise kam die sächsische Kurwürde an den Zweitgeborenen. 24jährig trat Friedrich August I. die Regierung in Dresden an, aber er war auf das überraschend auf ihn gekommene Herrscheramt nicht vorbereitet. Sein Vater hatte ihm – zusammen mit seinem nur gut eineinhalb Jahre älteren, völlig anders veranlagten (weil schwächlichen, jähzornigen und melancholischen) Bruder – die für einen sächsischen Kurfürstensohn gemäße Erziehung angedeihen lassen. Zuständig für die Ausbildung der Söhne waren der juristisch gebildete Johann Ernst von Knoch (1641–1705) als Hofmeister, der Fremdsprachen- und Musiklehrer Christoph Bernhardi (1627–1692), Nachfolger von Heinrich Schütz (1585–1672) als erster Kapellmeister der höchst angesehenen Dresdener Hofkapelle und der Baumeister Wolf Caspar von Klengel (1630–1691). Dieser übte in seinem Mathematik- und Zeichenunterricht sowie mit seiner Vermittlung von Kenntnissen in Festungsbau und Militärwesen einen bleibenden Einfluß auf den für eine Militärkarriere vorgesehenen Friedrich August I. aus. Wohl wegen der ständigen Streitigkeiten mit seinem Bruder – er sprach in seinen persönlichen Aufzeichnungen aus den Jahren 1690/91 von einem «stehten krieg miet einander» – erhielt er 1685 mit Christian August von Haxthausen (gestorben 1696) einen eigenen Hofmeister, der ihn auf seiner standesüblich gewordenen Kavalierstour begleitete.

Bereits im Jahre 1686 hatte der Prinz die Heimat seiner Mutter, der dänischen Königstochter Anna Sophie (1647–1717), bereist. Hier waren mit der Erb- und Alleinherrschaftsakte von 1660 und der

«Lex Regia» ihres Vaters Friedrich III. (1609–1670) von 1665 erstmals in Europa die normativen Grundlagen für die Ausgestaltung einer absoluten Monarchie gelegt worden. Ein Jahr später ging er – nach der Rückkehr seines Bruders von dessen Reise – als «Graf von Leißnigk» von Mai 1687 bis April 1689 auf seine ursprünglich für drei Jahre geplante Kavalierstour. Sie führte ihn zunächst über Paris nach Madrid und Lissabon, dann über die spanische Hauptstadt zurück nach Paris und weiter über Turin und Mailand nach Venedig, bevor er über Florenz, Wien und Prag wegen des 1688 vom französischen König Ludwig XIV. begonnenen Pfälzischen Erbfolgekrieges die Heimreise nach Dresden antreten mußte. Wie schon die Landung Wilhelms von Oranien in England, des nachmaligen Königs Wilhelm III., die Reiseziele London und Britische Inseln aus dem Programm gestrichen hatte, so ließ der Krieg ab 1688, der dann auch als Reichskrieg gegen Frankreich geführt wurde, keinen Abstecher nach Rom mehr zu. Im übrigen jedoch beinhaltete die West- und Südeuropa-Reise Friedrich Augusts I. alles das, was eine solche Kavalierstour als Erziehungsreise und umfassendes Bildungserlebnis bieten sollte: Friedrich August I. begegnete den Herrschern der Zeit, zum Beispiel König Ludwig XIV. in Versailles. Er erlebte Macht und Größe vor allem in Frankreich, wurde bekannt an den Höfen des Auslandes, in Versailles, im Escorial oder in der Wiener Hofburg und lernte Land und Leute in Straßburg, Blois, Tours, Angers, La Rochelle oder Bayonne, in Saragossa, Barcelona, Perpignan oder Toulouse kennen. Der junge Prinz wurde aber unter anderem auch konfrontiert mit den Problemen der Hugenotten nach dem Revokationsedikt des französischen Königs von Fontainebleau 1685. Darüberhinaus machte er sich vertraut mit diplomatischen Gepflogenheiten und höfischer Kultur, mit Unterricht und Studium auf vielen Gebieten, er besichtigte Sehenswürdigkeiten, von denen den Prinzen – angeregt durch Klengel – vor allem herausragende Beispiele der Architektur wie der Escorial oder Vaubans Festungsanlagen interessierten. Schließlich erlebte er Feste wie den Karneval in Venedig, Theater- und Opernaufführungen sowie Geselligkeiten aller Art.

Nachdem Friedrich Augusts I. Vater wegen der Angriffe der Franzosen im Westen des Heiligen Römischen Reiches die Abkürzung der Kavalierstour verfügt hatte, bot sich nun für den Zweitgeborenen der Einstieg in eine Militärlaufbahn und die Chance, zu hohem Ansehen in der europäischen Adelswelt zu gelangen. Noch 1689 reiste Kurfürst Johann Georg III., der selbst als kursächsischer Thronfolger in den 1670er Jahren im kaiserlichen Heer gegen Frankreich gekämpft hatte und als Kurfürst mit den sächsischen Truppen 1683 am Entsatz Wiens und dem folgenden Türkenkrieg beteiligt gewesen war, mit seinem Sohn an den Rhein, ohne allerdings die Verwüstungen der Pfalz durch die Franzosen aufhalten oder gar verhindern zu können. Zwar war Friedrich August I. im Herbst 1689 an der Aufhebung der Belagerung von Mainz unter dem Oberbefehl Herzog Karls V. Leopold von Lothringen (1643–1690), einem der großen Türkensieger der 1680er Jahre, beteiligt und nahm am Pfälzischen Erbfolgekrieg noch bis 1693 teil, dennoch wurde er nicht – wie sein Vater – zum «sächsischen Mars». Dies gelang ihm übrigens auch nicht, nachdem er 1694 Kurfürst von Sachsen geworden war und im 1683 begonnenen Türkenkrieg den Oberbefehl über die kaiserlichen Truppen in Ungarn für die Jahre 1695 bis 1697 übernommen hatte. Von den Erfolgen seiner Vorgänger im Kampf gegen die Osmanen – Kurfürst Maximilian II. Emanuel (Max Emanuel) von Bayern und Markgraf Ludwig Wilhelm von Baden-Baden (1655–1707), der «Türkenlouis» – blieb er weit entfernt, denn seinen, dem eigenen großen fürstlichen Selbstbewußtsein entspringenden, militärischen Ambitionen entsprachen seine Talente zur erfolgreichen Ausübung des Kriegshandwerkes in keiner Weise. Wenn Kaiser Leopold I. (1640–1705) dem Kurfürsten von Sachsen im Frühjahr 1697 den Prinzen Eugen von Savoyen (1663–1736) als Adlatus zur Seite stellte, dann um dem kurfürstlichen Rang militärische Kompetenz beizugeben. Nach der Wahl Friedrich Augusts I. zum König von Polen löste Eugen diesen als Oberbefehlshaber der kaiserlichen Armee auf dem Balkan ab und errang wenige Monate später am 11. September 1697 bei Zenta seinen ersten ganz großen Schlachtensieg. An König Jan Sobieski (1629–1696), den großen Sieger bei der Befreiung Wiens in der Schlacht am Kahlenberg am 12. September 1683 und unmittelbaren Vorgänger auf dem polnischen Thron, sollte der nunmehrige König August II. nicht heranreichen. Sein in der europäischen Geschichte singulärer Beiname «der Starke» leitete sich nie von seiner militärischen Stärke, sondern stets nur von seiner körperlichen Kraft ab, die zerbrochene Hufeisen belegen sollten.

III. Ehemann und Liebhaber

Noch bevor Friedrich August I. überraschend sächsischer Kurfürst wurde, hatte er 1693 mit Christiane Eberhardine (1671–1727), der ältesten Tochter Markgraf Christian Ernsts von Brandenburg-Bayreuth (1644–1712), eine Prinzessin der fränkischen Linie des Hauses Hohenzollern geheiratet. Damit sollten wohl in erster Linie die dynastischen Verbindungen zwischen Hohenzollern und Wettinern bekräftigt werden, war doch auch Friedrich Augusts I. Großvater Johann Georg II. (1613–1680) mit einer Bayreuther Markgrafentochter verheiratet gewesen. Auch wenn die strenge Protestantin Christiane Eberhardine Gemahlin des Kurfürsten von Sachsen war, so wurde sie doch nie familiärer Mittelpunkt und lebte zumeist fernab des immer glänzender werden höfischen Lebens in Dresden. Mit der Geburt des Thronfolgers Friedrich August II. am 17. Oktober 1696 hatte sie gleichsam ihre dynastische Pflicht getan. Die Tatsache, daß ihr Gemahl nur elf Tage später erneut Vater wurde, als ihm seine Mätresse Maria Aurora Gräfin von Königsmarck (1662–1728) seinen Sohn Moritz (1696–1750) schenkte, zeigt nur zu deutlich, welcher Platz der kurfürstlichen Ehefrau zugewiesen war. Der uneheliche Sohn Moritz sollte später als Graf von Sachsen in französischen Diensten zum «Maréchal de Saxe» aufsteigen und zu einem erfolgreichen General und bedeutenden Militärtheoretiker werden. Christiane Eberhardine indes brachte kein weiteres Kind mehr zur Welt, während Friedrich August I. noch des öfteren Vater wurde. Die Markgräfin Wilhelmine von Brandenburg-Bayreuth (1709–1758), die Lieblingsschwester des brandenburgischen Kurfürsten und preußischen Königs Friedrich II., des Großen (1712–1786), sowie Heiratskandidatin für den Sachsen nach dem Tod Christiane Eberhardines im Jahre 1727, berichtet in ihren Memoiren, «seine Liebeshändel» seien «weltberühmt», er hielte «eine Art von Serail, das aus den schönsten Frauen seines Landes» bestünde. Man schätze, so die Markgräfin, «die Zahl der Kinder, welche er von seinen Mätressen hatte, auf 354». Dies alles läßt sich allerdings ebensowenig feststellen wie die Vermutung, (Friedrich) Augusts Beiname «der Starke» ließe sich auf seine überaus große Manneskraft zurückführen.

Mit seinem Lebenswandel, der dem allgemeinen Rechts- und Moralempfinden sowie dem lutherischen und erst recht – wegen des Sakramentscharakters – dem römisch-katholischen Verständnis von der Ehe widersprach, dokumentierte Friedrich August I. seinen Anspruch als absolutistischer Herrscher, der mit seinem Tun ausschließlich Gott verantwortlich sei. Hof und Gesellschaft hatten zu akzeptieren, daß die auffallenderweise alle nicht in Sachsen gebürtigen Mütter seiner außerehelichen Kinder wie die übrigen Geliebten nahezu aus allen sozialen Schichten stammten und auf Zeit hohes Ansehen genießen sollten. Auf Moritz folgten in dem Jahrzehnt von 1702 bis 1712 noch drei Söhne, die es alle zu Generälen in der kursächsischen Armee brachten, und vier Töchter, die – wie zwei ihrer Stiefbrüder – standesgemäß oder doch angemessen verheiratet wurden. Nur Johann Georg (1704–1774), der spätere Chevalier de Saxe, blieb unverheiratet. Die Kinder aus der Verbindung mit der Türkin Fatima – Friedrich August (1702–1764) und Katharina (1706–1750) – wurden als Graf und Gräfin Rutowsky legitimiert. Anna Cathérina (1707–1769), das gemeinsame Kind Friedrich Augusts I. mit der Warschauer Weinhändlerstochter und Tänzerin Henriette Renard, wurde zur Gräfin Orczelska ernannt. Gräfinnen bzw. Graf von Cosel wurden 1724 Augusta Constantia (1708–1729), Friederike Alexandrine (1709–1784) und erneut – zum dritten Mal – Friedrich August (1712–1770). Diese drei Kinder hatte Friedrich August I. zusammen mit Anna Constantia von Brockdorff (1680–1765), der 1706 geschiedenen Gemahlin des kursächsischen Geheimen Rats und Akzisedirektors Adolph Magnus von Hoym (1668–1723) und als Gräfin von Cosel in den Reichsadel erhobenen Mätresse, die ein Jahrzehnt lang Mittelpunkt des Dresdener Hofes blieb. Als diese frühzeitig begann, aus einem – nach dem Tod der Kurfürstin zu realisierenden – Heiratsversprechen ihres Liebhabers Ansprüche abzuleiten und vermeintliche Rechte durchzusetzen, ließ dieser sie – keinerlei Einfluß auf seinen absolutistischen Herrscherwillen duldend – 1716 gefangennehmen und bis zu ihrem Tod fast ein halbes Jahrhundert lang auf der Festung Stolpen östlich von Dresden einsperren. Zu den Mätressen Friedrich Augusts I. gehörten ferner unter anderem Maria Magdalena Gräfin von Dönhoff, die Tänzerin Angélique Duparc, eine Gräfin Lamberg, ein Fräulein von Osterhausen und die Gräfin von Königsmarck. Letztere, bis 1694 Geliebte Kurfürst Georg Ludwigs von Hannover (1660–1727), wurde im Jahre 1700 mit Unterstützung Kaiser Leopolds I. Pröpstin des Stiftes Quedlinburg. Als solche starb sie auch 1729. Eine weitere Mätresse Friedrich Augusts I., Ursula Katherina von (Alten-)Boccum (1680–1743), die geschiedene Gräfin Lubomirska, wurde fast gleichzeitig Mutter Johann Georgs sowie Fürstin zu Teschen und starb als Witwe Herzog Friedrich Ludwigs von Württemberg (1690–1734), der als kaiserlicher Feldzeugmeister in Oberitalien gefallen war.

IV. Territorialherr und Kurfürst von Sachsen

Eine anläßlich des Herrschaftsantritts als Herzog und Kurfürst von Sachsen im Frühjahr 1694 geprägte Medaille zeigt Friedrich August I. als «Hercules Saxonicus» mit Löwenfell und Keule. Die sich in diesem Motiv ausdrückende Stärke allerdings mußte Friedrich August I. als Landesherr erst noch unter Beweis stellen. In für den frühneuzeitlichen Ständestaat geradezu klassischer Weise hatte er sich nach erfolgten Erbhuldigungen des Adels und der Stadtbürger Kursachsens sogleich politisch mit seinen Landständen auf einem Landtag auseinanderzusetzen. Am 18. November 1694 versammelten sich etwa 400 Grafen, Deputierte der Stifte Meißen, Merseburg, Naumburg und Zeitz sowie der Universitäten Leipzig und Wittenberg, Ritter und Vertreter des landstädtischen Bürgertums und verhandelten bis zum 1. April 1695 kontrovers sowohl untereinander als auch mit dem Landesherrn. Seine für einen Herzog und Kurfürsten von Sachsen eigentlich selbstverständlichen Zusagen, das Luthertum im Mutterland der Reformation zu bewahren, die Justiz im Sinne zeitgemäßer territorialstaatlicher und reichischer Rechtsstaatlichkeit zu schützen und treu zu Kaiser und Reich zu stehen, verband Friedrich August I. mit finanziellen Forderungen. Diese waren aufgrund der hohen Kosten für Hofhaltung und Militär sowie zur Erfüllung kaiserlicher Ansprüche in Zeiten kriegerischer Auseinandersetzungen mit Franzosen und Türken zur Abwehr der Gefährdungen des Heiligen Römischen Reiches im Westen und im Südosten nötig. Dagegen brachten die Stände – unterschiedlich akzentuiert – ihre Beschwerden gegen die landesfürstliche Regierung und insbesondere gegen administrative Ein- und Übergriffe in ihre Rechte, Privilegien und Gewohnheiten sowie auf ihre Zuständigkeiten und Besitzungen vor. Nach über viermonatigem Feilschen bewilligten die Stände dem Kurfürsten 200.000 Gulden für zwei Jahre, lehnten aber eine Erhöhung der Mittel für eine Verstärkung des Militärs und die Einführung einer allgemeinen Verbrauchssteuer ab. Finanz- und Steuerfragen blieben der *nervus rerum* im Verhältnis von Landesfürst einerseits, dem es – im Unterschied zu anderen Territorialherren wie zum Beispiel dem brandenburgischen Kurfürsten seit der Mitte des Jahrhunderts – noch nicht gelang, im Ständestaat sein monarchisches Gewicht zu verstärken, und Landständen andererseits. Die Landstände wußten ihr im 17. Jahrhundert ausgebautes Maß an politischer Partizipation an landesfürstlicher Herrschaft entschlossen zu behaupten.

Friedrich August I. blieb auf den Konsens mit den selbstbewußten, sich als «das Land» verstehenden Ständen angewiesen, berief aber zunächst keinen Landtag mehr ein. Im Frühjahr 1696 lud er lediglich noch zu einem 100 köpfigen Ausschußtag, der es ihm keineswegs leichter machte und dem er nur mühsam weitere, aus seiner Sicht keineswegs ausreichende Zugeständnisse abrang. Aber es blieb sein Ziel, im wirtschaftlich florierenden Kurfürstentum seine Einkünfte zu erhöhen. Dem diente – verbunden mit statistischer Erfassung des gesamten Landes – in den Jahren 1697 bis 1699 die ohne Zustimmung der Stände rechtswidrig vorgenommene Evaluation der Steuerverhältnisse im Lande (Einkünfte, Regalien, Nutzungen) durch ein Generalrevisions-Kollegium unter Leitung Adolph Magnus von Hoyms, bis 1706 Ehemann der späteren Gräfin Cosel, der Mätresse Friedrich Augusts I. Denselben Zweck verfolgte im Sinne der Devise von *divide et impera* die allmähliche, nicht sogleich flächendeckende Einführung der Generalkonsumtionsakzise ab 1702. In ihr erkannten zuerst die Städte einen Fortschritt. Am Ende konnte sich ihr als der im «Codex Augusteus», der 1724 publizierten und dann fortgesetzten kursächsischen Gesetzes- und Verordnungssammlung, festgeschriebenen landesgesetzlichen Regelung niemand entziehen. Eingezogen wurde diese Verbrauchssteuer auf alle Waren und jedes wirtschaftliche Handeln sowie als Grundabgabe auf Landbesitz von der neu geschaffenen Generalakziseinspektion, die als landesherrliche Finanzbehörde Teil der Reformen der Zentralverwaltung zu Beginn des 18. Jahrhunderts war. Aber wie die ohne ihren Konsens erhobene Generalkonsumtionsakzise nicht das Steuerbewilligungsrecht der Stände insgesamt beseitigte – es blieb für die alten und später hinzukommenden Steuern und Steuererhöhungen bestehen –, so bedeutete zwar die Einrichtung des Geheimen Kabinetts als oberstes Regierungsorgan im Jahre 1706 eine Befreiung von den ständisch dominierten Zentralbehörden, aber das Gremium der Kabinettsminister – auch unter der Führung Jakob Heinrichs Graf von Flemming (1667–1728) ab 1712 – konnte sich in den langen Zeiten der Abwesenheit des Kurfürsten nicht zur dominierenden monarchischen Institution zu Lasten des von den Ständen beherrschten Geheimen Konsiliums entwickeln. Dieses behauptete sich als höchstes Landeskollegium erst recht nach der Wahl Friedrich Augusts I. zum polnischen König im Jahre 1697, als dieser – ganz im Sinne seiner weit über die wettinischen Lande hinausschauenden Personalpolitik – für sein Kurfürstentum mit dem katholischen landfremden Reichsfürsten Anton Egon von

Fürstenberg (1654–1716) einen ranghohen, umfassend bevollmächtigten Statthalter bestellte, der allerdings in veränderter politischer Situation nach einem Jahrzehnt sein Amt verlor.

Aber Friedrich August I. beschritt auch noch einen anderen Weg, um seinen ständig größer werdenden Finanzbedarf zu decken. Als Landesherr wurde er selbst zum Unternehmer. Es kann zwar für seine Regierungszeit nicht von einer durchgreifenden Wirtschaftspolitik gesprochen werden, welche die Forderungen des Merkantilismus in konkrete Maßnahmen zur Stärkung der Manufakturen und zur Verbesserung der Landwirtschaft gefaßt hätte. Aber immerhin kam es 1712 doch zur Schaffung einer «Commerzien-Deputation», die die wirtschaftlichen Verhältnisse Kursachsens verbessern helfen sollte. Darüberhinaus wurde ein Wirtschaftsfachmann, der Württemberger Paul Jacob Marperger (1656–1730), nach Dresden berufen. Eine wahre Erfolgsgeschichte stellte die mit Patent vom 23. Januar 1710 erfolgte Gründung einer Porzellanmanufaktur in der Meißener Albrechtsburg dar. Diese Manufaktur war die erste ihrer Art in Europa überhaupt, nachdem dem Apothekergehilfen und Alchemisten Johann Friedrich Böttger (1682–1719) im Jahre 1708 erstmals der Brand von weißem Porzellan gelungen war. Diese Errungenschaften gesellten sich zu dem großem Erfolg der Leipziger Messe. Diese besuchte Friedrich August I. keineswegs nur aus Repräsentationsgründen und wegen der Feste und Vergnügungen, sondern vor allem wegen des Gedankenaustausches mit Kaufleuten und anderen bürgerlichen Gesprächspartnern sowie aus Interesse am Ausbau der internationalen Handelsbeziehungen. Über die Grenzen seines Kurfürstenstaates hinweg dachte er zudem, wenn er zusammen mit den Kurfürsten von Brandenburg und Hannover zu den Anregern einer Reichshandwerksordnung gehörte, wie sie 1731 vom Regensburger Reichstag verabschiedet und von Kaiser Karl VI. (1685–1740) ratifiziert wurde. Ihm ging es dabei um die Schaffung eines reichsrechtlichen Rahmens und um eine einheitliche Regelung des Handwerksrechts, damit die eigene territorialstaatliche Zunftpolitik nicht gefährdet würde. Im übrigen trat er in seiner Funktion als einer der neun Kurfürsten des Reiches nur einmal hervor, als er im gut halbjährigen Interregnum nach dem Tod Kaiser Josephs I. (1678–1711) neben Kurfürst Johann Wilhelm von der Pfalz (1658–1716), dem volkstümlichen «Jan Wellem», das Reichsvikariat ausübte. An der folgenden Wahl des Römischen Königs und Kaisers Karl VI. nahm er nicht persönlich teil, sondern ließ sich durch Wahlgesandte (Otto Heinrich Freiherr von Friesen, Georg Graf von Werthern und Johann Freiherr von Hagen) vertreten. Nicht nur Kursachsen und ebenso der von ihm angeführte Obersächsische Reichskreis, sondern das Heilige Römische Reich insgesamt waren ihm zu eng geworden.

V. *König und abermals König von Polen*

Als besonders starker Herzog und Kurfürst von Sachsen ist Friedrich August I. nicht in die Geschichte eingegangen, zu sehr blieb er von seinen Landständen abhängig. Diese Abhängigkeit entstand unter anderem auch, weil er sie in zentralen «staats»politischen Fragen einfach überging und so ihren Widerspruch herausforderte. Dies geschah zuerst durch seinen heimlichen Übertritt zum römischen Katholizismus am 1. Juni 1697, der eher politisch motiviert war als aus persönlicher Glaubensüberzeugung erfolgte, und dann durch seine erfolgreiche Kandidatur für die Wahl zum polnischen König 25 Tage später. Der nunmehr katholische Kurfürst von Sachsen und König von Polen wollte allerdings mit diesen das ständische, sich mit dem Land identifizierende Selbstverständnis mißachtenden Schritten keinerlei – und erst recht keine konfessionellen – Konsequenzen für sein lutherisches Kurfürstentum verbunden sehen. Empört reagierten die Stände auf die Einsetzung eines konfessions- und landesfremden Statthalters, der das traditionelle direkte personale Verhältnis zwischen Landständen und Landesfürst unterbrach. Die Stände wußten Friedrich Augusts I. glaubensfeste lutherische Gemahlin auf ihrer Seite, die die Konversion mißbilligte und es ablehnte, sich am 15. September 1697 in Krakau neben dem König zur Königin von Polen krönen zu lassen. Sie weigerte sich sogar, ihren Gemahl in sein Königreich zu begleiten. Nicht weniger sorgte die schon 1712 erfolgte Konversion des Kurprinzen Friedrich August II. für Empörung, als sie 1717 kurz vor den Zweihundertjahrfeiern des Reformationsjubiläums bekannt wurde. Wie sehr Kursachsen von Friedrich Augusts I. rang-, außen- und machtpolitischen Ambitionen betroffen war, verdeutlichte die noch 1697 begonnene Arbeit des Generalrevisions-Kollegiums, das bis 1700 auf der Suche nach Geldmitteln zur Finanzierung auch der Königswahl eine Vielzahl von Betrügereien, Veruntreuungen und Unterschlagungen feststellte. Die Stände fanden sich zur Zahlung von einer Million Gulden und zur Bewilligung des Dreifachen für die folgenden Jahre bereit, wenn die Untersuchungen der Mißwirtschaft eingestellt und sie die Erlaubnis zur Selbstversammlung und Einrichtung einer ständigen Deputation des Landtages erhalten würden.

Die Wahl Augusts II. – wie er als König von Polen hieß, ohne daß außer dem letzten Jagiellonen Sigismund II. August, der von 1548 bis 1572 herrschte, ein erster Träger dieses Namens in der polnischen Königsabfolge zu finden wäre – brachte nach heftigen innenpolitischen Auseinandersetzungen nicht zum ersten Mal einen Ausländer auf den Warschauer Thron. Hatten die circa 100.000 Wähler zunächst mit großer Mehrheit und unterstützt vom Primas Michael Radziejowski (1641–1705) als *Interrex* am 26. Juni 1697 den französischen Prinzen François Louis Conti de Bourbon (1664–1709) gewählt, so setzte sich einen Tag später der Kurfürst von Sachsen durch, dessen noch keinen Monat zurückliegender Übertritt zum Katholizismus bekannt gemacht wurde und der mit über zwei Millionen sächsischen Gulden die Mehrheit des am 28. Juni 1697 nach sechswöchiger Dauer zu Ende gehenden Wahlreichstages für sich gewann. Vom Kaiser mehr unterstützt als Prinz Conti vom französischen König, gewann Friedrich August I. an der Spitze seiner sächsischen Truppen die Krone, leistete den Eid auf die «Pacta Conventa» und wurde am 15. September 1697 an traditionellem Ort, in der Krakauer Kathedrale auf dem Wawel rechtsgültig gekrönt. Aber er blieb zunächst nur bis 1704 König von Polen. Am 14. Februar ließ ihn die Generalföderation von Schroda auf Druck König Karls XII. von Schweden (1682–1718) für abgesetzt erklären. Daraufhin wurde ein Interregnum ausgerufen und am 12. Juli der Palatin von Posen, Stanislaw Leszczynski (1677–1766), in Wola zum neuen König gewählt. Im Frieden von Altranstädt vom 24. September 1706 zwischen Karl XII. und Friedrich August I., der den ersten Teil des großen Nordischen Krieges beendete, mußte der Kurfürst von Sachsen auf Polen verzichten und den seit über zwei Jahren gewählten Gegenkönig als «wahren und legitimen König» anerkennen, was mit der vertraglich vereinbarten förmlichen Abdankung Augusts II. am 30. November 1706 bekräftigt wurde. Daß Friedrich August I. am 16. April 1710 vom Rat der Konföderierten von Sandomierz wieder in seine polnischen Königsrechte eingesetzt wurde, verdankte er seinen in neuen «Pacta Conventa» niedergelegten innenpolitischen Zugeständnissen und – erneut – der außenpolitischen Situation.

Den über zwei Jahrzehnte andauernden Nordischen Krieg bis zum Frieden von Nystad (1721) hat Friedrich August I. im Rahmen einer Polen, Kursachsen, Dänemark und Rußland verbindenden Koalition gegen Schweden als vorherrschende Macht im Ostseeraum weniger als polnischer König denn als sächsischer Kurfürst ausgelöst. Bei seinem Angriff auf den von den Schweden besetzten Teil Livlands mit Riga als Zentrum ging es ihm um Eroberungen, die als erbliches Herzogtum des Hauses Wettin an Kursachsen, nicht an Polen angebunden werden sollten. Aber der junge schwedische König Karl XII. erwies sich als unbezwingbar im sächsisch-schwedischen Stellungskrieg an der unteren Düna, im Feldzug gegen die Dänen, in der Schlacht bei Narwa, in der Zar Peter I. (1672–1725) vernichtend geschlagen wurde, und im Kampf um Riga gegen eine sächsisch-russische Armee. Das militärisch schwache und kaum verteidigungsfähige Polen wurde vom polnischen Lehnsherzogtum Kurland und von Litauen aus eine leichte schwedische Beute. Im Sommer 1702 wurden zuerst Warschau und dann Krakau genommen und die polnischen Truppen bei Kliszów entscheidend geschlagen. Dies wiederum ließ die innerpolnischen Zwistigkeiten neu aufleben, was 1704 zur Wahl des Gegenkönigs Stanislaw Leszczynski führte, ohne die Unterwerfung des Königreiches zu verhindern. Im Frieden von Altranstädt, der auch den neuen, mit Schweden verbündeten König von Polen einschloß, verlor Friedrich August I. nicht nur seine Königskrone, sondern mußte auch die Besetzung Kursachsens durch schwedische Truppen für fast ein Jahr hinnehmen. Dies aber erinnerte an die lange Besatzungszeit während des Dreißigjährigen Krieges, der für die Sachsen mancherorts zu einem zweiunddreißigjährigen geworden war.

Im Schatten der weiteren Kriegführung des Schwedenkönigs gegen Zar Peter I., die für Karl XII. im Debakel von Poltawa (8. Juli 1709), dem Wendepunkt des Nordischen Krieges auch für Polen, mit dem Verlust der schwedischen Großmachtstellung endete, gelang Friedrich August I. die Rückkehr auf den polnischen Thron. Nunmehr aber war er mit der Vormachtstellung des russischen Zaren konfrontiert. Auch wenn er als König August II. von Polen rehabilitiert wurde, eine Amnestie für die Anhänger des kampflos das Land verlassenden Gegenkönigs erließ und seine sächsischen Truppen zurückzog, neues Vertrauen baute sich nicht auf. Das Ausscheiden aus dem Kriegsgeschehen spätestens mit dem russisch-türkischen Frieden von Adrianopel 1713 trug nur der Unfähigkeit Polens zur weiteren Kriegführung Rechnung, das infolge schwedischer, sächsischer und russischer Besatzungen verwüstet und erschöpft war. Alle hochfliegenden Pläne Friedrich Augusts I. scheiterten hinfort an der dominierenden Stellung des

Zaren, dessen politische Hoheit 1710 von den livländischen Ständen anerkannt wurde, womit für den Wettiner außer Livland auch Kurland verloren war. Enorme Bevölkerungsverluste infolge von Krieg und Pestepidemie lähmten das riesige, im Vergleich zu Kursachsen fast zwanzigmal größere Land und alle Aktivitäten seines Königs. Dieser hatte sich in einer Denkschrift aus dem Jahre 1697 vergeblich zum Ziel gesetzt, «Pohlen in Flor und in Ansehung gen seine nachbaren zu sehzen», und es zusammen mit seinen wettinischen Erblanden als zentralen Handelsplatz mit eigener Handelsgesellschaft an den großen Kommunikations- und Handelswegen von Westeuropa nach Asien und von der Ostsee zum Schwarzen Meer auszubauen.

Friedrich Augusts I. außenpolitische Mißerfolge ließen ihn auch seine innenpolitischen Ziele verfehlen, vor allem die Einigung des innerlich zwischen Schlachta und Magnaten zerrissenen Königreichs zugunsten eines im absolutistischen Sinne gestärkten Monarchen mit entsprechender Exekutivgewalt. Auch wenn er in den ersten Jahren seines Königtums die Anerkennung beider Adelsgruppen erlangte, so gelang es ihm nicht, ihre Mitherrschaftsansprüche zurückzudrängen und sich aus den Bindungen der Gesetze Polens und den starken Begrenzungen seiner königlichen Macht – nicht zuletzt durch das seit 1652 bestehende, Einstimmigkeit bei Entscheidungen bedeutende «Liberum veto» jedes Mitglieds im Sejm – zu befreien. Das Land konnte er normalerweise nur mit Genehmigung des Sejm verlassen. Darüber hinaus mußte er akzeptieren, daß er für die Zeit seiner Abwesenheit, um zum Beispiel seinen Herrscherpflichten in Kursachsen nachzukommen, nicht einen Mann seines Vertrauens als Statthalter in Warschau einsetzen konnte, sondern den Primas von Polen als seinen formal bestimmten Vertreter hinzunehmen hatte. Dieser fungierte in Interregna als *Interrex* und seit 1698, seit Augusts II. Herrschaftsantritt, als Hüter der Gesetze der Adelsrepublik mit königsgleichen Befugnissen. Die Tatsache der zweiten Inthronisation 1710 stärkte vor allem die «adelsrepublikanischen» Kräfte Polens, das eine Wahlmonarchie mit immer stärker privilegierter Adelsgesellschaft blieb. Die Überlegungen des Ministers Flemming von 1713 darüber, wie Polen zur Erbmonarchie werden könnte, lösten einen Aufstand aus, zu dessen Niederschlagung August II. die Hilfe des russischen Militärs benötigte. Erbliches Königreich aber wurde Polen erst mit der «Verfassung vom 3. Mai 1791», als es als Staat fast von der Landkarte verschwunden war.

VI. «Sächsische Achse» an der Weichsel und «Elbflorenz»

Friedrich Augusts I. politisches Ziel einer sächsisch-polnischen Union als europäische Großmacht zwischen Brandenburg-Preußen, dem habsburgischen Herrschaftskomplex und dem russischen Zarenreich blieb eine Vision. Dennoch gelang ihm – entgegen dem alten historiographischen Konzept der «schwarzen Sachsenzeit» in Polen – gleichwohl der kulturelle Brückenschlag über wenige Kilometer schlesischen Gebietes hinweg von der Elbe an die Weichsel. Warschau gewann unter ihm, der seit seiner Jugend ein ausgeprägtes Interesse für Architektur hatte, ein neues Gesicht. Die Residenzstadt des Königs von Polen war geprägt von der sie von Osten nach Westen durchquerenden «Sächsischen Achse». Sie ging auf Entwürfe Pöppelmanns zurück, der auch den Umbau des königlichen Schlosses und das Sächsische Palais als neues Residenzschloß im Mittelteil der Achse plante, mit deren Anlage im Jahre 1712 begonnen wurde. Andere Palais, ein neues Opernhaus, Theater und Kapellen, große Park- und Gartenanlagen kamen hinzu, andernorts neue Kasernenkomplexe. Theater und Sächsischer Garten wurden 1725 bzw. 1727 etwa zur gleichen Zeit öffentlich zugänglich wie das «Grüne Gewölbe» in Dresden. Mit dem ersten Wettiner auf dem polnischen Königsthron erfolgte über Künstler aller Gattungen insgesamt eine Öffnung des Landes, das für westliche kulturelle Einflüsse empfänglich wurde. Diese Öffnung führte in der zweiten Hälfte des 18. Jahrhunderts zu zahlreichen Reformmaßnahmen des geschundenen Landes, nicht zuletzt – aber sicher viel zu spät – zur Maiverfassung von 1791, der ersten geschriebenen Verfassung Europas überhaupt.

In Kursachsen hatte Friedrich August I. schon bald nach seinem Herrschaftsantritt mit dem zum Oberlandbaumeister aufgestiegenen Gartenbauarchitekten und Baumeister Johann Friedrich Karcher (1650–1726) begonnen, das Gesicht Dresdens zu verändern und seine kurfürstliche Residenzstadt zu einer der bedeutendsten Kulturmetropolen Europas zu machen, zu einem Versailles vergleichbaren politischen und kulturellen Zentrum. Die Architekten vor allem – neben Karcher und Pöppelmann Zacharias Longuelune (1669–1748), Johann Rudolph Fäsch (1680–1749), Johan Christoph Knöffel (1686–1752) sowie George Bähr (1666–1738) – und die Bildhauer – neben Permoser Benjamin Thomae (1682–1751) und Johann Christian Kirchner (1691–1732) – prägten das neue Antlitz der Stadt an der Elbe und anderswo im Lande. Dresden wurde durch Um- bzw. Erweiterungs- und Neubauten geradezu zum Zentrum einer es umgebenden Residenzenlandschaft mit dem Jagdschloß Moritzburg im Nordwesten und den Pillnitzer Schloßbauten im Südosten. Dazu sollte noch das «sächsische Versailles» in Großsedlitz kommen, das in den Jahren von 1723 bis 1727 allerdings nur bis zu Parkanlagen gedieh, die aber immerhin die monumentalen Planungen für den Schloßbau erahnen ließen. Ebenso folgte den Plänen Pöppelmanns für ein neues Schloß in Dresden, nachdem das alte 1701 durch ein Feuer zu einem großen Teil zerstört worden war, keine Ausführung, weil es wohl alle finanziellen Möglichkeiten sprengte und eine Überdehnung bedeutet hätte, angesichts der übrigen Baumaßnahmen in Dresden (Taschenbergpalais für die Gräfin Cosel, benachbartes Opernhaus, Holländisches, dann Japanisches Palais für den dirigierenden Kabinettsminister Graf Flemming, Zwinger, neues Opernhaus am Zwinger als größter Theaterbau im Heiligen Römischen Reich, Frauenkirche, Elbbrücke, Dreikönigskirche), aber auch auf der Festung Königstein oder in Hubertusburg. Repräsentative Bauten betrachtete der Kurfürst als Teil seiner Politik. Dies zeigte sich unter anderem darin, daß er für den von ihm 1712 bei seinem Hofgeographen Adam Friedrich Zürner (1679–1742) in Auftrag gegebenen und – nach aufwendigen Vermessungen für weitere Karten sowie nicht zuletzt zum Nutzen einer verkehrsmäßigen Erschließung Kursachsens – Jahre später realisierten «Atlas Augustaeus Saxonicus» auch die Berücksichtigung von Schlössern und Lusthäusern zunächst im engeren Umkreis Dresdens, dann im ganzen Land verlangte. Außerdem fertigte er selber eine Liste solcher Bauwerke an.

Wie Friedrich August I. höchst bedeutsame Baumeister und Bildhauer nach Dresden an seinen Hof zog, so band er neben den bereits erwähnten Künstlern Böttger und Dinglinger auch andere ausländische Künstler an sich, die seiner eigenen schöpferischen Begabung genügten und sich zu größten, in Europa unvergleichlichen künstlerischen Leistungen von singulären Qualitäten inspirieren ließen. Die vorhandenen Sammlungen – unterschiedliche Naturalien- und Kunstkabinette, Gemäldegalerien und Bibliotheken – wurden ständig erweitert mit dem Ziel eines Universalmuseums. Für ein solches entwarf der Kurfürst um das Jahr 1718 eigenhändig ein Konzept und ließ sich zu umfassenden Reorganisationen, Inventarisationen und Katalogisierungen veranlassen, aber auch zu weiteren Erwerbungen über rechtliche Anordnungen zur Abgabepflicht zum Beispiel von Mineralien-Belegstücken aus frischen Anbrüchen im Bergbau oder über Kauf von naturwissenschaftlichen Manuskripten, orientalischen Handschriften und Antiken. Das Musik- und Theaterleben erfuhr große kurfürstliche Förderung und erreichte – nicht zuletzt im Austausch mit Warschau – eine viel beachtete Blütezeit am Dresdener Hof wie im bürgerlich-kaufmännischen Leipzig. Dort kam es in den Jahren 1724 und 1729 zu den Uraufführungen der «Johannes-Passion» (BWV 245) und der «Matthäus-Passion» (BWV 244) Johann Sebastian Bachs. 1733, nachdem Friedrich August I. gestorben war, wurde die «Messe in h-moll» (BWV 233) uraufgeführt. In Leipzig wurde von 1702 bis 1735 auch die in 360 Teilen herausgegebene «Europäische Fama» als Zeitschrift publiziert, «welche den gegenwärtigen Zustand der vornehmsten Höfe entdecket», und die dann von «Die Neue Europäische Fama» und «Die Neueste Europäische Fama» fortgesetzt wurde. Ab 1732 erschien ebenfalls in der führenden Buch- und Verlagsstadt des Heiligen Römischen Reiches Johann Heinrich Zedlers (1706–1751) «Großes vollständiges Universal Lexicon Aller Wissenschaften und Künste», das es in gut zwei Jahrzehnten auf 68 Bände brachte.

Nach innen wie nach außen unübersehbaren Ausdruck fand des Kurfürsten und Königs barocke Verschwendungssucht nicht zuletzt in einer sich von Mal zu Mal steigernden Festkultur. Diese hatte – alles Künstlerische einbeziehend – in der Demonstration von Pracht und Luxus ebenso dem Machtanspruch des absolutistischen Herrschers zu dienen wie dessen Förderung von Kultur, Kunst und Wissenschaft. Nichts blieb dem Zufall überlassen, weder bei Karnevalsfesten, wenn Friedrich August I. zum Beispiel kurz vor seiner Wahl zum polnischen König 1697 als Alexander der Große auftrat, noch bei Staatsbesuchen. So bereitete er im Frühjahr 1709, als er sich Hoffnungen auf die Rückkehr auf den polnischen Königsthron machen konnte, dem dänischen König Friedrich IV. (1671–1730) das bis dahin größte Feuerwerk auf der Elbe und an Land. Die mehr als fünfwöchigen Hochzeitsfeierlichkeiten für Kurprinz Friedrich August II. anläßlich seiner Vermählung mit Maria Josepha (1699–1757), der Tochter Kaiser Josephs I., stellten im Jahre 1719 einen europaweit beachteten Höhepunkt an Festlichkeit dar, bei dem es galt, die Wiener Feiern noch zu übertreffen. Denn Steigerung des bisher Dagewesenen – auch des bisher Erlebten oder Besessenen – war ein Grundprinzip im ständigen Konkurrenzkampf absolutistischer Fürsten. Dieses Prinzip verfolgte Friedrich August I. zum Beispiel auch mit dem berühmt gewordenen «Lustlager» von Zeithain im Juni 1730. Bei dieser Veranstaltung an den Ufern der Elbe, die den Abschluß der kursächsischen Heeresreform mit einem Manöver für 30.000 Mann markierte, sollten nahezu 50 geladene Fürsten ein großes, überaus kostspieliges Fest erleben. Im Zuge dieser Festlichkeiten wurden ihnen militärische Stärke und erfindungsreiche Festkultur vorgeführt, die selbst den preußischen König Friedrich Wilhelm I. (1688–1740) beeindruckten, der mit seinem Sohn Friedrich II. zu den Gästen zählte, gleichsam den Staatsbesuch Friedrich Augusts I. im Nachbarterritorium im Jahre 1728 erwidernd. Hatte man dem Wettiner zwei Jahre zuvor auf dem Tempelhofer Feld bei Berlin die weitaus größere Leistungsfähigkeit der kurbrandenburgisch-preußischen Armee mit der Hälfte der Manövertruppen vorgeführt, so mußte er diese in Zeithain verdoppeln und die militärischen Übungen zu Lande und zu Wasser dazu in einen ungewöhnlichen Rahmen von vielfältigen Lustbarkeiten einbetten. Der hohenzollerische Kronprinz war als Achtzehnjähriger tief beeindruckt von Prunk und Luxus sowie vom Geschmack und Treiben am kursächsischen Hof, aber er sah – wie er in der biographischen Skizze seines Vaters «Friedrich Wilhelm I., zweiter König von Preußen (1713–1740)» im Rahmen seiner «Denkwürdigkeiten zur Geschichte des Hauses Brandenburg» rückblickend festhielt – «in diesem Feldlager eher ein theatralisches Schauspiel als ein echtes Sinnbild des Krieges».

Das «Lustlager» von Zeithain war als militärisch-politische und kulturell-festliche Demonstration das letzte große Fest Friedrich Augusts I. Noch nicht 63 Jahre alt, starb er am 1. Februar 1733 in Warschau und wurde an seinem Krönungsort als König von Polen in der Krakauer Kathedrale auf dem Wawel beigesetzt. Sein Herz aber – so wollte es der wettinische Kurfürst – wurde in einer silbernen, innen vergoldeten Kapsel in die seit 1697 katholische Hofkirche seiner Geburtsstadt Dresden gebracht, von der er dreißig Jahre zuvor aufgebrochen war, ein Repräsentant seiner Epoche zu werden. Johann Gottfried Herder hat ihn im Jahre 1802 in seiner «Adrastea» als «von der Natur mit tausend Geschicklichkeiten, mit Schönheit und einer Riesenstärke begabt, mit Neigungen zum Glanz, zur Pracht, zum Wohlleben überreichlich versehen» charakterisiert, der als «der Großmütige, durch Reisen gebildete Kunst- und Welterfahrene Kurfürst» «ein galanter Held [ward] in einem Grad, wie es außer dem Roman in der Geschichte wenige geben möchte.»

Friedrich August II.
1733–1763
und Friedrich Christian
1763

von Thomas Nicklas

Friedrich der Große hat über seinen Dresdner Antipoden Friedrich August II., der sich als König von Polen August III. nannte, wenig freundlich gesprochen. In seinem Sprachgebrauch war er schlicht der «dicke Vetter». Dieser träge und gleichgültige Wettiner habe, so verbreitete es der Preußenkönig, einem unfähigen Günstling vom Schlage des Grafen Brühl die ganze Macht in einem der wichtigsten deutschen Länder überlassen. Herrscher und Untertanen hätten es entgelten müssen. Friedrich äußerte sich indes nicht als Unbeteiligter, war Heinrich Graf Brühl doch einer seiner größten Gegenspieler in der Diplomatie vor dem Siebenjährigen Krieg. Die Polemik des Hohenzollern blieb nicht ohne Nachwirkung. Sie sollte das negative Bild Friedrich Augusts und seines Premierministers bei der Nachwelt bestimmen. Da der Pulverdampf des Siebenjährigen Krieges jedoch schon lange verraucht ist, können die Historiker heute an einer gerechten Würdigung des viel kritisierten Fürsten und seines Favoriten arbeiten. Dabei ist allerdings auch wiederum Vorsicht geboten. Eine Umwertung des Bildes ins Positive wäre eine ebensolche Übertreibung wie die zahlreichen Verdammungsurteile in der Nachfolge Friedrichs.

Der Sohn Augusts des Starken war zwar Kunstkenner von hohen Graden, der es auch verstand, als Mittelpunkt der Höfe in Dresden und Warschau zu glänzen, doch fehlte ihm letztlich die Eignung, zwei bedeutende europäische Staatswesen wie Kursachsen und Polen durch die Verwicklungen seiner Zeit zu lenken. Dafür war Friedrich August zu sehr von Menschenscheu und von Abneigung gegen die Staatsgeschäfte erfüllt. Brühl war ihm als derjenige unverzichtbar, der einen großen Teil der lastenden Verantwortung auf seine eigenen Schultern nahm. Es mag als Beleg für das politische Scheitern des Kurfürsten und Königs gelten, wenn sowohl Kursachsen als auch Polen nach seinem Tod 1763 jeweils einschneidende Kurswechsel vollzogen. Die Abneigung Friedrich Augusts II. gegen die Politik mochte auch damit zu tun haben, daß er sich in seiner Jugend als Opfer der politischen Winkelzüge seines Vaters empfinden mußte.

Im Oktober 1696 wurden August dem Starken gleich zwei Söhne geboren. Die kurfürstliche Mätresse Aurora von Königsmarck brachte Moritz, den späteren Feldherrn König Ludwigs XV. von Frankreich, zur Welt. Zur gleichen Zeit, wohl sogar einige Tage später, erblickte dann am Dresdner Hof auch der offizielle Thronfolger Friedrich August das Licht der Welt. Seine Mutter war die Bayreuther Markgrafentochter Christiane. Weniger die Mutter als vielmehr die aus Dänemark stammende Großmutter Anna Sophia nahm sich der frühen Erziehung des Knaben an, während der Vater durch den Kampf um die von ihm 1697 erworbene polnische Königskrone in Anspruch genommen war. Diese Krone warf einen langen Schatten über die frühen Jahre des Kurprinzen. Ihm war es vorbestimmt, dereinst in der Wahlmonarchie auf den Thron zu gelangen, weshalb der Knabe früh damit beginnen mußte, die polnische Sprache zu erlernen.

Die religiöse Ausbildung des Jungen wurde bald zum Politikum. August der Starke, dem Warschau eine Messe wert gewesen war, stand beim Heiligen Stuhl in der Pflicht, auch den Sohn zum katholischen Bekenntnis zu führen. Dies leuchtete dem Vater ohne weiteres ein, konnte doch nur ein katholischer Thronanwärter das Königtum der Albertiner an der Weichsel fortführen. Außerdem hatte August während der wechselhaften Kämpfe um den Besitz Polens gegen Karl XII. von Schweden festgestellt, wie nützlich die Unterstützung der Kurie für ihn war. Durch eigenes Verschulden diplomatisch weitgehend isoliert, genoß der Konvertit zumindest gewisse Sympathien in Rom. Der Preis für die Hilfe der Päpste konnte freilich nur die Konversion des Kurprinzen sein, mit der die Albertiner auf Dauer zu einer katholischen Familie avancierten. Mutter und Großmutter des Knaben sträubten sich jedoch hartnäckig dagegen, da sie treu am überlieferten Luthertum festhielten und den leichtfertigen Umgang des Kurfürsten mit der Religion auf das entschiedenste ablehnten. Auch die evangelischen Landstände im Kurstaat und die protestantischen Höfe ganz Europas begannen, sich in die Glaubensfrage des Prinzen einzumischen, die somit zu einer politischen Streitfrage ersten Ranges wurde.

Der junge Mann empfand sich selbst als das Opfer eines mit allen Mitteln ausgefochtenen Konfessionsstreites, unter dem er zweifellos schwer gelitten hat und dessen Folgen ihn bis ans Lebensende prägten. Im Konflikt um den Glauben des Sohnes gelang dem Vater ein wichtiger Schachzug, als er Friedrich August

Kurfürst (und König) Friedrich August II. (August III.) (1733–1763)

im Mai 1711 nach Polen bringen ließ, um ihn der protestantischen Umgebung in Sachsen zu entfremden. Er wies ihm katholische Erzieher zu und schickte den jungen Mann auf eine ungewöhnlich lange, insgesamt acht Jahre dauernde Kavalierstour durch Europa, die ihn von den Einflüssen der sächsischen Heimat fernhielt. Den entscheidenden Erfolg in dem Gezerre um die Seele des Sohnes erzielte August im November 1712, als der Kurprinz heimlich in Bologna zum Katholizismus übertrat. Es erschien nicht ratsam, Stände und Untertanen in Sachsen zu diesem Zeitpunkt bereits mit der Nachricht zu konfrontieren. Es trug zur Abenteuerlichkeit der Vorgänge bei, wenn protestantische Eiferer aus England und adlige Verschwörer aus Sachsen planten, den Prinzen auf der Italienreise zu entführen, um ihn im Lager des Protestantismus zu halten, während dieser doch schon der Lehre Luthers abgeschworen hatte.

Friedrich August selbst, gekränkt von dem seelischen Druck, der ihm aufgebürdet wurde, suchte in Italien seine Zuflucht in der Welt der Kunst, die ihn vor der Wirklichkeit gnädig in Schutz nahm.

Schließlich schien dem Vater im Oktober 1717 doch die Gelegenheit gekommen, die Konversion des Sohnes offiziell zu verkünden. Dies geschah in Wien, weil die Allianz zwischen Albertinern und Habsburgern durch die Heirat des Kurprinzen mit einer Kaisertochter besiegelt werden sollte. Die Hochzeit Friedrich Augusts mit der österreichischen Prinzessin Maria Josepha wurde im September 1718 unter selbst für Dresdner Verhältnisse ungewöhnlicher Prachtentfaltung im eigens zu diesem Zweck errichteten Zwinger gefeiert. Außenpolitisch hat der Kurstaat mit dem endgültigen Schwenk der Dynastie zum Katholizismus eher Terrain eingebüßt. Dem geringen Zugewinn an Vertrauen bei den katholischen Höfen standen heftige Anfeindungen aus der protestantischen Welt gegenüber, zu deren Sprachrohr sich die traditionellen Widersacher der Albertiner, nämlich die Hohenzollern in Berlin, machen sollten. Wenn Preußen 1724 aus Anlaß des Thorner Blutgerichtes eine wirkungsvolle diplomatische Aktion gegen August den Starken vorbereitete, so konnte darin eben auch die Antwort auf die für Europas Protestanten so schmerzlichen Umstände der Konversion des Kurprinzen gesehen werden, die gerade bei den 200-Jahr-Feiern der Reformation im Oktober 1717 publik gemacht worden war.

Unterdessen führte Graf Flemming den Thronfolger in die künftigen Aufgaben in Sachsen und Polen ein, wobei dem jungen Mann vor allem eingeschärft wurde, nicht von den Wegen abzuweichen, die sein Vater eingeschlagen hatte. An diese Vorgaben hat er sich dann tatsächlich sein Leben lang gehalten. Während sich der «junge Hof» des kurprinzlichen Paares vor allem in der Kunstförderung hervortat, bereitete sich auch schon der Aufstieg desjenigen Mannes vor, der die Regierungszeit Friedrich Augusts II. prägen sollte. Im Mai 1731 übernahm der gewandte und äußerst strebsame Heinrich von Brühl die Leitung des Akziseamtes in Dresden, das die indirekten Steuern verwaltete und daher eine Schlüsselposition innerhalb des Behördenapparates darstellte. Der Inhaber dieses Amtes konnte jeden Herrscher mit Sachkenntnis über die Staatsfinanzen beeindrucken. Der Regierungswechsel nach dem Tod Augusts des Starken im Februar 1733 stand dann im Zeichen der Kontinuität auf allen Feldern der Politik. Dies galt sogar für Polen, wo sich Friedrich August II. zuletzt die Krone sichern konnte, obwohl die Mehrheit der Königswähler aus dem Kleinadel für einen Piasten, einen Anwärter polnischer Herkunft, eintrat. Der auf den Schild erhobene Piast Stanislaus Leszczynski, der Schwiegervater Ludwigs XV. von Frankreich, hatte am Ende aber keine Chance gegen den Wettiner, der von Rußland und Österreich

Kurfürst Friedrich Christian (1763)

recht massiv unterstützt wurde. Es war symptomatisch, wenn dessen Königswahl gegen Leszczynski im Schutz russischer Soldaten durchgeführt werden mußte. Die Krönung des Sachsen zum polnischen König August III. in Krakau am 17. Januar 1734 bedeutete dann auch einen erheblichen Machtzuwachs für Rußland, ohne dessen Mitsprache fortan keine wichtigen Entscheidungen mehr in der Adelsrepublik getroffen werden konnten. Erst ein europäischer Friedensschluß im Oktober 1735 sicherte August III. die Krone auf Lebenszeit.

So begann eine dreißigjährige Herrschaft in Dresden und Warschau, in der die politischen Akzente aber immer von anderen als dem Monarchen selbst gesetzt werden sollten. In der Schwäche des Herrschers lag das Glück der Günstlinge. Zunächst stand der polnische Adlige József Alexander Sulkowski dem Thron am nächsten. Als Ausländer und Katholik konnte dieser jedoch in Sachsen keine Ämter bekleiden, weshalb er sich bald von dem Rivalen Heinrich von Brühl überflügelt sah, der unentwegt nützliche Verbindungen knüpfte und das Innenleben der Verwaltung kannte. 1738 stürzte Sulkowski, und Brühl nahm nun den Rang des unbestrittenen Favoriten bei Hofe ein. Er wollte noch weiter steigen.

Als Brühl 1746 den Titel eines Premierministers erhielt, war er bereits der eigentliche Mittelpunkt des sächsisch-polnischen Staatslebens geworden. Unermüdlich häufte der Graf Titel und Würden an, so daß er in den 1750er Jahren schließlich 30 verschiedene Hof- und Staatsämter in beiden Ländern innehatte. Weder in Dresden noch in Warschau konnte Wesentliches ohne die Zustimmung des Ministers geschehen, der alle höheren Positionen mit erprobten Gefolgsleuten besetzt hatte. Nicht nur geschickter Politiker, sondern auch versierter Ökonom, konnte der Graf durch die Pacht polnischer Salinen und den Ankauf sächsischer Güter, die er erfolgreich bewirtschaftete, ein gewaltiges Vermögen anhäufen. Sein eigener Hofstaat zählte 300 Personen. Verwundert stellten daher Diplomaten in Dresden und Warschau fest, daß sich um die Person des Premierministers ein Glanz entfaltete, der sogar den Kurfürsten und König in den Schatten zu stellen drohte. Friedrich August II. hat Brühl aber gewähren lassen, nahm dieser ihm doch reichlich Verantwortung und Sorgen ab. Die Sachkenntnis des Ministers und sein angenehmer Umgang überzeugten den Monarchen, mochte es auch Neider und mutige Ankläger geben, die dem Grafen Korruption und selbstsüchtige Amtsführung vorwarfen. Brühl hatte nichts zu fürchten. Unliebsame Kritiker in der Verwaltung ließ er einfach entfernen, wie jenen Leipziger Bürgersohn Thomas von Fritsch (1700–1775), der 1741 aus dem Staatsdienst ausschied und später dann zu den Vordenkern der Wende von 1763 gehören sollte.

Der Kardinalfehler des Brühlschen Systems, das innenpolitisch eine gut funktionierende Maschinerie zur Machtsicherung des Premierministers war, lag in dem Primat der Außenpolitik, auf deren Feld der Graf den Ruhm seines Monarchen mehren wollte. Nach 1740 bot die Außenpolitik jedoch dem Staat der Wettiner kaum noch Chancen. Vielmehr lag in der Entstehung des preußisch-österreichischen Dualismus für Sachsen die Gefahr begründet, zwischen den beiden Machtblöcken in Nord und Süd zerrieben zu werden. Brühl gehörte zu den Akteuren der langen europäischen Krise, die 1740 mit dem Tode Kaiser Karls VI. begann und die eigentlich erst mit dem Frieden von Hubertusburg 1763 enden sollte. Dabei agierte er sehr unglücklich. Brühl wollte das habsburgische Schlesien, einen Teil der Erbmasse Karls VI., seinem eigenen König zu Füßen legen. Die umstrittene Provinz besaß für die Wettiner als Landbrücke zwischen Sachsen und Polen größte Bedeutung. Die Beteiligung an den Schlesischen Kriegen war für das Land Friedrich Augusts II. jedoch mit hohen Verlusten an Menschenleben und an Geld verbunden, ohne Früchte abzuwerfen. Schlesien konnte sich der junge Preußenkönig Friedrich im Winter 1740/41 sichern, um es dann nicht mehr aus der Hand zu lassen. Die schlesischen Träume waren für Kursachsen mit der katastrophalen Niederlage der kurfürstlichen Armee bei Kesselsdorf im Dezember 1745 vorbei. Nach der Schlacht marschierten die Preußen erstmals als Sieger in Dresden ein.

Brühl sah die Machtprobe mit Preußen aber noch nicht als beendet an. Es folgten Jahre eines kühlen Friedens, in denen sich der preußische König und der sächsische Premierminister gegenseitig belauerten. Der nächste Waffengang schien unvermeidlich. Angesichts der äußerst gefährdeten Lage der albertinischen Lande im österreichisch-preußischen Spannungsfeld wäre es erforderlich gewesen, das wirtschaftliche und gesellschaftliche Potential des Kurstaates besser zu entwickeln. Die Gelegenheit für durchgreifende Reformen schien günstig. Gerade vor diesen inneren Herausforderungen hat das Brühlsche System jedoch vollkommen versagt. Die Regierung sah ihre Aufgabe nicht darin, den Einfallsreichtum und den Leistungswillen der Untertanen zu fördern, sondern sog sie mit hohen Steuern aus. Wo die Einnahmen nicht hinreichten, nahm man seine Zuflucht zum Schuldenmachen, so daß die kursächsischen Staatsfinanzen beim Beginn des Siebenjährigen Krieges 1756 bereits völlig zerrüttet waren.

Diese auf Improvisation und Ignoranz beruhende Politik hatte gewiß den Grafen Brühl zum Urheber, die eigentliche Verantwortung lag aber doch beim Kurfürst-König. Es war nämlich nicht so, daß Friedrich August II. von der Politik abgeschirmt worden wäre. Er regierte selbst im Sinne des monarchischen Absolutismus, traf seine Entscheidungen eigenständig, aber letztlich doch immer in der Weise, wie sie vom geschickten Premierminister vorbereitet worden waren. Entgegen einem von Friedrich dem Großen geschürten Vorurteil war Brühl nämlich klug und fleißig, klüger vielleicht und fleißiger jedenfalls als sein eigener Monarch. Dieser suchte so oft wie möglich Zuflucht vor seinen königlichen und kurfürstlichen Pflichten bei Jagd und Kunst. Wie viele andere Wettiner, so hat auch dieser Kurfürst das Waidwerk mit Leidenschaft ausgeübt. In seiner Regierungszeit wuchs das bei Oschatz gelegene Hubertusburg zur größten Jagdschloßanlage Europas heran. Noch mehr Zeit und Geld als der Jagd widmete Friedrich August II. den schönen Künsten. Dresden stieg dank seines Wirkens als Planer und Mäzen zu einer kulturellen Metropole des 18. Jahrhunderts auf, in der Musik und Theater blühten wie sonst nirgends nördlich der Alpen. 1747 wurde die Dresdner Gemäldegalerie für die Kunstliebhaber aus aller Welt geöffnet, die sich von Anfang an mit den Sammlungen in Rom oder Versailles maß. 1753 erhielt der Bestand dank der Erwerbung der Sixtinischen Madonna Raffaels bedeutenden Zuwachs. Für dieses Gipfelwerk europäischer Malerei gab der Kunstfreund auf dem Thron eine hohe Summe Geldes aus, die er gut angelegt wußte.

Glück bescherten dem Kurfürsten nicht nur die Jagd und der Kunstgenuß, er führte auch vierzig Jahre lang eine erfüllte Ehe mit der Habsburgerin Maria Josepha, die als Katholikin zunächst bei den Untertanen wenig geschätzt war. Erst gegen Ende ihres Lebens erwarb sie sich als mutige Statthalterin ihres Mannes in dem von preußischen Truppen besetzten Dresden den Respekt und die Zuneigung der Sachsen. Sie starb mitten im Krieg, lange von ihrem Mann getrennt, im November 1757. Dem Paar wurden 14 Kinder geboren, von denen 11 das Erwachsenenalter erreichten. Allerdings sollte der Thronfolger, der 1722 geborene Friedrich Christian, den Eltern nicht nur Freude bereiten. Er kam mit einer Behinderung zur Welt. Maria Josepha, die während der Schwangerschaft auf die Jagd geritten und vom Pferd gefallen war, machte sich deswegen selbst die schwersten Vorwürfe. Friedrich Christian litt von Geburt an unter einer schmerzhaften Krümmung der Wirbelsäule, die ihm bei jeder Bewegung Pein bereitete und ihm als Kind auch das Spielen erschwerte. Die Eltern überlegten, ob sie anstelle des behinderten Knaben nicht den nächstgeborenen Prinzen Xaver als Thronfolger bevorzugen sollten. Der Vater entschied jedoch, daß das Erstgeburtsrecht um der monarchischen Legitimität und um des Bestandes der Dynastie willen Vorrang genießen müsse. Er hat diese Entscheidung zugunsten Friedrich Christians als Nachfolger gelegentlich bereut, entwickelte der trotz Behinderung und Schmerzen lebhafte Junge doch einen wachen Geist, der ihn befähigte, sich eigene Urteile zu bilden und später als junger Erwachsener auch nicht vor offener Kritik an der Politik Brühls und am Verhalten seines Vaters zurückzuschrecken. Der Premierminister sorgte dann auch dafür, daß der Kurprinz von jedem politischen Einfluß ferngehalten wurde.

Der Prinz hatte im Zuge seiner Ausbildung Vorlesungen an der Universität Leipzig besucht und bürgerliches Gedankengut in sich aufgenommen. Mit ihm öffnete sich der sächsische Hof den Ideen der Aufklärung. Friedrich Christians nunmehr ediertes Tagebuch zeigt, wie stark er die moralische Verpflichtung der Herrscher empfand, für das Wohlergehen der Menschen zu sorgen. Seine Ansichten faßte er 1752 in der Maxime zusammen: «Die Fürsten sind für ihre Untertanen da und nicht die Untertanen für die Fürsten.» Es versteht sich, daß von einem solcherart gestimmten Kopf das Brühlsche System gewogen und für zu leicht befunden werden mußte, diente es doch nicht dem glücklichen Leben der Menschen im Lande, sondern allein dem Machterhalt und der Bereicherung einer Clique um den Premierminister, den Vertreter einer konsequent selbstsüchtigen Politik. Der dreißigjährige Kurprinz entwickelte kühne Pläne. Für den Fall, daß sein Vater plötzlich sterben und ihm die Herrschaft zufallen sollte, dachte er an die sofortige Verhaftung Brühls und an die rücksichtslose Untersuchung von dessen gesamter Regierungspraxis. Soweit kam es nicht, doch der Kurprinz begann, für die Zeit nach Brühl vorzuarbeiten. Er suchte den Kontakt zu ausgewiesenen Gegnern des Premierministers, wie jenem Leipziger Thomas von Fritsch, der eine politische Alternative verkörperte.

Da führte des Grafen wenig behutsame Außenpolitik, die auf die Konfrontation mit Preußen und auf die Unterstützung der Gegner Friedrichs des Großen in Wien, St. Petersburg und neuerdings auch Versailles setzte, die Katastrophe des Kurstaates im Jahr 1756 herbei. Allerdings wird man Brühl kaum dafür schelten dürfen, daß er im Sommer 1756 nicht mit einem preußischen Überfall auf Kursachsen rechnete, der als eklatanter Völkerrechtsbruch in einen Krieg zwischen Preußen und den verbündeten Festlandsmächten münden mußte. Sachsen war militärisch völlig unvorbereitet, weil Brühl meinte, die Ansprüche auf Schlesien eher mit starken Allianzen am Verhandlungstisch als mit den Waffen auf dem Schlachtfeld durchsetzen zu können. Er hätte wohl bedenken müssen, wie naheliegend der Appell an die Waffen aber für einen Mann wie Friedrich von Preußen war. Nach der feindlichen Invasion zogen sich Hof und Armee auf die Festung Königstein zurück, um dort Hilfe aus Österreich zu erwarten. Da diese ausblieb, mußte am 16. Oktober 1756 die Kapitulation der Festung erfolgen. König und Premierminister zogen sich nach Warschau zurück. Das Unglück Sachsens in den folgenden Jahren verfolgten sie aus der Ferne. Anders der Kurprinz, der auch unter feindlicher Besatzung in Dresden ausharrte, wobei er auf eine rasche Niederlage der Preußen hoffte. Ihm stand zunächst noch die Kurfürstin zur Seite, die aber im November 1757 starb.

Angesichts schwerer preußischer Übergriffe zog es auch der «junge Hof» Friedrich Christians 1759 vor, nach München ins Exil zu gehen. Aus Bayern stammte die Frau des Prinzen. Friedrich Christian hatte 1747 die Wittelsbacherin Maria Antonia geheiratet, die ihn in dieser für Sachsen äußerst schweren Zeit nach Kräften unterstützte. Als Anfang 1762 endlich ein Ende des langen und harten Krieges absehbar war, kehrte Friedrich Christian mit der Familie wieder von München nach Dresden zurück, um nun den Wiederaufbau seines zerstörten Landes in Angriff zu nehmen. Bereits im April 1762 rief er die Restaurationskommission ins Leben, die mit Plänen und Entwürfen die Wiederherstellung Sachsens, das *Rétablissement*, vorbereiten sollte. Zum Leiter dieser Kommission wurde kein anderer als Thomas von Fritsch berufen, der ausgewiesene Kritiker des Brühlschen Systems, der keinen Zweifel daran ließ, daß nur eine gründliche Abkehr von der bisherigen Regierungspraxis zu einer Genesung des erschöpften Landes führen konnte. Fritsch und der Kurprinz mußten jedoch die Erfahrung machen, daß sich gegen den hinhaltenden Widerstand der immer noch von Brühl aus Warschau ferngesteuerten Verwaltung die dringend erforderlichen Neuerungen kaum in die Tat umsetzen ließen. So falle alles, was die Restaurationskommission vorschlage, gleichsam in einen tiefen Brunnen, klagte Thomas von Fritsch im November 1762 in einem Anfall von Resignation. Alte Prinzipien und neue Ideen standen sich zunächst noch gegenseitig im Weg. Wenigstens konnte im Februar 1763 die Bevölkerung Sachsens das so sehr ersehnte Ende des langen Krieges feiern, als in Hubertusburg nach Verhandlungen, an denen auf sächsischer Seite Kurprinz Friedrich Christian selbst teilgenommen hatte, der Frieden abgeschlossen wurde. Es war ein bitterer Frieden. Ausgeplündert und von Kampfhandlungen verheert, war das einst blühende Land in vielen seiner Landstriche zum Armenhaus des Reiches geworden.

Mit dem Frieden mußte auch die Entscheidung kommen, ob die von der Restaurationskommission mit gut durchdachten Plänen vorbereitete Erneuerung Sachsens wirklich ins Werk gesetzt würde. Die Rückkehr des Königs und Brühls aus Warschau ließ in dieser Hinsicht zunächst nichts Gutes erwarten. Die beiden betagten Männer wollten von durchgreifenden Veränderungen nichts wissen. Das Brühlsche System, das Kursachsen seit einem Vierteljahrhundert fest im Griff hatte, schien sich noch einmal verjüngen zu wollen. Am 30. April 1763 traf Friedrich August nach langen Jahren der Abwesenheit wieder in seiner Residenz an der Elbe ein. Der Zustand seiner verarmten und teils zerstörten Hauptstadt, zu deren Ausstrahlung er einst so viel beigetragen hatte, hat den König nach allen erhaltenen Zeugnissen sehr bedrückt. Darunter litt auch seine Gesundheit, die selbst durch eine Kur in Teplitz nicht wieder hergestellt werden konnte. Da erkrankte im September 1763 Graf Brühl schwer, und es hatte den Anschein, als ob der Minister seinem Herrn im Tode vorausgehen wollte. Doch fiel Friedrich August am 5. Oktober 1763, mitten unter den Vorbereitungen für eine prächtige Opernaufführung im Dresdner Schloß, einem Schlaganfall zum Opfer. Einige Tage später verstarb dann auch sein langjähriger Premierminister Heinrich Graf Brühl.

Somit waren im Verlauf weniger Wochen jene beiden Männer von der Bühne abgetreten, die mit ihrem Beharrungsvermögen einer umfassenden Staatsreform in Kursachsen im Weg gestanden waren. Nach dem Regierungsantritt Friedrich Christians wurde unverzüglich damit begonnen, die bereits erarbeiteten Grundsätze des *Rétablissements* in die Tat umzusetzen. Der neue Kurfürst und Thomas von Fritsch trugen Sorge, die wichtigsten Posten in der Staatsverwaltung mit Personen zu besetzen, die den Reformen und den Zielen der Aufklärung verpflichtet waren. So wurde der spätere Schulreformer Peter von Hohenthal (1726–1794) noch im Oktober 1763 zum Leiter des kursächsischen Oberkonsistoriums bestellt, mit Zuständigkeiten für Kirche und Schule. Es war den Männern des *Rétablissements* nämlich nur zu klar bewußt, daß eine Erneuerung der Gesellschaft an der Wurzel, bei Schule und Ausbildung, zu beginnen hatte. Johann Georg von Einsiedel (1730–1811), der dann an seiner Kühnheit und Ungeduld scheitern sollte, wurde von Friedrich Christian zum Kabinettsminister des Inneren berufen. Ihn unterstützte als Kabinettssekretär der ebenfalls noch recht junge Friedrich Wilhelm Ferber (1732–1800), der einer der großen programmatischen Köpfe des *Rétablissements* war. Mehr als eine in die Zukunft weisende Personalpolitik konnte in der so tragisch kurzen Regierungszeit Friedrich Christians nicht geleistet werden. Dies war jedoch schon sehr viel. Man kann geradezu von einer «Generation von 1763» sprechen, die nun in leitende Funktionen trat und Verantwortung übernahm, mit dem Anspruch, dem Gemeinwesen zu dienen und den egoistischen Ungeist des Brühlschen Systems aus der sächsischen Verwaltung zu vertreiben.

Da diese Wende von großer Bedeutung für das folgende halbe Jahrhundert sächsischer Geschichte war, hat sich Friedrich Christian einen respektablen Platz unter den Herrschern Sachsens erworben, wenngleich er nur zehn Wochen lang die Regierung ausübte. Zeitlebens wenig widerstandsfähig gegen Krankheiten, starb er bereits am 17. Dezember 1763 an den Blattern, lediglich 41 Jahre alt. Die Arbeit für die Wiederherstellung Sachsens, die in den Tagen seiner Herrschaft so schwungvoll begonnen hatte, fiel nun seinem Sohn Friedrich August III., für den zunächst der Onkel Xaver die Regierung führte, als unerledigte Aufgabe zu.

FRIEDRICH AUGUST III./I.
1763/1806–1827

von Winfrid Halder

I.

Im Jahre 1788 konnte Kurfürst Friedrich August III. bereits sein fünfundzwanzigjähriges Regierungsjubiläum begehen. Die beiden zurückliegenden Dezennien unter seiner Herrschaft waren für Sachsen durchaus positiv verlaufen; das Land hatte sich erstaunlich schnell von den desaströsen Folgen des Siebenjährigen Krieges erholt, in welchem es wiederholt zum Hauptschauplatz der militärischen Auseinandersetzungen zwischen den benachbarten Großmächten Preußen und Österreich geworden war. Friedrich August III. hatte sein Kurfürstentum in ruhiges innen- und vor allem außenpolitisches Fahrwasser gesteuert. Lediglich an einem Krieg hatte er sich beteiligt, nämlich an dem weitgehend unblutig verlaufenden und für Sachsen mit nicht unbeträchtlichem materiellen Gewinn endenden Bayerischen Erbfolgekrieg (1778/79). Wäre dem damals knapp 38jährigen Kurfürsten ein so früher Tod beschieden gewesen wie seinem Vater vor ihm, hätte also Friedrich Augusts III. Herrschaft in den ausgehenden 1780er Jahren geendet, er wäre gewiß als ein zwar unspektakulär agierender, doch gerade in seiner Bedächtigkeit für sein Land heilsam und erfolgreich wirkender Regent in die Annalen der sächsischen Geschichte eingegangen.

Indessen war es Friedrich August vorbehalten, weitere 39 Jahre an der Spitze Sachsens zu stehen und damit der am längsten regierende Wettiner überhaupt zu werden. Zwar erlebte das Land in dieser Zeit seine Erhebung zum Königreich, wenig später jedoch auch die einschneidendsten territorialen Einbußen seiner Geschichte. Sachsen sank unter seinem ersten König Friedrich August unwiderruflich zu einer Macht allenfalls zweiten Ranges im deutschen Raum herab, an eine Beteiligung am «Konzert» der europäischen Großmächte, wie sie noch Friedrich Augusts ehrgeizigmaßlosem Urgroßvater August dem Starken vorgeschwebt hatte, war keinesfalls mehr zu denken. Die politische Glücklosigkeit Friedrich Augusts vor allem nach der Wende vom 18. zum

*Kurfürst und König
Friedrich August III./I.
(1763/1806–1827)*

19. Jahrhundert hat das Andenken an ihn dauerhaft verdunkelt und dazu beigetragen, daß er bis heute einer der von der Historie am hartnäckigsten vernachlässigten Herrscher Sachsens ist.

II.

Am 23. Dezember 1750 wurde dem sächsischen Kurprinzen Friedrich Christian und seiner Ehefrau Maria Antonia, einer Tochter des bayerischen Kurfürsten Karl Albrecht, ein Sohn geboren, der auf die Vornamen Friedrich August Joseph Maria Anton Johann Nepomuk Aloys Xaver getauft wurde. Noch regierte in Sachsen der Großvater des künftigen Thronfolgers, Kurfürst Friedrich August II., der als zweiter Wettiner nach August dem Starken neben dem sächsischen Kurhut zugleich die polnische Königskrone trug.

Das kostspielige, von Großmachtambitionen angetriebene Unterfangen, Polen und Sachsen in der Person eines Herrschers zu verknüpfen, geriet unter Friedrich August II. endgültig zum Debakel. Sachsen wurde in eine ganze Reihe von Kriegen verstrickt, die das Land verheerten und finanziell gänzlich ruinierten. Der Tiefpunkt wurde seit 1756 im Verlauf des Siebenjährigen Krieges erreicht, der sich über weite Strecken auf sächsischem Territorium abspielte. Die katastrophalen Folgen dieses Waffengangs – allein die Zahl der unmittelbaren und mittelbaren Todesopfer in Sachsen lag bei rund 100.000 – gehören zweifellos zu den prägenden Kindheitserlebnissen Friedrich Augusts. Als Mitglied der kurfürstlichen Familie mag er persönlich vom Kriegselend weitestgehend abgeschirmt gewesen sein, indessen dürfte dem fast Neunjährigen die Bedrängnis seiner Eltern kaum entgangen sein, als auch das eigentlich zum Ausharren entschlossene kurprinzliche Paar im Jahre 1759 Dresden infolge der militärischen Entwicklung verlassen mußte – der Kurfürst selbst hielt sich längst in Warschau auf, während Dresden mehrfach den Besitzer wechselte und von den Kampfhandlungen schwer in Mitleidenschaft gezogen wurde. Erst Anfang 1762 kehrte Kurprinz Friedrich Christian mit seiner Familie in die sächsische Residenz zurück.

Neben der zerstörerischen Wirkung des Krieges mag zu den langfristig nachwirkenden Kindheitseindrücken Friedrich Augusts die entschiedene Ablehnung gehört haben, die seine Eltern dem herrscherlichen Gebaren seines Großvaters frühzeitig und offen entgegenbrachten. Kurprinz Friedrich Christian, nicht zuletzt unter dem Einfluß aufklärerischen Gedankenguts, war ein dezidierter Gegner des zeitweilig allmächtig erscheinenden Ministers Graf Brühl, der das auf ihm ruhende Vertrauen des an praktischer Regierungsarbeit wenig interessierten Kurfürsten schamlos zur eigenen Bereicherung mißbrauchte und neben den Kriegsfolgen dafür sorgte, daß das an sich reiche Kurfürstentum in eine gigantische Staatsverschuldung geriet.

Die möglichst rasche Beseitigung der korrupten Günstlingswirtschaft gehörte zu den festen Vorsätzen, die Friedrich Christian für den Zeitpunkt seiner Nachfolge als Kurfürst ins Auge faßte. Bald nach seiner Rückkehr nach Dresden hat sich der Kurprinz auch persönlich um die Wiederaufbau-Planungen der im April 1762 eingesetzten «Restaurationskommission» bemüht. Ein grundlegender Politikwechsel war also angebahnt, als Friedrich Christian nach dem Tod seines Vaters am 5. Oktober 1763 selbst Kurfürst wurde. Der neue sächsische Herrscher war gerade 41 Jahre alt geworden – voll Tatendrang und gerüstet mit genauen Vorstellungen für seine Regierung ging er zu Werke. Ende Oktober formulierte er das entscheidende Ziel seiner politischen Konzeption: die Wiederherstellung des Wohlstandes im Lande – zusammengefaßt wurden die Absichten im Begriff des *Rétablissement*.

Kurfürst Friedrich Christians plötzlicher Tod am 17. Dezember 1763 nach nur 74 Tagen im Amt ließ ihm indessen keine Gelegenheit mehr, selbst an der Verwirklichung seiner Vorstellungen teilzunehmen.

III.

Sechs Tage vor Friedrich Augusts dreizehntem Geburtstag machte ihn der unerwartete Tod seines Vaters zum dritten sächsischen Kurfürsten dieses Namens. Er war freilich noch unmündig, so daß eine Vormundschaftsregierung notwendig wurde. Diese übernahm ein Onkel des jungen Kurfürsten, Prinz Xaver. Der Administrator sah sich allerdings damit konfrontiert, daß auch die Mutter Friedrich Augusts, die Kurfürstin-Witwe Maria Antonia ihren Einfluß weiterhin geltend machte. Administrator und Kurfürstin-Witwe waren sich immerhin grundsätzlich darin einig, daß der von Friedrich Christian eingeschlagene Kurs des *Rétablissement* beibehalten werden sollte. Somit hat der früh verstorbene Kurfürst für jene politische Weichenstellung verantwortlich gezeichnet, die auch der ersten Phase der Herrschaft seines Sohnes die entscheidende Richtung gab. Prinz Xaver reorganisierte nicht zuletzt die sächsische Armee. In der Frage der Finanzierung geriet er freilich in einen langwierigen Streit mit den Ständen des Landes, was ihn schließlich dazu veranlaßte, die Vormundschaftsregierung bereits Mitte September 1768, also rund drei Monate vor dem 18. Geburtstag und damit der Mündigkeit Friedrich Augusts III., niederzulegen.

Der junge Kurfürst hatte vor der Regierungsübernahme eine den Vorstellungen der Zeit entsprechende Erziehung genossen, unter anderem hatte er Unterricht in Geschichte, Rechts- und Staatswissenschaften sowie allgemeinbildenden Fächern erhalten. Als ein grundlegendes Ziel des Herrschers wurde ihm die Wohlfahrt des Landes vermittelt. Herausragende politische Bedeutung behielt der 1764 mit einem Teil der Erziehung Friedrich Augusts beauftragte, dem Bürgertum entstammende Jurist Christian Gotthelf von Gutschmid, welcher bereits der «Restaurationskommission» angehörte hatte. Anders als Friedrich Augusts Mutter Maria Antonia hat seine Ehefrau Maria Amalia, die er bald nach der Übernahme der selbständigen Regierung Anfang 1769 heiratete, zu keinem Zeitpunkt an der Lenkung der sächsischen Politik mitgewirkt. Die neue Kurfürstin stammte aus dem Haus Pfalz-Zweibrücken; dadurch wurde die Beziehung des Hauses Wettin zu den Wittelsbachern erneut verstärkt.

Die mit dem *Rétablissement* eingeschlagene Linie der Innenpolitik blieb auch nach 1768 unverändert. Der sächsische Behördenapparat, insbesondere die Finanzverwaltung, konnte reorganisiert und gestrafft werden. Der bereits unter Kurfürst Friedrich Christian verordnete Sparkurs wurde fortgesetzt. Aussagekräftig für den neuen Geist, der unter Friedrich Christian Einzug gehalten hatte und für Friedrich August III. weiterhin bestimmend blieb, war auch der Umstand, daß der Urgroßvater und der Großvater in ihrem Repräsentationsbedürfnis die Residenz Dresden architektonisch weithin umgestalteten, während Friedrich August III. deren äußerer Erscheinung nichts wirklich Prägendes hinzufügte. In Dresden entstand unter ihm lediglich die relativ nüchterne, auf den Übergang zum Klassizismus verweisende Kreuzkirche im Stadtzentrum neu – und dies wohl auch nur deshalb, weil preußische Kanonenkugeln den Vorgängerbau 1760 gründlich in Trümmer gelegt hatten.

Bedingt durch die Sparmaßnahmen, die Verwaltungsreorganisation, aber auch durch die erfolgreiche Wirtschaftsförderung, die von der Kompetenz der 1764 eingesetzten «Landesökonomie-, Manufaktur- und Kommerziendeputation» profitierte, konnte 1774 erstmals wieder ein Überschuß im sächsischen Staatshaushalt erzielt werden. Um die gleiche Zeit betrug die in den Jahrzehnten zuvor aufgelaufene monströse Staatsverschuldung noch immer rund 40 Millionen Taler, konnte jedoch durch eine konsequente Fortsetzung der Spar- und Konsolidierungspolitik überraschend schnell abgebaut werden. Der auch von der Steuerpolitik des Staates mittels einer Senkung der Verbrauchssteuern begünstigte Aufschwung von Handel und gewerblicher Wirtschaft schuf im ausgehenden 18. Jahrhundert das Sprungbrett, von dem aus Sachsen in der ersten Hälfte des 19. Jahrhunderts auf einen zeitweilig führenden Rang in der deutschen Frühindustrialisierung katapultiert werden sollte. Untersetzt war dies auch durch eine Agrarpolitik, die zwar nicht grundsätzlich am Feudalsystem rüttelte, aber Raum ließ für ertragsteigernde Innovationen. In die ersten beiden Jahrzehnte von Friedrich Augusts III. Regierungszeit fielen schließlich auch vorsichtige Reformen im Justizwesen und in der Rechtsprechung, ferner Verbesserungen in der öffentlichen Gesundheitsfürsorge und schließlich erhebliche Anstrengungen beim Ausbau des Bildungswesens.

Nach außen war das Konzept des nach innen gerichteten *Rétablissement* mit der grundlegenden Absicht verknüpft, sich um der ruhigen Konsolidierung des Landes willen aus auswärtigen Konflikten herauszuhalten. Auch diese Linie wurde bereits verfolgt, bevor Friedrich August III. die selbständige Regierung übernahm. Die Erfahrungen insbesondere aus dem Siebenjährigen Krieg legten es nahe, sowohl gegenüber Preußen als auch gegenüber der anderen unmittelbar benachbarten Großmacht, der Habsburgermonarchie, ein feindseliges Verhältnis nach Möglichkeit zu vermeiden. Kursachsens geographische Lage und die topographische Natur des größeren Teils des Landes machten es gleichsam zum natürlichen Aufmarschgebiet und Schlachtfeld der beiden spätestens seit 1740 miteinander rivalisierenden deutschen Mächte.

In den ersten beiden Jahrzehnten seiner Herrschaft ist Friedrich August III. lediglich einmal von der Neutralitätspolitik abgewichen, nämlich im Zuge der Entwicklung, die 1778/79 zum Bayerischen Erbfolgekrieg führte. Kursachsen wurde durch die seit 1774 schwebende bayerische Nachfolgefrage infolge der Erbansprüche der aus dem Haus Wittelsbach stammenden Kurfürstin-Witwe Maria Antonia berührt. Veranlaßt wurde das letztlich auch militärische Engagement Sachsens auf preußischer Seite durch das offensive Vorgehen Kaiser Josephs II., der große Teile des bayerischen Erbes dem habsburgischen Besitz hinzufügen wollte und die entsprechenden Gebiete kurzerhand Anfang 1778 besetzen ließ. Als sich im Sommer 1778 die Situation zuspitzte und Joseph II. überdies von Kursachsen die Überlassung der Festung Königstein, eine drastische Reduzierung der sächsischen Armee sowie freies Durchmarschrecht für die habsburgischen Truppen verlangte, war eine Aufrechterhaltung der Neutralität des Landes schlechterdings nicht mehr möglich. Kursachsen wurde mithin geradezu an die Seite Preußens gedrängt; dessen König Friedrich II. war in Anbetracht der prekären Vorgeschichte der sächsisch-preußischen Beziehungen in den Jahrzehnten zuvor bestimmt kein Wunschpartner aus Dresdner Sicht. Gemeinsam mit der preußischen Armee rückten im Juli 1778 sächsische Truppen in Böhmen ein. Die folgenden militärischen Operationen beider Seiten blieben weitgehend ergebnislos, zu einem größeren Treffen kam es überhaupt nicht. Seit dem Frühjahr 1779 verhandelten die beteiligten Mächte über eine Beilegung des Konflikts, im Frieden von Teschen mußte Joseph II. von seinen auf Bayern gerichteten Plänen weitgehend Abstand nehmen; Kursachsen erhielt eine finanzielle Entschädigung für seinen Verzicht auf die bestehenden Erbansprüche. Immerhin flossen so in den folgenden Jahren sechs Millionen Gulden in die sächsische Staatskasse.

Nach der Teilnahme am Bayerischen Erbfolgekrieg kehrte die kursächsische Außenpolitik rasch zur Neutralität zurück. Daran

änderte auch die Beteiligung am 1785 vom preußischen König
Friedrich II. angeregten Fürstenbund nichts, denn darin sah man
in Dresden keineswegs ein Abgehen vom Neutralitätskurs. Vielmehr wurde der Fürstenbund als Instrument zur Stabilisierung
der Reichsverfassung betrachtet, und diese blieb ein zentrales Ziel
der kursächsischen Politik. Im Jahre 1787 verfaßte Friedrich August III. ein *Politisches Testament*, in dem er für einen potentiellen
Nachfolger sein politisches Credo resümierte: «Lieben Sie Ihr Militare und schätzen Sie daßelbe als Stand, der die Ehre zum Ziel
und die Beschützung des Vaterlandes zur Bestimmung hat. Sehen
Sie es aber nicht als den Haupt Endzweck Ihrer Staatsverwaltung
an, sondern hauptsächlich als das Mittel, wodurch Sie die Neutralitaet Ihrer Lande erhalten können, worauf alle Ihre politischen
Massregeln und Verhältniße ... gerichten seyn müßen.»

IV.

Es war Kurfürst Friedrich Augusts III. Unglück, daß er mit dem
Beginn des dritten Jahrzehnts seiner Herrschaft in einen Strudel
von Ereignissen grundstürzenden Charakters gerissen wurde, in
dem zu bestehen er infolge seines Charakters und seiner politischen Grundüberzeugungen denkbar schlecht gerüstet war.

Kein Zweifel kann daran bestehen, daß Friedrich August III.
dem Geschehen in Frankreich seit Sommer 1789 als konservativer
Monarch grundsätzlich ablehnend gegenüberstand. Allerdings war
er zugleich der Meinung, daß es angeraten sei, auch gegenüber
dem revolutionären Frankreich den sächsischen Neutralitätskurs
beizubehalten. Dies führte zu der merkwürdigen Situation, daß
der Kurfürst im August 1791, als sich der preußische König Friedrich Wilhelm II. und Kaiser Leopold II. in Pillnitz trafen, zwar als
Gastgeber fungierte, sich jedoch der dort beschlossenen, gegenüber den revolutionären Kräften in Frankreich unverhohlen mit
militärischer Intervention drohenden Deklaration nicht anschloß.

Das Bestreben Friedrich Augusts III., sein Land aus konfliktträchtigen internationalen Verwicklungen herauszuhalten, wurde
zeitlich parallel zur Frühphase der Französischen Revolution
ebenfalls deutlich, als dem Kurfürsten die polnische Königskrone
angeboten wurde. Für deren Erwerb hatten sein Urgroßvater und
sein Großvater viel investiert; Friedrich August III. wurde sie nun
angetragen, ohne daß er sich in irgendeiner Weise darum bemüht
hatte. Die im Mai 1791 beschlossene neue polnische Verfassung
sah sogar vor, daß Friedrich August III. nach dem Tod des am-

tierenden Königs Stanislaus Poniatowski nicht allein die Krone zufallen, sondern daß diese darüber hinaus erblich beim Haus Wettin verbleiben sollte. Aus Dresden erhielten die polnischen Befürworter dieser Lösung indessen eine Absage. Die Polen-Ambitionen hatten Kursachsen schon einmal an den Rand des Ruins gebracht, indem das Land in die russisch-preußisch-österreichische Rivalität um die Verteilung der polnischen Konkursmasse hineingezogen worden war. Daher schien es besser, dergleichen Bestrebungen ein für alle mal aufzugeben. Diese Einsicht hatte Friedrich August III. bereits dem Administrator Prinz Xaver zu verdanken, und er hielt sich auch jetzt daran. Der Entschluß des Kurfürsten war zweifellos richtig; er hätte gewiß nicht die Möglichkeiten besessen, dem Expansionswillen der mächtigen Nachbarn des innerlich zerstrittenen polnischen Staates wirksam entgegenzutreten; ein Engagement in Polen hätte lediglich die bis dahin erzielten Erfolge des *Rétablissement* zunichte gemacht.

Friedrich Augusts III. Bestreben, sein Land vor der rasanten, mit den Auswirkungen der Französischen Revolution verbundenen Entwicklung abzuschirmen, wurde allerdings schon im Sommer 1790 durch Bauernunruhen in Frage gestellt. Bezeichnenderweise begannen diese in der Lommatzscher Gegend, also in einer Region mit vergleichsweise wohlhabenden Bauern, von denen viele lesen konnten. Daher wirkten Berichte über die rasch nach Beginn der Revolution erfolgende Aufhebung der Feudallasten in Frankreich besonders stark, denn auch hier herrschte vielfach Unzufriedenheit mit den überlieferten bäuerlichen Abgabe- und Dienstverpflichtungen. Die Forderungen der Bauern richteten sich daher gegen als ungerechtfertigt erscheinende Lasten, keineswegs aber gegen die Obrigkeit allgemein oder gar den Landesherrn persönlich. Das Vorgehen der Bauern blieb moderat, und auch Friedrich August III. und sein Kabinett reagierten besonnen; die eingesetzten Truppen hatten Befehl, mit Zurückhaltung vorzugehen. Einerseits verlangte der Kurfürst in einem Patent vom 26. August 1790 die Angabe von Rädelsführern, andererseits sagte er eine gerechte Prüfung der bäuerlichen Beschwerden zu. Diese erfolgte später tatsächlich, und verschiedene Klageanlässe wurden zugunsten der Bauern beseitigt. Friedrich August III. verdiente sich nicht von ungefähr bereits zu Lebzeiten den Beinamen «der Gerechte». Sein Verhalten bei den Vorgängen von 1790 ist charakteristisch für seine streng rechtliche Gesinnung.

Unterdessen zeitigte die Entwicklung in Frankreich auch außenpolitische Folgen, welche ein Beharren auf der Dresdner Neutralitätsdoktrin immer schwieriger machten – freilich ohne daß der Kurfürst und seine Berater sich deshalb zu einer grundlegenden außenpolitischen Kurskorrektur bereit gefunden hätten. Nach Ausbruch des Ersten Koalitionskrieges gegen Frankreich (1792–1797) sah sich Kursachsen in Anbetracht der Tatsache, daß der inzwischen amtierende Kaiser Franz II. dafür gesorgt hatte, daß die Auseinandersetzung zum «Reichskrieg» erklärt wurde, dazu veranlaßt, in Erfüllung seiner Verpflichtungen gegenüber dem Reich ein Truppenkontingent gegen Frankreich zu stellen.

Als nach dem Ende des Ersten Koalitionskrieges durch den Frieden von Campo Formio (17. Oktober 1797) und den dadurch sanktionierten faktischen Verlust der linksrheinischen Gebiete des Reiches zugunsten Frankreichs auf dem Kongreß von Rastatt der große territoriale Umbruch in Gang gesetzt wurde, der die Verfassungsstruktur des Alten Reiches sprengte, noch bevor es sein formales Ende erreichte, bezog Kursachsen eine konservative Position. Zum einen stellten die Unterhändler Friedrich Augusts III. klar, daß man selbst keinerlei territoriale Ansprüche erhebe. Zum anderen setzte man sich dementsprechend für eine Bewahrung der geistlichen und kleinen weltlichen Herrschaften ein, auf deren Kosten die Umgestaltung der Territorialstruktur des Reiches zwangsläufig erfolgen mußte.

Der Einsatz Sachsens indessen blieb erfolglos, die den größeren Reichsständen winkenden Gebietsgewinne waren viel zu verlockend, als daß die kursächsische Haltung mehrheitsfähig gewesen wäre. Die Politik, die Sachsen im Kontext des Ersten Koalitionskrieges verfolgte, war zugleich außerordentlich bezeichnend für das Selbstverständnis Friedrich Augusts III.: Bei aller Neigung, sich und sein Land von Konflikten fernzuhalten, ließ es dem Kurfürsten doch seine Stellung als Reichsfürst als unumgänglich erscheinen, die sich daraus ableitenden Pflichten gegenüber dem Kaiser zu erfüllen – nötigenfalls auch in militärischer Form. Gerade aber die Treue zur Reichsverfassung war es auch, welche den entscheidenden Beweggrund für Friedrich Augusts III. Weigerung darstellte, die Gunst der Situation zur eigenen territorialen Arrondierung auszunutzen. Denn dies hätte ein zumindest implizites Einverständnis mit der Zerstörung der verfassungsrechtlichen Grundlagen des Reiches bedeutet. Ebenso folgerichtig wie erneut vergeblich spielte Kursachsen dann in den Verhandlungen der Reichsdeputation, welche das in Rastatt begonnene Werk der Neuaufteilung des Reichsgebiets zugunsten der größeren Territorien 1803 zum Abschluß brachte, die Rolle des Sachwalters der überlieferten Reichsverfassung.

Nach der Beteiligung am Ersten Koalitionskrieg und parallel zu den vergeblichen Versuchen, sich der Demontage des Alten Reiches entgegenzustellen, glaubten die Verantwortlichen in Dresden, daß in der Außenpolitik eine Rückkehr zur strikten Neutralität der beste Weg sei. Der Zweite (1798/99–1801) und der Dritte Koalitionskrieg (1805) gingen infolgedessen ohne sächsische Beteiligung vonstatten.

V.

Im Jahre 1806 hielt Preußen im Bündnis mit Rußland den Zeitpunkt für gekommen, Napoleon endlich in die Schranken zu weisen. Im Vertrauen auf die eigene militärische Tradition suchte man die Auseinandersetzung mit Frankreich. Auf sächsische Hilfstruppen mochte Berlin gleichwohl nicht verzichten. Dem stand der unveränderte Wunsch des Kurfürsten entgegen, an der Neutralität seines Landes festzuhalten und mithin auch eine Beteiligung an der sich abzeichnenden kriegerischen Konfrontation zwischen Preußen und Bonapartes Frankreich zu vermeiden; die diplomatischen Beziehungen zwischen Sachsen und Frankreich waren zuvor durchaus freundlich gewesen. Der Versuch, neutral zu bleiben, scheiterte indessen am erheblichen Druck, der von preußischer Seite auf Kursachsen ausgeübt wurde. Überdies gab es am sächsischen Hof eine Gruppierung, die nach der vorangegangenen Niederlage Österreichs im Dritten Koalitionskrieg eine Anlehnung an Preußen für zwingend hielt, da Sachsen sonst in noch größere Abhängigkeit von Frankreich geraten mußte. Dieser Argumentation schloß sich Friedrich August III. schließlich an.

Dies hatte zur Folge, daß die sächsische Armee, als am 14. Oktober 1806 in der Doppelschlacht von Jena und Auerstedt der Nimbus der vermeintlichen Unbesiegbarkeit des friderizianischen Heeres blutig zerstört wurde, auf der Seite der Verlierer stand. Preußen ging nach dieser schmerzhaften Niederlage in den folgenden Monaten dem (vorläufigen) Tiefpunkt seiner Geschichte entgegen, der sich im Frieden von Tilsit (7./9. Juli 1807) manifestierte. Kursachsen indessen wurde bereits zuvor zum Objekt napoleonischer Bündnis- und Machtpolitik auf deutschem Boden. Friedrich August III. mochte nach der militärischen Katastrophe die Rückkehr seines Landes zur Neutralität erklären. Dies verhinderte jedoch nicht, das Kursachsen noch im Oktober 1806 von französischen und Rheinbundtruppen besetzt wurde. Waren damit einer wie auch immer gearteten eigenständigen Politik Sachsens ohnehin die Hände gebunden, so war zugleich die Besatzungspolitik Bonapartes mit einer geschickten Propagandastrategie gepaart. Die Besetzung nämlich wurde zur «Befreiung vom preußischen Joch» stilisiert – und zweifellos traf dies den Nerv der Wahrnehmung vieler Sachsen, welche die zweite Hälfte des vorangegangenen Jahrhunderts ganz oder teilweise bewußt miterlebt hatten. Jedenfalls war Preußens Verhalten gegenüber Kursachsen spätestens seit 1756 alles andere als dazu angetan gewesen, dort Loyalität über die Niederlage von 1806/07 hinaus zu erzeugen. Im Gegenteil: Die Anlehnung an einen auch militärisch offenkundig überlegenen Partner erschien plausibel, denn an der strategischen Defensivposition Kursachsens gegenüber Preußen änderte sich mit dessen augenblicklicher Marginalisierung nichts. Und Österreich, bei dem die Wettiner immer wieder Rückhalt gesucht hatten, war nach den eigenen Niederlagen im Zweiten und Dritten Koalitionskrieg stark geschwächt.

Als dann im Frieden von Posen (11. Dezember 1806) zwischen dem Kurfürstentum Sachsen und dem kaiserlichen Frankreich ersterem auch noch – zweifellos wiederum im Kontext machtpolitischer Überlegungen Napoleons I. – überraschend gute Konditionen zugestanden wurden, mußte der Übertritt des Landes in die Reihen der deutschen Bündnispartner des französischen Kaiserreichs als zwingender Schritt zum Wohle von Land und Leuten erscheinen. Und gerade dies war und blieb handlungsleitend für Kurfürst Friedrich August III.

Der Posener Friedensvertrag sah zum einen den Beitritt Sachsens zum bereits im Juli 1806 konstituierten Rheinbund vor. Friedrich August gehörte also keineswegs zu den sechzehn deutschen Fürsten, die mit ihrem Eintritt in den offenkundig von Frankreich abhängigen Bund dem Alten Reich den letzten Todesstoß versetzt und den unmittelbaren Anlaß zur Niederlegung der Kaiserkrone durch Franz II. geliefert hatten. Mit der Zugehörigkeit zum Rheinbund war die Erhebung Sachsens zum Königreich verbunden; wie schon zuvor seine monarchischen Standesgenossen in Bayern und Württemberg erhielt nun auch der bisherige Kurfürst Friedrich August III. den Königstitel von Napoleons Gnaden und nannte sich fortan Friedrich August I.

Mit dem Anschluß an den Rheinbund, der nach Lage der Dinge Ende 1806 für Friedrich August alternativlos schien, war zugleich die Verpflichtung verbunden, die weitere Kriegsführung des napoleonischen Frankreich durch Stellung von Truppen zu unterstützen. Nach der definitiven Niederlage Preußens im Sommer 1807 wurde der sächsische Landesherr dann doch an der Neuverteilung von Territorien in Deutschland beteiligt, wogegen er sich bislang gesträubt hatte. Das Königreich Sachsen erhielt den von Preußen abzugebenden Cottbuser Kreis. Es handelte sich nach außen hin um die Kompensation für thüringische Gebietsteile, die Sachsen auf der Grundlage des Posener Friedensvertrages an das neu geschaffene Königreich Westfalen hatte abtreten müssen. Geographisch war dies eine durchaus schlüssige Ergänzung des sächsischen Territoriums, war das gewonnene Gebiet doch vollkommen von der sächsischen Niederlausitz umschlossen. Gleichwohl war Friedrich August I. offenbar nicht wohl bei diesem auf der vorläufigen militärischen Niederwerfung Preußens beruhenden Gewinn, denn er nahm das Gebiet nur zögerlich in Besitz und ließ dessen bisherige Verfassung unangetastet. Noch deutlicher wurde Napoleons I. machtpolitisches Kalkül bei einem weiteren «Geschenk», daß er Friedrich August I. nach dem Frieden von Tilsit zuteil werden ließ: Dieser erhielt – ohne zuvor überhaupt konsultiert worden zu sein – das neu gegründete Großherzogtum Warschau. Verlierer war wiederum Preußen, aber auch das zuvor gleichermaßen militärisch unterlegene Rußland mußte große Teile seiner Gewinne aus den Teilungen Polens zugunsten des neuen napoleonischen Satellitenstaates herausgeben. Friedrich August I. erhielt damit in Personalunion ein neues Herrschaftsgebiet, das erheblich größer war als das Königreich Sachsen, zumal 1809 auch Österreich gezwungen wurde, seinerseits Abtretungen zugunsten des Großherzogtums vorzunehmen. Friedrich August I. war damit Herr über den größten Teil des ehemaligen Königreichs Polen, erlangte also ohne eigenes Bemühen Gebiete, um die sein Urgroßvater und sein Großvater mit hohem Aufwand gekämpft hatten. Die großherzogliche Würde sollte nach dem Willen Napoleons nunmehr sogar erblich im Haus Wettin bleiben. Sah dies alles auf den ersten Blick wie der Lohn für Sachsens Eintritt in den Kreis der Bündnispartner des übermächtigen Frankreich aus, so blieb Friedrich August I. als neuer Großherzog von Warschau gleichwohl, ähnlich wie im Cottbuser Kreis, ein ausgesprochen zurückhaltender Landesherr. Er achtete streng darauf, daß alle Ämter nur mit Polen besetzt wurden und daß insbesondere die Finanzverwaltungen von Königreich und Großherzogtum strikt getrennt blieben. Denn er und seine Berater waren sich im klaren darüber, daß Napoleons Großzügigkeit darauf abzielte, einerseits den sächsischen Herrscher an sich zu binden, andererseits aber zwischen ihm und den Verlierern von 1807 bzw. 1809 hinreichend Konfliktpotential aufzuhäufen, um eine etwaige zukünftige Verständigung der Betroffenen gegen Frankreich möglichst auszuschließen.

VI.

Im Jahre 1807 befand sich der mittlerweile fast 57jährige Friedrich August I., vordergründig betrachtet, auf dem Höhepunkt seiner monarchischen Karriere. Er war – der militärischen Niederlage an der Seite des ungeliebten preußischen Alliierten zum Trotz – zum König von Sachsen aufgestiegen, das in seiner Hand vereinigte Herrschaftsgebiet war gewaltig vergrößert worden, und er befand sich in einem augenscheinlich auch persönlich guten Einvernehmen mit dem militärisch unbesiegbar erscheinenden Kaiser der Franzosen. Im Sommer 1807 hatte Napoleon I. zum ersten Mal Dresden besucht. Im glanzvollen Gepränge der Begegnung hatte offenkundig einerseits die charismatische Erscheinung des fast zwei Jahrzehnte jüngeren Korsen Friedrich August I. tief beeindruckt, andererseits hatte dieser durch Napoleon I. Zeichen einer besonderen Wertschätzung erfahren, die womöglich nicht einmal aus politischem Kalkül geheuchelt war, sondern wohl einen wahrhaftigen Kern hatte. Denn es dürfte auch Napoleon nicht entgangen sein, daß Friedrich August in seinem politischen Kurs zuvor weitaus mehr Beständigkeit und Berechenbarkeit an den Tag gelegt hatte als die meisten anderen deutschen Fürsten, daß gerade er sich dem Bereicherungsstreben im Kielwasser der militärischen Expansion Frankreichs verweigert hatte.

Und doch war der sächsische König, recht besehen, ein abhängiger Vasall des französischen Kaisers – gerade so gut wie die anderen Rheinbundfürsten. Mochte Friedrich August I. auch nach außen hin als Verbündeter figurieren, sein Land jedenfalls wurde faktisch als Besatzungsgebiet behandelt. Noch vor dem Frieden von Posen war der bestehenden sächsischen Administration eine Verwaltungsorganisation nach französischem Muster übergestülpt worden; ein französischer «Generalintendant» griff mit seinen Untergebenen massiv in die finanziellen und ökonomischen Belange Sachsens ein. Gleich nach der Schlacht von Jena und Auerstedt war überdies damit begonnen worden, in Sachsen die von Napoleon festgesetzte Kontributionssumme von 25 Millionen Francs einzutreiben. Auch in den folgenden Jahren litt das Land schwer unter den materiellen Folgen der unfreiwilligen Liaison mit Frankreich.

Infolgedessen überrascht es nicht, daß die Haltung der sächsischen Bevölkerung gegenüber dem übermächtigen französischen Bundesgenossen ein uneinheitliches Bild zeigte. Zunächst ist offenbar die von Napoleon propagierte «Befreiung vom preußischen Joch» vielfach auf offene Ohren gestoßen. Gerade Teile des Adels und des Bürgertums begrüßten anfangs die Verbindung mit Frankreich. Im Zuge der Maßnahmen der Besatzungsverwaltung und unter dem Eindruck der zwangsläufigen Beteiligung sächsischen Militärs an den folgenden Feldzügen Napoleons wandelte sich jedoch die Einstellung des größten Teils der Bevölkerung rasch wieder zum Negativen. Die Enttäuschung richtete sich zweifellos auch auf König Friedrich August I., denn anders als etwa in Preußen kam es in Sachsen nach 1806/07 nicht zu durchgreifenden inneren Reformen in Verwaltung und Wirtschaft, obwohl es an öffentlich unterbreiteten Vorschlägen dazu nicht mangelte. Friedrich August I. war zeit seines Lebens kein innovationsfreudiger Mensch; die bereits im Zuge des *Rétablissements* an den Tag gelegte Neigung, an einmal getroffenen Richtungsentscheidungen mit großer Hartnäckigkeit festzuhalten, verstärkte sich mit fortschreitendem Alter – und wurde unter den gewandelten äußeren Bedingungen zunehmend zur Belastung für das Land.

VII.

Im Jahre 1813 näherte sich der König seinem 63. Geburtstag, zugleich stand er seit bereits fünfzig Jahren als Landesherr an der Spitze Sachsens. Dieses Jahr sollte zur eigentlichen Schicksalswende für den gealterten Monarchen werden; die politische Lage in Europa erfuhr binnen weniger Monate umstürzende Veränderungen, die gerade von den deutschen Rheinbundfürsten rasche Reaktionen verlangten, zu denen Flexibilität, Anpassungsfähigkeit und auch Bedenkenlosigkeit erforderlich waren – Eigenschaften, über die Friedrich August I. nicht verfügte.

Im Sommer 1812 hatte Napoleon I. seinen Rußlandfeldzug begonnen. Als dieser an der Jahreswende 1812/13 für die *Grande Armée* endgültig in die militärische Katastrophe mündete, war der größte Teil der über 20.000 sächsischen Soldaten, die aufgrund der Bündnisverpflichtungen ihres Landesherrn den Marsch in die Weiten Rußlands hatten mit antreten müssen, bereits tot. Der französische Kaiser selbst hatte die Armee schon im Dezember 1812 verlassen, um so rasch wie möglich nach Paris zurückzukehren. Auf dem Rückweg hatte er kurzfristig in Dresden Station gemacht, König Friedrich August I. zu einer nächtlichen Unterredung zu sich bestellt und die weitere Einhaltung der Alliiertenpflichten angemahnt.

Friedrich August I. geriet nun binnen kürzester Zeit in schwerwiegende Entscheidungszwänge. Ende Februar 1813 wurde das gegen Frankreich gerichtete russisch-preußische Bündnis erneuert, Mitte März erklärte Preußen Frankreich den Krieg. Die Kriegsplanung der Koalition sah vor, das Königreich Sachsen bewußt zum entscheidenden Operationsgebiet zu machen, um dieses selbst auf die eigene Seite zu ziehen und um den Anschluß der einstweilen noch abseits stehenden, dem sächsischen Territorium unmittelbar benachbarten Habsburgermonarchie zu erleichtern. Napoleon unterdessen stellte eine neue Armee auf – und war mit dieser im April 1813 zurück in Sachsen, das damit tatsächlich zum wichtigsten Kriegsschauplatz wurde.

Das Herannahen des Unheils konnte Friedrich August I. nicht entgehen. Seine Reaktion indessen entsprach in hohem Maße seiner Wesensart und seiner bisherigen Erfahrungswelt: Der König versuchte einer klaren Parteinahme aus dem Weg zu gehen. Er verließ einerseits Ende Februar 1813 seine von französischen Truppen besetzte Residenz Dresden und reiste nach Prag, begab sich also in den Machtbereich der einstweilen am neu entflammten Krieg noch unbeteiligten habsburgischen Großmacht. Eine Aufforderung Napoleons, nach Frankfurt am Main zu kommen, hatte er zuvor ignoriert. Mit Billigung des Königs verschloß der Befehlshaber der seit Jahresbeginn in Torgau konzentrierten sächsischen Truppen die Festung sowohl den französischen als auch den preußisch-russischen Streitkräften. Aus Friedrich Augusts Sicht sprach einiges für den Versuch einer Rückkehr zur sächsischen Neutralitätspolitik: Napoleons Nimbus als unbesiegbarer Feldherr war nach der Katastrophe in Rußland zwar angeschlagen, doch konnte keine Rede davon sein, daß der Imperator schon besiegt gewesen wäre. Der preußisch-russischen Allianz fehlte vorläufig eine klare Überlegenheit, zumindest solange der österreichische Kaiser Franz I. sich diesem Bündnis noch nicht angeschlossen hatte. Und Franz I. sowie dessen Staatskanzler Metternich taktierten zwischen den Kontrahenten bis weit in den Sommer 1813 hinein. Was lag für Friedrich August I. mithin näher, als in dieser offenen Situation Rückhalt beim alten habsburgischen Partner zu suchen, der sich seinerseits noch nicht festgelegt hatte?

In Prag wurde insgeheim zwischen dem König von Sachsen und dem österreichischen Kaiser über ein Ausscheren Sachsens aus dem Bündnis mit Frankreich verhandelt. Dies war für Friedrich August I. um so dringlicher, da Preußen und Rußland ihn am 9. April in aller Form aufgefordert hatten, sich ihnen anzuschließen. Am 20. April schloß Sachsen mit dem gleichermaßen vorsichtig agierenden Österreich einen Geheimvertrag, in dem das Zusammengehen beider Mächte festgelegt wurde. Zwölf Tage später, am 2. Mai, schlug Napoleon in dem ersten großen Treffen seit Beginn des neuen Krieges bei Großgörschen, unweit von Leipzig, ein Korps der preußisch-russischen Armee und schien damit das militärische Heft des Handelns erfolgreich zurückgewonnen zu haben. Wiederum lediglich eine Woche später ließ der Kaiser, der sich im klaren darüber war, daß ein offener Abfall Sachsens das rheinbündische Allianzsystem sprengen würde, dem noch immer in Prag weilenden sächsischen König ein auf zwei Stunden bemessenes Ultimatum stellen: Entweder Friedrich August I. kehrte umgehend nach Dresden zurück oder Sachsen würde fortan als Feindesland behandelt. Darüber hinaus erzwang Napoleon nunmehr die Öffnung der Festung Torgau, bemächtigte sich also zugleich der noch vorhandenen sächsischen Armee. Friedrich August kehrte nach Sachsen zurück und sah sich seitdem aller Handlungsfreiheit beraubt. Sein halber Abfall von Napoleon hatte verständlicherweise dessen Mißtrauen geweckt, ebenso wie der gegen Frankreich gerichteten Koalition das Verhalten des sächsischen Königs zweideutig erscheinen mußte, zumal das sächsische Militär auf seiten des Gegners verblieb. Friedrich August I. sah indessen persönlich keine Möglichkeit, sich ähnlich wie zahlreiche andere prominente Verantwortungsträger in Sachsen einstweilen abzusetzen. Das hätte für ihn bedeutet, sein Land und seine Untertanen im Stich zu lassen. Die weitere Entwicklung der militärischen Lage machte es für Friedrich August I. zudem enorm schwierig, eine Prognose hinsichtlich des voraussichtlichen Siegers anzustellen und seine Politik dementsprechend auszurichten.

Lange Zeit mußte Friedrich August I. in völliger Passivität verbringen, ungewiß über die weitere Entwicklung der Dinge. Ein Stück mehr Klarheit erhielt auch er erst, als am 12. August 1813 endlich, von Metternich sorgfältig vorbereitet, Österreich aus seiner Reserve heraustrat und Frankreich den Krieg erklärte. Damit war klar, daß nun eine weitere Großmacht ihre Armee auf sächsisches Territorium lenken würde, um eine militärische Entscheidung zu suchen. Nach wie vor zeigten aber die Veränderungen der Kriegslage ein uneinheitliches Bild. Erst im Verlauf des Septembers schien sich das Blatt gegen den französischen Kaiser zu wenden. Nach mehreren Niederlagen zog dieser sich am 6. Oktober mit seiner Hauptstreitmacht, der auch die noch vorhandenen sächsischen Truppen angehörten, aus dem Dresdner Raum in Richtung Leipzig zurück.

Friedrich August I. folgte am nächsten Tag. Er war nicht in der glücklichen Lage wie sein Schwager, der bayerische König Maximilian I., der sich fernab vom Kriegsschauplatz nach Verhandlungen mit Metternich am 9. Oktober 1813 vom Rheinbund lossagte und Frankreich am 14. Oktober den Krieg erklärte – zwei Tage bevor vor den Toren Leipzigs die Entscheidungsschlacht begann. Ähnlich verhielt es sich mit König Friedrich I. von Württemberg. Letztlich war keiner der Rheinbundfürsten in einer so prekären Lage wie Friedrich August I., und trotzdem hat sich kaum einer von ihnen frühzeitiger vom Rheinbund losgesagt, etliche taten dies sogar erst nachdem in der Leipziger Schlacht die Würfel gefallen waren. Während der Völkerschlacht saß Friedrich August I. schlecht informiert und unfähig zu einem wirkungsvollen Eingreifen inmitten der alten sächsischen Handelsmetropole, einmal mehr dazu verurteilt, tatenlos die Entscheidung abzuwarten, die über das Schicksal seines Landes bestimmen sollte.

VIII.

Nach der Niederlage Napoleons verharrte Friedrich August zunächst in Leipzig und wurde von den einrückenden Siegern als Kriegsgefangener behandelt. Am 23. Oktober 1813 wurde er nach Berlin gebracht, Ende Juli 1814 wurde ihm als Wohnsitz das Schloß Friedrichsfelde vor den Toren der preußischen Metropole zugewiesen.

Sein Land erhielt unterdessen ein vom russischen Fürsten Repnin-Wolkonski geleitetes «Generalgouvernement», also eine Besatzungsverwaltung. Im Dezember 1814 übernahm Preußen deren Leitung. Parallel dazu wurde auf dem seit September 1814 tagenden Wiener Kongreß auch über die Zukunft Sachsens und seines Königs verhandelt. Sachsen selbst war zunächst gar nicht vertreten, es war lediglich Objekt der Verhandlungen. Wenn sich Preußen mit seinem Ansinnen, Sachsen zur Gänze zu annektieren, zuletzt nicht vollständig durchsetzen konnte und sich damit begnügen mußte, lediglich etwa zwei Drittel des vormals kursächsischen Gebietes mit weniger als der Hälfte der Gesamtbevölkerung zu erhalten, so war dies gewiß zum wenigsten Friedrich Augusts I. Verdienst, so hartnäckig seine Versuche auch waren, sich von Friedrichsfelde aus brieflich vor seinen fürstlichen Standesgenossen für sein Verhalten zu rechtfertigen. Letztlich waren es vor allem Frankreich und Österreich, die aus primär machtpolitischen Gründen eine vollständige Annektion Sachsens durch Preußen verhinderten. Wenn Friedrich August am 18. Mai 1815 den Frieden von Preßburg unterzeichnete und damit formell den Wiener Beschlüssen zustimmte, womit auch der Beitritt Rest-Sachsens zum Deutschen Bund einherging, so tat er dies, weil ihm völlig klar gemacht worden war, daß es zu der Unterschriftsleistung keine Alternative gab. Die Stunde, in der er in Preßburg nach der Feder griff, dürfte die bitterste in seinem langen Herrscherleben gewesen sein.

IX.

Am 7. Juni 1815, nach mehr als anderthalbjähriger Abwesenheit, sah der König seine Residenz Dresden wieder. Die Bevölkerung bereitete ihm einen freudigen Empfang. Die Erleichterung darüber, nicht wie so viele andere Landeskinder dem «preußischen Joch» anheimgefallen zu sein, dürfte hierbei eine maßgebliche Rolle gespielt haben.

Friedrich August I. sah sich nach der Rückkehr in sein drastisch verkleinertes Königreich mit der Aufgabe konfrontiert, die während seiner Abwesenheit entstandenen Kriegsfolgen zu bewältigen. Im Land waren durch direkte oder indirekte Kriegseinwirkungen, insbesondere durch Hungersnot und epidemische Krankheiten, etwa 200.000 Todesfälle zu beklagen, das entsprach rund 10% der Gesamteinwohnerschaft. Die Zahl der ganz oder teilweise zerstörten Ortschaften lag bei etwa 150. Die Landwirtschaft war schwer getroffen worden durch die rigorose Beschlagnahmung von Vieh und Getreide zur Versorgung der Truppen beider Seiten. Durch die neue Grenzziehung waren zahlreiche seit Jahrhunderten gewachsene ökonomische Beziehungen abgebrochen worden. Die staatliche Verwaltung mußte gleichfalls den neuen Bedingungen angepaßt werden.

Unter dem relativ aufgeschlossenen Generalgouverneur Repnin-Wolkonski hatten einige reformorientierte Kräfte Einfluß auf die ersten Wiederaufbaubemühungen gewinnen können. Die betreffenden Persönlichkeiten erschienen jedoch dem König nach seiner Rückkehr offenbar durch ihr Zusammenwirken mit der Besatzungsverwaltung als diskreditiert. Darüber hinaus verstärkte sich seine längst vorhandene Abneigung gegen durchgreifende

Veränderungen nun zusehends. Dies führte dazu, daß Sachsen auch nach 1815 keine Reformära erlebte, vielmehr in den verbleibenden zwölf Jahren der Regierungszeit Friedrich Augusts I. im politischen Bereich einer jeglicher Neuerung feindlichen Lähmung unterlag. Deren Symbolgestalt wurde Detlef Graf von Einsiedel, der bereits seit Anfang 1813 zum engsten Beraterkreis Friedrich Augusts zählte, und der nun als Innen- und zugleich Außenminister bis über Friedrich Augusts Tod hinaus für einen kompromißlos reaktionären Kurs verantwortlich zeichnete. Vor allem verweigerte sich der König der auf der Grundlage der Bundesakte von 1815 möglichen Verfassungsgebung in seinem Land. Während die meisten mittelgroßen Staaten des Deutschen Bundes sich mehr oder weniger fortschrittliche Verfassungen gaben, blieb Sachsen unter Friedrich August I. ohne modernes Staatsgrundgesetz. Außenpolitisch verfügte das Land seit 1815 über einen nur äußerst geringen Spielraum. Angesichts der die Situation in Sachsen kennzeichnenden politischen Immobilität empfanden vermutlich nicht wenige seiner Landeskinder eine gewisse Erleichterung, als der König am 5. Mai 1827 im Alter von 76 Jahren nach 59jähriger Regentschaft starb.

X.

Friedrich August III./I. hat trotz seiner langen Regierungsdauer kaum das Interesse der Nachwelt auf sich gezogen. Die Katastrophe von 1813/15 hat offenbar den Blick verstellt auf die positiven Aspekte eines Herrscherlebens, dessen Kennzeichen nicht zuletzt eine spezifische Gleichzeitigkeit des Ungleichzeitigen gewesen ist: Friedrich August wurde erzogen und wuchs auf in den Denkkategorien eines Kurfürsten des Alten Reiches. Für 38 seiner 59 Herrscherjahre hat er diese Rolle gespielt, und man darf unterstellen, daß er sie gerne auch für den Rest ausgeübt hätte, wenn es nach ihm gegangen wäre. Die Tradition der Reichs- und Lehenstreue, die Überzeugung, von Gottes Gnaden zum Wohle seiner Untertanen mit der Herrschaft beauftragt zu sein, blieben entscheidende Handlungsgrundlagen des Monarchen. Heraufkunft und praktische Konsequenzen des modernen machtstaatlichen Denkens waren ihm fremd.

Die Geschichtsschreibung des 19. und frühen 20. Jahrhunderts hat es ihm zumeist verübelt, daß er mit der aufkeimenden nationalen Begeisterung, die in die Befreiungskriege mündete, nichts anzufangen wußte. Betrachtet man aber die politische Grundlinie des sächsischen Landesherrn von seinen persönlichen weltanschaulichen Voraussetzungen her, und geht man davon aus, daß er ein Fürst des *Ancien régime* war, so ergibt sich ein ebenso konsequentes wie logisches Bild. Die Bedrohung Sachsens hieß Preußen, Frankreich war für Friedrich August nicht der nationale Feind, sondern eine auswärtige Großmacht wie andere auch – nötigenfalls sogar geeignet als Bündnispartner gegen den aggressiven, auf Expansion bedachten Nachbarn im Norden, dessen Kanonen schon in seine Kindertage hinein gedonnert hatten. Man mag Friedrich August attestieren, daß ihm die Sensibilität für die Veränderung der zeitgenössischen politischen Mentalität abging – seine grundlegende strategische Einschätzung der Situation Sachsens war gleichwohl richtig. Auf dem Wiener Kongreß hat Preußen nicht etwa auf eine Strafaktion gegen Friedrich August I. wegen dessen Verhalten 1813 gepocht, es hat vielmehr den Versuch unternommen, einen schon von Friedrich dem Großen 1752 schriftlich niedergelegten Plan zur Einverleibung des ökonomisch und strategisch bedeutsamen Nachbarlandes in die Tat umzusetzen – einen Plan, der auf die Errichtung einer preußischen Hegemonie in Deutschland zielte, mochte das Alte Reich dabei auch zerstört werden. Dagegen mußte Friedrich August I. sich zur Wehr setzen. Sein Verharren im Bündnis mit Napoleon hat gewiß auch eine gegen Preußen und dessen langfristig betriebene Politik gerichtete Seite gehabt. Abgesehen davon: Im Sommer 1813 hatte Friedrich August I. nicht wirklich Entscheidungsfreiheit, er blieb auch an der Seite Napoleons, weil dieser ihn dazu zwang. Wenn Preußen 1814/15 diese «Schuld» des sächsischen Königs zur Legitimation der Realisierung seiner viel älteren Expansionsbestrebungen anführte, so mutet dies wie blanker Zynismus an – jedenfalls hätten fast alle anderen Rheinbundfürsten dann gerechterweise ebenso behandelt werden müssen, was jedoch in keinem Fall erfolgte.

Gewiß, Friedrich August III./I. war ein mittelmäßiger Herrscher: nicht besonders klug, aber auch nicht dumm, nicht besonders innovationsfreudig, aber zumindest in jüngeren Jahren auch nicht ohne Bereitschaft, vorsichtige Neuerungen zuzulassen. In seiner Mittelmäßigkeit unterscheidet er sich kaum von seinen fürstlichen Zeitgenossen, schon gar nicht vom preußischen König Friedrich Wilhelm III., der 1813 auf den Weg gegen Napoleon mehr gestoßen wurde, als daß er ihn freiwillig betrat. Die Beständigkeit König Friedrich Augusts I. von Sachsen mag ihm als Tugend angerechnet werden, eine Garantie für politischen Erfolg war sie damals so wenig wie heute.

Anton
1827–1836

von Wolfgang Tischner

«An die Stelle des vielerfahrnen Friedrich August trat sein Bruder Anton, dem alle und jede Erfahrung im Regierungswesen abging, der über 70 Jahre geworden war, ohne den mindesten Teil an Geschäften genommen zu haben, dem daher die einfachsten Geschäftskenntnisse abgingen. Ihm fehlte jede Idee vom Organismus der Behörden ..., jede Bekanntschaft mit Rechts- und Staatswissenschaften, die er in seiner frühesten Jugend nur unvollkommen studirt hatte. Zudem ging ihm jede Personenkenntniß ab, und er hatte sich auch so wenig mit Staatsangelegenheiten abgegeben, daß er, bei einem ohnedem nicht allzu scharfen Verstande, durchaus kein klares Urtheil über die wichtigsten Staatsfragen haben konnte.» Diese Einschätzung aus der Rückschau traf Friedrich August II. über seinen Onkel und Vorgänger Anton, Sachsens zweiten König. Die Forschung hat dies im wesentlichen übernommen. Wer war dieser unbekannteste aller sächsischen Monarchen?

Anton wurde am 27. Dezember 1755 als viertes Kind des späteren Kurfürsten Friedrich Christian geboren. Da er drei ältere Brüder hatte, war eine Thronfolge sehr unwahrscheinlich, so daß er für den geistlichen Stand bestimmt und entsprechend erzogen wurde. Zeitlebens blieb ihm eine tiefe Religiosität. Der frühe Tod des Vaters und zweier Brüder sowie die Tatsache, daß sein Bruder Friedrich August keinen erbberechtigten Sohn hatte, durchkreuzten jedoch diese Planungen. Anton wurde von seinem regierenden Bruder Friedrich August gedrängt, sich zu verheiraten. Die Wahl fiel auf Prinzessin Maria Charlotta Antoinetta von Savoyen, die Tochter des Königs Viktor Amadeus III. von Sardinien, die er im Oktober 1781 heiratete. Der Ehevertrag dokumentierte seinen Rang als potentieller sächsischer Thronfolger: die Braut brachte eine Mitgift von 420.000 Livres in die Ehe. Allem Anschein nach war die kurze Verbindung glücklich. Zumindest war Antons Gattin besorgt, ihrem Mann auf dem Totenbett den nach dem Ehevertrag höchstmöglichen Betrag aus ihrer Mitgift, 100.000 Livres, zu hinterlassen, als sie am 28. Dezember 1782 an den Pocken starb.

König Anton (1827–1836)

Erst 1787, fünf Jahre nach dem Tod Charlottas, verheiratete sich Anton erneut. Sein Bruder Friedrich August war zwar inzwischen Vater geworden, aber dessen Tochter Maria Augusta konnte die Erbfolge nicht sichern. Aus dynastischen Interessen mußte Anton deshalb nochmals heiraten. Dem mutmaßlichen zukünftigen Kurfürsten gelang eine gute Partie: mit der Wahl von Maria Therese von Toskana wurden die Beziehungen zwischen dem Hause Habsburg und den Wettinern gestärkt. Als Tochter des Großherzogs Leopold von Toskana, des späteren Kaisers Leopold II., brachte Therese dem Kurstaat Prestige, konnte aber am sächsischen Hof auch eine besondere Behandlung verlangen. In diesem

Fall sah der Ehevertrag eine Mitgift von 500.000 Dukaten vor, deutlich mehr als bei Charlotta. Sachsen mußte die Summe mit 4 % jährlich verzinsen und zusätzlich Anton eine Apanage in Höhe der Zinsen garantieren. Zusammen mit seiner Erbschaft war Anton damit schon vor seinem Regierungsantritt finanziell unabhängig. Allerdings wurde sehr sorgfältig auf Thereses Rechte geachtet: Auch ihr Anteil war festgeschrieben.

Die Ehe war offenbar recht glücklich. Therese war gut in ihre neue Familie integriert, besonders zu Antons jüngerem Bruder Maximilian und dessen Frau Caroline von Parma bestand ein inniges Verhältnis; zeitweise führte man einen gemeinsamen Haushalt. Auch ihren Schwager Friedrich August hat Therese sehr geschätzt; er sei ihr wie ein zweiter Vater gewesen, hielt sie in einem Erinnerungsfragment fest. Anton und seiner Gattin wurden insgesamt vier Kinder geboren, von denen aber keines das zweite Lebensjahr überlebte. Als Ziehkind nahmen sie deshalb Amalie, die Tochter von Antons jüngerem Bruder Maximilian, bei sich auf. Amalie hat neben etlichen Theaterstücken auch umfangreiche Notizen hinterlassen, aus denen sich Hinweise auf Antons Privatleben vor der Thronbesteigung ergeben. Sie zeichnen das Bild eines sehr wohlhabenden, aber angesichts seiner bedeutenden politischen Stellung allzu zurückgezogen lebenden Kronprinzenpaares. Anton und Therese konnten sich aufgrund ihrer Einkünfte eine umfangreiche Hofhaltung erlauben und genossen es, kulturbeflissen in Europa umherzureisen und dabei ihre weitläufige Verwandtschaft zu besuchen. Beide haben umfangreiche Reisenotizen hinterlassen, aus denen aber wenig politisches Interesse deutlich wird. In Dresden bewohnten sie das Taschenbergpalais und füllten ihr Leben fast ausschließlich mit gesellschaftlichen Verpflichtungen aus. Anton komponierte ausgiebig, offenbar nicht ohne Talent, beschäftigte sich mit genealogischen Studien, das Ehepaar war sehr religiös, aber politisch kaum aktiv.

Schon die Zeitgenossen beklagten, daß auf den trotz allen Reformbedarfs immer noch immens populären «pater patriae» Friedrich August I. nicht sein gleichnamiger Neffe, sondern im Mai 1827 sein greiser Bruder Anton folgte. Diese Einschätzung wird seitdem gebetsmühlenartig wiederholt, geht aber deshalb nicht weniger an den politischen Realitäten in einem deutschen Fürstenhaus des 19. Jahrhunderts vorbei. Nach den Regeln der Erbfolge hätte nicht nur Anton, sondern auch sein Bruder Maximilian auf den Thron verzichten müssen, damit Friedrich August seinem Onkel hätte nachfolgen können. Anton selbst ist stets von seiner Thronfolge ausgegangen; sie wurde 1787 schriftlich fixiert. Auch später änderte sich daran nichts, darauf deutet zumindest seine Korrespondenz zur Zeit des Wiener Kongresses hin. Trotzdem ist möglicherweise innerhalb des Königshauses zeitweise die Thronfolge Friedrich Augusts wegen Antons hohem Alter erwartet oder aus politischen Gründen erwogen worden; dafür spräche, daß Friedrich August in protokollarischer Hinsicht bei verschiedenen Gelegenheiten die Position eines Thronfolgers einnahm. Auch der österreichische Gesandte in Dresden äußerte 1818 eine Erwartung in diesem Sinne. Eine gegen Antons Willen juristisch schwierige Änderung der Erbfolge fand jedoch nicht statt. Ein Verzicht auf die Nachfolge hätte wohl kaum in sein dynastisches Weltbild gepaßt. Außerdem scheint er seine Rolle als Monarch zumindest zeitweilig auch genossen zu haben: Als er 1830 die Frage einer Mitregentschaft seines Neffen Friedrich August mit seinem Bruder Maximilian diskutierte, für die ebenfalls ein Thronverzicht Maximilians notwendig war, warnte er den letzteren, daß ihm der Verzicht auf den Thron leid tun könne.

Die ersten Regierungshandlungen 1827 waren widersprüchlich. Anton war weder für die Führung von Staatsgeschäften ausgebildet, noch hatte er umfangreiche Erfahrungen auf politischem Parkett sammeln können. Sein Bruder hat ihn, so schien es den Zeitgenossen, gezielt von allem Regierungshandeln ferngehalten. Auch gibt es wenig Hinweise auf nähere Beziehungen zu administrativen oder intellektuellen Führungsgruppen. Lediglich ein persönlicher Freund, der Marquis Alexander Piatti, sein Oberhofmeister, scheint später in politischen Fragen Einfluß auf Anton ausgeübt zu haben. Da Piatti aber nach dem Bericht von Antons Gattin Therese zwar der «conseiller intime» war, aber dezidiert kein Staatsamt anstrebte, beschränkten sich seine Interventionen weitgehend auf Personalangelegenheiten. Dementsprechend blieb dem neuen Monarchen wohl kaum ein anderer Kurs, als sich zumindest für den Anfang auf Programm und Personal seines Vorgängers zu stützen. Anton selbst reflektierte später in seinem politischen Testament die Zwangslage, in die ihn die Thronfolge bei seiner mangelnden Vorbereitung gestürzt habe. Folgerichtig verkündete er in seiner ersten Proklamation, er werde alles so «fortbestehen lassen», wie Friedrich August I. es angeordnet habe. Dies war auch die Bedingung, die Kabinettsminister Einsiedel für sein Verbleiben im Amt gefordert hatte. Einsiedel ging dabei von einer vermutlich kurzen Regierungszeit Antons aus und wollte einem Nachfolger nicht vorgreifen.

Im Detail gab es nach dem Regierungswechsel allerdings durchaus Akzentverschiebungen. So erließ Anton die Lehnsmuthung, eine Abgabe der Vasallen, Städte, Ritter- und Bauerngüter, die beim Thronwechsel fällig war – eine Erleichterung im Wert von rund einer Million Talern. Auch wenn dies kaum eine zentrale Forderung der politisch reformerischen Kreise war, zeigte sich darin doch ein wesentlicher Grundzug von Antons Charakter: So unsicher und hilfebedürftig er bei politischen Grundsatzentscheidungen war, so deutlich war sein Entgegenkommen in den Bereichen, die er überschaute. Auch eine weitere Maßnahme stimmte besonders die Bauern hoffnungsvoll: Anton ließ rigoros Jagdwild in den königlichen Forsten abschießen, sobald er durch Petitionen über das Ausmaß der Wildschäden informiert wurde. Während der ausgedehnten Huldigungsreise nach seiner Thronbesteigung verzichtete er regelmäßig auf Geleitzüge, Feiern und Geschenke der besuchten Gemeinden und forderte sie auf, die ersparten Summen in Infrastrukturmaßnahmen wie den Straßenbau oder die bessere Bezahlung von Handwerkern zu investieren. Solche Nachrichten, die heutzutage eher anekdotenhaft erscheinen, prägten das Bild des Monarchen in der Öffentlichkeit. Zudem wurde noch positiv vermerkt, daß Anton sich erheblich zugänglicher und jovialer zeigte als sein steiferer Bruder; «eine gewisse freiere Bewegung in dem ganzen Auftreten der neuen Regierung» (H. Meynert) meinte man zu erkennen. Der natürlich propagandistisch gewählte Beiname «der Gütige» paßte demnach durchaus zur Person.

Zeitgenossen wollten in diesen Maßnahmen auch den Einfluß der Königin Therese sehen. Die Vorstellung allerdings, daß Therese der Reformmotor gewesen sei, ist ausweislich ihrer eigenen Aufzeichnungen falsch. Es hat sich von ihrer Hand die Beschreibung des Todes von Friedrich August I. und der Thronbesteigung ihres Mannes erhalten. Neben einer ausführlichen Schilderung der Huldigungsreise ist vor allem ihre Bewertung der Regierungszeit Friedrich Augusts I. von Bedeutung, dessen Handlungsweisen seien für sie «toujours comme Modèle en tout». Die erwähnte, wenig öffentlichen Zuspruch findende erste Proklamation, in der Anton ankündigte, alles so zu belassen, wie es sein Bruder eingerichtet habe, erscheint dadurch in anderem Licht: zumindest mit seiner Frau hat es darüber keinen Dissens gegeben. Man kann also in Therese wohl kaum einen auf Veränderungen drängenden Faktor sehen. Es spricht viel dafür, daß angesichts des geringen Informationsstandes des bei Herrschaftsbeginn in

Regierungsgeschäften völlig unerfahrenen Königspaares dies die einzig mögliche Verfahrensweise war.

Deutlich wird dies auch bei der Bewertung der Rolle des leitenden Ministers, Detlef von Einsiedel. Im Land, zumindest in der liberalen veröffentlichten Meinung, galt Einsiedel als der reaktionäre Polizeiminister des Vormärz schlechthin. Die Machtfülle, die er in seiner Hand vereinigte, sowie seine Monopolisierung des Zugangs zum Monarchen – er hatte als einziger Immediatrecht – konzentrierten die Kritik der reformorientierten Öffentlichkeit auf ihn. Einsiedel war außerdem ein erfolgreicher Geschäftsmann, dessen Eisenwerke in Lauchhammer auch Staatsaufträge erhielten, was natürlich Korruptionsvorwürfe nach sich zog. Seine Unterstützung des Pietismus und der lutherischen Orthodoxie, die er mit einer fühlbaren Stellenpatronage verband, schadete ihm zusätzlich. In Thereses Perzeption liest sich das jedoch völlig anders: Der Minister sicherte sich ihre Zuneigung dadurch, daß er sich ihr «tout enchanté et proprement amoureux de mon Mari» präsentierte. Der entschieden handelnde erste Minister gewinne überall die Herzen, und wegen seines Fleißes sei, Gottseidank, jedermann «bien content» – eine Fehleinschätzung, die wohl vor allem etwas über die Uninformiertheit des Königspaares aussagt. Ähnlich äußerte sich auch Anton in einer Reflexion für seinen Nachfolger: daß er Einsiedel von seinem Bruder ernannt gefunden habe, sei eine «bonheur» für ihn gewesen.

Die Historiographie hat dagegen weitgehend die zeitgenössisch vorherrschende Sicht eines restriktiv-obrigkeitsstaatlichen, innovationsfeindlichen Gouvernements übernommen. So zutreffend dies für viele Aspekte der sächsischen Politik zwischen Wiener Kongreß und Verfassungsgebung auch ist, so dürfen über allen unbestritten vorhandenen kleinlich-reaktionären Zügen doch nicht die Leistungen Einsiedels übersehen werden. Trotz aller Adelsprotektion und Rückständigkeit in der Staatsstruktur kamen die Reformer der Jahre nach 1830 – Bernhard von Lindenau, Julius von Könneritz, Johann von Falkenstein – unter ihm in die sächsische Verwaltung und bereits in jungen Jahren in verantwortungsvolle Positionen. Auch der personale Grundstein für das spätere johannitische Kabinett stammte mithin aus der «Einsiedelei».

Außerdem wären die späteren Reformen kaum finanzierbar gewesen, wenn nicht unter dem ungeliebten Minister die sächsischen Staatsfinanzen, die nach Krieg, Besatzungszeit und den Verlusten 1815 in desolatem Zustand waren, in den folgenden Jahren geordnet worden wären. Nicht umsonst waren die Kurse sächsischer Staatsanleihen in den zwanziger Jahren deutlich höher als die österreichischer oder preußischer Staatsschulden: Bei ungleich stärkeren Belastungen des sächsischen Fiskus war der Schuldendienst des verkleinerten Königreichs doch einer der zuverlässigsten im ganzen Deutschen Bund. Pointiert formuliert, war Einsiedel zwar dem liberalen Bürgertum verhaßt, aber er hatte bei ihm durchaus Kredit. Dies wirkte sich auch wirtschaftspolitisch aus: gemessen an seiner geringen Größe und Bevölkerungszahl gaben die solide Finanzpolitik und der wirtschaftliche Fortschritt Sachsen in diesen Fragen ein hohes Gewicht. Die liberale Zeitgeschichtsschreibung deutete freilich die Kassenüberschüsse eher als ein Zeichen für die «fehlerhafte Verwaltung» (Th. Flathe).

Neben den Zwängen, die allein die fiskalische Situation nach 1815 der sächsischen Politik auferlegte, hätte auch die politische Lage im Deutschen Bund, wo sich Sachsen eingekesselt zwischen den beiden konservativen Vormächten Preußen und Österreich fand, eine in der Sache wesentlich liberalere Politik kaum erlaubt. Man darf den innenpolitischen Handlungsspielraum der deutschen Klein- und Mittelstaaten nicht überschätzen. In Angelegenheiten, in denen sich die beiden Großmächte in ihrer konservativlegitimistischen Politik berührt sahen, wurde durch direkte Intervention der jeweiligen Gesandten in Dresden die Toleranzgrenze sehr deutlich markiert. Sicherlich entsprach speziell die Metternichsche Politik in ihren Grundlinien durchaus Einsiedels Überzeugungen, der dem Wiener Staatsmann auch persönlich nahestand, doch hätte eine dezidiert konstitutionelle Politik, wie sie etwa anfangs von Sachsen-Weimar-Eisenach vertreten wurde, für Sachsen die Gefahr einer Einmischung mit sich gebracht.

In Antons ersten Regierungsjahren stand freilich ein Kurswechsel ohnehin nicht zur Debatte. Zu den außenpolitischen Zwängen und zu der Notwendigkeit, sich auf die Regierungsmannschaft seines Vorgängers zu stützen, kamen als persönliche Faktoren noch die Unerfahrenheit des Monarchen sowie der frühe Tod auch seiner zweiten Frau: Therese war am 7. November 1827 auf der Huldigungsreise in Leipzig verstorben, was bei Anton offenbar die Neigung verstärkte, die eigentlichen Regierungsgeschäfte in Einsiedels Hand zu belassen. Zumindest in der Perzeption der Öffentlichkeit wurde deshalb nicht der König, sondern sein Minister für den Reformstau verantwortlich gemacht.

Tatsächlich sind ausweislich der Akten eigene politische Aktivitäten Antons in den Jahren zwischen seiner Thronbesteigung 1827 und der Julirevolution 1830 kaum nachzuzeichnen – mit einer bedeutsamen Ausnahme: Anton war deutlich persönlich engagiert in allen Fragen, welche die Stellung des Katholizismus in Sachsen betrafen. Er führte mit Papst Leo XII. eine geheime Korrespondenz, von der er auch seinen Minister Einsiedel nicht informierte. Die in der sächsischen Öffentlichkeit gehegte Furcht vor einer jesuitischen Gegenreformation am Hof war in der Sache unbegründet, jedoch wäre ein Bekanntwerden dieses Briefwechsels sicherlich mit erheblichen Schwierigkeiten für die Monarchie verbunden gewesen. Persönliche Stellungnahmen Antons sind fast nur zu Gesetzentwürfen erhalten, die religiöse Fragen wie die Jurisdiktion über die katholische Geistlichkeit in Sachsen sowie konfessionelle Mischehen betreffen. Die Regelungen, die in manchem die erst in der Verfassung von 1831 festgeschriebene weitgehende Gleichstellung der beiden großen christlichen Konfessionen vorwegnahmen, lösten bei den sächsischen Lutheranern Verärgerung aus. Man sah in der gesonderten Gerichtsbarkeit für katholische Geistliche und der Zensurbefreiung für katholische Schriften eine Bevorzugung dieser nur geduldeten Glaubensrichtung. Anton selbst allerdings war nicht intolerant: bei Einsiedel schätzte er gerade dessen prinzipienfeste – protestantische – Religiosität, während er dem katholischen Weihbischof Mauermann einen zu unbedachten Missionswillen bescheinigte.

Im Jahr 1830 kulminierten mehrere Konflikte der sächsischen Innenpolitik. Neben dem Reformstau führte die Vertagung des am 6. Januar 1830 zusammengetretenen Landtages zu erheblichem Unmut in der Bevölkerung: die seit über zwei Jahrzehnten erhobene Forderung nach einem Staatshaushaltsplan wurde durch die Regierung erneut abgelehnt. Die Konfliktlinien verliefen allerdings zwischen Ständen und Regierung nicht einheitlich pro und contra möglicher Reformen. Während ein Teil der Stände den Haushaltsplan und teilweise eine neue Verfassung und Städteordnung forderte, standen gerade die städtischen Deputierten einer Städteordnung und den von der Regierung vorgeschlagenen Schritten in Richtung Gewerbefreiheit ablehnend gegenüber. In dieser Situation fürchtete Einsiedel offenbar, daß die 300-Jahrfeier der Augsburger Konfession am 25. Juni Gelegenheit zur Artikulation oppositioneller Forderungen bieten könne und ließ öffentliche Kundgebungen weitgehend verbieten. In Leipzig kam es daraufhin zu Tumulten mit einem Todesopfer. Die erfolgreiche französische Julirevolution bot vermutlich zusätzliche Impulse, so daß es am 2. September 1830 in Leipzig anläßlich eines Polterabends zu öffentlichem Aufruhr kam. Anders als in Frankreich richtete sich die Volkswut in Sachsen allerdings nicht gegen die Person des Monarchen, sondern eher gegen die Vertreter einer verhaßten Obrigkeit vor Ort: Steuereinnehmer, Jagdaufseher und Polizeidiener waren die Zielscheiben. Als sich erste Tendenzen von Maschinenstürmerei zeigten und ein Zusammenbruch der öffentlichen Ordnung drohte, bildete sich sehr schnell eine Bürgerwehr unter maßgeblicher Beteiligung der Studenten, welche die Lage in der Messestadt wieder unter Kontrolle brachte.

Innerhalb einer Woche griff der Aufstand nach Dresden und in die wichtigsten anderen sächsischen Städte über. Zwar wurde Militär nach Leipzig entsandt, doch war der aufgeschreckte Anton offenbar von Anfang an um eine gütliche Konfliktbereinigung bemüht. Er machte seinen beliebten Neffen und Thronfolger Friedrich August zum Vorsitzenden einer Sicherheitskommission. Daß Einsiedel nicht Mitglied der Kommission war, deutete schon dessen Machtverlust an. Vermutlich hat der wichtigste Minister diesen vorher geahnt, denn eigenen Angaben zufolge hat er wenig später auf Wunsch des Monarchen ein Rücktrittsgesuch eingereicht. In Dresden kam es zur Bildung einer Kommunalgarde, anfänglich durchaus auch mit Billigung der Sicherheitskommission. Für die sächsische Regierung bot das eine Möglichkeit, auf die drohende Militärhilfe Österreichs und Preußens verzichten zu können. Allerdings sollte die Kommunalgarde schnell zum Kristallisationspunkt oppositioneller Strömungen werden. Die gesammelten Gravamina der Bevölkerung der Residenzstadt zeigten, in welchem Maße das Königreich reformbedürftig war: neben den Forderungen nach einem Staatshaushaltsplan, der Einführung einer Verfassung und der Gewährung von Pressefreiheit gehörte dazu auch die Rechenschaftspflicht des Dresdner Stadtmagistrats. Auch wurde Furcht vor den Jesuiten artikuliert. Aus der Kommunalgarde kam der Wunsch nach einer Thronbesteigung Friedrich Augusts. Undenkbar war eine derartige Lösung nicht, da dadurch das Metternichsche Legitimitätsprinzip gewahrt geblieben wäre. In der Exekutive hatte Könneritz schon seit einigen Wochen für eine Regierungsbeteiligung des Thronerben geworben, war aber damit bei Einsiedel nicht durchgedrungen.

Friedrich August, den die Mitglieder des *Geheimen Rates* am 13. September 1830 über seine avisierte Proklamation zum König informiert hatten, verweigerte sich jedoch. Nach dem Augenzeugenbericht von Könneritz wollte er seinem Onkel diese Demütigung ersparen. Die nachfolgende Beratung der Mitglieder des *Geheimen Rats* erneuerte den Plan, Friedrich August zum Mitregenten zu machen. Daß diese Regentschaft mit dem Abtritt Einsiedels verbunden sein mußte, war wohl allen Beteiligten klar. In Pillnitz stimmte Anton nach Rücksprache mit seinem Bruder Maximilian, der einen ausdrücklichen Thronverzicht aussprach, dem Vorhaben noch am selben Tag zu und ernannte Lindenau zum Nachfolger Einsiedels. Um sicherzustellen, daß die Regentschaft auch tatsächlich zu einer Regierungsteilhabe führen würde, wurde in der Proklamation ausdrücklich die Gegenzeichnungspflicht Friedrich Augusts herausgestellt.

Das zentrale Reformprojekt der kommenden Monate bestand in der Schaffung einer Verfassung. In Sachsen war dies von der Opposition schon lange mit Blick auf die anderen vormärzlichen deutschen Konstitutionen gefordert worden. Nun begann auch in Sachsen als letztem der deutschen Mittelstaaten eine Phase der Staatsreform.

Bei der Verfassungsgebung selber sind kaum Spuren einer Einflußnahme Antons nachweisbar. Die entsprechenden Akten zeigen die Heranziehung anderer deutscher Konstitutionen des Vormärz und verschiedene Entwürfe sächsischer Reformer, aber nicht das Eingreifen des Monarchen. Zu Recht ist der Verfassung von der neueren Forschung testiert worden, daß sie «eine bemerkenswerte Modernität und einen sehr breiten Regelungsrahmen» (K. Keller) erreicht habe. Unter den Bedingungen des Deutschen Bundes, der nach Artikel 13 der Bundesakte eine «landständische Verfassung» erlaubte, wurde ein Gleichgewicht gefunden zwischen konservativen Kräften und außenpolitischen Rücksichten einerseits sowie den Wünschen des liberalen Bürgertums andererseits. Sorgfältig wurde das Königtum in das politische System eingebunden, es kam zur Trennung von Privatschatulle und Staatseigentum, für die Zweite Kammer wurde ein freilich sehr restriktives Wahlrecht festgeschrieben. Die Erste Kammer wurde nach einem Mischsystem von den Prinzen des königlichen Hauses und Delegierten von Kreisständen, Städten, Geistlichkeit, der Universität Leipzig sowie durch königliche Ernennungen gebildet. Ausgehandelt zwischen der Exekutive und den zum 1. März 1831 wiedereinberufenen Ständen, also im besten Sinne der politischen Theorie des Vormärz «paktiert», wurde ein Kompromiß gefunden, der in konservativer Verkleidung besonders im Bereich persönlicher Rechtssicherheit deutschlandweit Maßstäbe setzte. Konflikte ergaben sich weniger bei Fragen der politischen Machtverteilung, als vielmehr bei der Höhe der Zivilliste und dem Eigentum an den Kunstsammlungen. Anton hat dabei die Auseinandersetzung durch ein weitreichendes Entgegenkommen entschärfen können: man einigte sich auf eine Zahlung von 740.000 Talern jährlich einschließlich der Zulagen für die Verwaltung der Sammlungen.

Einem Teil der bürgerlichen Opposition gingen die Reformen indes nicht weit genug. Mitte April 1831 kam es zu Krawallen in Dresden, es gab Tote und Verletzte. Gleichwohl wird man sagen können, daß der überwiegende Teil der Bevölkerung mit dem Erreichten zufrieden und bereit war, dem Reformkompromiß zuzustimmen. Jedenfalls zeigen Presseberichte über die Annahme der Verfassung, daß diese am 4. September 1831 mit Salutschüssen, Festgottesdiensten und Rezitationen als Volksfest gefeiert wurde.

Weniger öffentlichkeitswirksam, aber durchaus nicht weniger bedeutsam war die Umgestaltung der Verwaltung, die sich mit Verordnung vom 7. November 1831 unmittelbar anschloß. An die Stelle des *Geheimen Rates* trat eine reguläre Kabinettsregierung, in der sechs Ministerien sachlich getrennte Aufgabenbereiche verwalteten. Neben dem Innen- und dem Außenministerium wurden ein Ministerium der Finanzen, der Justiz, des Krieges sowie des Kultus und des öffentlichen Unterrichts begründet.

Noch unter Anton wurden wesentliche weitere Reformschritte unternommen, wobei indes auch hier vom König kaum inhaltliche Impulse ausgegangen sind. Die Städteordnung vom 2. Februar 1832 gab den Kommunen mehr Selbständigkeit und beseitigte alte Vorrechte. Die Ablösung der Feudalordnung wurde mit Gesetz vom 17. März 1832 eingeleitet. Anders als in Preußen sorgte die Gründung einer Landrentenbank dafür, daß den Bauern das für die Ablösung der Lasten nötige Kapital zur Verfügung gestellt wurde. Nicht alle wünschenswerten Reformen waren jedoch realisierbar: die gerade für den Leipziger Buchhandel wichtige Lockerung der Zensur konnte Sachsen nicht gewähren, ohne in Konflikt mit deutschem Bundesrecht zu geraten. Kaum verhüllt bedauerte der Mitregent Friedrich August gegenüber einer Leipziger Deputation, welche am 3. Oktober 1830 die Pressefreiheit zumindest für innersächsische Angelegenheiten und die Lockerung des Zensurwesens erbat, die außenpolitischen Zwänge.

Bei aller zeitgenössischen Kritik am Ausbleiben einer Reformpolitik in Sachsen nach 1815 muß freilich bedacht werden, daß die sächsischen Staatsreformen gerade durch ihre zeitliche Verschiebung gegenüber den anderen deutschen Staaten vermutlich deutlich an Effizienz gewannen. Vor allem war der finanzielle Spielraum des sächsischen Staates in den 1830er Jahren größer als er direkt nach der Teilung 1815 gewesen wäre. Die Neuordnung der städtischen Verwaltung, die Ablösung der Grundherrschaft, die Reform der Armee, die Integration der Oberlausitz in den Gesamtstaat, und, zentral, die Neuformung der gesamten Staatsstruktur durch die Verfassung von 1831 profitierten jedenfalls nachhaltig von den Erfahrungen, die andere deutsche Staaten auf allen diesen Gebieten gemacht hatten. Bei der Verfassungsgebung ist deutlich nachweisbar, wie sorgfältig sich Könneritz und Lindenau mit bestehenden deutschen Konstitutionen auseinandersetzten, um dann das für die sächsischen Verhältnisse Passende daraus zu entwickeln. Man rezipierte in Sachsen sowohl die Diskurse als auch die tatsächlich umgesetzten Reformen in den anderen Staaten des Deutschen Bundes, gestaltete dann aber daraus eine den eigenen Bedürfnissen angepaßte Lösung, einen «Kompromiß zwischen Tradition und Fortschritt» (K. Blaschke). Dies gilt für die Universitätsreformen genauso wie für die Landrentenbank zur Ablösung der Feudallasten oder eben die Verfassung selbst.

Die Reaktionen auf die sächsischen Reformanstrengungen fielen insgesamt unterschiedlich aus, waren allerdings in Preußen und Österreich, wie nicht anders zu erwarten, besonders negativ. Dort sah man in dem Kurs der vorsichtigen Liberalisierung eine unmittelbare Gefährdung der eigenen Staatsstruktur. Metternich instruierte seinen Gesandten in Dresden schon am 28. September 1830, dem Mißfallen Österreichs gegenüber der sächsischen Regierung Ausdruck zu verleihen: Man wolle und könne es «nicht als möglich betrachten, daß die königlich sächsische Regierung sich Gesetze durch einen aufgeregten Pöbel oder durch irregeführte Bürger vorschreiben lasse». Um wenigstens beim nördlichen Nachbarn Verständnis zu wecken, hatte der *spiritus rector* der sächsischen Reformen, Lindenau, am preußischen Hof vorgesprochen und dabei offenbar den Eindruck vermittelt, daß de facto König Anton von den Regierungsgeschäften entbunden sei. Deutlich erleichtert schrieb der preußische Kronprinz Friedrich Wilhelm am 3. Januar 1831 daraufhin an Friedrich August: «Wirklich, gnädigster Herr, wüßte ich nicht die Zügel der Herrschaft bey Ihnen in so frischen, kräftigen Händen, ich würde für uns als Nachbarn eine gewisse Besorgnis nicht unterdrücken können.»

Man darf allerdings nicht annehmen, daß Anton sich nach 1830 völlig von den Regierungsgeschäften zurückgezogen und ein rein kontemplatives Leben geführt hätte. Bei wichtigeren Entscheidungsfragen ist seine Paraphe zu finden, freilich stets neben der seines Mitregenten Friedrich August. Auch im Schriftverkehr taucht er weiterhin an erster Stelle in den Adressierungen auf, vor Friedrich August. Die Außenrepräsentation des Königreiches lag gleichfalls weiter bei ihm; so wurde etwa in der für den sächsischen Handel wichtigen Zollvereinsfrage dem preußischen König im Dezember 1831 ein Handschreiben Antons überreicht und nicht eines des Regenten. Auch der erste konstitutionelle Landtag 1833 wurde durch den Monarchen selbst eröffnet. Gleichwohl sind – mit Ausnahme aller Fragen religiöser Natur – kaum Spuren konzeptioneller Regierungstätigkeit des zweiten sächsischen Königs nachweisbar.

Das persönliche Verhältnis zwischen Anton und seinem Neffen Friedrich August scheint durch die Regentschaft, nach Ausweis der spärlichen Quellen, wenig beeinträchtigt worden zu sein; hier hat vermutlich Friedrich Augusts Loyalität während des Dresdner Aufruhrs der Kränkung die Spitze genommen. Anton adressierte seine Schreiben weiterhin an den «lieben Fritz», welcher respektvoll der «Majestät» antwortete. Von einer besonders engen Beziehung zwischen König und Thronfolger kann indes nicht die Rede sein; in Antons Testament wurde Friedrich August mit Blick auf die persönlichen Erinnerungsstücke behandelt wie alle anderen Nichten und Neffen auch.

Trotz der Einsetzung der Regentschaft blieb Anton unumstrittener Monarch und Chef des Hauses Wettin. An dieser letzteren Tätigkeit besaß er im Unterschied zum Regierungshandeln offenbar zeitlebens ein vitales Interesse, dem er auch nach Einsetzung der Regentschaft ungeschmälert nachging. Wie relevant diese Funktion auch in politischer Hinsicht sein konnte, zeigte sich etwa an den Beziehungen zum preußischen Königshaus. So äußerte sich der mit Friedrich August befreundete preußische Kronprinz Friedrich Wilhelm ausgesprochen erleichtert darüber, daß Anton die Erlaubnis zu persönlichen Treffen zwischen ihm und seinem sächsischen Schwager weniger restriktiv handhabe als noch Friedrich August I.

Über die letzten Lebensjahre des Königs liegen nur wenige Quellen vor. Vergleicht man Antons handschriftliche Einträge in seinem Reisetagebuch, so wird nach 1830 ein körperlicher Verfall deutlich. Erhalten geblieben ist auch die Abrechnung seiner Privatschatulle aus dem Sterbejahr 1836. Bei Einnahmen von 75.777 Talern gab Anton sehr viel Geld für kirchliche Belange und wohltätige Stiftungen aus. Die zahlreichen Almosen – unter anderem für ein geisteskrankes ehemaliges Hoffräulein, einen Waisen, sogar einen blinden Jagdhund – sind politisch irrelevant, zeigen aber sein karitatives Engagement.

Auf der politischen Bühne trat der alte König praktisch nicht mehr auf. Sein 80. Geburtstag am 27. Dezember 1835 wurde im ganzen Land noch einmal prunkvoll begangen. Besonders in der Residenzstadt wurden ausgiebige Feierlichkeiten veranstaltet. Ein Denkmal, das die Dresdner Bürgerschaft errichten wollte, lehnte Anton jedoch ab. Es war wohl allen Beteiligten klar, daß das Ende der Regierungszeit nahte. Schon wenige Wochen später, im Februar 1836, wurden auf Kabinettsebene Planungen angestellt, wie im Falle des Ablebens des Königs zu verfahren sei. Nach längerer Krankheit, deren Verlauf der Bevölkerung ganz modern durch Pressekommuniqués des Leibarztes Carl Gustav Carus verkündet wurde, starb Anton am 6. Juni 1836 und wurde in der Hofkirche beigesetzt.

Eine Gesamtbewertung der Persönlichkeit und Regierungstätigkeit König Antons fällt zwiespältig aus. Er war zweifellos der sächsische Monarch, unter dessen Herrschaft das Land die tiefgreifendsten Reformen im 19. Jahrhundert erlebte. Das moderne Sachsen, das in der zweiten Jahrhunderthälfte zu einem Vorreiter der Industrialisierung in Deutschland wurde, wäre ohne die Modernisierungsanstrengungen während Antons Herrschaft kaum in dieser Form entstanden. Genauso unbestreitbar aber ist, daß diese Reformen zwar nicht gegen, aber doch weitgehend ohne das Zutun des Monarchen vom Regenten Friedrich August und einer tatkräftigen Ministerriege konzipiert und durchgeführt wurden. Anton, für den Thron weder ausgebildet noch geeignet, war mehr Privatmann als König. Seine einzige historisch bedeutende Rolle scheint er während der Revolution 1830 gespielt zu haben, als die moderate Reaktion auf den Aufstand sowie der reibungslose Übergang zur Regentschaft durch seinen mangelnden Ehrgeiz und sein entgegenkommendes Wesen ermöglicht wurden.

FRIEDRICH AUGUST II.
1836–1854

von Hans-Christof Kraus

I.

Wenn man König Friedrich Wilhelm IV. von Preußen mit einigem Recht als den «Romantiker auf dem Thron» bezeichnet hat, dann wird man seinen sächsischen Zeit- und Amtsgenossen Friedrich August II. wohl den «Melancholiker auf dem Thron» nennen dürfen. Er war ein Monarch, der nach glänzenden Anfängen in eine Zeit hineinwuchs, die bald in zunehmendem Maße von revolutionären Unruhen erschüttert wurde – Unruhen, die tiefe Spuren nicht nur in seinem Bewußtsein und in seinem politischen Handeln, sondern auch in seinem Gemüt hinterließen. Einer der besten Kenner des sächsischen Königtums im 19. Jahrhundert, der Historiker Hellmut Kretzschmar, bezeichnete ihn im Rückblick durchaus treffend als «eine außerordentlich liebenswürdige, kenntnisreiche, wohlmeinende, unaufdringlich-kultivierte Persönlichkeit, deren ehrlich-warmherzige Natur in den bewegten Tagen von 1830/31 die Sympathien weiter Volkskreise gewann, die auch die unpopuläre Haltung gegenüber dem revolutionären Sturm von 1849 nicht eigentlich getilgt hat». Und doch endete das Leben Friedrich Augusts II. tragisch und dazu noch vor der Zeit, die ihm zugemessen schien: Nach den revolutionären Erhebungen der Jahre 1848 und 1849 verfiel er in den letzten Jahren seines Lebens schwerer Melancholie, und es scheint, als ob der plötzliche Unfalltod, der ihn im August 1854 ereilte, anderen tragischen Entwicklungen nur zuvorgekommen ist.

Bereits die Jahre seiner Kindheit und Jugend fielen in eine Zeit rascher Veränderungen und gravierender politischer Umbrüche, denen 1815 das kurz zuvor erst von Napoleon I. zum Königreich erhobene Sachsen fast zum Opfer gefallen wäre; um ein Haar also hätte das Leben des jungen sächsischen Prinzen eine ganz andere Richtung nehmen können. Der Weg zum Thron war Friedrich August keineswegs von Anfang an vorgezeichnet, sondern ergab sich als Folge mehrerer Zufälle. Zu ihnen zählte nicht nur die Erhaltung Sachsens als deutscher Einzelstaat, die das Land letztlich

König Friedrich August II. (1836–1854)

nur der geostrategisch-politischen Taktik der Österreicher und der Engländer auf dem Wiener Kongreß von 1815 zu verdanken hatte, sondern eben auch die Kinderlosigkeit seiner beiden Vorgänger auf dem Königsthron. Seine Neigung zur Politik war eigentlich wenig ausgeprägt, und sein Dasein wäre unter anderen Umständen wohl in wesentlich ruhigeren Bahnen verlaufen: Als «ein stiller, wissenschaftlichen Neigungen nachgehender Naturfreund in seinem bürgerlich anmutenden Privatleben», so wiederum Kretzschmar, betrieb Friedrich August «die Geschäfte der

Staatsführung mit ernstem Pflichtgefühl, aber ohne politische Leidenschaft». Wie es scheint, hat der mit den Jahren immer größer werdende Spagat zwischen amtlicher Pflicht und privater Neigung dem Monarchen bis an sein Lebensende schwer zu schaffen gemacht.

Dabei schienen die Anfänge und die frühen Jahre zuerst durchaus vielversprechend: Prinz Friedrich August Albert Maria Clemens Joseph Vincenz Aloys Nepomuk Johannes Baptista Nicolaus Raphael Peter Xaver Franz de Paula Venantius Felix von Sachsen (so sein vollständiger Taufname) wurde am 18. Mai 1797 in Schloß Pillnitz bei Dresden geboren. Sein Vater, Prinz Maximilian von Sachsen, der jüngste Bruder des regierenden Königs Friedrich August I., hatte 1792 Prinzessin Caroline Maria Theresia von Parma und Infantin von Spanien geheiratet, eine Tochter des Herzogs Ferdinand von Parma. Die Ehe der Eltern und das Leben der rasch anwachsenden Familie galt als sehr glücklich; am Ende gehörten ihr neben Friedrich August noch sechs weitere Geschwister an – darunter der früh verstorbene Bruder Clemens (1798–1822), die Schwester Maria Anna Caroline (1799–1832), spätere Großherzogin von Toskana, und nicht zuletzt der 1801 geborene Johann, der seinem ältesten Bruder im August 1854 auf dem Thron nachfolgen sollte.

Maximilian wird als ausgesprochen intelligenter, geistig äußerst regsamer, polyglotter und wissenschaftlich interessierter Mensch geschildert, der seine besonderen Fähigkeiten – er verfaßte sogar Gedichte in italienischer Sprache – an seine beiden Söhne Friedrich August und Johann vererbte. Die Erziehung seiner Kinder, denen er das Lesen selbst beibrachte, überwachte er mit größter Sorgfalt, und noch in späteren Jahren soll er regelmäßig den Lehrstunden persönlich beigewohnt haben. Der Erziehungsplan, den der General und Oberhofmeister Johann Joseph von Forell als erster Prinzenerzieher gestaltete, umfaßte aber nicht nur Religionslehre, Sprachen und andere wissenschaftliche Fächer, sondern ebenfalls Fechten, Zeichnen und Musik. Vor allem in den beiden letztgenannten Disziplinen brachte es der ausgesprochen künstlerisch veranlagte Friedrich August zu großer Fertigkeit; zeitlebens malte und zeichnete er mit Leidenschaft, und auch das Violinespielen hat er bis an sein Lebensende mit Eifer und Können betrieben.

Die große Politik griff freilich sehr früh in das Leben des jungen Prinzen ein. Sein Onkel, der erste König von Sachsen, hatte sich enger als die anderen deutschen Fürsten an das napoleonische Kaiserreich Frankreich angeschlossen; er errang 1806 nicht nur den Königstitel, sondern kurz darauf auch die Würde eines Großherzogs von Warschau. Vielleicht begriff König Friedrich August I. gerade aus diesem Grunde erst sehr viel später als die anderen deutschen Fürsten das Prekäre der eigenen, vermeintlich glänzenden Lage, die eben doch nur auf der Gunst des französischen Usurpators beruhte und mit dessen Niedergang sofort zu Ende gehen sollte. Napoleon selbst hat jedenfalls, wie man weiß, als er sich im Juli 1807 und später noch einmal im Mai 1812 zu Besuch in Dresden aufhielt, dem jungen sächsischen Prinzen mit überaus empfänglichem Gemüt einen ungemein tiefen, lebenslang unauslöschlichen Eindruck gemacht. Trotzdem gehörte Prinz Friedrich August im Frühjahr 1815, während der «Hundert Tage» Napoleons, zu den Teilnehmern des zweiten Kampfes der Verbündeten gegen Frankreich; den Sommer dieses Jahres verbrachte er mit den siegreichen Truppen in Paris. Das Dasein als Soldat und überhaupt alles Militärische sagten ihm zu, und binnen fünfzehn Jahren gelangte er in die höchste Position, die sein Land in dieser Hinsicht zu vergeben hatte: 1815, also bereits mit achtzehn Jahren, erreichte er den Rang eines Obersten, 1818 den eines Generalmajors. 1822 übernahm er die selbständige Führung einer Infanteriebrigade, 1828 ernannte ihn sein Onkel, König Anton, zum Generalmajor, und im Juli 1830 avancierte er zum Kommandierenden General und Oberbefehlshaber der sächsischen Armee.

Erst nach dem Ende des kriegerischen Zeitalters konnte der junge sächsische Prinz seine Ausbildung fortsetzen – und mittlerweile war klar geworden, daß er einmal den sächsischen Thron besteigen würde. Die damals üblichen ausgedehnten Bildungsreisen absolvierte er etwas später als gewohnt; sie führten ihn 1824 nach Holland und Belgien, 1825 nach Paris und 1828 nach Italien. Neben der Erweiterung seiner naturwissenschaftlichen Sammlungen stand hier die Kunst im Vordergrund, und die überwältigenden Eindrücke, die der Prinz während seiner Aufenthalte in Rom, Florenz und Neapel gewinnen konnte, haben seine Kunstauffassung und seinen Kunstgeschmack, überhaupt seine Begeisterung für alles Klassische, nachhaltig und lebenslang geprägt. Er selbst brachte es zu großer Kunstfertigkeit im Landschaftszeichnen, und auch auf anderer Ebene hat er sich der bildenden Künste intensiv angenommen: Zum einen als eifriger Mäzen, der junge und begabte Künstler nachhaltig förderte, zum anderen durch den Aufbau einer eigenen großen Kunstsammlung. Die Dresdner Kunstakademie erhob er in den 1840er Jahren durch gezielte Berufungen bedeutender Kunstschaffender zu einer der ersten in ganz Deutschland.

Die zweite große Leidenschaft Friedrich Augusts galt der Naturkunde, vor allem der Botanik. Er stellte nicht nur selbst wissenschaftliche Versuche an, sondern unternahm auch ausgedehnte botanische Forschungsreisen, die ihn ins Erzgebirge und nach Böhmen führten. Er verfaßte daneben kleinere wissenschaftliche Abhandlungen, und eine von ihnen, die der Flora von Marienbad gewidmet war, hat der Botaniker Carl Joseph Heidler zusammen mit einem nachgelassenen Aufsatz Goethes über die Gesteinsarten dieser Gegend 1837 in einem Band veröffentlicht. Schon König Friedrich August I. hatte die Botanik als persönliche Leidenschaft betrieben und in Schloß und Park Pillnitz einen großen botanischen Garten sowie eine umfangreiche Fachbibliothek angelegt; sein Neffe und zweiter Nachfolger war zeitlebens eifrig bestrebt, dieses Erbe weiter auszubauen. Von seinen vielen Reisen brachte er regelmäßig neue Pflanzen zur Vermehrung der Pillnitzer Sammlungen zurück, was im Lande bald zu der – auf die Kinderlosigkeit des Monarchen anspielenden – Redensart führte, die Dynastie der Wettiner wurzele im Park von Pillnitz.

Am 7. Oktober 1819 heiratete Prinz Friedrich August in Dresden die Erzherzogin Marie Caroline von Österreich, die 1801 geborene vierte Tochter Kaiser Franz' I. von Österreich – eine Eheschließung, die, wie zu vermuten ist, auch der Standeserhöhung der 1815 in ihrer Stellung durchaus erschütterten eigenen Dynastie dienen sollte, denn einen höheren Adel als die Zugehörigkeit zum Erzhaus der Habsburger gab es im damaligen Deutschland nicht. Sogleich reisten die jungen Eheleute durch Sachsen, um sich im ganzen Land als künftiges Herrscherpaar bekannt zu machen, doch die Ehe gestaltete sich nicht glücklich. Nicht nur, daß der erhoffte Nachwuchs ausblieb – die Prinzessin litt auch noch unter Epilepsie, und bald traten die Anfälle derart häufig auf, daß sie ihren Repräsentationspflichten als künftige Regentin kaum noch genügen konnte; schon am 22. Mai 1832 ist sie in Pillnitz nach längerem Leiden verstorben. Ein Jahr später vermählte sich der Prinz aufs neue, dieses Mal mit der 1805 geborenen Prinzessin Maria von Bayern: «Diese Wahl», schrieb Friedrich August im April 1833 an den sächsischen Staatsminister Hans Georg von Carlowitz, «welche auf genaue Bekanntschaft und Erkenntnis der ausgezeichneten Eigenschaften des Geistes und Herzens dieser vortrefflichen Prinzessin gegründet ist, verbürgt mir die glückliche Zukunft». Doch auch diese Ehe – so eng die durch gemeinsame Interessen begründete Gemeinschaft der Ehepartner in den folgenden Jahren auch gewesen ist – blieb überschattet durch erneute Kinderlosigkeit. Friedrich August hat an diesem Schicksal tatsächlich schwer getragen, obwohl ihm die große, insgesamt schließlich neunköpfige Kinderschar seines jüngeren Bruders Johann auf die Dauer einen gewissen Ersatz zu bieten vermochte.

Recht bald schon nach 1815 hatte Prinz Friedrich August als künftiger Inhaber des sächsischen Königsthrones repräsentative und nicht zuletzt auch politische Pflichten zu übernehmen: Schon 1818 vertrat er seinen Onkel, den König, in Leipzig auf einer Feier zu dessen goldenem Thronjubiläum, und seit 1819 mußte er auf Befehl des Königs den Sitzungen des Geheimen Rates und der übrigen höchsten Staatsbehörden des Landes beiwohnen, um sich in die Staatsgeschäfte einzuarbeiten; am 19. November 1821 wurde er wirkliches Mitglied des Geheimen Rates mit Sitz und Stimme. In einer nachgelassenen, erst 1924 veröffentlichten autobiographischen Skizze erinnerte sich Friedrich August später, er selbst habe 1819 «von den Geschäften nur sehr schwache Begriffe [gehabt], besonders da der Unterricht in den eigentlichen Staatsgeschäften und dem Staatsrecht ein sehr unvollkommener gewesen war. So verstand ich von manchem des in den Collegien Vorgetragenen sehr wenig und es war natürlich, daß ich den Vorträgen mit der nöthigen Aufmerksamkeit nicht folgte, ja nicht folgen konnte, welche erforderlich gewesen wäre, um mir diese Vorträge wahrhaft nutzbar zu machen.» So wuchs der künftige Landesherr, wie diese Formulierungen zeigen, nur sehr langsam in das politische Geschäft hinein, das ihm im Grunde wenig zusagte und das er zeitlebens stets mehr aus Pflicht denn aus Neigung betrieben hat.

Seine eigentliche persönliche Befriedigung fand er im Umgang mit Gelehrten und Künstlern; im Laufe der Jahre vermochte er aus ihnen einen kleinen Kreis von Vertrauten um sich zu sammeln, zu denen neben anderen der Mineraloge Heinrich Gottlieb Reichenbach, der Astronom Friedrich Ludwig Breuer, die Komponisten Carl von Miltitz und Carl Maria von Weber sowie der Kunsthistoriker und Schriftsteller Carl Friedrich von Rumohr und der Dichter Ludwig Tieck gehörten. Auch an den regelmäßigen Treffen eines Gelehrtenzirkels um Prinz Johann nahm Friedrich August teil. Und er scheute auch nicht die Übernahme offizieller Verpflichtungen im kulturellen Bereich: 1825 übernahm er den Vorsitz des soeben begründeten «Vereins zur Erforschung und Erhaltung vaterländischer Altertümer im Königreich Sachsen».

II.

Die Politik griff entschieden in das Leben des Prinzen ein, als König Friedrich August I. – der zuerst als Kurfürst und später als König das Land seit 1768, also seit fast sechs Jahrzehnten, regiert hatte – am 5. Mai 1827 starb. Nachfolger wurde sein Bruder Anton, der bereits im zweiundsiebzigsten Lebensjahr stand, über geringe politische Erfahrung verfügte und in den folgenden Jahren nach dem Motto «Nur nichts verändern» regierte. Vor den inneren und äußeren Problemen, mit denen Sachsen in dieser Zeit zu kämpfen hatte, verschloß er, soweit es möglich war, die Augen. Die allgemeine Unzufriedenheit mit den bestehenden Verhältnissen, mit der mangelnden Mitwirkung des Bürgertums an der Gesetzgebung, mit der problematischen, um nicht zu sagen verfehlten Handels- und Zollpolitik der Regierung des leitenden Ministers Einsiedel, mit der Unterdrückung der Meinungs- und Pressefreiheit, schließlich mit den Folgen des konfessionellen Gegensatzes zwischen dem katholischen Herrscherhaus und der zum größten Teil evangelischen Bevölkerung des Landes führte – nicht zuletzt unter dem Eindruck der siegreichen Julirevolution in Frankreich – im Spätsommer 1830 zu Unruhen in Leipzig und Dresden.

Die politische Führung reagierte zuerst ungeschickt; der sofortige Einsatz von Polizei und Militär verschärfte die Lage in den beiden wichtigsten Städten des Landes, doch dann besann man sich eines Besseren: Man rief nicht, wie zuerst befürchtet, die Truppen der mächtigeren Staaten des Deutschen Bundes ins Land, sondern versuchte, die akuten Streitfragen auf friedlichem Wege zu regeln. Am 10. September 1830 bildete sich aus Vertretern beider Seiten eine «Kommission zur Erhaltung der öffentlichen Ordnung», der neben dem Minister Lindenau auch Prinz Friedrich August in seiner Eigenschaft als Thronfolger angehörte. Der Prinz scheint sich in seiner Funktion als ein um Ausgleich bemühter Vermittler zur Zufriedenheit beider Seiten vorzüglich bewährt zu haben, und zwar in einem Maße, daß schon in den nächsten Tagen die öffentliche Forderung laut wurde, den amtierenden König Anton zum Rücktritt zu veranlassen, damit Friedrich August den Thron umgehend besteigen könne. Vom neuen König erwartete man zudem, daß er «den Glauben seines Volkes annehmen», also zur evangelischen Konfession übertreten solle. Friedrich August lehnte indes beides sofort ab; er erklärte öffentlich, daß die Treue zu seinem Onkel und die Anhänglichkeit an seinen Glauben ihm einen solchen Schritt verböten.

Gleichwohl erforderte die kritische Lage jetzt irgendeine Entscheidung: Am 13. September 1830 begab sich eine Delegation der Regierung zu König Anton nach Pillnitz, um ihm die Ernennung des jetzt außerordentlich populären Kronprinzen Friedrich August zum Mitregenten dringend zu empfehlen. Dem alten König blieb unter dem Druck der Ereignisse vermutlich keine andere Wahl, und noch am gleichen Tag wurde amtlich bekanntgegeben, daß, wie es in der Urkunde wörtlich hieß, «Wir, Anton, König von Gottes Gnaden, aus landesväterlicher Fürsorge für Unsere Unterthanen, Unseren vielgeliebten Neffen, Friedrich August, Herzog zu Sachsen, zum Mitregenten erwählt haben». Gleichzeitig mußte der nächstberechtigte Thronerbe, Herzog Maximilian von Sachsen, der Vater des Prinzen, offiziell seinen Verzicht auf die ihm eigentlich zustehende Thronfolge erklären.

Auf diese Weise hatte man den «Druck im Kessel» des Königreichs Sachsen zwar erfolgreich mindern können, doch die weiteren Ereignisse, auch die des folgenden Jahres, zeigten, daß die allgemeine Lage im Land damit noch keineswegs wieder beruhigt war. Friedrich August bemühte sich zwar ehrlich um eine weitere Entspannung der Situation. Doch es bedurfte noch weiterer Unruhen, die im folgenden Frühjahr zuerst erneut in der Hauptstadt, später auch in Leipzig ausbrachen, damit König, Regent und Regierung der von großen Teilen des politisch aktiven Bürgertums erhobenen Forderung nach Erlaß einer «zeitgemäßen Verfassung» nachkamen. In einer Rede an das sächsische Volk kündigte Friedrich August am 29. Mai 1831 eine solche Verfassung an, dazu weitere grundlegende Reformen wie etwa eine neue Städte- und Gemeindeordnung, die Aufhebung der alten Erbuntertänigkeit auf dem Lande (also die Bauernbefreiung) und auch eine neue Organisation der Staatsbehörden.

Am 4. September des gleichen Jahres war es so weit: Die «Verleihung der Constitution» fand im Rahmen eines feierlichen Aktes in Dresden statt, und nachdem sowohl König Anton als auch sein Neffe und Mitregent Friedrich August öffentlich erklärt hatten, die Verfassung als künftiges Staatsgrundgesetz zu achten, klang die Feier mit einem großen Verfassungsfest aus. Auch die anderen angekündigten Reformen kamen jetzt rasch in Gang: Bereits im Dezember 1831 wurden die sächsischen Ministerialbehörden neu geordnet bzw. neu geschaffen. Prinz Friedrich August hatte daran bedeutenden Anteil, was sich nicht zuletzt darin ausdrückte, daß er nach der neuen Verfassung zum Präsidenten des Staatsrats aufstieg; zudem rückte er als königlicher Prinz in die neu gebildete

Erste Kammer des Parlaments ein. Der erste konstitutionelle Landtag wurde am 27. Januar 1833 im Dresdner Königsschloß eröffnet.

Man übertreibt vermutlich nicht, wenn man rückblickend feststellt, daß Friedrich August bereits seit 1831 de facto der wirkliche und alleinige Regent des Landes gewesen ist; König Anton zog sich in den folgenden Jahren nach und nach von den Regierungsgeschäften zurück. Mit seiner zweiten Gattin Maria unternahm Friedrich August bald längere Reisen durch das ganze Land, die ihm zusätzliche Popularität und dazu den Ruf eines tatkräftigen und fürsorglichen Regenten einbrachten. Der politische Weg, den er eingeschlagen hatte, erforderte ein für Außenstehende kaum nachvollziehbares Fingerspitzengefühl, denn es ging nicht nur darum, den Forderungen der liberalen Bewegung im Lande ein Stück weit entgegenzukommen, sondern der Regent mußte das sächsische Staatsschiff den sehr schmalen Weg zwischen der Skylla des Volkswillens auf der einen Seite und der Charybdis der beiden gerade in verfassungspolitischer Hinsicht äußerst mißtrauischen großen Nachbarn Preußen und Österreich auf der anderen Seite hindurchsteuern. König Friedrich Wilhelm III. von Preußen und der mächtige Wiener Staatskanzler Fürst Metternich galten als ausgesprochene Gegner der modernen konstitutionell-liberalen Bewegung in Deutschland, in der sie nur die Vorstufe zu Revolution und Umsturz erblicken zu können meinten.

Bedenkt man gerade diesen Hintergrund der Verfassungsgebung von 1831 in Sachsen, dann wird man die Leistung des Königs, des Mitregenten und der führenden Politiker des Landes nicht gering schätzen dürfen, trotz ihrer – aus heutiger Perspektive – durchaus konservativ-rückwärtsgewandten Aspekte. Denn mit der neuen Verfassung vom 4. September 1831 betrat das Königreich Sachsen nunmehr unumkehrbar den Weg zum modernen Verfassungsstaat. Über diese fundamentale Tatsache konnten auch die auf den ersten Blick stark traditionellen Elemente der neuen Ordnung nicht hinwegtäuschen: Zwar spiegelte die Zusammensetzung der beiden Kammern des neuen Landesparlaments im wesentlichen noch die überkommenen ständischen Strukturen des Landes wider. Doch auf der anderen Seite konnten die vor allem wirtschaftlich aufstrebenden Kräfte des städtischen Bürgertums erstmals innerhalb einer staatlichen Institution ihre politischen Forderungen artikulieren und an der politischen Willensbildung mitwirken. Eine weitere gravierende Neuerung der Verfassung, die vor allem die rechtliche Stellung der Monarchie betraf, war die erst jetzt in Sachsen durchgeführte strikte Trennung von Staatshaushalt und Hofhaltung. Die vormals im Besitz der Wettiner befindlichen königlichen Domänen wurden in Staatsbesitz überführt, dafür erhielt das Königshaus nach dem Vorbild vieler anderer monarchischer Staaten eine alljährliche großzügige Unterhaltszahlung aus der Staatskasse, die in einer Zivilliste genau festgelegt und geregelt wurde.

III.

Der Tod König Antons am 6. Juni 1836 bedeutete für das Königreich nur eine dynastische, aber keine gravierende politische Zäsur, da der neue König, der nun als Friedrich August II. den sächsischen Thron bestieg, de facto bereits seit fünf Jahren die Geschicke des Landes maßgeblich bestimmt hatte. Der junge Monarch ging nicht bloß mit gutem Willen, sondern mit großem Idealismus an die Arbeit. Im Spätsommer 1836 bereisten er und seine Gemahlin – wie bereits erwähnt – das Land, um sich den Untertanen persönlich bekannt zu machen, und sofort begründete der König eine neue Einrichtung: Er hielt regelmäßig öffentliche Audienzen ab, zu der jeder seiner Untertanen persönlich Zutritt hatte. Bis zum Revolutionsjahr 1848, also während der ersten zwölf Jahre seiner Regierungszeit, hielt Friedrich August zweimal im Monat seine Audienzen im Dresdner Schloß ab. Der Mangel dieser Einrichtung lag freilich darin, daß viele Angehörige der mittleren und unteren Schichten den Gang zu Hofe scheuten, oder daß ihnen die Teilnahme an einer solchen Audienz schon aus räumlichen und finanziellen Gründen in der Regel kaum möglich war. Dasjenige, was der Monarch hiermit eigentlich bezweckt hatte, nämlich aus erster Hand über die Sorgen und Nöte in allen Kreisen des Volkes informiert zu werden, konnten diese Audienzen schon deshalb nicht leisten.

«Vertrauen» zwischen König und Volk – das war der Grundgedanke, den der neue Herrscher immer wieder öffentlich beschwor, so etwa, wenn er am 13. November 1836 den zweiten Landtag mit den Worten eröffnete, er und seine Regierung seien fest entschlossen, den Beweis dafür zu liefern, «daß die Bahn, auf welcher Regierung und Volk jetzt wandelten, die Bahn gegenseitigen Vertrauens, diejenige sei, auf welcher allein das wahrhaft Beste erstrebt werden könne». Die politischen Anfänge Friedrich Augusts II. waren ganz auf Harmonie zwischen Fürst und Volk, zwischen Regierung und Land eingestellt. Diese positive Stimmung sollte allerdings nur wenige Jahre anhalten – und zwar auf beiden Seiten.

Auch der ärgste Kritiker König Friedrich Augusts II. von Sachsen wird im Rückblick eines nicht bestreiten können: seinen entschiedenen Einsatz für den enormen geistigen und kulturellen Aufstieg, der eine allgemeine Kulturblüte zur Folge hatte, durch die sich in den 1840er Jahren vor allem Dresden und Leipzig, die städtischen Zentren des Königreichs, auszeichneten. Dieser Einsatz zählt fraglos zu den bedeutendsten und bleibenden Leistungen dieses Monarchen und verdient daher auch heute noch Beachtung. An erster Stelle ist die bildende Kunst zu nennen, zu der Friedrich August, wie bereits erwähnt, eine besondere persönliche Neigung besaß. Die Berufungen von Ludwig Richter, Ernst Rietschel und vor allem von Gottfried Semper an die Dresdner Kunstakademie dürften nicht zuletzt direkt auf den Monarchen zurückgehen, der auf diese Weise auch auf die baulichen Veränderungen in den beiden Städten Einfluß nahm: Die Errichtung des neuen Hoftheaters und der Galerie in Dresden, später des Augusteums in Leipzig, stellten dem Barock des 17. und frühen 18. Jahrhunderts den bereits historistisch grundierten Neoklassizismus einer neuen Epoche der Architektur gegenüber. Das rege Dresdner Theaterleben, das bereits unter Ludwig Tieck geblüht hatte, nahm seit 1844 unter der Leitung des neuen Oberdramaturgen Eduard Devrient einen weiteren Aufschwung.

Noch bedeutender entwickelte sich das musikalische Leben. Das neue Sempersche Opernhaus war 1841 mit Carl Maria von Webers «Freischütz» eröffnet worden, kurz darauf errang der gebürtige Leipziger Richard Wagner mit «Rienzi» seinen ersten großen Erfolg, der ihm die Anstellung als Hofkapellmeister und einen schnell ansteigenden Ruhm als Komponist einbrachte. In Leipzig wirkte seit 1835 Felix Mendelssohn Bartholdy, der in dieser Zeit das Werk des damals fast vergessenen Thomaskantors Johann Sebastian Bach wiederentdeckte, und etwas später begann auch Robert Schumann hier seine Laufbahn. Auf Betreiben Mendelssohns konnte in der Messe- und Handelsstadt, und zwar mit direkter finanzieller Unterstützung des musikliebenden Königs, 1843 das Konservatorium eröffnet werden, mit dem eine neue Epoche des ohnehin sehr regen Leipziger Musiklebens eingeleitet wurde. Man wird ohne Übertreibung sagen können, daß Sachsen in diesen Jahren das unbestreitbare Zentrum des musikalischen Lebens in ganz Deutschland gewesen ist. Und die direkte und persönliche Anteilnahme König Friedrich Augusts II. hieran ist vielfach belegt, etwa durch Lebenserinnerungen Richard Wagners. Trotz seiner späteren Flucht aus Dresden 1849 und der anschließenden politischen Verfolgung hat sich Wagner noch zwei Jahrzehnte später mit Hochachtung an seinen früheren Landesherrn erinnert, an jenen, wie er sagt, «allem Prunk und jeder prahlenden Demonstration gänzlich abholden schlichten Fürsten».

Auch auf ganz anderen Gebieten machte das Land Sachsen im Vormärz bedeutende Fortschritte: gemeint ist der Eisenbahnbau, der seit der zweiten Hälfte der 1830er Jahre einzusetzen begann. Kein Geringerer als Friedrich List wirkte zu jener Zeit in Leipzig als Anreger und Promotor dieses neuen Verkehrsmittels, auf dessen Vorschlag hin schließlich 1839 die erste längere deutsche Bahnverbindung in Betrieb genommen werden konnte: Sie führte von Leipzig nach Dresden. Bereits seit 1837 fuhren auch die ersten Dampfschiffe auf der Elbe. Der sächsische König gehörte zu den ersten Förderern und Nutzern dieser neuen Verkehrsmittel, die in den folgenden Jahren nicht nur der ökonomischen Entwicklung seines Landes einen enormen Schub gaben, sondern den Menschen der damaligen Zeit, wie treffend bemerkt worden ist, bald auch «ein neues Raumgefühl, ein verändertes Zeitempfinden» (H. Kretzschmar) vermittelten. Die neuen wirtschaftlichen und technischen Möglichkeiten bewirkten freilich keinen geradlinigen Anstieg von Wohlstand und allgemeiner Entwicklung, sondern entfalteten sich in zyklischer Form, also in Auf- und Abschwüngen, deren zuweilen überaus prekäre Folgen sich besonders im mittleren und unteren Bereich der Gesellschaft bemerkbar machten und im Laufe der Jahre, vor allem nach 1840, in zunehmendem Maße zu sozialen und politischen Spannungen führten – Spannungen, die durch die unvermindert harte Pressezensur sowie durch die bestehenden Vereins- und Versammlungsverbote noch gesteigert wurden.

Dies alles führte zu einer Zuspitzung der politischen Konfliktlagen im Lande, und hiervon konnte auch der Herrscher selbst keineswegs unberührt bleiben. Friedrich August II. hat in seinem knappen autobiographischen Fragment, von dem schon die Rede war, über den Wandel seiner einstmals durchaus gemäßigt liberalen politischen Ansichten berichtet. Habe er noch in jungen Jahren die Ansicht vertreten, «es gebühre den Völkern eine gewisse Theilnahme an der Regierung und der Volkswille müsse in größerm Maße maßgebend für die Regenten seyn», so sei er später «allmählig zu der Überzeugung» gelangt, «daß so scheinbar das eigentliche Repräsentativsystem nur eine Theorie sei, so bedenklich seine praktische Durchführung erscheine, und daß es daher gefährlich sei, die Entscheidung in wichtigsten Staatsfragen unbedingt von der Ansicht einer Versammlung abhängig zu machen». Allenfalls in Finanzfragen und in «Gesetzgebungssachen» sei der «Beirath» der Volksvertreter «nothwendig und wünschenswert». Mit diesen Formulierungen stellte sich Friedrich August II. zwar durchaus noch auf den Boden der Verfassung von 1831, doch er erklärte sie damit gewissermaßen zur statischen und letztlich unveränderlichen Grundlage der politischen Existenz seines Königreiches. Eine Fortentwicklung, eine Reform dieser Verfassung im Sinne der liberal-konstitutionellen Ideen des Vormärz, schloß er kategorisch aus. Er beschwor nun im Gegenteil besonders «die Gefahren allzu großer Konzessionen in dieser Richtung».

Während der Monarch sich offenkundig als unfähig erwies, sein politisches Bewußtsein den Erfordernissen der Epoche anzupassen, ging die politische Bewegung der Zeit weiter, und mit den Jahren mußte es den Zeitgenossen erscheinen, als ob der einst allen liberalen Ideen so aufgeschlossene König immer deutlicher in das Lager des Konservatismus strenger Observanz hinüberschwenkte. Dem entsprach auf der anderen Seite die zunehmende parteipolitische Aufspaltung und Radikalisierung der Abgeordneten in der sächsischen Zweiten Kammer. Über Jahre hinweg betrieb der gemäßigt liberale Minister Bernhard August von Lindenau eine allgemeine Gerichtsreform, die schließlich daran scheiterte, daß die Krone der von der liberalen Kammermehrheit geforderten, eigentlich längst fälligen Einführung der Öffentlichkeit des Strafprozesses nicht zuzustimmen vermochte. Auch in der immer drängender werdenden Frage der Meinungsfreiheit und der Pressezensur bewegte sich die Regierung keinen Zentimeter, selbst dann nicht, als es – wie etwa im Verlauf des Leipziger Gutenbergfestes von 1840 – zu unübersehbaren öffentlichen Demonstrationen kam.

Lindenau, dessen liberale Reformvorhaben zunehmend zwischen die Fronten von Hof und Kammer – und damit ins Hintertreffen – gerieten, mußte sein Anliegen schließlich als gescheitert ansehen; im September 1843 wurde er vom König entlassen, der zu seinem Nachfolger den als «reaktionär» geltenden bisherigen Justizminister Julius von Könneritz ernannte. Unter Könneritz verschärfte sich der politische Kurs der Regierung, und damit verstärkte sich auch die allgemeine Unzufriedenheit im Lande. Unter dem Deckmantel religiös-konfessioneller Streitigkeiten entluden sich erste Konflikte, die im Kern eigentlich genuin politischer Natur waren.

Mitte August 1845 wurde die Lage ernst: Es kam in Leipzig zu einem blutig endenden Tumult, in den das Königshaus direkt verwickelt war. Prinz Johann, der als strenger «Ultramontaner» und Sympathisant des in Sachsen durch eine Verfassungsbestimmung verbotenen Jesuitenordens galt, weilte in seiner Eigenschaft als Befehlshaber der Kommunalgarde zu einem offiziellen Aufenthalt in der Messestadt, als am Abend seines Besuches plötzlich öffentliche Proteste gegen seine Anwesenheit in der Stadt laut wurden, die sich langsam zu steigern begannen, als der Angesprochene sich weigerte, vor der Menge aufzutreten. Soldaten zogen auf, die zur Waffe griffen, als sich die Lage weiter zuspitzte. Am Ende hatten die Protestierenden neun Tote und zwanzig Verwundete zu beklagen; der Prinz verließ schon am folgenden Morgen unter dem Schutz seiner Truppen die Stadt und legte ein Jahr später sein Kommando über die Kommunalgarden nieder. Die für dieses Massaker Verantwortlichen zog man nicht zur Rechenschaft. Dafür wurden aber nur wenige Wochen später von der Regierung in Dresden sämtliche politischen Vereinigungen verboten. Auf beiden Seiten wuchs jetzt die Erbitterung, und von nun an begann das Land langsam in eine vorrevolutionäre Situation hineinzuschlittern.

Die Konflikte setzten sich weiter fort; so kam es etwa noch im gleichen Jahr in Freiberg zu Zusammenstößen zwischen Bergstudenten und Soldaten. Alle diese Vorgänge begünstigten die politisch radikalen Kräfte, die bei den Neuwahlen zum Landtag 1846 deutlich zulegen konnten. Zu allem Überfluß kam es 1846/47 auch noch zu einer Mißernte, deren Folgen sich in dem dicht besiedelten Land deutlicher als anderswo zeigen mußten, zumal die Verluste an Korn eben nicht, wie früher, durch vermehrte Einfuhren ausgeglichen werden konnten. Obwohl die Regierung gegenzusteuern versuchte, gelang es ihr nicht, die Spekulation einzudämmen; der Brotpreis stieg rapide an, und im Sommer 1847 kam es in mehreren größeren Orten Sachsens zu Hungerkrawallen und Plünderungen. Es bedurfte wahrlich nur noch eines Funkens, wie ihn die Pariser Februarrevolution des folgenden Jahres darstellte, um die explosive Situation im Lande zur Entzündung zu bringen. König Friedrich August II. sah sich allem Anschein nach nicht in der Lage, hieran etwas zu ändern; die Folgen seiner Passivität hatte er in den nächsten beiden Jahren zu tragen.

IV.

In einer selbstkritischen Formulierung hat der König kurz vor seinem Tode, auf sein Leben zurückblickend, einmal bemerkt, er sei als Politiker, «wie alle mir ähnlichen Charaktere, fester im Nichtwollen, als im Wollen» gewesen, und sein in der Tat nicht sehr rühmliches Verhalten während der beiden Revolutionsjahre 1848 und 1849 belegte, wie recht er mit dieser Selbsteinschätzung hatte. Tatsächlich zündete der aus Paris herübergewehte Funke schon Anfang März 1848 in Sachsen, zuerst in Leipzig, wo sich die Revolutionäre unter der Führung von Robert Blum und Karl Biedermann organisierten, und wenige Tage später auch in Dresden. Die ersten Deputationen aus Leipzig konnte Friedrich August noch eher ungnädig abfertigen, doch als sich die allgemeine politische Bewegung auch auf die Hauptstadt ausweitete, kam er nicht mehr umhin, baldige und gründliche Reformen anzukündigen. In seinem Appell an «meine Sachsen» vom 6. März blieb ihm nichts anderes übrig, als auf die Verfassungsmäßigkeit aller weiteren Maßnahmen zu dringen: «Ich bin stolz darauf», heißt es darin, «daß meine Regierung an redlicher, offener Verfassungstreue von keiner andern übertroffen wird. Mein Volk und selbst das Ausland haben das anerkannt.» Nach der Ankündigung, demnächst im Landtag eine Vorlage über die Aufhebung der Zensur einzubringen, fuhr er fort: «Harret ruhig und im Vertrauen auf das, was ich schon gethan und noch thun werde. Greift nicht den Befugnissen der von euch selbst gewählten Landesvertreter vor; nur was im verfassungsmäßigen Wege zu Stande kommt, trägt die Bürgschaft sichern Bestehens. Ruhe und Ordnung, Gesetzlichkeit, unverrücktes Festhalten an dem Rechtszustande, welchen die Verfassungsurkunde begründet hat, Eintracht zwischen Fürst und Volk, Muth und Vertrauen, das ist es, worauf Deutschlands Freiheit und Selbständigkeit beruht ... Sachsen, bewahrt eure alte Treue!»

Doch mit – zweifellos gut gemeinten – Appellen dieser Art konnte der König den Lauf der Dinge nun nicht mehr aufhalten; die von Robert Blum formulierten Forderungen umfaßten jetzt nicht mehr nur die Herstellung der Meinungs- und Pressefreiheit, sondern auch der Versammlungs- und Vereinigungsfreiheit, damit eine grundlegende Änderung der Verfassung, die Einsetzung einer neuen Regierung und schließlich auch die Beteiligung Sachsens an der Bildung eines gesamtdeutschen Nationalparlaments. Hatte König Friedrich August noch am 7. März an seinen Schwager, den König von Preußen, geschrieben: «... ich bin der Ansicht, daß in großen politischen Dingen nichts nachgegeben werden darf, und ich bin fest entschlossen, nicht zu weichen, solange ich noch irgendeine Macht in den Händen habe», so mußte er schon wenige Tage später, am 13. März, unter dem Druck der Ereignisse das Ministerium Könneritz entlassen. Freiwillig tat der Monarch dies allerdings nicht; er sei mit dieser Maßnahme, so schrieb er zwei Tage später wiederum nach Berlin, den einzigen Weg gegangen, «auf dem bei mir wenigstens das Fortbestehen von gesetzmäßiger Ordnung gerettet werden kann. Mein ganzes Bestreben geht dahin, mir nichts abzwingen zu lassen und den Strom der Bewegung allmählich wieder in ein ruhiges Bett zu leiten.»

Ein liberaler Advokat aus Plauen, Alexander Hermann Braun, wurde vom König am 16. März 1848 an die Spitze der neuen, im wesentlichen aus Revolutionsanhängern oder doch aus wenigstens liberal-freiheitlich gesinnten Persönlichkeiten bestehenden Regierung berufen. Damit schien die bürgerliche Revolution in Sachsen ihr Ziel bereits erreicht zu haben, noch bevor in Berlin am 18. März der Umschwung begann. Schnell bildeten sich in den Städten des Landes, allen voran in Dresden und Leipzig, politische Vereine, die jetzt das öffentliche Leben beherrschten; den meisten Zulauf erhielten die von Blum gegründeten «Vaterlandsvereine». Auch aus den Neuwahlen in Sachsen, die Ende 1848 stattfanden, gingen die Blumschen Vereine als großer Sieger hervor; erstmals wurde die Zweite Kammer nach dem Prinzip direkter und allgemeiner Wahlen bestimmt, und die Hälfte der Mitglieder der Ersten Kammer wurde nun ebenfalls gewählt. Die politische Linke dominierte hier tatsächlich noch stärker als in der preußischen oder auch in der österreichischen Nationalversammlung.

Zuerst jedoch trat im Sommer 1848 die deutsche Frage in den Vordergrund des allgemeinen Interesses und der politischen Leidenschaften. Nachdem König Friedrich Wilhelm IV. unter dem Druck der Ereignisse öffentlich erklärt hatte, Preußen werde künftig in einem einigen Deutschland aufgehen, konnte sich auch Friedrich August II. von Sachsen der nationalen Bewegung nicht mehr verweigern; in einer Thronrede vor dem Landtag erklärte er sich bereit, das Seine dazu beizutragen, damit auch Sachsen Teil eines einigen deutschen Bundesstaates werden könne. Es verwundert indes nicht, daß er gegen die Tätigkeit der Frankfurter Nationalversammlung stärkste Bedenken hegte. Nichts sei wichtiger, schrieb er im April 1848 an den preußischen König, als daß sich die Fürsten rechtzeitig in den nun beginnenden deutschen Einigungsprozeß einschalteten: Wenn es darum gehe, «Deutschland in einer neuen kräftigen Form zu rekonstruieren», dann müßten «die Regierungen doch auf irgendeine Weise die Stellung behaupten, die ihnen von Rechts wegen gebührt und die sie auch in Zukunft einnehmen müssen, wenn die ganze deutsche Sache nicht in einem anarchischen Unsinn untergehen soll. Wir [die deutschen Monarchen] können dieses wichtige Werk nicht allein dem Zufall preisgeben, ob sich von selbst in der künftigen Versammlung ein konservatives Element Bahn breche, sondern wir müssen uns an die Spitze zu setzen suchen, damit das konservative Element sich um uns versammeln könne. Wir müssen die Idee recht festhalten, daß das neue Verfassungswerk weder von den Fürsten oktroyiert werden *kann*, noch von einer Volksversammlung imponiert werden *darf*, sondern es muß aus einem *Vertrag* zwischen Regierungen und Volksvertretern hervorgehen.»

Mit diesen Worten hat Friedrich August bereits Mitte April 1848 genau diejenige Stellung fest umrissen, die er tatsächlich bis zum Ende der Revolution dem Anspruch der deutschen Nationalversammlung gegenüber vertreten hat: es handelte sich dabei um nichts anderes als um einen konsequenten Kampf gegen das Prinzip der *Volkssouveränität*. Aus seiner Perspektive hatte er von Anfang an sehr genau erkannt, daß eine allgemeine Akzeptanz gerade *dieses* Prinzips der monarchischen Idee in Deutschland einen schweren, vielleicht den entscheidenden Schlag versetzen würde. Das Festhalten am Vereinbarungsprinzip – also an der Überzeugung, daß die deutschen Fürsten eine neue gesamtdeutsche Verfassung *nur dann* akzeptieren dürften, wenn sie in der Form eines *Vertrages* zwischen Krone und Volk zustandegekommen sei – hat der König von Sachsen bis zum Frühjahr 1849 in vielen Briefen den anderen deutschen Monarchen, auch übrigens dem Reichsverweser Erzherzog Johann, als zentrale, ja entscheidende Maxime fürstlichen Handelns in der gegebenen kritischen Lage einzuschärfen versucht.

Genau hieran entzündete sich auch der schwere Konflikt, der Sachsen nach dem Jahreswechsel 1848/49 zu erschüttern begann. Die Abgeordneten der Frankfurter Paulskirchenversammlung hatten als ersten Bestandteil der neuen gesamtdeutschen Verfassung die Grundrechte fertiggestellt. Friedrich August allerdings akzeptierte sie nicht. Für ihn stellte der Grundrechtskatalog der Nationalversammlung nichts anderes dar als der Bestandteil eines illegitimen Verfassungsentwurfs, der mit den Fürsten eben *nicht* vereinbart – also nur durch das Prinzip der Volkssouveränität legitimiert war –, und er war nicht bereit, dieses Prinzip anzuerkennen. Nun kam es zu einer schweren Auseinandersetzung zwischen dem König auf der einen, dem Landtag auf der anderen Seite: Während die Abgeordneten von der Regierung die sofortige Publikation der Grundrechte und deren verbindliche Anerkennung für Sachsen forderten, wurde genau dieses dem Innenminister vom König ausdrücklich untersagt – und zwar gleich drei Mal hintereinander. Als sich die Krise Ende Februar 1849 schließlich zuspitzte, sahen die Minister keinen anderen Ausweg mehr: sie traten geschlossen zurück. Unverzüglich ernannte Friedrich August eine neue Regierung, ein Beamtenministerium unter der Leitung des als gemäßigt liberal geltenden Gustav Friedrich Held. Als der eigentliche «starke Mann» des Kabinetts aber entpuppte sich sehr bald der neue Außenminister Ferdinand von Beust.

Ende März 1849 – die neue sächsische Regierung Held war gerade einen Monat im Amt – wurde die erste gesamtdeutsche Verfassung von den Abgeordneten der Nationalversammlung in Frankfurt am Main angenommen. Zum Kaiser des neu zu begründenden deutschen Staates wurde von den Männern der Paulskirche König Friedrich Wilhelm IV. von Preußen erkoren, der freilich entschlossen war, diese Wahl nicht anzunehmen, was er seinem Schwager und Amtsgenossen in Dresden sogleich brieflich mitteilte. Auch Friedrich August II. war offenkundig von Anfang an zum Widerstand gegen die von Frankfurt aus verkündete neue Ordnung der Dinge entschlossen. Wenn manche Historiker später rückblickend vermuteten, er habe zuerst – unter dem Eindruck einiger seiner Ratgeber – in seiner Haltung gegenüber der Reichsverfassung geschwankt, dann erscheint dies letztlich als wenig glaubwürdig. Die eindeutige Absage des befreundeten Preußenkönigs an das Anerbieten der Paulskirche und ebenfalls Friedrich Augusts striktes Beharren auf dem Vereinbarungsprinzip, dem die neue, durch die Nationalversammlung ausgearbeitete und von ihr *allein* beschlossene Verfassung eben nicht entsprach, deuten nicht unbedingt auf ein Schwanken des Sachsenkönigs in dieser Frage hin, ebensowenig sein Verhalten in den folgenden Wochen des Frühjahrs 1849.

Die sächsischen Revolutionäre freilich bedrängten seit Mitte April den König mit immer stärker werdendem Nachdruck, die Frankfurter Reichsverfassung anzuerkennen. Im Landtag, der von den Vertretern der radikalen Revolution dominiert wurde, forderte man diese Anerkennung ebenso wie im übrigen Land, von wo aus eine Fülle öffentlicher Petitionen und Adressen nach Dresden gelangte, um dieser Forderung Nachdruck zu verleihen. Doch der König ließ sich hiervon weder beeinflussen noch umstimmen. Es hätte eines königlichen Sondergesandten aus Berlin gar nicht mehr bedurft, der im Auftrag Friedrich Wilhelms IV. nach Dresden kam, um Friedrich August II. zur Standhaftigkeit zu ermahnen, denn bereits einen Tag zuvor, am 27. April 1849, hatte der König den Landtag aufgelöst. Auch gegenüber seinen Staatsministern Rabenhorst und Beust, die ihm noch am 29. April zur Anerkennung der Paulskirchenverfassung rieten, blieb er hart.

Nur wenige Tage später, am 3. Mai, spitzte sich die Lage in Dresden dramatisch zu. Der Druck auf den König war weiter angestiegen, doch er war noch immer nicht zum Nachgeben bereit; einer Deputation der Dresdner Kommunalbehörden, die am Vormittag dieses Tages im Schloß erschien und noch einmal die dringende Bitte um Anerkennung der Verfassung vortrug, antwortete Friedrich August, «er sei immer noch und mehr als jeder andere deutsche Fürst zu Opfern bereit, werde aber nie den Boden des *Rechtes* verlassen und könne die Reichsverfassung nicht anerkennen, so lange nicht die größeren Staaten, Preußen und Bayern, sie angenommen; die deutsche Verfassung, wie sie vorliege, werde ein zerstückeltes und uneiniges, kein großes und mächtiges Deutschland hervorrufen.» Als einige Stunden später die Kommunalgarde eine große Parade zu Ehren der Reichsverfassung veranstaltete, kam das Gerücht auf, preußische Truppen befänden sich im Anmarsch auf Dresden; sofort wurde mit dem Bau von Barrikaden und Verteidigungsanlagen begonnen. Die Belagerung des Schlosses wurde organisiert, und in der folgenden Nacht flohen der König, die Königin und einige Mitglieder der Regierung mit einem an der Elbe bereitliegenden Schiff auf die Festung Königstein – nicht ohne daß Friedrich August II. vorher in einem Eilbrief an Friedrich Wilhelm IV. preußische Truppen angefordert hatte.

Diese legendäre Flucht in der Nacht auf den 4. Mai 1849 ist später oft erörtert worden; die Gegner des Monarchen haben sie als lange vorbereitetes, abgekartetes Spiel darzustellen versucht, als geschickte und letztlich auch feige Maßnahme, sich selbst aus der Schußlinie zu nehmen, während die fremden Truppen den Widerstand der eigenen Untertanen zusammenschossen. Ganz so einfach war die Lage jedoch nicht: Zum einen muß man bedenken, welche Überwindung es den König kosten mußte, angesichts der alten Rivalität beider Länder und Dynastien, ausgerechnet preußische Truppen anzufordern; es gehört nicht viel Phantasie dazu, sich vorzustellen, daß diese Bitte um Truppenhilfe von ihm nur als allerletztes Mittel angesehen und ausgesprochen worden ist. Und zum anderen ist durch die Erinnerungen glaubwürdiger Zeitzeugen, etwa des königlichen Leibarztes, des berühmten Carl Gustav Carus, belegt, daß sich bereits am späten Nachmittag des 3. Mai das Volk um das Königsschloß zusammenzurotten begann: die Schloßgasse, so Carus, erfüllte «schreiendes, oft schon nach den Fenstern des Schlosses werfendes Volk», und bald darauf fand der Arzt das Schloß «schon förmlich in den Belagerungszustand gesetzt». Auf dem Weg nach Hause sah er «an der Breiten Gasse und auf mehreren anderen das Pflaster aufreißen und mit Fässern und Kisten, welche zum Teil mit Pflastersteinen gefüllt wurden, den Barrikadenbau eifrig fortsetzen..., kurz, das Antlitz des Kriegs trat mit eins aus der früheren Ruhe der friedlichen Stadt scharf hervor». Noch vor Mitternacht wurde das Schloß beschossen.

Jedenfalls fanden sich die Bürger der Hauptstadt am 4. Mai ohne König und ohne Regierung wieder; nach den Worten Richard Wagners erfüllte diese neue, unerwartete Situation «denjenigen Teil der Bevölkerung, welcher auf ein friedliches Abkommen mit dem Monarchen gerechnet hatte, mit höchstem Schreck». Umgehend wurde auf dem Rathaus eine neue provisorische Regierung gebildet, die den Bau weiterer Barrikaden und Verteidigungsanlagen veranlaßte. Den fast vorhersehbaren Lauf der Dinge konnten diese Aktivitäten freilich nicht mehr aufhalten: Am Nachmittag des 5. Mai trafen die ersten preußischen Soldaten in Dresden ein, doch bereits vorher hatten reguläre sächsische Truppen den Kampf gegen die Aufständischen eröffnet, denn der ausgerechnet nach Preußen gesandte königliche Hilferuf enthielt einen immanenten Vorwurf gegen die eigene Armee, den die königstreuen sächsischen Offiziere nicht auf sich sitzen lassen wollten. Viereinhalb Tage kämpften die ungleich ausgerüsteten und geübten Gegner um die Hauptstadt, dann war die Schlacht entschieden: Die Masse der Aufständischen floh in Richtung Freiberg, zurück blieben knapp zweihundert Tote und die doppelte Anzahl von Verwundeten; die vereinigten preußischen und sächsischen Truppen hatten dagegen lediglich einunddreißig Tote zu beklagen.

Das Königspaar und die Regierung blieben ebenfalls wie die Familie des Prinzen Johann weiterhin auf dem als uneinnehmbar geltenden Königstein; noch Ende Mai ließ Friedrich August wertvolle Kunstgegenstände aus dem Dresdner «Grünen Gewölbe» dorthin in Sicherheit bringen. Das traditionelle Hofleben wurde, wenn auch nur in äußerst beschränktem Umfang, soweit es irgend möglich war, aufrechterhalten. Die Mitteilungen, die sich hierüber in den Aufzeichnungen des Königs finden, zeigen, daß es in dieser Krisenlage gerade die gewohnten traditionellen Lebensformen, die Hofetikette und die üblichen Gebräuche des Hoflebens waren, die es ihm ermöglichten, Haltung zu bewahren und sein Amt weiter auszuüben. Die institutionelle Macht dieser – wenn auch auf der Festung fraglos stark eingeschränkten – Daseinsform vermittelte dem gewissermaßen im inneren Exil verweilenden Monarchen offenbar die nötige Kraft, diese Situation durchzustehen. Trotzdem war, wie er später schreiben sollte, «die Entbehrung geistiger Genüsse mitunter schmerzhaft, denn ich hatte, um nur die nothwendigsten Papiere und Kostbarkeiten sicher zu stellen, verabsäumt, Bücher mitzunehmen. Freilich ließen auch die Sorgen nicht viel Sinn für dergleichen aufkommen, besonders in den ersten Tagen.»

Der König ließ sich mit seiner Rückkehr – und derjenigen des Hofes – in die Hauptstadt Zeit. Es scheint, als ob er auf diese Weise die «unbotmäßigen» Bewohner Dresdens mit Nichtachtung zu strafen gedachte. Jedenfalls verließ er erstmals am 5. Juli den Königstein, um sich nach Pillnitz zu begeben, wo wenige Tage später eine Abschiedsparade der preußischen Truppen stattfand; ihnen sprach der König bei dieser Gelegenheit seinen Dank aus, eine Geste, die in Dresden in dieser Form wohl nicht möglich gewesen wäre. Erst zehn Tage später kehrte er, wenn auch nur für einige Stunden, in die Hauptstadt zurück. Es kann kein Zweifel daran bestehen, daß die Ereignisse der Revolution, nicht zuletzt das Verhalten des Königs in den kritischen Maitagen des Jahres 1849, die Stellung der Monarchie in Sachsen stark erschüttert hatten. Nach der Flucht auf den Königstein wurden allenthalben im Lande Forderungen laut, die nicht nur die Absetzung Friedrich Augusts II., sondern auch eine Abschaffung der monarchischen Staatsform als solcher verlangten. Davon konnte nach der Niederschlagung des Dresdner Aufstandes zwar keine Rede mehr sein, doch die einstmals so großen Hoffnungen, die man mit dem König verbunden hatte, waren wohl für immer geschwunden. Daran konnte auch sein Versuch nichts mehr ändern, sich im Sommer 1849 der kleindeutschen Unionspolitik des preußischen Königs anzuschließen, die ein vereinigtes Deutschland in der Form eines Fürstenbundes unter preußischer Führung erstrebte, im Jahr darauf aber am Widerstand Österreichs und Rußlands kläglich scheiterte.

V.

Die Bilanz der gescheiterten Revolution blieb trübe. Auch wenn Friedrich August wenigstens dafür sorgte, daß keines der nach der Niederschlagung des Maiaufstandes schnell verhängten Todesurteile vollstreckt wurde – an seinen Händen blieb also kein Blut kleben –, es wurden doch weit mehr als achthundert Personen unter Anklage gestellt und viele davon zu lebenslänglichen oder doch langjährigen Freiheitsstrafen verurteilt – sofern sie nicht ins Ausland geflohen waren. Die beiden berühmtesten Dresdner Künstler der Zeit, Gottfried Semper und Richard Wagner, hatten rechtzeitig entkommen können und wurden jetzt steckbrieflich verfolgt. Andere hatten weniger Glück: Der mit Wagner befreundete Dresdner Kapellmeister August Röckel erhielt eine lebenslängliche Haftstrafe, von der er immerhin dreizehn Jahre absitzen mußte; die Mairevolte und seinen anschließenden Aufenthalt im berüchtigten Zuchthaus Waldheim hat er später in einem viel gelesenen Buch geschildert.

Die Leitung der sächsischen Politik übernahm nun Ferdinand von Beust, der zu hartem Durchgreifen entschlossen war. Einen fraglos besonders traurigen Ruhm erwarb er sich mit seiner «Säuberung» der Universität Leipzig, wo er drei der herausragendsten Professoren, die zuerst des Hochverrats angeklagt, in zweiter Instanz aber freigesprochen worden waren, im April 1851 ihres Amtes entheben ließ: die beiden klassischen Philologen Moritz Haupt und Otto Jahn sowie den später als Geschichtsschreiber zu Weltruhm gelangten Juristen und Althistoriker Theodor Mommsen. Das Verhältnis zwischen Regierung und Hochschule, zwischen Wissenschaft und Politik, blieb auf Jahre hinaus tief gestört; den abgesetzten Gelehrten schlugen – wie einstmals im Jahr 1837 den «Göttinger Sieben» – die Sympathien der gesamten deutschen Öffentlichkeit entgegen; sie gelangten sehr bald schon in neue, ihrem wissenschaftlichen Rang angemessene berufliche Stellungen. Auf das Königreich Sachsen, auf seine Regierung und schließlich auch auf seinen Monarchen, in dessen Namen alle diese Maßnahmen erfolgt waren, warfen jene Ereignisse indes kein besonders vorteilhaftes Licht.

Innenpolitisch wurde nun ein harter Reaktionskurs gefahren: Als der Landtag sich weigerte, einer von der Regierung gewünschten Abänderung des allgemeinen und direkten Wahlrechts von 1848 zuzustimmen, wurde er im Sommer 1850 kurzerhand aufgelöst. Und damit nicht genug, denn man verzichtete nicht nur auf Neuwahlen, sondern berief den ständischen Landtag des Vormärz wieder ein. Dabei blieb es denn auch, und alle vorsichtigen Versuche einer maßvollen Verfassungsreform, die im folgenden Jahr unternommen wurden, scheiterten an den gegebenen Macht- und Mehrheitsverhältnissen. Die wenigen Verwaltungsreformen, die man in den folgenden Jahren doch noch durchführte, etwa die Aufhebung der alten Patrimonialgerichtsbarkeit, fielen dagegen kaum ins Gewicht. Die Postvereins- und Handelsverträge der Jahre 1852/53 vermochten zwar die Wirtschaftsentwicklung erneut zu stimulieren, doch an den bedrückenden Zuständen im Innern veränderten sie nichts. Das im März 1851 verabschiedete Pressegesetz schränkte die Meinungsfreiheit erneut stark ein, dafür kehrten die aus der Zeit vor 1848 sattsam bekannten amtlichen Schnüffeleien und Bespitzelungen zurück.

In deutschlandpolitischer Hinsicht geriet Sachsen noch einmal für einige Monate ins Rampenlicht der öffentlichen Aufmerksamkeit, als zwischen Dezember 1850 und Mai 1851 in Dresden jene diplomatischen Konferenzen stattfanden, die zur Restituierung des Deutschen Bundes führten, der bekanntlich im Sommer 1848 de facto zu bestehen aufgehört hatte. Nun also wurde er ausgerechnet in Sachsen, wo die Revolution besonders heftig gewütet hatte, unter tatkräftiger Beteiligung des Ministers Beust wieder ins Leben gerufen. Unter dem Einfluß Beusts orientierte sich Sachsen dabei derart eng an der Politik Österreichs, daß für die anderen Beteiligten kaum noch ein eigener sächsischer Standpunkt auszumachen war. Auch diese Konstellation wies voraus auf ungute spätere Entwicklungen, von denen das Königreich nicht eben profitieren sollte.

Wie aber stand es um den König? Die Revolution, so ist mehrfach bezeugt, ließ ihn um Jahre altern; er war plötzlich ergraut und wurde zunehmend von melancholischen Stimmungen, bald wohl auch von Anfällen schwerer Depression geplagt. Sein erster Biograph Julius Schladebach drückte sich noch eher zurückhaltend aus, wenn er im Rückblick bemerkte, daß nach 1849 Friedrich Augusts «gewohnte Heiterkeit gänzlich entschwand und ein Zug stillen, trüben Ernstes über sein Antlitz sich lagerte». Der Bruder und Nachfolger Johann wurde da schon deutlicher mit der in seinen «Lebenserinnerungen» enthaltenen Feststellung, die «melancholische Stimmung» des Königs und älteren Bruders habe seit Anfang der 1850er Jahre derartige Formen angenommen, «daß mir oft der traurige Gedanke kam, daß am Ende dieser Zustand ein bleibender werden und ihm die Fortführung der Regierung unmöglich machen würde».

Dazu kam es jedoch nicht. Zwar scheinen dem König seine amtlichen Aufgaben, besonders die Repräsentationspflichten und alle öffentlichen Auftritte, in zunehmendem Maße zur Last gefallen zu sein, doch er übte sie mit der gleichen Gewissenhaftigkeit und Selbstdisziplin aus wie in den Jahren vor der Revolution. Freilich suchte er jetzt öfters Erholung auf längeren Reisen, die ihn vor allem in die Alpen und in südlichere Gefilde führten. So verbrachte er den Sommer 1851 in Oberitalien, den Sommer des folgenden Jahres in den von ihm besonders geliebten Tiroler Bergen. Im Juli und im August 1853 bereiste er Oberitalien, Piemont und wiederum Tirol. Die Sommerreise des Jahres 1854 sollte indes seine letzte werden. Mit seiner Gemahlin, der aus Bayern stammenden Königin Maria, reiste er Anfang August nach München, wo sich das Königspaar die deutsche Industrieausstellung anschaute, bevor sich die Königin zu ihren Verwandten nach Possenhofen begab, während der König allein nach Tirol weiterreiste, wo er sich wieder einmal der Landschaftszeichnung und der Vervollständigung seiner botanischen Sammlungen widmen wollte.

Am 7. und am 8. August hatte König Friedrich August bei dem Ort Zirl zusammen mit einem Tiroler Bekannten noch eine zweitägige Bergwanderung unternommen, bevor er am 9. August mit einem leichten Kutschwagen von Imst aus zu einem Ausflug ins Pitztal aufbrach. Als der Wagen unterhalb des Ortes Brennbichl in eine schmale Kurve einbog, kam es zu einem folgenschweren Unfall: Der Wagen kippte um, die Insassen wurden herausgeschleudert – der hinten sitzende König jedoch derart unglücklich, daß er von einem Hufschlag des scheuenden Pferdes am Hinterkopf getroffen wurde. Während die Mitfahrenden, der Flügeladjutant, der Diener und der ortsansässige Kutscher, schnell wieder auf die Beine kamen, blieb der König bewußtlos liegen. Er wurde sofort von seinen Begleitern nach Brennbichl getragen und im dortigen Gasthof von einem schnell herbeigerufenen Wundarzt zur Ader gelassen. Der Arzt erkannte offenbar die Schwere der Verletzung und veranlaßte die Herbeiholung des Ortsgeistlichen, der den König mit den Sterbesakramenten versah. Friedrich August II. verschied gegen 10.30 Uhr, weniger als eine Stunde nach dem Unfall. Die spätere Obduktion ergab eine Zersplitterung der Hirnschale und eine damit einhergehende schwere Verletzung des Gehirns.

Noch am gleichen Abend traf die telegraphische Nachricht der Tiroler Katastrophe in Dresden ein; Prinz Johann übernahm als Nachfolger seines Bruders sofort die Regierungsgeschäfte. Er beauftragte Leibarzt Carus mit der Überführung des Leichnams. Die sterblichen Überreste des Königs wurden am Ort einbalsamiert und zwischen dem 13. und dem 15. August mit einem Sonderzug nach Dresden überführt. Einen Tag später wurde Friedrich August in der Hofkirche aufgebahrt; nach der Erinnerung von Carus muß es sich dabei um eine höchst eindrucksvolle Inszenierung gehandelt haben: «Die sonnenerleuchtete Kirche – die feierliche Aufstellung der Leiche selbst in der nach dem Kirchenschiff geöffneten Kapelle, am Altar derselben und um den Katafalk die Menge der brennenden Wachskerzen auf ihren hohen Silberkandelabern – draußen das Glockenläuten und drinnen nun die tausenden von Menschen, die wie ein breiter Strom, dessen Ufer nur mit Mühe von den reichbetreßten Portiers mit ihren schweren Silberknäufen in Ordnung gehalten werden konnten, immer still an dieser schwermütigen Ausstellung vorüberglitten, es machte den tiefsten und merkwürdigsten Eindruck!» Der auf so tragische Weise ums Leben gekommene Monarch wurde nach der Trauerfeier noch am gleichen Abend in der Hofkirche beigesetzt.

Am ersten Jahrestag seines Todes wurde in Brennbichl der Grundstein zu einer Gedächtniskapelle gelegt, die nach 1945 zur Begräbnisstätte der Wettiner werden sollte. Im Testament Friedrich Augusts finden sich die für ihn charakteristischen Formulierungen, die noch einmal ein bezeichnendes Licht auf sein patriarchalisch-gefühlvolles Selbstverständnis als Herrscher werfen: «Allen meinen Untertanen, meinen Sachsen, die ich treu geliebt, sende ich meinen Abschiedsgruß: mögen sie meiner in Liebe gedenken. Ich empfehle sie, meine hinterlassenen Kinder, der Fürsorge meines Nachfolgers. Allen denen, die mich im Leben betrübt und gekränkt, verzeihe ich von ganzem Herzen. Möge Gott denen verzeihen, die es absichtlich getan, und möge er ihre Herzen lenken, daß sie einsehen ihre Schuld.» Diese Worte, die der Monarch fast genau vier Monate vor seinem Tod, am 4. April 1854 niedergeschrieben hatte, zeigen, daß er die Erlebnisse der Revolutionszeit weder überwunden noch bewältigt hatte.

Der Rückblick auf diesen verschlossenen und in mehr als einer Hinsicht rätselhaft erscheinenden Monarchen fällt nicht leicht; Sympathie und Antipathie halten sich dabei die Waage. Daß Friedrich August II. in zentralen Bereichen seiner Politik zu zögerlich agierte, daß er sich zur Durchführung von Reformen nur dann bereit zeigte, wenn sie nicht mehr zu umgehen waren und eigentlich fast schon zu spät kamen, ist kaum zu bestreiten. Andererseits erwies er sich, und auch dies muß gesagt werden, keineswegs als der harte Reaktionär, den nicht wenige seiner Zeitgenossen in ihm zu Unrecht gesehen haben. Vielleicht liegt der Schlüssel zum Verständnis dieses Mannes in einigen Bemerkungen über sich selbst, die sich in seiner autobiographischen Skizze aus den frühen 1850er Jahren finden, wo es heißt: «Der Hauptfehler meines Charakters ist Mangel an Entschlossenheit»; dieser Mangel, so Friedrich August weiter, entspringe wiederum aus zwei anderen Fehlern: «Der erstere ist eine gewisse Eitelkeit, welche mir den Werth des Urtheils Andrer über mich zu hoch anschlagen ließ»; die «Scheu vor Tadel» habe seine Entschlüsse ebenso gelähmt wie sein Urteil im entscheidenden Augenblick paralysiert – und zum anderen habe ihn stets «ein gewisser Mangel an Selbstvertrauen» belastet, «welcher wieder in einer eigenthümlich skeptischen Richtung meines Verstandes seine Wurzel hat».

Nimmt man noch die Tatsache hinzu, daß der König, wie Hellmut Kretzschmar zutreffend gesagt hat, «keine eigentlich politische Natur war» und daß er in einer Epoche zu politischer Gestaltung gezwungen war, die übergroße und rasch sich vollziehende soziale, politische und geistige Umbrüche mit sich brachte – Umbrüche, die auch die alte, einst unbefragte Gültigkeit der monarchischen Legitimität offen in Frage zu stellen begannen –, dann wird verständlich, daß einer Persönlichkeit wie Friedrich August II. das Regierungsgeschäft noch schwerer werden mußte als dies vielleicht ein oder zwei Jahrhunderte früher der Fall gewesen wäre. Ähnlich wie sein Schwager und Freund Friedrich Wilhelm IV. von Preußen gehörte auch Friedrich August II. noch zu denjenigen Monarchen, die im Vollgefühl ihrer, wie sie meinten, von Gott verliehenen Königswürde regierten, doch es scheint, als ob der fünftletzte sächsische König etwas mehr als sechs Jahrzehnte vor dem Ende der Monarchie in Deutschland manchmal bereits geahnt habe, welche Richtung die allgemeine Entwicklung einschlagen werde. Vielleicht war er gerade auch aus diesem Grund ein «Melancholiker auf dem Thron».

JOHANN
1854–1873

von Reiner Groß

Politik als Lehre und Ausübung der Kunst, Gemeinschaften und damit auch Staatsgebilde zu führen und dies nicht nur theoretisch, sondern auch praktisch zu beherrschen, ist Grundaufgabe eines jeden, der sich auf dieses Gebiet begibt. Das gilt für Menschen, die sich zum Politiker berufen fühlen und ein politisches Amt bewußt anstreben, aber auch für jene, die in eine solche Aufgabe hineingeboren werden. Johann gehörte zu den letzteren, denn ihm war die Aufgabe des Politikers als eines möglichen künftigen Königs von Sachsen in die Wiege gelegt worden. «Dem König Johann, einem theoretisch und formal denkenden Manne, ist das Königtum ein Problem gewesen, mit dem er sich vergleichend, beobachtend, planend, aber immer auf der Ebene des erwägenden Verstandes, niemals willensmäßig und in eigener, auf seine persönliche Stellung gerichteten Beziehung, befaßt hat.» (Hellmut Kretzschmar) Trotzdem, oder gerade deshalb, hat er als der bedeutendste albertinische Wettiner auf dem sächsischen Thron im 19. Jahrhundert bis zum Ende der Monarchie im November 1918 zu gelten. In der Reihe der wettinischen Markgrafen, Kurfürsten und Könige, die 829 Jahre lang Regenten von Sachsen waren, gehört Johann zu denjenigen, die mit ihrem Wirken für das Land und mit ihrer Lebensleistung über den Durchschnitt herausragen. In seinem Leben verkörperte sich ein dreiviertel Jahrhundert deutscher und europäischer Geschichte. Er lebte in einem Jahrhundert der Umbrüche und gestaltete diese für Sachsen mit. Bewußt erlebte er schon die Ereignisse der Jahre von 1812 bis 1815, Napoleons Rußlandfeldzug und die Völkerschlacht bei Leipzig, die preußische Verwaltung des Landes und die wesentliche Verkleinerung des sächsischen Königreichs 1815, nahm Burschenschaftsbewegung und griechischen Unabhängigkeitskampf ebenso zur Kenntnis wie er sich aktiv in den Übergang zur konstitutionellen Monarchie und in die große Staatsreformbewegung nach 1830 einbrachte. Liberalisierung und beginnende Parteibildung, parlamentarische Opposition im Vormärz und revolutionäre Erschütterungen 1848 und 1849, Deutsche Frage und preußische Unionspolitik, Schleswig-Holsteinische Frage und Olmützer Punktation – all das forderte ihn zur Meinungsbildung heraus. In seine Regierungszeit ab 1854 fielen der Krimkrieg und die Reformversuche des Deutschen Bundes, der Deutsch-dänische Krieg, das ereignisvolle und für Sachsen so schicksalsreiche Jahr 1866, die Gründung des Norddeutschen Bundes und des Deutschen Kaiserreichs.

I.

Johann wurde am 12. Dezember 1801 im Dresdner Schloß geboren. Er war der dritte Sohn des Prinzen Maximilian, 1759 geboren, und Carolines, Tochter Ferdinands I. von Parma. Da die Ehen der beiden älteren Brüder Maximilians, Kurfürst Friedrich Augusts III., als König seit 1806 Friedrich August I., und Antons kinderlos blieben, kamen die Söhne von Maximilian und Caroline – der 1797 geborene Friedrich August, der 1789 geborene Clemens, der 1822 bereits verstarb, und eben Johann – für eine Thronfolge in Betracht. Alle drei wurden von Kindheit an auf das Amt eines Königs von Sachsen vorbereitet. Es war eine ganze Reihe von aufeinander abgestimmten Schritten, die den möglichen Thronfolger für das Amt des Regenten befähigen sollte. Das betraf Erziehung, schulische Bildung, Ausbildung im militärischen Bereich, Bildungsreisen, Aufenthalte an deutschen und europäischen Herrscherhöfen, Einführung in die Verwaltungs- und Regierungspraxis und auch die auf diplomatischem Wege vorbereitete Verheiratung. Noch vor Vollendung des 21. Lebensjahres ging Johann die Ehe mit der gleichaltrigen Amalie Augusta von Bayern ein, einer Tochter des bayerischen Königs Maximilian I. Joseph. Aus dieser Verbindung entsprossen neun Kinder, drei Knaben und sechs Mädchen, wovon zu Johanns Lebzeiten fünf Töchter und ein Sohn verstarben. Als Johann und Amalie Augusta 1872 die Goldene Hochzeit feierten, lebten noch die beiden Söhne Albert und Georg sowie die Tochter Elisabeth, verheiratet mit Ferdinand von Sardinien. Das Leben Johanns endete am 29. Oktober 1873 in Schloß Pillnitz infolge altersbedingter Kreislaufbeschwerden. Unter großer Anteilnahme der sächsischen Bevölkerung wurde er am 31. Oktober in der Gruft der katholischen Hofkirche in Dresden beigesetzt. Seine Frau Amalie Augusta überlebte ihn um vier Jahre.

Als Kind und als Jugendlicher wurde er von seinem Vater, von prinzlichen Erziehern und von Privatlehrern unterrichtet. Dies hat er später sehr skeptisch beurteilt, vermißte er doch rückschau-

König Johann (1854–1873)

end bei seinen Lehrern höhere wissenschaftliche Bildung sowie Stetigkeit und Planmäßigkeit des Unterrichts in den Fächern Religion, Staatswissenschaft, Geschichte, Nationalökonomie, Verwaltungsrecht, Kriegswissenschaften, Bergbau, Handel und Manufakturwesen. Besonderer Wert wurde auf die Sprachenausbildung gelegt. Latein und Griechisch standen ebenso auf dem Lehrprogramm wie sieben moderne europäische Sprachen, darunter Englisch, Französisch und Italienisch. Insgesamt jedoch erwarb er seine intellektuellen Kenntnisse durch ein lebenslanges, sich Ziele setzendes Bildungsstreben. So war er weitgehend ein Autodidakt, der zwar vorübergehend an der Leipziger Universität eingeschrieben war, aber dort nicht studierte. Dafür erhielt er von dem Leipziger Juristen Christoph Carl Stübel, dem Schöpfer des sächsischen Strafgesetzbuches, umfangreiche Unterweisungen im Recht. So wie auf juristischem Gebiet, erreichte Johann auch auf dem Felde der Geschichte professionelles Niveau. Von 1830 bis 1854 war er Vorsitzender des Sächsischen Altertumsvereins, und mit der Gründungsversammlung des Gesamtvereins der deutschen Geschichts- und Altertumsvereine, die 1852 in Dresden stattfand und die er leitete, wurde er dessen erster Vorsitzender bis 1854. Durch dieses langjährige Wirken wurde er zum Anreger landesgeschichtlicher Forschung und Denkmalpflege nicht nur in Sachsen, sondern auch in Deutschland.

Auf Johanns Bildungsstreben gewann nicht zuletzt seine erste Italienreise von 1821/1822 den nachhaltigsten Eindruck. Im Laufe dieser Reise erwarb er in Pavia eher zufällig eine originalsprachige Ausgabe von Dante Alighieris «Göttlicher Komödie». Schon während der Reise begann er mit dem Lesen des klassischen Meisterwerks italienischer Literatur aus dem 14. Jahrhundert, wodurch er tief in die Gedankenwelt der Antike und des Mittelalters eindrang. Nach Dresden zurückgekehrt, widmete er sich der schwierigen Aufgabe des Übersetzens. 1826 legte er die ersten zehn Gesänge der «Hölle» einem kleinen Kreis von Vertrauten vor, der Abendgesellschaft, die im folgenden Vierteljahrhundert monatlich einmal in Johanns Wohnung zusammenkam und seit 1832 den Namen «Academia Dantesca» führte. Es waren Philologen und Historiker, Künstler, Schriftsteller, Astronomen und Naturwissenschaftler, mit denen Johann wissenschaftliche Gespräche führte. Der reiche Ertrag dieser vielen Stunden fand seinen Niederschlag im Kommentar zur dreibändigen Ausgabe der «Göttlichen Komödie», der von 1833 bis 1849 und 1865/1866 veröffentlich wurde. Johanns kommentierte Übersetzung der «Divina Commedia», seit 1828 unter dem Pseudonym Philaletes, Freund der Wahrheit, erschienen, gehört noch heute zu den sprachlich besten und wissenschaftlich verläßlichsten im deutschsprachigen Raum. So nimmt es nicht Wunder, daß Johann bald Ehrenmitglied wissenschaftlicher Gesellschaften wurde, unter anderem 1835 der Königlich-Schwedischen Akademie der Wissenschaften zu Stockholm, 1838 der Sprachakademie della Crusca in Florenz,

1841 der Königlich Asiatischen Gesellschaft zu London, 1847 der Königlich-Nordischen Altertumsgesellschaft zu Kopenhagen, 1853 der Französischen Gesellschaft zur Erhaltung historischer Denkmäler zu Paris, 1857 der Königlich-Portugiesischen Akademie der Wissenschaften zu Lissabon und 1865 der Deutschen Dantegesellschaft. Es waren insgesamt 30 wissenschaftliche Gremien, die Johann zu ihrem Mitglied bzw. Ehrenmitglied wählten. Er galt als «der Gelehrte» im Kreis der europäischen Fürsten. Der ihm zeitlebens freundschaftlich eng verbundene preußische König Friedrich Wilhelm IV. betitelte ihn oftmals liebenswürdig als «Professor».

II.

Die Staatsform der Monarchie, in der man seit Jahrhunderten lebte, verlangte im Prinzip vom Regenten die Bestimmung der Richtlinien der Politik, die Sicherung und nach Möglichkeit auch die Erweiterung des territorialstaatlichen Besitzstandes, die Berufung der leitenden Räte und Minister, die Wahrung und Wahrnehmung der Rechte und Pflichten des Landes gegenüber Kaiser, Reich und Reichsfürsten, nach 1648 auch im europäischen Staatensystem, nach 1815 in gleicher Weise in den Verfassungsverhältnissen des Deutschen Bundes. Darauf beruhte das Politikverständnis, das den künftigen Regenten vermittelt wurde. Bei den beiden Söhnen Maximilians kam hinzu, daß sie in eine Zeit hineingeboren wurden, deren Grundtenor im Verdrängen und schließlich Überwinden des feudalen Prinzips von innen heraus auf dem Wege der Reform bestand. Es war die Entwicklung von der halbständischen feudalen Adelsherrschaft zur Bürgerlichkeit des 19. Jahrhunderts. Die politischen Ansichten Johanns, die sich im Laufe seines Lebens weiter ausprägten, positive und negative Erfahrungen staatlichen Handelns verarbeitend, wurzelten in seinen philosophisch-rechtlichen Anschauungen. Von Jugend an zeigte er, orientiert an seinem Onkel Friedrich August I., stets vollen Respekt gegenüber dem historisch Gewachsenen, und nahm seine religiösen Bindungen sehr ernst. Aufgrund seiner tiefen Frömmigkeit besaß er einen festen Begriff von Pflichterfüllung, die er als unerschütterlich und unabdingbar ansah, und die harte, gründliche und auch anstrengende Arbeit im Politikeralltag war für ihn eine Selbstverständlichkeit, so wie sie es für die lange Riege seiner Vorfahren seit der Frühen Neuzeit oft gewesen war – von Herzog Georg über Kurfürst Moritz, Kurfürst August, Kurfürst Friedrich August I. bis hin zu Kurfürst Friedrich Christian. Für Johann war das «sächsische Volk» kein Mittel zum Zweck, sondern Selbstzweck, zu dessen Wohl alle Anstrengungen unternommen werden mußten. Ausgeprägt war bei ihm das Gefühl für die Würde des hohen Amtes eines königlichen Herrschers, und er fühlte sich in seiner religiösen Auffassung von diesem Amt als Herrscher «von Gottes Gnaden», wie er auch die bestehende Ordnung der Dinge als gottgewollt auffaßte.

Als er das Amt des Königs von Sachsen am 10. August 1854 übernehmen mußte, war ihm die konstitutionelle Bindung seiner Stellung voll bewußt. Seinem Sohn Albert schrieb er in dessen Exemplar der sächsischen Verfassung vom 4. September 1831 die Worte: «Halte sie fest gegen Jedermann, denn ein königlich Wort soll man nicht drehen noch deuteln.» Das Rechtsbewußtsein Johanns ließ in seinen politischen Anschauungen wie auch in seinem Handeln keine abrupten Wendungen zu. In einer solchen Wahrnehmung des königlichen Amtes repräsentierte er die fürstliche Gewalt, die den Nutzen des Landes zu mehren hatte. Harmonieauffassung im konservativen Staatsdenken, innere Distanz zur Tagespolitik, die bewußte Ablehnung einer Kamarilla-Politik – das waren die Grundlinien seiner politischen Auffassungen. Johann nahm an den Beratungen des Gesamtministeriums teil, besprach mit seinen Ministern sowohl die Grundfragen der politischen Entwicklung des Landes als auch wichtige Einzelfragen und traf mit ihnen gemeinsam die notwendigen Entscheidungen. Die Protokolle des Gesamtministeriums, im gleichnamigen Bestand des Sächsischen Hauptstaatsarchivs erhalten, weisen dies aus. All das sicherte Johann, obwohl von der öffentlichen Meinung zeitweise durchaus kritisch beurteilt, eine große Autorität. Solange Johann nicht selbst in die Verantwortung des Regenten trat, verfolgte er quasi als ein Danebenstehender die politischen Ereignisse in Sachsen, im Deutschen Bund, in Europa. Ab dem Zeitpunkt, wo er das Regentenamt ausüben mußte, überwachte er indes mit großer Aufmerksamkeit die Innen- und Außenpolitik seines Landes. Im 65. Lebensjahr stehend, acht Jahre vor seinem Tod, mußte er einen tiefen Einschnitt in seinem Verständnis des sächsischen Königtums verkraften, ein Ereignis, das er entschieden zu verhindern versucht hatte: den 1866 erfolgenden Verzicht auf wesentliche Bestandteile der Souveränität Sachsens zugunsten des preußisch dominierten Norddeutschen Bundes. Seit diesem Zeitpunkt ordnete er sein politisches Verhalten den nunmehr gegebenen Rechts- und Verfassungsverhältnissen unter.

III.

In außenpolitischer Hinsicht wurde Johann bis zur Übernahme des Regentenamtes nur einmal persönlich in Anspruch genommen. Es war dies zugleich sein erstes öffentliches politisches Engagement. 1829 hatte sich mit Unterstützung von Frankreich, England und Rußland der griechische Unabhängigkeitskampf siegreich gestaltet. Die Neuordnung der staatlichen Verhältnisse Griechenlands hatte Frankreich in die Hand genommen. Im November 1829 ging in Dresden der Wunsch des französischen Königs Karl X. ein, daß der 28jährige Prinz Johann die Kandidatur für den griechischen Königsthron annehmen sollte. Frankreich wollte, vielleicht auch in Erinnerung an die Vorgänge von 1815, Sachsen wieder zu einem lebendigen Glied des europäischen Staatensystems werden lassen. Das Angebot war für Johann zunächst sehr verlockend. Es konnte ihn, wie er feststellte, die Aussicht auf eine so ruhmvolle Aufgabe nicht gleichgültig lassen. So schwankte er einige Zeit zwischen Annahme und Ablehnung. Nach längeren Beratungen und Besprechungen, auch auf diplomatischem Wege mit dem Wiener Hof, lehnte er schließlich ab, nicht zuletzt mit dem Hinweis auf den gesundheitlichen Zustand des älteren Bruders und die bei ihm und seinem 1828 geborenen Sohn Albert liegende Thronfolge in Sachsen. Johann blieb bei seiner Ablehnung, auch als Karl X. das Angebot wiederholte. Sein Schwiegervater König Ludwig I. von Bayern zürnte ihm ob der Ablehnung, denn nun verblieb die Kandidatur bei Otto von Wittelsbach, der jedenfalls weitaus weniger als Johann befähigt war, den griechischen Königsthron zu besteigen. Das alles wäre der Öffentlichkeit verborgen geblieben, wenn nicht der preußische Gesandte in Dresden Johann Ludwig von Jordan eine Indiskretion begangen hätte. Die griechische Thronkandidatur blieb indes außenpolitisch eine Episode.

Das Ringen um die Gestaltung des Deutschen Bundes und die damit verbundene Lösung der nationalen Frage war dagegen für Sachsen und namentlich für Johann ein außenpolitisches Kernproblem. Von Jugend an in den staatlichen Verhältnissen des Deutschen Bundes aufgewachsen, waren ihm die Souveränitätsrechte der Bundesstaaten, aber auch die Betonung der Zusammengehörigkeit im Bund, die föderalen Prinzipien der Bundesorganisation, die Pflege der verwandtschaftlichen Verbindungen zum kaiserlichen Haus der Habsburger, zu den Wittelsbachern in München und auch zu den Hohenzollern in Berlin feste Begriffe und Eckpunkte seines über Sachsens Grenzen hinausgehenden Politikverständnisses. Für die Kontaktpflege mit den deutschen und europäischen Herrscherhäusern waren Weesenstein und Pillnitz häufig beliebte Aufenthaltsorte. Noch beobachtete Johann in den 1830er und 1840er Jahren nur aufmerksam die politische Entwicklung in Europa. Als sich 1840 urplötzlich erhebliche Spannungen zwischen Frankreich und dem Deutschen Bund auftaten, die an den Rand einer militärischen Auseinandersetzung führten, wurde für Johann die Frage von Krieg und Frieden brennend aktuell. Im Falle eines Krieges hätte er das Kommando des IX. Bundeskorps übernehmen müssen. «Es war ein großes Glück, daß es nicht dazu kam», bemerkte er in seinen Lebenserinnerungen. Nach 1850 verfolgte er aufmerksam das Zustandekommen des Dreikönigsbündnisses, die Dresdner Konferenzen von 1850/1851, die Olmützer Punktation mit der Wiederherstellung des Deutschen Bundes unter Österreichs Führung – aber auch den Staatsstreich Napoleons III. 1852, die militärischen Auseinandersetzungen in Oberitalien und den Krimkrieg. Die sächsische Außenpolitik, vor allem der König persönlich, versuchten, das Hineinziehen des Deutschen Bundes in diesen Krieg zu verhindern und Neutralität zu wahren. In diesem Sinne vermittelte Sachsen zwischen Österreich und Preußen – letztlich mit Erfolg. Nach wie vor war Johanns Glaube an den Deutschen Bund und dessen Reformfähigkeit unerschütterlich.

Als sich Sachsen nach 1850 vom Dreikönigsbündnis zurückzog, äußerte sich Johann über die beiden möglichen Wege der künftigen staatlichen Entwicklung in Deutschland. Das von Preußen und von der deutschen Nationalbewegung favorisierte zentralisierende Prinzip geriet mit dem das Leben der Einzelstaaten wahrenden föderalen Prinzip, dem Johann anhing, und das vom sächsischen, späteren österreichischen Ministerpräsidenten Beust diplomatisch zu realisieren versucht wurde, in immer größeren Gegensatz. Daraus erwuchsen die Beust'schen Bundesreformpläne ab 1860, die von Johann inhaltlich mitgetragen wurden. Bereits in seiner Rede anläßlich der Eröffnung des außerordentlichen Landtages am 5. Oktober 1854 formulierte Johann seine grundsätzliche Haltung zum Deutschen Bund: «Ein Land in der Lage Sachsens wird unter solchen Umständen nicht fehl gehen, wenn es die Richtschnur für sein Handeln in strengen und gewissenhaften Erfüllungen seiner Pflichten als Glied des Deutschen Bundes sieht. An diesem Standpunkt festhaltend, wird Meine Regierung nach Kräften Alles thun, was dem Wohl und der Würde

Deutschlands und einer befriedigenden Lösung der politischen Verwickelungen förderlich sein kann.»

Für die Haltung Johanns und Sachsens zu den Reformplänen des Deutschen Bundes sowie zur Lösung der Deutschen Frage unter Einbeziehung Österreichs waren die Vorgänge vor und während des Frankfurter Fürstentages vom August 1863 von entscheidender Bedeutung. Johann überbrachte dem preußischen König Wilhelm I. die Einladung nach Frankfurt, die er auch in persönlichen Gesprächen nachdrücklich befürwortete. Er scheiterte an Bismarck, der in seinen «Gedanken und Erinnerungen» darüber berichtete: «Es wurde mir [Bismarck] nicht leicht, den König [von Preußen] zum Fernbleiben von Frankfurt zu bestimmen. ... Ich glaubte, den Herrn [Wilhelm I.] überzeugt zu haben, als wir in Baden anlangten. Dort aber fanden wir den König von Sachsen, der im Auftrage aller Fürsten die Einladung nach Frankfurt erneuerte (19. August). Diesem Schachzug zu widerstehen, wurde meinem Herrn nicht leicht. Er wiederholte mehrmals die Erwägung: ‹Dreißig regierende Herren und ein König als Courier!› und er liebte und verehrte den König von Sachsen, der unter den Fürsten auch persönlich für diese Mission der Berufendste war. Erst um Mitternacht gelang es mir, die Unterschrift des Königs zu erhalten für die Absage an den König von Sachsen. Als ich den Herrn verließ, waren wir beide in Folge der nervösen Spannung der Situation krampfhaft erschöpft. ... Die Krisis war überwunden.» Sieben Jahre später äußerte sich Bismarck nochmals zu diesem Geschehen: «Ich habe ihn [Wilhelm I.] buchstäblich im Schweiße meines Angesichts davon abgebracht ... Er lag, als der König von Sachsen und Beust bei ihm gewesen waren, auf dem Sopha und hatte Weinkrämpfe, und ich war, als ich ihm den Brief mit der definitiven Weigerung abgerungen hatte, so schwach und matt, daß ich mich kaum auf den Beinen halten konnte. Als ich das Zimmer verließ, taumelte ich und war nervös so aufgeregt, daß ich beim Zumachen der Türe zum Vorzimmer draußen die Klinke abriß. Der Adjutant vom Dienst fragte mich, ob ich unwohl sei. ‹Nein›, erwiderte ich, ‹jetzt ist mir wieder wohl.›» In Johanns Thronrede vom Oktober 1863 spiegelte sich das Geschehen weniger dramatisch: «Meiner bereits früher ausgesprochenen Überzeugung gemäß», so lesen wir da, «habe ich auch in der letzten Zeit nichts unterlassen, um – soweit meine Kräfte reichen – die Entwicklung der deutschen Angelegenheiten in förderativem Sinne zu fördern ... und als, auf Einladung Seiner Majestät des Kaisers von Oesterreich, eine Versammlung deutscher Fürsten und der Vertreter der Freien Städte zu Frankfurt am Main zusammenkam, um eine Reform der Grundgesetze des Bundes zu beraten, habe ich mich der persönlichen Teilnahme an derselben gern unterzogen.» Johann argumentierte auf dem Fürstentag unermüdlich zugunsten der österreichischen Bundesreformpläne – mit Sachverstand und gutem Willen. Der junge Kaiser Franz Josef, Johanns Neffe, berichtete seiner Mutter nach Wien, daß «vor allem dem Onkel Johann, der fast gar nicht geschlafen und sich ungeheuer angestrengt habe», der Erfolg der Beratungen, der sich indes bald als fragwürdig herausstellen sollte, zu danken sei.

Nach 1863 hoffte Johann weiterhin auf eine zustimmende Haltung Preußens, nachdem die Mehrheit der Bundesmitglieder sich mit dem österreichischen Entwurf einverstanden erklärt hatte. Diese Hoffnung zerschlug sich bald. Noch unmittelbar vor Kriegsbeginn 1866 beschwor Johann den Erhalt des bundesverfassungsmäßigen Landfriedens und die Beilegung von Streitfragen auf bundesrechtlichem Weg. Sachsen stand dabei mit Bayern an der Spitze jener Mitgliedsstaaten des Deutschen Bundes, die auch militärische Mittel zur Verteidigung dieses Standpunktes anwenden wollten. Johann formulierte kurz vor Beginn der preußischen Invasion in Sachsen vor dem außerordentlichen Landtag am 28. Mai 1866 seine diesbezügliche Haltung: «Wegen dieser Vorkehrungen mit militärischen Maßregeln bedroht, habe ich den Bund in versöhnlichem und friedlichem Sinne um seine Vermittlung angegangen; aber nunmehr auch zugleich mein Heer unter die Waffen gerufen, um von keinem unvorhergesehenen Angriffe überrascht werden zu können; denn auch der Mindermächtige würde sich entehren, wenn er unberechtigten Drohungen nicht mit männlichem Mute entgegenträte und ich fühle mich ruhig in dem Bewußtsein, durch keine feindselige Gesinnung herausgefordert zu haben, sondern nur mit Beharrlichkeit für das Recht eines deutschen Volksstammes eingetreten zu sein.»

Als nach der militärischen Niederlage Österreichs und seiner Verbündeten schließlich auch Sachsen dem Norddeutschen Bund unter Führung Preußens beitreten mußte, versuchte König Johann, sich in die neuen Verhältnisse zu fügen. Dabei bemühte er sich, in die Verfassung des neuen deutschen Bundesstaates föderalistische Vorstellungen einzubringen. Im Nachlaß Johanns finden sich ein hektographierter Verfassungsentwurf mit vielen eigenhändigen Randbemerkungen des Königs sowie eine Denkschrift aus seiner Feder über den Entwurf der Verfassung des

Norddeutschen Bundes. Zum Artikel 1 (Bundesgebiet) bemerkte er wörtlich: «Es fehlt hier zunächst der allgemeine Grundsatz, daß die Autonomie der einzelnen Länder die Regel bilde.» Bei der Gesetzgebung verlangte er, daß sie dem Reichstag und dem Bundesrat gemeinschaftlich zustehe.

Die außenpolitischen Vorstellungen des Königs und seines leitenden Ministers Friedrich Ferdinand von Beust waren an Bismarcks Deutschlandpolitik gescheitert. Dies war wohl eine der schmerzlichsten Niederlagen, die der Politiker Johann hinzunehmen hatte.

IV.

Als Johann das 21. Lebensjahr vollendet hatte, trat er auf eigenen Wunsch in die sächsische Zentralverwaltung ein. Er äußerte sich dazu in seinen Lebenserinnerungen: «Gleich nach meiner Heirat bemühte ich mich, eine bestimmte Tätigkeit zu erlangen. Da mir eine militärische Stellung nicht zu Teil wurde, so nahm ich den Vorschlag des Königs an, mich als wirkliches Mitglied in das Geheime Finanz Collegium zu ernennen.» Er wurde dem 2. Departement unter der Leitung von Georg August Ernst Freiherr von Manteuffel zugeordnet, das für Domänen-, Forst-, Berg- und Ämtersachen zuständig war. Johann nahm regelmäßig an den Sitzungen des Departements, aber auch an den Plenarversammlungen teil, hielt Vortrag in einzelnen Angelegenheiten, übernahm freiwillig Referate in Bergsachen und erhielt, da er sich als ein fachkundiger und fleißiger Verwaltungsmann erwies, später einige Registranden in Bergsachen zur selbständigen Bearbeitung übertragen. In dieser zentralen Verwaltungsbehörde, die moderne Züge trug und unmittelbar mit der Praxis verbunden war, lernte Johann an der Seite Manteuffels das Verwaltungsgeschäft kennen, entwickelte aber auch einen Sinn für Recht und Gesetz sowie ein ausgeprägtes Empfinden für staatliche Tradition. Als 1825 Manteuffel Präsident des Geheimen Finanzkollegiums wurde, rückte der «prinzliche Beamte» in der Verwaltungshierarchie auf. Es wurde ihm die Leitung des 1. Departements übertragen. Damit war er für den gesamten Bereich der indirekten Abgaben, d.h. für alle Einnahmen, die nicht in das Steuerärarium flossen, verantwortlich. Salzmonopol und Geleit, Straßen- und Uferbau sowie das Postwesen gehörten ab dann zur täglichen prinzlichen Verwaltungsarbeit. Bald wurde ihm die Unzulänglichkeit des sächsischen Steuersystems bewußt. Das fand seinen Niederschlag in

Denkschriften und Stellungnahmen, die allerdings noch ohne praktische Wirkung blieben. In diesen Jahren normaler täglicher Verwaltungsarbeit lernte Johann zahlreiche Menschen kennen, die in unterschiedlicher Verantwortung für den sächsischen Staat tätig waren. Einige von ihnen, so etwa Heinrich Anton von Zeschau, Julius Traugott Jakob von Könneritz, Eduard Gottlieb von Nostitz und Jänkendorf oder Karl Friedrich Schaarschmidt wurden ihm zu vertrauten Ratgebern. Sie begleiteten über Jahre seinen politischen Weg. Sinn und Nutzen dieser praktischen täglichen Verwaltungsarbeit bewertete Johann rückblickend positiv: «Wenigstens erwarb ich mir hier eine gewisse Geschäftsroutine, die mir in späteren Verhältnissen sehr von Nutzen gewesen ist.» Bald sollte der fast Dreißigjährige diese Kenntnisse für sein weiteres politisches Wirken dringend benötigen.

Einen ersten bedeutsamen Einschnitt in Johanns politische Wirksamkeit brachten die revolutionären Ereignisse des Septembers 1830, die den Beginn des Übergangs Sachsens zur konstitutionellen Monarchie und zu umfassenden bürgerlichen Reformen markierten. Am 9. und 10. September war Dresden in Aufruhr. Am 11. September wurde unter Vorsitz von Prinz Friedrich August die Kommission zur Wiederherstellung der öffentlichen Ruhe gebildet und die Kommunalgarde konstituiert. Am 13. September trat Kabinettsminister Graf Einsiedel zurück, Bernhard August von Lindenau wurde zum neuen leitenden Kabinettsminister und Prinz Friedrich August zum Mitregenten ernannt. Die Chronologie dieser Ereignisse brachte es mit sich, daß am 14. September Johann in Nachfolge seines älteren Bruders den Vorsitz in der sogenannten *Wiederherstellungskommission* übernahm. Bei dieser Kommission liefen die Petitionen aus allen Teilen des Landes ein, die in ihren Hauptforderungen und Wünschen registriert, geordnet und beraten werden mußten. Daraus entstanden schriftliche Vorschläge für die einzuleitenden Reformmaßnahmen, die nach königlicher Genehmigung durch Prinz Johann öffentlich bekanntgegeben wurden. Danach wurde am 3. November 1830 die Kommission aufgelöst. Johann hatte die geforderten Reformen ohnehin mit Skepsis betrachtet, «doch war ich durch die Umstände so in die Mitte der Zeitströmung geraten, daß ich mich in das Unvermeidliche fügte, die Notwendigkeit der Reformen immer mehr und mehr einsah und nur den Gesichtspunkt festhielt, dem historisch-conservativen Prinzip möglichst wenig zu vergeben». Da nicht nur Einsiedel von seinem Ministerposten zurücktrat, sondern auch Manteuffel als Präsident des Geheimen Finanzkollegiums abgelöst und als Bundestagsgesandter nach Frankfurt am Main geschickt wurde, übernahm Johann neben dem 1. Departement auch den Vorsitz im Geheimen Finanzkollegium. Zugleich erhielt er den Beisitz im Geheimen Rat. Damit nahm er aktiv an der Ausarbeitung der Verfassung wie auch der anderen grundlegenden Reformgesetze – Allgemeine Städteordnung, Gesetz über die Ablösungen und Gemeinheitsteilungen, Gesetz über die Landrentenbank – sowie an der Neueinrichtung der Behördenorganisation teil. Bei der Beratung des Verfassungsentwurfs ging es Johann vor allem um die Festlegung der Zivilliste des königlichen Hauses, um das ständische Bewilligungsrecht des Staatshaushalts, um die Bildung und Zusammensetzung der Ständeversammlung, die im Zweikammersystem festgeschrieben wurde, und um die Einrichtung eines Staatsgerichtshofes. Letztere Institution ging auf einen Antrag Johanns zurück. Er verfaßte zu nahezu allen Reformgesetzen eigenhändige Denkschriften und Stellungnahmen, die in den Beratungen des Geheimen Rates Gegenstände der Aussprache wurden, freilich zum Teil auch mit ablehnendem Echo. Als dann Ende 1831 die neue Ministerialordnung auf Grundlage der Verfassung ins Leben trat, nahm Johann ab November 1831 beratend an den Sitzungen des Gesamtministeriums teil. Alle Protokolle dieser Sitzungen einschließlich der getätigten Beschlüsse tragen neben dem Signum des Mitregenten auch die Paraphe von Prinz Johann.

Am 23. September 1830, jenem Tag, an dem das Militär wieder in Dresden einrückte, wurde Johann zum Generalkommandanten aller Kommunalgarden im Lande ernannt. Es war dies, vierzehn Tage nach der spontanen Bildung der Kommunalgarden in den größeren Städten Sachsens, eine schwierige und komplizierte Aufgabe, die politischen Spürsinn, diplomatisches Geschick und Einfühlungsvermögen in die Gedankenwelt der Kommunalgardenmitglieder verlangte. Johanns Ernennung seitens der neuen Regierung war wohl zugleich auch ein programmatischer Akt mit dem Ziel, die Kommunalgarden politisch zu neutralisieren. Johanns Auftreten bei den Kommunalgarden jedoch erwies sich in den folgenden Jahren nicht immer als glücklich. Bereits die im Oktober 1838 anläßlich der 25jährigen Wiederkehr der Völkerschlacht bei Leipzig abgehaltene Parade der Garde galt als ein politischer Mißgriff.

Überschaut man die Wochen, Monate und ersten Jahre des dritten Jahrzehnts des 19. Jahrhunderts, dann kann man feststellen, daß diese Zeit einen ersten Höhepunkt im politischen Leben Johanns darstellte: eine Zeit, die ihn forderte, und in der er einen bemerkenswerten Beitrag zum Aufbau der konstitutionellen Monarchie in Sachsen leistete.

Als im Januar 1833 die Ständeversammlung in ihren beiden Kammern zum ersten Mal zusammentrat, nahm auch Johann als Prinz des königlichen Hauses laut Verfassungsbestimmung in der Ersten Kammer als deren ständiges Mitglied Platz. Damit begann das weite und vielfach heikle Feld seiner parlamentarischen Wirksamkeit. Johann verstand diese Kammermitgliedschaft nicht nur als eine repräsentative Aufgabe, sondern auch als Pflicht zu aktiver Mitarbeit im Plenum und in den parlamentarischen Deputationen. Auf den ordentlichen bzw. außerordentlichen Landtagen zwischen 1833 und 1852 hat er seinen Platz in der Ersten Kammer eingenommen. Lediglich dem «Unverstandslandtag» vom Frühjahr 1849 ist er bewußt ferngeblieben. Diese nahezu zwanzigjährige Tätigkeit mußte er erst aufgeben, als er am 10. August 1854 das Amt des Königs von Sachsen antrat. Inhaltlich setzte sich Johann mit den Verfassungszuständen in der Oberlausitz ebenso auseinander wie mit dem Kriminalgesetzbuch, der Wechselgesetzgebung, der Bergwerksverfassung, der Überwindung der Hungersnot von 1847, der Ausarbeitung eines Bürgerlichen Gesetzbuches, eines neuen Strafgesetzbuches und einer revidierten Strafprozeßordnung, und, nicht zuletzt, mit der Trennung von Justiz und Verwaltung auf der lokalen Verwaltungsebene. Weitere Themenkreise, zu denen er sich in den Plenarsitzungen immer wieder äußerte, waren grundsätzliche Verfassungsfragen, das Verhältnis zwischen der protestantischen und der katholischen Kirche, die Anerkennung der jüdischen Gemeinden in Sachsen, die Förderung des Volksschulwesens, der Wissenschaften und der Künste.

Alle diese Aktivitäten Johanns blieben der Öffentlichkeit nicht verborgen. Zunehmend geriet er dabei freilich infolge seiner konservativen Auffassungen, die der wachsenden liberalen Opposition vor allem in der Zweiten Kammer nicht gefielen, in die Kritik. Seine Popularität schwand zusehends und wich dem Ruf eines Reaktionärs und Jesuitenfreundes, was er beides indes nicht war. Als Grundsatz seines parlamentarischen Wirkens hatte er auf der Sitzung der Ersten Kammer am 20. September 1833 einmal treffend formuliert: «Wohl Niemand, welcher bestehende Rechte achte, werde die Bewegungen der neueren Zeit billigen. Er für seine Person aber sei gewohnt, soviel ihm auch an dem Beifall des Volkes gelegen sei, einem höheren Auge, welches auf seine Überzeugung schaue, zu folgen und lieber sein Gewissen zu verwahren, als um die Gunst des Volkes zu buhlen.» Johann beendete seine parlamentarische Tätigkeit im Landtag 1849/1850 abrupt, als bei einer Nachwahl ein wegen Beteiligung am Maiaufstand 1849 zum Tode verurteilter und in Haft befindlicher Gutsbesitzer und Publizist zum Mitglied der Ersten Kammer gewählt wurde und die Kammermehrheit auf Haftentlassung sowie Einberufung dieses Mannes zur Ständeversammlung bestand. Johann äußerte sich zu diesem Fall apodiktisch: «Der Möglichkeit, mit einem unter einer Capitalanklage Stehenden in einer Corporation zu sitzen, konnte ich mich nicht aussetzen; auch verriet der Beschluß eine solche illoyale Gesinnung, daß ich mich von da an von den Geschäften zurückzog, und den Ständesaal nicht mehr betrat.»

V.

Als Johann in der Nacht vom 9. auf den 10. August 1854 auf Schloß Weesenstein vom Tod seines königlichen Bruders unterrichtet wurde, wußte er, welche Verantwortung nun auf ihn zukam. Er trat, wie aus allen seinen Äußerungen hervorgeht, gesammelt und mit klarem Willen in die königlichen Pflichten ein. «Einverstanden mit den von meinem seligen Bruder beobachteten Regierungsgrundsätzen» – so schrieb er in seinen Lebenserinnerungen –, «war ich entschlossen, auf denselben fortzubauen. Nur glaubte ich, daß es angezeigt sei, meinen persönlichen Einfluß etwas mehr gelten zu lassen, als es bisher der Fall war. Ich nahm mir daher vor, die Leitung der Geschäfte des Gesamtministeriums in der Hand zu behalten und durch öftere Ausflüge in das Land von dem Zustande desselben mich in genauere Kenntnis zu versetzen.» Beide Vorsätze hat er in die Tat umgesetzt. Regelmäßig, sofern er in Dresden war, leitete er die Gesamtministerialsitzungen. Als ihn am Ende seines Lebens Altersasthma und allgemeine Schwächeerscheinungen plagten, verlegte er die Ministerialsitzungen ins Dresdner Schloß. Bei allen Entscheidungen der Zentralbehörden mußte Johann gefragt und seine Zustimmung eingeholt werden. Die Besichtigungsreisen im Land wurden regelmäßig durchgeführt. In den Jahren von 1855 bis 1872 hat er 16 derartige Reisen unternommen. Ziele dieser Fahrten waren zu einem großen Teil Bildungs- und Wohltätigkeitsanstalten, Krankenhäuser, Schulen und Wirtschaftsunternehmen. Alle Reisen sind ausführlich dokumentiert, Johann nutzte die entsprechenden Journale als Gedächtnisstütze bei der Vorbereitung und Durchführung der jeweils nächsten Reise. Ein ebenso wichtiges Zeugnis seiner politischen Leistungen und Ziele bieten die Thronreden, die zwischen 1854 und 1873 überliefert sind. Die Eigenhändigkeit der Entwürfe offenbart den genuinen Beitrag des Monarchen zur sächsischen Politik und Regierungsarbeit jener Zeit – dokumentiert vor allem in den großen Gesetzeswerken, die in der Regierungszeit des Monarchen erarbeitet, beraten und verabschiedet wurden, so z. B. das Strafgesetzbuch für das Königreich Sachsen (1855), das Gesetz über Vereinheitlichung des Maß- und Gewichtwesens (1858), das Gesetz über die Einführung des Allgemeinen Deutschen Handelsgesetzbuches (1861), das Bürgerliche Gesetzbuch für das Königreich Sachsen (1863) oder das Wahlgesetz für den Reichstag des Norddeutschen Bundes (1866).

VI.

Johann war unter den sächsischen Königen des 19. Jahrhunderts eine Ausnahmeerscheinung. Er war nicht nur ein angestrengt arbeitender Verwaltungsfachmann und ein politisch denkender Kopf, der fest an seinen Grundüberzeugungen festhielt – darüber hinaus erwies er sich auch auf wissenschaftlichem und künstlerischem Gebiet als durchaus innovativ. In einer Würdigung von 1874 vor den Mitgliedern der Königlich Sächsischen Gesellschaft der Wissenschaften zu Leipzig, der Johann seit 1846 als Ehrenmitglied angehörte, charakterisierte Johann Paul von Falkenstein den verstorbenen Monarchen mit Worten, denen man auch heute noch beipflichten kann: «In der That überragte aber die Geisteskultur des Königs die gewöhnlichen Schranken und hatte eine fast universelle Bedeutung erlangt. Dem Einfluß seiner einfachen und frommen Erziehung mochte er es mit verdanken, daß er, fern von religiöser, philosophischer oder politischer Einseitigkeit und Engherzigkeit, wie Wenige, die Erreichung des Ideals echter Humanität und vollster Wahrheit sein ganzes Leben hindurch anstrebte und auch die Wissenschaft und Kunst nur als Mittel zur Erreichung dieses Zweckes betrachtete. Seine tiefen und umfassenden Kenntnisse der Geschichte hatten ihn gelehrt, daß Forum und Vaticanum nicht durch eine unübersteigliche Kluft getrennt sein müßten, sondern daß Beide ihre welthistorischen Aufgaben haben, daß man sich bestreben müsse, jene große Vergangenheit nutzbar für die Gegenwart zu machen, und daß nicht die Masse von Kenntnissen, sondern die Gesinnung, in welcher die Kenntnisse verwertet werden, die Hauptsache sei.»

ALBERT
1873–1902

von Sönke Neitzel

Als König Albert von Sachsen am 19. Juni 1902 auf seinem Landsitz Sibyllenort starb, endete die längste Regierungszeit eines sächsischen Monarchen im 19. Jahrhundert. 29 Jahre hatte Albert die Geschicke seines Landes bestimmt – eine Zeitspanne, in der sich das ehemals souveräne Sachsen als ein Teil des neuen Deutschen Kaiserreichs zu begreifen lernte und zu einer der bedeutendsten deutschen Industrieregionen aufstieg. Seine Popularität gewann Albert indes nicht aufgrund seiner langen Regierungszeit, sondern durch seinen Ruhm als Feldherr in den Einigungskriegen von 1866 und 1870/71. Überspitzt könnte man formulieren, daß es seine Erfolge auf dem Schlachtfeld waren, die Sachsens Selbstbewußtsein bestimmten, als sich das Land 1867 dem von Preußen dominierten Norddeutschen Bund und vier Jahre später dem Deutschen Reich anschloß und damit seine jahrhundertealte Existenz als unabhängiger Staat aufgab.

Am 23. April 1828 erblickte Albert als Großneffe des regierenden Königs Anton in Dresden das Licht der Welt. In der Erbfolge standen vor ihm der Bruder des kinderlosen Königs Anton, Maximilian, der indes 1830 auf den Thron verzichtete, sowie dessen Söhne Friedrich August und Johann, Alberts Vater. Friedrich August war verheiratet – daß er kinderlos bleiben würde, war damals nicht vorauszusehen. Albert durchlief daher keine klassische staatswissenschaftliche Ausbildung – wie sie für einen Thronerben angebracht gewesen wäre –, sondern konzentrierte sich schon früh auf eine militärische Laufbahn. Bereits im elften Lebensjahr wurde ihm ein militärischer Erzieher beigegeben. 1843 trat er in das Leibinfanterieregiment ein und wurde zum Leutnant befördert. Somit lebte Albert seit seiner Jugend in der streng hierarchisch aufgebauten Welt der Armee, einem Hort des Konservatismus, in welchem die Adelsprivilegien praktisch ungebrochen fortwirkten und die liberalen Ideen des Bürgertums noch keinen Einzug gehalten hatten. Die Streitkräfte waren auch vom Übergang Sachsens zum Konstitutionalismus (1831) unbeeinflußt geblieben und galten daher als ein ideales Betätigungsfeld für einen Sproß der Königsfamilie.

1845 legte Albert die Reifeprüfung ab, zehn Jahre lang hatte ihn sein Erzieher, der Leipziger Jurist und Historiker Friedrich August von Langenn, hierauf vorbereitet. Nach dem Abschluß der schulischen Ausbildung konnte Langenn zufrieden vermelden, daß Albert ihm als human, religiös, voll Vaterlandsliebe und Achtung vor dem Recht, von schneller Auffassungsgabe und von lebendigem Wirklichkeitssinn, voll Interesse für Geschichte und Politik und als ein ganzer Soldat erscheine. Letzteres traf zweifelsohne zu. Tief religiös ist der katholische Albert freilich nicht gewesen, was für seine spätere Regierungszeit indes kein Nachteil sein sollte, da die sächsische Bevölkerung zu über 80 Prozent protestantisch war.

Nach der Reifeprüfung verbrachte Albert zweieinhalb Jahre mit Reisen, Manöverbesuchen und höfischem Leben. 1847 ging er dann an die Universität Bonn. Sein Jugendfreund, der österreichische Kronprinz und spätere Kaiser Franz Joseph I., bemerkte hierzu: Albert habe «im Ganzen und besonders im Antiliberalen sehr richtige Ansichten», zudem sei er, «was mir sehr viel Freude macht, verzweifelt, auf die Universität nach Bonn gehen zu müssen, wo er gezwungen sein wird, einen Professor zu hören, der wegen seiner schlechten politischen Grundsätze aus Göttingen vertrieben worden ist». Gemeint war Friedrich Christoph Dahlmann, ein gemäßigter Liberaler und Wortführer jener sieben Göttinger Professoren, die gegen die willkürliche Aufhebung der Verfassung durch den König von Hannover protestiert hatten.

Beim Ausbruch der Märzrevolution kehrte Albert nach nur viermonatigem Studium nach Sachsen zurück. Stärker als die innenpolitischen Wirren interessierte ihn bald der Krieg des Deutschen Bundes gegen Dänemark. Gegenstand des Kampfes waren die wechselseitigen Ansprüche der dänischen und der deutschen Nationalbewegung auf Schleswig. Den Prinzen drängte es nach soldatischer Bewährung, und so begleitete er im März 1849 mit Begeisterung die sächsische Brigade auf ihrem Feldzug gegen Dänemark. Beim Sturm auf die strategisch wichtigen Höhen von Düppel im April 1849 kämpfte Albert als Hauptmann der Artillerie in vorderster Linie und zeichnete sich mehrfach aus. Einen Tag danach schrieb er an seinen Vater: «Die Feuertaufe, die Du mir wünschtest, habe ich tüchtig empfangen.» Fünfzehn Jahre später erinnerte sich der preußische Feldmarschall Helmuth von Moltke: «Einen sehr guten Eindruck machte das Erscheinen des jungen Prinzen Albert vor den sächsischen Truppen in einem Augenblick, wo diese in heftigstem Feuer standen. Seine ruhige Be-

*König Albert
(1873–1902)*

sonnenheit und sein anspruchsloses Wesen erwarben ihm schon damals die Liebe und Achtung aller und verkündeten im Voraus [jene Eigenschaften,] welche Ihn später als Feldherren auszeichneten.»

Trotz seiner konservativen Grundhaltung wurde Albert vom Geist der Nationalbewegung erfaßt: «Der Krieg ist das erste Zusammenwirken der deutschen Stämme zu einem Ziele», schrieb er von der Front. «Es ist dies der wahre Weg der Einigung, und diese Bahn zu eröffnen ist es Pflicht namentlich des Fürsten, vorauszugehen und gelte es das Leben, denn die Monarchie stirbt nicht durch den Tod eines Gliedes, aber Deutschland geht zugrunde, wagt es nicht durchzukämpfen.» Hier sprach ein seinem Stand und einem heroischen Opfergedanken verpflichteter Prinz, der bereit war, das Seine für das Zusammenwachsen des Vaterlandes zu tun. Von den mit dem deutschen Einigungsprozeß verbundenen Ränkespielen auf nationalem und internationalem Parkett, von den Intrigen, den Täuschungen, dem Machtkalkül ahnte der junge 26jährige Offizier wahrscheinlich nichts.

Albert erhielt für seinen Einsatz in Dänemark hohe Auszeichnungen: den preußischen *Pour le Mérite* und das Ritterkreuz des

Sächsischen Militär-St.-Heinrich-Ordens, das erstmals an einen sächsischen Prinzen verliehen wurde. Im Juli 1849 kehrte er nach Sachsen zurück. Vom Mai-Aufstand der Revolutionäre in Dresden erlangte er somit nur indirekt Kenntnis und bekam auch in der Folgezeit nicht viel von der Reaktionszeit mit, da er ein ruhiges militärisches Kommando in der Lausitz erhalten hatte.

Während Sachsen in der Folgezeit immer mehr in einen schwierigen außenpolitischen Spagat hineingeriet – wirtschaftlich war es eng mit Preußen verbunden, politisch hingegen mit Österreich –, konzentrierte sich Albert ganz auf seine militärische Karriere. Rasch wurde der kriegserfahrene Prinz zum Generalmajor befördert und erweiterte auf Manövern im In- und Ausland seinen militärischen Sachverstand. In den folgenden Jahren avancierte er in der militärischen Hierarchie, wurde 1857 Generalleutnant und übernahm 1866 den Oberbefehl über die sächsische Armee.

Unterdessen hatte Albert auf einem Jagdausflug in Mähren die Prinzessin Carola von Wasa (1833–1907) kennengelernt. Er eroberte bald das Herz der intelligenten und charmanten Tochter des schwedischen Prinzen Gustav Wasa und der Prinzessin Luise von Hohenzollern. Nur ein Jahr später fand die Hochzeit statt – der Beginn einer 49jährigen innigen Ehe, die jedoch kinderlos blieb. Zusammen waren Albert und Carola das herausragende Herrscherpaar der wettinischen Monarchie im 19. Jahrhundert – den Feldherrnruhm Alberts ergänzte Carola durch eine mildtätige Wärme, die sie im Volk überaus beliebt machte. Carola galt als «Mutter der Armen». Sie legte ein ausgeprägtes soziales Engagement an den Tag, stand mit rund 200 karitativen Hilfsorganisationen in Kontakt und stellte große Summen für die Unterstützung sozial Schwacher bereit. Ihr unprätentiöses Auftreten, ihre Offenheit und ihre nicht zu verkennenden liberalen Ansichten machten sie zu einer außergewöhnlichen Königin.

Albert wurde 1854 Kronprinz, nachdem sein Vater von dessen kinderlos verstorbenem Bruder Friedrich August II. den Thron geerbt hatte. Damit war endgültig absehbar, daß es für den Prinzen nicht bei einer militärischen Karriere bleiben würde. Da König Johann erst 1873 starb, konnte sich Albert die nächsten beiden Jahrzehnte allerdings noch auf die von ihm so geliebten militärischen Aufgaben konzentrieren.

1864 trat die Lösung der Deutschen Frage in ihre entscheidende Phase, und Sachsen stand als treuer Bundesgenosse fest an der Seite Österreichs. Am Krieg gegen Dänemark, den die beiden sich argwöhnisch beäugenden deutschen Großmächte noch gemeinsam führten, waren sächsische Soldaten zum großen Leidwesen

Alberts nicht beteiligt. Freilich war er sich darüber im klaren, daß die unnatürliche Koalition zwischen Berlin und Wien kaum von langer Dauer sein konnte und daß es bald auch zum militärischen Schlagabtausch der beiden Antagonisten kommen würde. Hierauf mußte seiner Ansicht nach auch Sachsen vorbereitet sein. So unterstützte er 1864 eine Regierungsvorlage im Landtag, die eine personelle Aufstockung des sächsischen Offizierkorps vorsah: «Verkennen wir es nicht», so Albert, «es können in kurzer Zeit Ereignisse eintreten, wo die Geltung, ja vielleicht die Selbständigkeit unseres engeren Vaterlandes von den Taten unserer Armee abhängen können, wo man weniger fragen wird nach unserer ausgezeichneten Industrie, nach unserem vortrefflichen Ackerbau und unseren guten Gelehrtenschulen, sondern wo man fragen wird: wie haben sich unsere Sachsen geschlagen? Und danach wird der Wert unseres Vaterlandes bemessen.»

Die kommenden Ereignisse zeigten, wie sehr er mit dieser Einschätzung Recht behalten sollte. Im Februar 1866 wurden in Berlin die Weichen endgültig in Richtung Krieg gestellt. Bismarck trieb das diplomatische Spiel um Holstein auf die Spitze, der Deutsche Bund schloß Preußen aus seinen Reihen aus und machte das Bundesheer mobil. Preußen betrachtete dies als Kriegserklärung und stellte Sachsen ein Ultimatum. Während etliche andere Mittel- und Kleinstaaten für den Hohenzollernstaat Partei ergriffen, gab es bezüglich der Haltung Sachsens nie einen Zweifel. Für das Land ging es in diesem Kampf um seine Unabhängigkeit – drohte doch die Gefahr, im Falle einer Niederlage von Preußen annektiert zu werden; der Siebenjährige Krieg war in Sachsen unvergessen. Albert zog sich mit der sächsischen Armee, immerhin einer Streitmacht von 26.000 Mann, nach Süden zurück, um nicht von den Preußen überrumpelt zu werden, und vereinigte sie in Böhmen mit den österreichischen Truppen unter Feldmarschall Ludwig von Benedek. Sachsen fiel somit kampflos in die Hände des verhaßten Feindes. Die schutzlos zurückgelassene Bevölkerung konnte nur hoffen, daß die eigenen Soldaten bald siegreich zurückkehren würden.

Albert indes mußte bereits in den ersten Tagen des Krieges erkennen, daß die Vorbereitungen für den gemeinsamen Kampf der süd- und mitteldeutschen Bundesstaaten gegen Preußen vollkommen ungenügend gewesen waren. Skeptisch sah er den vor ihm liegenden Auseinandersetzungen entgegen. Österreich und seine Verbündeten waren im Kampf gegen Preußen freilich keineswegs chancenlos. Am Vorabend des Krieges haben die militärischen

Fachleute sogar eher mit einem Sieg Österreichs gerechnet. Das Land verfügte über eine kampferprobte Armee, die im Krieg gegen Italien und Frankreich 1859 bewiesen hatte, daß sie zu fechten verstand. Moltke konnte zudem aus der Schnelligkeit des preußischen Eisenbahnaufmarsches keinen Vorteil ziehen, weil Bismarck den Beginn des Feldzuges aus politischen Gründen immer weiter hinausschob, bis schließlich auch die Österreicher und ihre Verbündeten die Truppen versammelt hatten. Gewiß hatten die Preußen mit dem Zündnadelgewehr eine überlegene Infanteriebewaffnung, die Österreicher besaßen indes die bessere Artillerie. Es gab also keine systemimmanenten Vorentscheidungen.

Im Gegensatz dazu hat die borussische Geschichtsschreibung des späten 19. Jahrhunderts in diesem Konflikt den Kampf des jungen, aufstrebenden und wohlgerüsteten Preußen gegen das vermeintlich rückständige Österreich mit seiner veralteten Armee gesehen, an dessen Ausgang von vornherein kein Zweifel möglich schien. Heutige Darstellungen kommen oft zu ähnlichen Urteilen über den Deutschen Krieg, weil sie dazu tendieren, dessen Verlauf nicht aus der zeitgenössischen Perspektive, sondern in Kenntnis seines Ausgangs zu beurteilen.

Am 29. Juni 1866 erlebten die sächsischen Truppen bei Glitschin ihre Feuertaufe und erlitten im Beschuß durch preußische Zündnadelgewehre erhebliche Verluste. Vier Tage später kam es zur Schlacht bei Königgrätz, die am 3. Juli 1866 den Krieg zu Preußens Gunsten entschied – für Albert eine der maßgeblichen Wegmarken in seinem Leben. Die Entscheidungsschlacht war wie der ganze Feldzug durch eine allzu zögerliche und ungeschickte Führung Benedeks gekennzeichnet. Anfangs sah es dennoch nicht nach einem preußischen Sieg aus. Unter dem Feuer der österreichischen Artillerie kamen die Preußen nicht voran. Albert stand mit seinen Truppen auf dem linken Flügel und hielt hier gegen die anstürmenden Preußen stand. Die Entscheidung fiel, als die preußische Zweite Armee am Nachmittag unerwartet auf dem Schlachtfeld erschien und den Österreichern in die rechte Flanke fiel. Nun brachen die österreichischen Linien zusammen, alles flutete in wilder Panik zurück, und auch der sächsische Kronprinz mußte mit seinen Männern den Rückzug antreten. Die Schlachtentscheidung hatte er nicht beeinflussen können. In verzweifelter Stimmung bemerkte er in der Nacht nach der Niederlage: «Ich wollte, ich läge tot auf dem Schlachtfeld.» Nur mit großer Mühe gelang es Albert, seine geschlagenen Truppen vom Feind zu lösen und über Olmütz bis nach Wien zu führen. «Unsere militärische

Ehre ist intakt», schrieb er, «doch eine zweite Schlacht wird diese Armee nicht mehr schlagen.» Die Sachsen hatten rund 1500 Mann verloren und mußten weitere knapp 1400 Verwundete auf dem Schlachtfeld zurücklassen, von denen nur ein Drittel überlebte. Hinzu kamen die Strapazen der langen Rückzugsmärsche in großer Hitze. Die Cholera breitete sich aus, über 7300 sächsische Soldaten erkrankten an der Seuche, 1026 starben.

Am 23. August 1866 wurde der Friedensvertrag zwischen Preußen und Österreich, am 21. Oktober 1866 jener zwischen Preußen und Sachsen unterzeichnet. Frankreich rettete durch diplomatischen Druck Sachsens Souveränität und verhinderte die Annexion des Landes durch Preußen. Doch die Niederlage war auch so bitter genug. Preußische Truppen standen im Land und räumten Dresden erst im Mai 1867. Für Albert waren die Ereignisse des Jahres 1866 ein tiefer Einschnitt, dessen Folgen er zeit seines Lebens nie richtig verwinden konnte. Eine Alternative zum vorbehaltlosen Anschluß an den von Preußen dominierten Norddeutschen Bund sah Albert indes nicht. Sachsen mußte sich den neuen Verhältnissen anpassen, wollte es weiterhin seine Eigenständigkeit wahren.

In den folgenden Jahren wurden die sächsischen Truppen nach preußischem Vorbild reorganisiert und als XII. Korps der Norddeutschen Bundesarmee einverleibt. Im August 1869 kam es dann zu einer persönlichen Begegnung der ehemaligen Gegner von Königgrätz: Der preußische Generalstabschef Helmuth von Moltke und Kronprinz Albert lernten sich anläßlich von Manövern der sächsischen Truppen aus der Nähe kennen. Sie respektierten und schätzten einander bald, erkannten sie doch die fachlichen Qualifikationen des jeweils anderen vorbehaltlos an.

Als Frankreich am 19. Juli 1870 nach einem klug eingefädelten Ränkespiel Bismarcks Preußen den Krieg erklärte, kamen alle Bundesstaaten ihrer Bündnispflicht nach, und auch die süddeutschen Länder Baden, Württemberg, Bayern und Hessen wurden von dem nationalen Begeisterungssturm für einen Krieg gegen den «Erzfeind» Frankreich mitgerissen. Albert führte als Oberbefehlshaber die 44.000 sächsischen Soldaten nach Westen. Ähnlich wie vier Jahre zuvor war auch der Ausgang dieses Krieges nicht abzusehen. Qualitativ glichen sich Stärken und Schwächen der französischen und der deutschen Armee in etwa aus. Die Deutschen waren allerdings zahlenmäßig überlegen und verfügten mit Moltke über einen brillanten militärischen Führer. Wie 1866 wollte dieser seine Armeen in mehreren Stoßkeilen ins Feindesland vorrücken lassen, den Gegner in einer schnellen Entscheidungsschlacht umfassen und vernichten.

Am 4. August überschritten die ersten deutschen Truppen die französische Grenze und warfen die Franzosen in blutigen Grenzschlachten zurück. Die sächsischen Verbände marschierten auf Metz und erlebten hier ihre große Bewährungsstunde. Am 18. August errangen sie durch einen geschickten Angriff aus der Flanke in der Hochebene westlich von Metz bei St. Privat einen bedeutenden Sieg. Es war die blutigste Schlacht des Krieges: die deutsche Armee büßte rund 20.000 Mann an Gefallenen und Verwundeten ein, die Sachsen verloren über 2100 Soldaten. Das Gemetzel auf dem Schlachtfeld wurde erst durch Alberts überlegten Vorstoß beendet, so daß Moltke auf den Sieger von St. Privat aufmerksam wurde und ihm das Kommando über die neugebildete Maas-Armee übertrug. «Ich muß gestehen», schrieb Albert am 20. August an seinen Vater, «so ehrenvoll das Vertrauen ist, das man mir schenkt, so wäre ich lieber bei meinem Korps geblieben, das ich seit vorgestern noch zehnmal höher schätze – Werde ich auch meinem höheren Kommando gewachsen sein?»

In den folgenden ereignisreichen Tagen bewies er, daß das Vertrauen der obersten Führung in seine operativen Fähigkeiten voll gerechtfertigt war. Die Maas-Armee trug erheblich dazu bei, das Gros der französischen Truppen bei Sedan einzuschließen und am 2. September 1870 zur Kapitulation zu zwingen. Damit war Frankreich militärisch geschlagen, Napoleon III. ging in Gefangenschaft und der Weg nach Paris war frei. Moltke wußte, welchen Anteil Albert an diesem herausragenden Erfolg hatte. «Es gibt im deutschen Heer wohl viele gute Generale, aber nur einen Feldherrn wie den Kronprinzen von Sachsen», bemerkte er begeistert.

Trotz der Niederlage von Sedan setzte die französische Republik den Kampf fort, da man nicht bereit war, die von Bismarck geforderte Abtretung des Elsaß und eines Teils von Lothringen zu akzeptieren. Albert zog mit seinen Truppen in Richtung Paris. In der Wahl der Mittel, mit denen er die Stadt zur Kapitulation zwingen wollte, war er nicht zimperlich. Zunächst glaubte der sächsische Kronprinz, daß der Hunger die Belagerten «zahm machen» werde, dann befürwortete er – ganz im Gegensatz zu Moltke – das umstrittene Bombardement der Metropole. Albert scheint sich trotz seiner Fronterfahrungen indes keine Gedanken über die sich abzeichnende grundlegende Veränderung des Krieges gemacht zu haben. Die zweite Hälfte des Deutsch-französischen Krieges markierte bekanntlich den Übergang vom zeitlich begrenzten Kabinettskrieg zum Volkskrieg, der in ungeahnter Weise große Teile der Bevölkerung in einen technisierten und industrialisierten Konflikt hineinzog.

Am 18. Januar 1871 nahm Albert zusammen mit seinem Bruder Georg als Vertreter Sachsens an der Kaiserproklamation im Spiegelsaal von Versailles teil. «Vor 170 Jahren König, jetzt Kaiser, ein recht gutes Avancement», bemerkte er süffisant. Zehn Tage später kapitulierte Paris, am 26. Februar wurde der Präliminarfrieden unterzeichnet, und Albert führte die Siegesparade an. «Wer mir 1866 gesagt hätte, in 4 ½ Jahren wirst Du die preußische Garde bei Paris vorführen, den hätte ich für einen Narren erklärt. Und doch war es so.»

Der Krieg gegen Frankreich entfachte in Deutschland ein nationales Zusammengehörigkeitsgefühl und ebnete den Weg zur Gründung des Deutschen Reiches. Albert hatte mit seinen Truppen an den militärischen Erfolgen, die sich politisch so nachhaltig auswirken sollten, großen Anteil. Entsprechend stürmisch wurde der Kronprinz in Dresden empfangen. Jedermann wußte, daß seine Erfolge für das Prestige Sachsens in Deutschland von herausragender Bedeutung waren. Albert erhielt höchste Orden und wurde sogar zum preußischen Feldmarschall ernannt. Sein Ansehen stand zu jener Zeit auf dem Zenit.

Als König Johann am 29. Oktober 1873 starb, bestieg Albert den Thron. An Popularität mangelte es ihm nicht, allerdings mußte er sich nun solchen Aufgaben widmen, mit denen er bislang kaum in Berührung gekommen war. Er hatte seinen Vater zwar bei manchem Auslandsbesuch vertreten und in der Ersten Kammer des Landtages an der Gesetzgebung mitgewirkt. Doch letztlich konnte er für die klassischen Regierungsgeschäfte nur wenig Begeisterung aufbringen. Auf dem politischen Parkett war er ungeschickt, wirkte steif und unbeholfen. Königin Carola vermochte hier bei repräsentativen Anlässen mit ihrer umgänglichen Art vieles auszugleichen. Für Albert war es ein glücklicher Umstand, daß Sachsen sich fortan in einem ruhigen Fahrwasser bewegte. Außenpolitisch hatte es praktisch allen Einfluß verloren. 1879 soll der König seinem alten Jugendfreund Kaiser Franz Joseph I. zum Abschluß des Zweibundes geraten haben, um die Niederlage von 1866 zumindest ansatzweise auszugleichen und Wien näher an das Reich heranzuziehen. Man wird seinen Einfluß auf das Zustandekommen des Defensivbündnisses indes nicht allzu hoch veranschlagen dürfen, weil für beide Seiten machtpolitische Interessen eine solche Verbindung ohnehin nahelegten.

Die sächsische Innenpolitik war in Alberts Regierungszeit durch die Umsetzung der Reichsgesetze bestimmt. Er überließ diese Arbeit seinem Kabinett, das er von seinem politisch versierten Vater übernommen hatte. In eigener Regie realisierten die Minister das Volksschulgesetz, die Verwaltungsreform und nach Überwindung zahlreicher Widerstände auch die Veränderung des Steuerwesens. Weiterführende Initiativen entwickelte der neue König nicht. Im Gegenteil – die Politik Sachsens war unter Albert reichstreu und strikt konservativ, im Zweifelsfalle sogar noch ein Stück konservativer als diejenige Preußens. Der sächsische Monarch und seine Regierung waren für Bismarck daher verläßliche Bündnispartner im Kampf gegen die Sozialdemokratie. Die Sozialistengesetze wurden in Sachsen besonders strikt angewendet, wodurch indes nicht verhindert werden konnte, daß sich das Land zu einer Hochburg der SPD entwickelte. Die Kluft zwischen einem kraftvollen wirtschaftlichen Aufschwung und der relativen Armut breiter Volksschichten trat hier besonders kraß hervor.

Als 1890/91 die führenden Köpfe des noch von König Johann ausgewählten Kabinetts aus dem Amt schieden, traf Albert in der Bestimmung der Nachfolger eine unglückliche Wahl. Der neue Justizminister Heinrich-Rudolf Schurig und der neue Innenminister Karl Georg Levin von Metzsch-Reichenbach standen bald in der Kritik, weil sie die Politik staatlicher Repressalien unvermindert fortsetzten und in ihrer Schärfe sogar noch das preußische Vorgehen übertrafen. Nachdem das Sozialistengesetz vom neuen Reichskanzler Leo von Caprivi 1890 nicht verlängert worden war, verabschiedete Sachsen 1896 ein Wahlgesetz zur politischen Demontage der Sozialdemokratie. Ein SPD-Abgeordneter mußte demnach 52 mal mehr Stimmen erhalten als ein Konservativer, um in den Landtag einzuziehen.

Wenngleich Albert innenpolitisch nicht besonders hervortrat, förderte er doch das kulturelle Leben seines Landes. Er war musisch begabt und spielte ausgezeichnet Klavier. In seiner Regierungszeit wurde die Semperoper (1871–1878) fertiggestellt, 1891/93 das «Blaue Wunder», die 141,5 Meter lange Hängebrücke über der Elbe errichtet. Der Zwinger wurde restauriert und erstrahlte 1889 bei den Festlichkeiten zum 800jährigen Regierungsjubiläum der Wettiner in altem Glanz. Zwischen 1884 und 1887 erfolgte der Umbau des alten Zeughauses, zu Ehren des Königs «Albertinum» genannt, um die Kunstsammlungen der Stadt in einem angemesseneren Ausstellungsgebäude zu präsentieren. Von allen das Stadtbild prägenden Gebäuden hat Albert sich jedoch am meisten jenen der Soldatenstadt verpflichtet gefühlt. Am Rande der Dresdner Heide war zwischen 1873 und 1878 ein ganzes Areal mit Kasernen, Baracken, Lagerhäusern und Exerzierplätzen entstanden – eine der damals modernsten Soldatenstädte Deutschlands.

König Albert hielt in den vergleichsweise ruhigen Jahren seiner Regentschaft an einer ausgeprägten Reisetätigkeit fest. 70 bis 80 Tage im Jahr war das Königspaar außerhalb von Sachsen unterwegs, und der Monarch unternahm zudem immer wieder ausgedehnte Jagdausflüge. Das Waidwerk blieb bis ins hohe Alter seine große Leidenschaft. Albert war ein treffsicherer Schütze, der – so eine vorläufige Bilanz aus dem Jahr 1898 – die beachtliche Zahl von 45.806 Stück Wild gestreckt hat. Als 1884 sein Jagdfreund Wilhelm von Braunschweig-Lüneburg starb, vererbte ihm der kinderlos gebliebene Herzog sein schlesisches Anwesen Sibyllenort, weil er in Albert einen würdigen Nachfolger für das reiche Jagdgebiet des Gutes sah. Sibyllenort war eines der größten und schönsten Schlösser Deutschlands, zu welchem 23.000 Hektar Land gehörten. Albert wurde durch die Erbschaft über Nacht zu einem der wohlhabendsten Regenten des Reiches und zum reichsten Mann Sachsens. Den Frühsommer verbrachte er mit seiner Frau fortan in dem prachtvollen Anwesen. Hier ist er auch am 19. Juni 1902 gestorben.

König Albert von Sachsen war ein außergewöhnlicher Soldat, der Tapferkeit mit operativer und taktischer Finesse zu verbinden wußte. Seine großen militärischen Erfolge im Deutsch-französischen Krieg 1870/71 als Kronprinz und seine reichstreue Politik als König trugen erheblich dazu bei, daß die Eingliederung Sachsens in das Deutsche Reich letztlich reibungslos verlief. Dies war eine beachtliche Lebensleistung, die ihn in der Reihe der sächsischen Herrscher zweifellos einen herausgehobenen Platz einnehmen läßt. Insbesondere die späteren Jahre seiner Regentschaft waren durch Modernisierungsschübe in Wirtschaft, Technik und Gesellschaft gekennzeichnet, deren Folgen gerade in Sachsen besonders spürbar waren. Albert vermochte freilich nicht jene geistige Flexibilität aufzubringen, um auf die neuen Strömungen adäquate Antworten zu finden. So blieb Sachsen unter König Albert ein Hort des Konservatismus. Seine Nachfolger mußten beweisen, ob sie in der Lage waren, mit der Zeit zu gehen und so den Weiterbestand der sächsischen Monarchie zu gewährleisten.

Georg
1902–1904

von Hendrik Thoß

I.

Selten wohl ist in der Geschichte eines deutschen Fürstenhauses in der Neuzeit die Situation eingetreten, daß die Bevölkerung beim Tod des regierenden Monarchen nur äußerst wenig Trauer und geringe Anteilnahme gezeigt hat. Daß sich diese Haltung ausgerechnet im wettinischen Sachsen Bahn brach, muß um so mehr erstaunen, als doch, wie nicht zuletzt auch in der «Sachsenhymne» zu hören und nachzulesen, insbesondere hier zwischen Volk und Herrscher eine recht enge Bindung bestehen sollte. Der letzte König, Friedrich August III., steht dafür mit seinem unprätentiösen Naturell als ein eindrucksvolles Beispiel. Und doch zeigen uns die zeitgenössischen Quellen ebenso wie die Geschichtsschreiber des Hauses Wettin – je nach politischer Verortung mehr oder minder verklausuliert – die Distanz, ja die Kluft, die zwischen König Georg und «seinem» Volk während seiner kurzen Regierungszeit bestanden hat.

Von einem seiner Biographen ist das Wort überliefert, mit König Georgs Hinscheiden sei für Sachsen das 19. Jahrhundert erst eigentlich zu Ende gegangen. Sein Wirken vor allem auf dem Feld der Innenpolitik spiegelt deutlich sein Beharren auf tatsächlich bereits überlebten politischen Strukturen, die – in Gestalt des restriktiven Landtagswahlrechts – einen ständig wachsenden Teil der Bevölkerung vom politischen Partizipationsprozeß ausschlossen. Dabei war Georg selbst, mit eigenen Kräften und Köpfen, nicht in der Lage, die stetig wachsenden Probleme einer sich stürmisch entwickelnden und immer mehr ausdifferenzierenden Industriegesellschaft einer Lösung zuzuführen.

Geboren wurde Georg am 8. August 1832 als dritter Sohn des Prinzen Johann und seiner Frau, der bayerischen Prinzessin Amalie Auguste. Daß Johann und später ihm folgend seine Söhne Albert und Georg einmal als Thronfolger in der Pflicht stehen würden, ist dem Umstand geschuldet, daß sowohl König Anton als auch dessen Nachfolger Friedrich August II. nicht über Nachkom-

König Georg
(1902–1904)

men verfügten und Johann den Thron seiner Vorfahren 1854 bestieg.

Oft wird der junge Georg mit seinem vier Jahre älteren Bruder Albert verglichen, denn schon in frühen Jahren traten die so unterschiedlichen Charaktere der beiden doch eng miteinander verbundenen Brüder sicht- und spürbar zutage. Während der Ältere wohl einiges vom lebensfrohen Wesen der Mutter geerbt hatte, geriet Georg mehr nach seinem Vater: in sich gekehrt, träumerisch, Kunst und Poesie besonders zugetan, ohne darin allerdings je den Danteverehrer und -übersetzer Johann zu erreichen. Gut möglich, daß ein längerer Aufenthalt im Ausland, als Student an einer der großen deutschen Universitäten etwa oder im Dienst an einem fremden Hof, zur Formung eines anderen Charakters beigetragen hätte. Solche Planungen sind indes nie in die Realität umgesetzt worden, und der junge Prinz blieb in der Obhut seiner Eltern, insbesondere seiner Mutter und des königlichen Prinzenerziehers Albert von Langenn.

Aus dessen Händen ging Georg, ebenso wie sein Bruder Albert und der 1847 verstorbene Bruder Ernst, in die harte Schule der Soldaten, da der Vater großen Wert auf eine militärische Erziehung seiner Söhne legte. Anfangs absolvierte Georg seine militärische Ausbildung bei August von Minckwitz, ab 1843 dann beim Flügeladjutanten König Friedrich Augusts II., Maximilian von Engel. Bereits seit 1836, als Vierjähriger also, Soldat der sächsischen Armee, wurde Georg im März 1846 zum Leutnant befördert und dem 2. Infanterie-Regiment «Prinz Max» zugeteilt. Schon ein Jahr darauf wechselte er zum Garde-Reiterregiment, einer Waffengattung, der er, mit kurzen Unterbrechungen 1856/57 durch den Dienst bei der reitenden Artillerie und den Jägern, bis zum Deutsch-französischen Krieg 1870/71 eng verbunden bleiben sollte.

Auch das Königreich Sachsen wurde im Frühjahr 1848 von den Ausläufern der Revolution erfaßt, die, von Frankreich ausgehend, nach und nach auf fast alle Staaten des Deutschen Bundes übergriff. Unter dem Druck der sich ständig beschleunigenden Ereignisse war König Friedrich August II. gezwungen, dem Rücktritt des Gesamtministeriums zuzustimmen, nicht zuletzt, um den Ausbruch bewaffneter Auseinandersetzungen im Land und die Ausrufung der Republik zu verhindern. Vor den gewaltsamen Unruhen floh der König schließlich mit seiner Familie auf die Festung Königstein.

Als Friedrich August II. während einer Tirolreise am 9. August 1854 tödlich verunglückte, folgte ihm sein Bruder Johann auf dem sächsischen Thron. Bereits im Herbst 1849 hatte Johann seinen Söhnen Albert und Georg zum Besuch der Universität Bonn geraten, um die militärische Unterweisung nunmehr noch um eine wissenschaftliche zu ergänzen. Neben der Ausbildung an dieser jungen und doch schon hoch angesehenen Einrichtung – immerhin lehrten hier Ernst Moritz Arndt und Clemens Theodor Perthes – fand Georg rasch Kontakt zu einer ganzen Reihe Studierender, die, wie er, aus fürstlichem Haus abstammten, nicht zuletzt auch zu Prinz Friedrich Wilhelm von Preußen, dem späteren «99-Tage-Kaiser» Friedrich III. Von der Universitätsstadt am Rhein aus führten den sächsischen Prinzen 1849/50 zwei Reisen nach Brüssel und Paris. Das Studentenleben Alberts und Georgs wurde jedoch jäh unterbrochen durch die sich seit Ende 1849 zunehmend abzeichnende Verschlechterung der preußisch-österreichischen Beziehungen.

Der preußisch-österreichische Dualismus, das Ringen um die Vormachtstellung unter den deutschen Staaten, trieb kurz nach Niederschlagung der Revolution einem Höhepunkt entgegen. Erst in gleichsam letzter Minute – die Mobilmachung auch der sächsischen Armee war schon in vollem Gang – ließ sich eine Auseinandersetzung zwischen beiden Mächten verhindern. Dazu trugen im besonderen auch die Dresdner Konferenzen zwischen den Ministern Schwarzenberg (für Österreich) und Manteuffel (für Preußen) bei, die, wenn auch der große Wurf nicht gelang, immerhin zum Zustandekommen der Olmützer Punktation führten.

Die Außenpolitik Sachsens wurde ungeachtet dessen weiterhin von der Fortentwicklung des Deutschen Bundes als enger Verbindung souveräner Bundesstaaten bestimmt. Die Pflege der Beziehungen zu den dominierenden deutschen Herrscherhäusern in Wien und Berlin ebenso wie in München oder Hannover waren Grundkonstanten einer auf Interessenausgleich bedachten und in erster Linie von Außenminister Friedrich Ferdinand von Beust vertretenen Politik.

König Johann ließ sich in den Jahren seiner Regentschaft sehr von seiner Verantwortung für die Entwicklung des ganzen Landes leiten und bestimmte dessen Politik insbesondere kraft persönlicher Einflußnahme auf Entscheidungen in Ministerien und Behörden. Sein positives Wirken wird in den verfügten Gesetzeswerken ebenso spürbar wie in den zwischen 1854 und 1873 gehaltenen Thronreden. Johanns staatsreformerisches Handeln hat wesentlich zur Formierung einer bürgerlichen Gesellschaft in der Zeit der Industrialisierung Sachsens beigetragen. Weitsichtig band Johann auch seine Söhne in das politische Tagesgeschäft ein. Vier Jahre nach dem Bruder Albert wurde Georg von seinem Vater am 22. November 1858 zum Mitglied des Staatsrates ernannt. Hier ist er direkt in die Novellierung bzw. Ausarbeitung der von König Johann in den Blick genommenen Gesetzes- und Verordnungsvorhaben eingebunden gewesen.

Neben dieser politischen Kärrnerarbeit und den Anforderungen als Truppenführer in der sächsischen Armee oblagen Georg allerdings auch weit angenehmere familiäre Verpflichtungen. Denn König Johann hielt es nunmehr für angebracht, seinen jüngeren Sohn zu verheiraten, wie er dies dem sächsischen Gesandten in London, Graf Karl Friedrich Vitzthum von Eckstädt, in einem Gespräch in Dresden mitteilte. Die Wahl, nicht allein die des Vaters, sondern auch Prinz Georgs selbst, fiel auf Donna Maria Anna, Infantin von Portugal. Johann hatte sich nämlich vorgenommen, in familiären Angelegenheiten keinem seiner Kinder Zwang antun zu wollen. Kurzerhand wurde der für März 1858 vorgesehene Parisaufenthalt um einen Abstecher nach Lissabon verlängert. «Gefällt die Infantin dem Prinzen», räsonnierte Johann damals, «so werden wir mit Vergnügen unsere Einwilligung geben. Gefiele sie ihm aber nicht, so müßte er einfach wieder abreisen können, ohne irgendwie gebunden zu sein.»

Maria Annas Vater, Fernando II., war seit 1837 Titularkönig und von 1853 bis 1855 Regent von Portugal. Er stammte aus dem Haus Sachsen-Coburg. Die Verlobung des Prinzen Georg mit der 15jährigen Maria Anna, die auch den Titel einer Herzogin zu Sachsen trug, fand am 17. April 1858 statt, die Hochzeit wurde am 11. Mai 1859 in Lissabon ausgerichtet.

Daß die Verbindung sehr glücklich gewesen sein muß, davon legen nicht allein die acht Kinder des Paares Zeugnis ab, die zwischen 1860 und 1875 das Licht der Welt erblickten. Während die beiden erstgeborenen Töchter Marie und Elisabeth bereits im Alter von einem Jahr und Sohn Albert im Jahr 1900 25jährig verstarben, gelang es den jungen Eltern, die übrigen Kinder – Mathilde, Friedrich August, Maria Josepha, Johann Georg und Max – großzuziehen. Zudem ist überliefert, daß die Prinzessin von ihrem Mann während des Krieges gegen Frankreich 1870/71 nicht weniger als 207 Briefe erhalten hat. Um so härter traf denn auch der Tod Maria Annas am 5. Februar 1884 Mann und Kinder, gerade da man sich bei Hof zur Feier der Silbernen Hochzeit rüstete. Der relativ frühe Tod seiner Frau hat den schon seit jungen Jahren eher in sich gekehrten Prinzen unzweifelhaft auf das schwerste getroffen. Stets dem kontemplativen Leben zugeneigt, suchte er nun um so öfter Trost und Ruhe im Glauben. Georg hat nie wieder geheiratet.

Mit Beginn der 1860er Jahre verschärften sich die Gegensätze zwischen Preußen und Österreich erneut. Die Mittelstaaten, allen voran Bayern und Sachsen, konnten die wirtschaftlichen und militärischen Muskelspiele ihrer mächtigen Nachbarn nicht unberührt lassen, zumal man sich ja gerade im Rahmen des Deutschen Bundes um Reformen und Ausgleich bemühte, die es sowohl Preußen als auch dessen österreichischem Widerpart ermöglichen sollten, ihre Interessen auch weiterhin gewahrt zu sehen. Daß allerdings Bismarck ganz andere Pläne verfolgte und ein Deutschland unter borussischen Vorzeichen – damit also zwangsläufig ohne Österreich – anstrebte, das dürfte auch dem Wettiner nicht gänzlich verborgen geblieben sein. Zwar hatte der preußische Ministerpräsident alle Mühe, seinen Fürsten von der Richtigkeit des eingeschlagenen Weges zu überzeugen, aber dennoch gelang dies. König Wilhelm I. lehnte es im August 1863 ab, auf dem Fürstentag in Frankfurt zu erscheinen und zerschlug damit alle Hoffnungen auf die anvisierte Reform der Bundesakte. Die Mehrheit der Gliedstaaten hatte sich mit dem österreichischen Entwurf einverstanden erklärt. Eine Lösung, und zwar zugunsten des militärisch übermächtigen Hohenzollernstaates, brachte indes erst der Krieg von 1866.

II.

Mit dem Deutsch-dänischen Krieg 1864 begannen auch für Sachsen schwere krisenreiche Jahre. Zunächst hatte Georgs älterer Bruder Albert an der Spitze eines sächsischen Kontingents im Rahmen des Bundesheeres an der Vertreibung der Dänen aus Nordschleswig teilgenommen. Daß sich die Großen im Deutschen Bund auch in der Schleswig-Holstein-Frage nicht gern von den anderen Mitgliedsstaaten beeinflussen ließen, zeigte sich einmal mehr bei dem fehlgeschlagenen Versuch, den Herzog von Augustenburg als Herrn über Schleswig-Holstein einzusetzen und das Land hiernach in den Deutschen Bund einzugliedern. In den Frieden von Wien, am 30. Oktober 1864, den Preußen und Österreich auf der einen und das besiegte Dänemark auf der anderen Seite miteinander schlossen, und in dem letzteres auf alle Rechte in bezug auf die Herzogtümer Schleswig, Holstein und Lauenburg verzichtete, war der Bund weder einbezogen noch fand er überhaupt darin Erwähnung.

Im Vertrag von Gastein, der am 14. August 1865 geschlossen wurde, konnte die Aufteilung der «Siegesbeute» zwischen den beiden deutschen Großmächten geregelt werden. Damit war die finale Auseinandersetzung um die Vormacht in Deutschland vorerst vertagt. Im Gefolge der Konflikte um diesen Vertrag und um die nach wie vor in Rede stehenden Reformen des Deutschen Bundes wie auch angesichts der sich klar abzeichnenden antipreußischen Stimmung der Mehrzahl der deutschen Staaten vollzog sich der wohlkalkulierte Austritt Preußens aus dem Bund. Obgleich Rüstung und Mannschaftsbestand der sächsischen und österreichischen Truppen nicht auf dem erforderlichen Niveau waren, blieb nach der Kriegserklärung Preußens am 15. Juni 1866 keine andere Wahl, als, in enger Verbindung beider Heere, den Kampf gegen den mächtigen Gegner zu wagen.

Geführt wurde die etwa 32.000 Mann starke sächsische Armee von Kronprinz Albert, sein Bruder Georg kommandierte die zur Kavalleriedivision Fritsch gehörende 1. Reiterbrigade. Im entscheidenden Treffen von Königgrätz leitete Albert den linken Flügel der verbündeten Armeen. Während Prinz Georg im Rahmen eines Vorpostengefechts bei der Bistritza-Brücke seine Feuertaufe erhielt, entspann sich im Zentrum und am rechten Flügel ein hartes Ringen zwischen den vordringenden Preußen und den mehr und mehr in die Defensive geratenden Österreichern, das schließlich mit der völligen Auflösung der bestehenden Formation und anschließend in regelloser Flucht endete. Da unter diesen Umständen die sächsischen Stellungen nicht länger zu halten waren, zog sich die Armee des Kronprinzen auf Königgrätz zurück, die Flucht der Österreicher deckend.

Bei alledem gelang es Teilen des von Georg kommandierten 1. Reiterregiments der sächsischen Armee im Verlauf eines Aufklärungsstreifzugs am 22. Juli der 3. Schwadron des 10. preußischen Ulanenregiments ein siegreiches Gefecht zu liefern, bei dem auch Gefangene gemacht werden konnten. Da allerdings am Vortag eine fünftägige Waffenruhe vereinbart worden war, mußten die gefangenen preußischen Ulanen wieder ausgeliefert werden.

Dessen ungeachtet hatte Sachsen an der Seite Österreichs den Deutschen Krieg verloren. Das Land war zudem von preußischen Truppen besetzt und König Johann nach Prag geflohen. Eine Zeit lang hatte es ganz den Anschein, als solle das gesamte Königreich als Siegesbeute an Preußen angegliedert werden. Auf diese Absicht ließ nicht zuletzt auch das Regime der preußischen Besatzer, Beamten wie Militärs gleichermaßen, schließen, die ganz so auftraten wie schon wenige Jahre zuvor in Schleswig und Holstein.

Daß dieses Szenario dann doch nur eine Episode blieb, war in erster Linie dem bestimmten Auftreten Österreichs im Rahmen der preußisch-österreichischen Friedensverhandlungen sowie der Intervention des sich einer Vermittlerrolle befleißigenden Napoleon III. zu verdanken. Dieser über die Maßen scharfsinnige Monarch handelte dabei allerdings keineswegs aus Sympathie für Sachsen oder die Wettiner. War ihm doch nur allzu bewußt, daß dem Hohenzollernstaat im Zuge einer vollzogenen Annexion des ökonomisch fortschrittlichen und leistungsfähigen Sachsens eine zusätzliche Waffenschmiede und einige zehntausend weitere Soldaten für einen Krieg gegen den «Erbfeind» Frankreich in die Hände gespielt würden. Nicht zuletzt standen auch territoriale Ansprüche Frankreichs auf linksrheinisches Gebiet im Raum.

Schließlich gab Bismarck dem Drängen Österreichs und Frankreichs auf Erhaltung der territorialen Integrität Sachsens nach, mit der Maßgabe allerdings, daß das Königreich dem preußisch dominierten Norddeutschen Bund beitreten müsse und damit dem unmittelbaren Einfluß Österreichs entzogen war. Der am 21. Oktober in Berlin ausgestellte Friedensvertrag zwischen Sachsen und Preußen sah darüber hinaus die Zahlung von 10 Millionen Talern an den Sieger vor.

Die Verfassung des Norddeutschen Bundes trat, nachdem sie den konstituierenden Reichstag am 17. April 1867 passiert hatte, am 1. Juli desselben Jahres in Kraft. Wesentliche Befugnisse, wie die Außen-, Steuer- und Zollpolitik, die Verfügungsgewalt über Militär, Post und Bahn, waren nunmehr der Entscheidungskompetenz der einzelnen Mitgliedsländer entzogen und blieben beim «Reich» verankert. Reichsgesetze mußten, fixen Vorgaben folgend, in Landesrecht umgewandelt werden.

Auch die gesamte sächsische Armee wurde dem Bundesheer als XII. Armeekorps eingegliedert. Dazu verliefen parallel umfangreiche Standardisierungs- und Vereinheitlichungsprozesse, die sich nur wenige Jahre später, als aus dem Norddeutschen Bund das Deutsche Reich hervorging, noch erheblich beschleunigen sollten. Die Kriegserklärung Frankreichs an Preußen vom 19. Juli 1870 – eine Folge der zielgerichtet kalkulierenden Diplomatie Otto von Bismarcks – traf weder die Staaten des Norddeutschen Bundes noch die süddeutschen Länder unvorbereitet. Hier trat der «Bündnisfall», dort traten geheime Schutz- und Trutzabkommen in Kraft.

Das sächsische (XII.) Armeekorps konnte die Mobilmachung bereits am 26. Juli abschließen und wurde unter dem Kommando des Kronprinzen per Bahn an die französische Grenze verlegt. Prinz Georg kommandierte die 23. Infanteriedivision. Ab Anfang August waren die Sachsen, im Verband der II. deutschen Armee operierend, in Kampfhandlungen verwickelt. Im Krieg gegen das Kaiserreich Napoleons III. ragt ganz besonders der Anteil sächsischer Truppen bei dem so überaus blutig errungenen Sieg von Gravelotte-St. Privat am 18. August 1870 heraus. Albert wie Georg zeichneten sich in den kritischen Stunden, die dem zweiten Sturmversuch auf das von erheblichen gegnerischen Kräften verteidigte und stark befestigte Dorf St. Privat la Montagne vorausgingen, ebenso durch strategische Kompetenz wie durch Kaltblütigkeit vor dem Feind aus. Georg hatte, Befehle seines Bruders umsetzend, seine Division und die 48. Brigade durch einen klug und mit großer Präzision ausgeführten Umgehungsversuch in Flanke und Rücken der Ortschaft und die ihm unterstellten Truppen damit in eine für den zweiten Anlauf äußerst günstige Ausgangsposition gebracht. In der Tat konnte St. Privat la Montagne am Abend des 18. Augusts erobert und die II. französische Armee in Metz eingeschlossen werden.

In Anerkennung der hier gezeigten Führungsqualitäten wurde dem sächsischen Kronprinzen das Kommando über die neu formierte IV. deutsche Armee (Maasarmee) übertragen, sein Bruder rückte in die somit neu zu besetzende Position des Korpskommandeurs auf. Gemeinsam mit der III. Armee – sie wurde kommandiert vom preußischen Kronprinzen – trat die Maasarmee gegen die Rheinarmee des französischen Marschalls Mac Mahon an, der die nunmehr in Metz eingeschlossenen Truppen des Marschalls Bazaine zu entsetzen suchte. Prinz Georg zeichnete sich im Gefecht bei Nouart am 29. August aus, in welchem den Kräften General Faillys der Maasübergang nicht nur verwehrt, sondern die Franzosen bis Beaumont zurückgetrieben wurden.

Am folgenden Tag trugen die sächsischen Truppen entscheidend zur Umgehung und Abschneidung Mac Mahons bei, dessen Armee in Sedan eingekesselt werden konnte. Am 1. September kapitulierte nicht allein die französische Rheinarmee. Da sich Napoleon III. in Sedan befand, brachte dieser Tag auch das Ende des Krieges gegen das Kaiserreich. Wer indes gehofft hatte, damit sei auch ein Abschluß der Kämpfe verbunden, sah sich getäuscht. Mit einer Energie, die der *levée en masse* aus den Tagen der Französischen Revolution entlehnt schien, führte die Republik den Krieg gegen die deutschen Armeen fort, welcher erst nach der Einschließung und Beschießung von Paris Anfang 1871 siegreich zu Ende geführt werden konnte.

Dabei galt es für die IV. Armee des Kronprinzen Albert, am 2. Dezember einen mit insgesamt 100.000 Mann und 300 Geschützen unternommenen Ausbruchsversuch der Franzosen unter General Ducrot zurückzuweisen. Als am 18. Januar 1871 Wilhelm I. zum Deutschen Kaiser ausgerufen wurde, nahmen auch die beiden sächsischen Prinzen an dem Staatsakt in Versailles teil.

Als Dank für ihre militärischen Leistungen verlieh der Kaiser Prinz Georg am 11. März den Orden *Pour le mérite*, Albert wurde am 11. Juli – dem Tag der Rückkehr der sächsischen Truppen nach Dresden – zum preußischen Feldmarschall ernannt. Noch bis Ende Mai 1871 blieb das XII. Armeekorps, wie die anderen Verbände und Armeen des deutschen Heeres auch, im Besatzungsgebiet; es umfaßte die Departements Aisne und Ardennes. Georg schlug sein Hauptquartier in Laon auf.

III.

Die nun folgenden Friedensjahre brachten für Albert und Georg rasch neue Aufgaben. Als König Johann am 29. Oktober 1873 starb, gingen Krone und Regierungsgewalt auf Albert über. Damit stand auch dessen jüngerer Bruder weitaus stärker als bisher in der Verantwortung, denn ihm oblagen nun jene Pflichten, die zuvor Albert wahrgenommen hatte. Nicht allein die Führung des XII. Armeekorps oder die Arbeit im Finanzausschuß der Ersten Kammer banden seine Kräfte. Auch das Direktorium des Sächsischen Altertumsvereins und die Tätigkeit als Kurator der Kunstakademie nahmen Zeit und Energie in Anspruch.

In den Jahrzehnten nach 1871 beschleunigte sich das Tempo der wirtschaftlichen Entwicklung in Sachsen wie im Reich noch einmal erheblich. Die administrativen Grundlagen waren bereits unter König Johann gelegt worden, vor allem durch eine Verwaltungsreform sowie durch eine Liberalisierung der Gewerbeordnung und -freiheit. Der Staat betrieb vor allem den Ausbau der Infrastruktur in Form des Eisenbahnbaus, wodurch die Entwicklung von Metallverarbeitung und Maschinenbau begünstigt wurde. Damit einher ging eine spürbare Zunahme des politischen Organisationsgrades der Arbeiterschaft, in Gewerkschaften ebenso wie in Parteien, insbesondere in der Sozialdemokratie.

Noch unter König Johann war 1868 das Wahlrecht geändert worden. Ganz Sachsen wurde in 35 städtische und 45 ländliche Wahlkreise unterteilt, die jeweils einen Abgeordneten in die Zweite Kammer entsenden durften. Die Wahlen waren direkt und geheim, Landtage sollten nunmehr alle zwei Jahre stattfinden. Als Ergebnis dieser Reform vollzog sich Schritt für Schritt ein struktureller Wandel in der Zusammensetzung der Zweiten Kammer. Nachdem 1877 ein sozialdemokratischer Abgeordneter in den Landtag einziehen konnte, war das gesamte Spektrum der Parteienlandschaft – von den Konservativen über die Liberalen bis eben zur SPD – vertreten.

Als dann 1893, drei Jahre nach Aufhebung des 1878 in Kraft getretenen Sozialistengesetzes, 14 der insgesamt 80 Abgeordneten der Zweiten Kammer der SPD angehörten, welche sich sogleich geschlossen für eine Änderung des Wahlrechts aussprachen – gefordert wurde die Einführung allgemeiner, gleicher und direkter Wahlen in Anlehnung an das Reichstagswahlrecht und unter Einschluß des Frauenstimmrechts –, schien für Krone, Parlamentspräsidium und Staatsregierung Gefahr im Verzug. Eine Allianz, bestehend aus Parlamentspräsident Mehnert und Innenminister von Metzsch, brachte den Entwurf eines neuen Landtagswahlgesetzes in die Zweite Kammer ein, welcher diese mit 56 zu 23 Stimmen passieren konnte. Sicherlich war damit für die sächsischen Konservativen ein Wunschtraum in Erfüllung gegangen, denn das Gesetz durchlief auch die Erste Kammer ohne jegliche Diskussion. Wahlberechtigt waren nunmehr alle männlichen Bürger Sachsens, die das 25. Lebensjahr vollendet hatten. Ihre Stimmen wurden jedoch, in Abhängigkeit der von ihnen zu entrichtenden Grund- und Eigentumssteuer, in drei Klassen geteilt. Zudem handelte es sich um indirekte Wahlen, d.h. die «gewichteten» Wähler stimmten nicht unmittelbar für den Kandidaten ihres Vertrauens, sondern über Wahlmänner ab, welche dann die Abgeordneten der Zweiten Kammer zu wählen hatten. In der Praxis bedeutete dies, daß sich bei Einführung des Wahlrechts 22.604 (3,44 %) der Wahlberechtigten in Wählerklasse 1, 103.878 (15,82 %) in Wählerklasse 2 und 530.168 (80,74 %) in Wählerklasse 3 wiederfanden. Jede Wählerklasse durfte über ein Drittel der Wahlmänner entscheiden. Nicht einmal 20 % aller Wahlberechtigten bestimmten also über zwei Drittel der Wahlmänner. Die durchaus erwünschte Konsequenz dieser Wahlrechtsreform bestand im Ausschluß der SPD aus der Zweiten Kammer des Landtags. Erst 1905 war sie hier wieder mit einem einzigen Abgeordneten präsent. Eine erneute Reform im Jahr 1909, nach Ausscheiden des konservativen Innenministers von Metzsch, zog die Einführung des Pluralwahlrechts nach sich. Von einem den Reichstagswahlen vergleichbaren Wahlrecht blieb man jedoch auch nach dieser vom Nachfolger von Metzschs, von Hohenthal, forcierten Veränderung weit entfernt. Ein Gutteil der Verantwortung für die Einführung des rückwärtsgewandten Wahlgesetzes von 1896 trug, als Berater seines königlichen Bruders fungierend, auch Prinz Georg.

IV.

Nach dem Tod des betagten Königs Albert am 19. Juni 1902 trat das ein, was vielerorts in Sachsen erwartet, aber von kaum jemandem erhofft wurde. Sein Bruder Georg und nicht dessen Sohn Friedrich August trat an die Stelle des kinderlos gebliebenen Monarchen. Zu den Gründen, die den bereits Siebzigjährigen zu diesem Schritt bewogen haben dürften, läßt sich jenseits aller Mutmaßungen vor allem die von Kronprinzessin Luise überlieferte Erklärung Georgs im engsten Familienkreis heranziehen – auf die skandalträchtige und nicht zuletzt auch von Georg selbst mitverschuldete Flucht der Kronprinzessin vom Dresdner Hof wird noch zurückzukommen sein –, gemäß der Georg seinen 1865 geborenen Sohn Friedrich August nicht für fähig hielt, das Land zu regieren. Ähnlich abschätzig äußerte er sich auch über seine Schwiegertochter.

Für die Thronfolge des greisen Prinzen sprach sein über Jahrzehnte erworbener Erfahrungsschatz in praktisch allen Regierungsfragen, insbesondere in der Finanzverwaltung des Landes. Sein Gesundheitszustand, geprägt von Herzschwäche, Asthma und zunehmender Schwerhörigkeit, ließ keinesfalls auf eine lange Regierungsdauer schließen. Es ist verbürgt, daß man selbst bei Hof, in den Ministerien und bei der Beamtenschaft, Georgs Entschluß, das Szepter zu ergreifen, kritisch sah. Beliebt beim Volk war der neue Monarch jedenfalls nicht.

Der Regierungsantritt begann sogleich mit einem Paukenschlag. Der König forderte vom Landtag eine drastische Erhöhung der Zivilliste, d. h. der jährlichen Pauschalsumme zum Unterhalt des Hofes. Unter König Albert war diese Apanage 1892 letztmalig auf etwas mehr als 3 Millionen Mark erhöht worden. Georg forderte nun 3,5 Millionen Mark, also etwa 500.000 Mark mehr als bislang. Trotz heftiger Kritik in der Öffentlichkeit, trotz der ablehnenden Haltung eines Teils der Landtagsabgeordneten und, nicht zuletzt, trotz leerer Staatskassen, kamen Erste und Zweite Kammer der Forderung des Hofes wenige Tage später nach.

Einige Monate danach, Anfang Dezember 1902, flüchtete Kronprinzessin Luise, seit 21. November 1891 mit Kronprinz Friedrich August verheiratet, vom Dresdner Hof. Sie löste damit nicht nur einen präzedenzlosen Skandal in der Geschichte des Hauses Wettin aus, sondern verstärkte durch ihren unerwarteten Abgang den Druck der Öffentlichkeit auf den König noch einmal dramatisch. Georg wie auch dessen Sohn Friedrich August und seine Tochter Mathilde machten in dieser komplizierten Situation wahrlich keine gute Figur. Luise, die am 2. September 1870 in Salzburg geborene Tochter des Großherzogs Ferdinand IV. von Toskana, bezichtigte insbesondere ihren Schwiegervater und ihre Schwägerin, massiv gegen sie intrigiert zu haben, da sie nicht in das konservativ-religiös geprägte Milieu des Hofes zu passen schien. Die Affäre der attraktiven, lebenslustigen und populären Kronprinzessin mit einem belgischen Hauslehrer am Hof war dann der berühmte Tropfen, der das Faß zum Überlaufen brachte.

In ihrer Autobiographie äußerte sich Luise pointiert zur Atmosphäre, die unter Georg am Dresdner Hof geherrscht hat. Sie schildert den König als einen religiösen Fanatiker, der seine Kinder «systematisch durch Furcht» erzogen habe. Als strenggläubiger Katholik sei Georg völlig den Einflüssen und Einflüsterungen des protestantischen [!] Herrn von Metzsch, vormaligen Innenministers, danach Ministers des königlichen Hauses, erlegen.

Luise hatte Dresden am 9. Dezember verlassen. Vier Tage später setzte sie den Hof davon in Kenntnis, daß sie nicht die Absicht habe, nach Sachsen zurückzukehren. Hatte man in Dresden zunächst erwartet und gehofft, den Konflikt in aller Stille und Verschwiegenheit beilegen zu können, so sah man sich nun eines besseren belehrt. Die umgehend von der sächsischen Kriminalpolizei eingeleiteten Ermittlungen im Ausland blieben nicht ohne Erfolg. Die Kronprinzessin befand sich in Genf. Am 22. Dezember entwickelte sich der Skandal zur Farce, denn sächsische Geheimpolizisten unternahmen den Versuch, Luise am Genfer Bahnhof zu entführen. Allerdings scheiterte das Unternehmen an der Aufmerksamkeit der Genfer Polizei. Was nun folgte, war nicht allein eine erhebliche Verstärkung der öffentlichen Aufmerksamkeit; es gab auch diplomatische Verstimmungen, denn die Eidgenossenschaft erhob offiziell Beschwerde beim Konsulat des Deutschen Kaiserreichs.

Die nachträglich auf Betreiben von Metzschs erhobene Anschuldigung, die Kronprinzessin habe in einem Zustand geistiger Verwirrung die Kronjuwelen an sich genommen, entbehrte jeder Grundlage und war nur zu dem Zweck vorgetragen worden, den ebenso folgenreichen wie vergeblichen Polizeieinsatz in Genf rückwirkend nach innen wie nach außen zu rechtfertigen. Schließlich klagte Kronprinz Friedrich August «mit Einwilligung des Königs» am 30. Dezember 1902 auf Aufhebung der ehelichen Gemeinschaft.

Ein Nachtrag zum königlichen Hausgesetz vom 20. August 1879 ermächtigte den König dazu, in derartigen Fällen ein besonderes Gericht zu benennen, das sich ausschließlich mit dem Ehescheidungsprozeß auseinanderzusetzen hatte. Georgs Maßgabe folgend, setzte sich das Gericht aus insgesamt sieben Richtern – dem Präsidenten und sechs Richtern des Oberlandesgerichts – zusammen. Nachdem Luise am 9. Januar 1903 in Genf eine Erklärung unterzeichnet hatte, in der sie die Klage Friedrich Augusts als berechtigt anerkannte und gleichzeitig auf den Status als Kronprinzessin verzichtete, konnte die Ehe zwei Tage später, am 11. Februar, wegen Ehebruchs der Beklagten mit dem Sprachlehrer André Giron geschieden werden. Die besondere Tragik dieser

Entwicklung bestand für Luise, die fortan den Titel einer Gräfin von Montignoso führte, darin, daß König Georg am 30. Dezember 1903 «jeden direkten, sei es auch nur brieflichen Verkehr der kronprinzesslichen Kinder mit ihr bis auf weiteres» untersagte.

Drei Monate nach dem Tod ihres Widerparts Georg kehrte die nunmehrige Gräfin von Montignoso nach Dresden zurück, möglicherweise um Kontakt zu ihren Kindern zu suchen. Vor dem Schloß wurde sie jedoch – wiederum von Mitarbeitern der sächsischen Geheimpolizei – festgenommen und zum Verlassen Sachsens gezwungen. Völlig verarmt starb sie am 23. März 1947 in Brüssel.

Die Verwicklungen um die ungeliebte Schwiegertochter Georgs waren noch nicht ausgestanden, da erhielten Hof und Regierung von der wahlberechtigten Bevölkerung Sachsens im Rahmen der Reichstagswahlen 1903 einen Denkzettel besonderer Art. In 22 von 23 sächsischen Wahlkreisen siegte ein Sozialdemokrat. Deutlicher konnte der Ausweis für die tatsächlichen politischen Kräfteverhältnisse im Land nicht sein. Mochte sich auch ein nicht unwesentlicher Teil der Wählerschaft für die SPD aus Protest gegen das bestehende Dreiklassenwahlrecht ausgesprochen haben, so war das Signal doch unverkennbar. Die Abstimmung war auch gegen den König selbst gerichtet, denn dieser hatte 1896 als Mitglied der Ersten Kammer und Berater seines Bruders Albert entscheidend an der Einführung des Landtagswahlrechts mitgewirkt.

König Georg zeigte indes auch angesichts dieser Entwicklung keine Neigung, am geltenden Landtagswahlrecht etwas zu ändern. Er reichte das Problem an seinen Sohn und Nachfolger weiter. So blieb ihm aufgrund seines Todes Ende 1904 erspart, von «seinem» demonstrierenden Volk ausgepfiffen zu werden, wie es Friedrich August III. im November 1905 dann widerfahren sollte.

Wie eng die politische Krise an soziale Probleme gekoppelt war, zeigte der Crimmitschauer Textilarbeiterstreik, durch den Sachsen binnen kurzem abermals deutschlandweit in ein negatives Rampenlicht rückte. Von August 1903 bis Januar 1904, insgesamt 21 Wochen lang, streikten knapp 10.000 Textilarbeiter für den Zehn-Stunden-Tag und eine zehnprozentige Lohnerhöhung. Seit der zweiten Hälfte des 19. Jahrhunderts hatte Sachsen sich zu einem der wichtigsten industriellen Zentren des Deutschen Reiches entwickelt, große Unternehmen prägten ebenso wie mittelständische Betriebe in nahezu allen Branchen des produzierenden und verarbeitenden Gewerbes das Gesicht des Landes. Mit dem bis dahin längsten Ausstand in der Geschichte der deutschen Arbeiterbewegung machten die Crimmitschauer auf die insbesondere in der Textilindustrie herrschenden unzureichenden Arbeitsverhältnisse, die überlangen Arbeitszeiten und die schlechte Entlohnung aufmerksam.

August Bebel sorgte dafür, daß die Zustände in Sachsen auch im Deutschen Reichstag diskutiert wurden. Über Monate hinweg lag die gesamte Produktion lahm, in der 23.000 Einwohner zählenden Stadt mit 79 bestreikten Betrieben standen «alle Räder still». Die breite Resonanz auf die Crimmitschauer Ereignisse und die hilflos-ungeschickten Reaktionen von Krone und Regierung blieben im Reich wie im Ausland nicht folgenlos. Täglich erreichten die Streikenden aus ganz Deutschland Geld-, Sach- und Lebensmittelspenden. Die Unternehmer – allein in Crimmitschau lebten 13 Millionäre – konnten sich in dieser auch politisch hoch brisanten Situation einmal mehr der Unterstützung der sächsischen Regierung sicher sein. Am 4. Dezember verhängte sie den Kleinen Belagerungszustand über die Stadt, unter anderem wurde daraufhin das Vereins- und Versammlungsrecht aufgehoben und die Polizei deutlich verstärkt.

Es steht außer Zweifel, daß die enge zeitliche Kopplung der Flucht Luises, der Reichstagswahlen und des Crimmitschauer Streiks die ohnehin instabile Gesundheit des Königs zusätzlich untergrub. Wiederholte Erkältungen schränkten seine Arbeitsfähigkeit ein und fesselten ihn ans Krankenlager.

Im Jahr 1888 von Wilhelm II. zum Generalfeldmarschall und Generalinspekteur des V., VI. und XII. Armeekorps ernannt, zudem mehrfach mit den höchsten militärischen Auszeichnungen, so 1896 dem Eichenlaub zum *Pour le mérite* und 1898 dem Großkreuz zum Militär-St.-Heinrichs-Orden bedacht, konnte Georg nur noch anfangs am Kaisermanöver im Herbst 1903 teilnehmen. Dem Leben im Feldlager war der greise Monarch physisch und psychisch nicht mehr gewachsen. Eine Influenza, an der er Anfang 1904 erkrankte, sollte Georg nicht mehr überwinden. Nach langem Dahinsiechen ist er am 15. Oktober 1904 in Pillnitz gestorben; tags zuvor hatte er seinem Sohn Friedrich August, dem er noch zwei Jahre zuvor bescheinigt hatte, zum Regieren nicht geeignet zu sein, die Regentschaft übertragen. Seine Ruhestätte fand er in der katholischen Dresdner Hofkirche.

Fragt man nach den Spuren, die Georg in der sächsischen Geschichte hinterlassen hat, so darf man sich nicht allein auf die Zeit seiner Regierung beschränken. Als Truppenkommandeur in den Kriegen gegen Preußen 1866 und gegen Frankreich 1870/71 erfüllte er glänzend die ihm obliegenden Pflichten, ja trug durch geschicktes Manövrieren entscheidend zu dem unter so großen Opfern errungenen Sieg von St. Privat am 18. August 1870 bei. Doch stand er in diesen militärischen Prüfungen und auch später immer im Schatten seines um vier Jahre älteren Bruders Albert, der die sächsischen Truppen, später die IV. Armee kommandiert hatte und als Erstgeborener schließlich 1873 den Thron bestieg.

Trotz seines Eintretens für das restriktive Wahlgesetz von 1896 wäre Georg ein besseres Urteil unter seinen Zeitgenossen wie unter Historikern sicher gewesen, wenn er 1902 zugunsten seines Sohnes Friedrich August auf die Krone verzichtet hätte. Insbesondere der Skandal um die Flucht der Kronprinzessin Luise ließ den regierenden Wettiner in der Öffentlichkeit weit über die Grenzen Sachsens hinaus im schlechtesten Licht erscheinen. Dazu hatten neben seinem – von Luise so benannten – religiösen Fanatismus und seiner Unnachgiebigkeit in innenpolitischen Fragen, insbesondere in bezug auf das Wahlgesetz und auf das instinktlose Handeln im Fall der Zivilliste, sicher auch das ihm völlig fehlende rhetorische Talent und der seit frühester Jugend ihm innewohnende Hang zu Verdrießlichkeit, Eigenbrödelei und Bigotterie beigetragen.

Konstitutionelle Monarchien bedingen einen Monarchen-Typus, der die vielfältigen repräsentativen und administrativen Pflichten im Inland wie im Ausland routiniert wahrnimmt und dem gesamten Volk als Leitfigur gegenübertritt. Diesem Anspruch ist Georg nicht immer hinreichend gerecht geworden. Um so schwerer sollte das Erbe wiegen, das er seinem Sohn Friedrich August 1904 hinterließ.

FRIEDRICH AUGUST III.
1904–1918

von Frank-Lothar Kroll

Das Bild der Monarchie in Deutschland wird – bis heute – von der schillernden und problematischen Gestalt des letzten preußischen Königs und deutschen Kaisers, Wilhelms II., geprägt, dessen stilbildendes Wirken in den 30 Jahren der nach ihm als «wilhelminisch» benannten Epoche derart dominant zutage trat, daß dahinter Funktion und Bedeutung der bis 1918 noch amtierenden 22 landesstaatlichen Souveräne weitgehend zurücktraten. Das Kaiseramt, in der Reichsverfassung vom 16. April 1871 – nach den Worten Heinrich von Treitschkes – zunächst weitgehend «mehr ein Schein als eine Wirklichkeit», entwickelte in der Verfassungspraxis des Bismarckreiches rasch eine nachhaltige Eigendynamik, über der die Stellung der deutschen Bundesfürsten im Bewußtsein der Mit- und Nachwelt weitgehend verblaßte. Man vergaß bei alledem nur allzu leicht die teilweise außerordentlich bedeutsame Rolle zahlreicher fürstlicher Regenten der deutschen Klein- und Mittelstaaten, die in ihrer überwiegenden Mehrheit, gerade in den letzten Jahrzehnten ihrer Existenz, das facettenreiche Bild persönlich integrer Landesväter boten, und die – übrigens nicht zuletzt vielfach auf Grund ihres kulturellen Engagements – die Institution der Monarchie, ihre Popularität und Volksverbundenheit vielerorts noch einmal zu festigen vermochten. Das galt auch mit Blick auf das Königreich Sachsen. Kaum einem regierenden Monarchen im damaligen Europa dürfte von der überwältigenden Mehrheit seines Volkes ein größeres Maß an Zuneigung, Sympathie und Beliebtheit entgegengebracht worden sein als dem letzten sächsischen Landesherrn Friedrich August III. Seine durchaus nicht übermäßig lange Regierungszeit bietet ein gutes Beispiel für das bemerkenswert hohe Maß an Integrationskraft, das der monarchischen Staatsform in den Einzelstaaten des Deutschen Reiches bis 1918 unzweifelhaft zugekommen ist. Der letzte regierende Wettiner bündelte in seiner Person gleichsam noch einmal die Möglichkeiten und Grenzen dynastischen Agierens im regionalen Rahmen – als Verkörperung territorialstaatlichen und regionalen Eigenbewußtseins ebenso wie als In-

*König Friedrich
August III.
(1904–1918)*

karnation spezifisch «sächsischer» Befindlichkeiten im weithin preußisch dominierten deutschen Nationalstaat.

I.

Der am 25. Mai 1865 in Dresden geborene Prinz war ältester Sohn des späteren Königs Georg und dessen Ehefrau, der Infantin Maria Anna von Portugal aus dem mit den Coburgern liierten Königshaus der Braganca. Angesichts des Mangels an männlichen Nachkommen bei den albertinischen Wettinern war schon damals absehbar, daß der Prinz einmal den sächsischen Königsthron besteigen würde, obwohl zum Zeitpunkt seiner Geburt noch sein Großvater Johann regierte und zwei weitere Prinzen, Albert, der Onkel, und Georg, der Vater, in der Thronfolge vorangingen, welche in beiden Fällen, 1873 bzw. 1902, dann auch realisiert werden sollte. Die Erziehung des Prinzen wurde daher mit großer Sorgfalt betrieben – Friedrich August erhielt zunächst einen gediegenen humanistischen Gymnasialunterricht, der ihn zur perfekten Beherrschung der französischen, lateinischen und altgriechischen Sprache befähigte und zudem ein bleibendes Interesse an geschichtswissenschaftlichen Fragen und Problemen weckte. Dem Abitur schlossen sich eine militärische Ausbildung – Friedrich August empfand zeitlebens eine starke Affinität zum soldatischen Milieu – sowie, zwischen 1884 und 1886, ein Studium der Rechts- und Staatswissenschaften in Straßburg und Leipzig an. Danach erhielt der Prinz eine praktische Einführung in die Landesverwaltung im Rahmen mehrmonatiger Volontärstätigkeit in Dresden sowie durch regelmäßige Teilnahme an den Sitzungen des Gesamtministeriums wie auch an den Beratungen der Ersten Kammer. Es folgten mehrfache Inspektionsfahrten, die ihn mit nahezu allen Regionen Sachsens bekannt und vertraut machten. Bildungsreisen führten den Prinzen zudem nicht nur nach Wien und Budapest, Belgrad und London, sondern – von Oktober 1889 bis Mai 1890 im Rahmen einer siebenmonatigen Mittelmeerreise, einer Art modernen «Kavalierstour» – auch nach Italien, Spanien und Nordafrika, nach Ägypten und Palästina, nach Griechenland, Rumänien und in die Türkei, so daß man, aufs Ganze gesehen, in Friedrich August einen der bestausgebildetsten Thronfolger der europäischen Fürstenhäuser seiner Zeit erblicken konnte.

Repräsentativ und durchaus standesgemäß entwickelten sich zunächst auch die persönlichen und familiären Umstände des künftigen Königs von Sachsen. 1891 heiratete Friedrich August die habsburgische Erzherzogin Luise von Österreich-Toskana, Tochter des 1860 im Gefolge der Einigung Italiens depossedierten Großherzogs von Toskana, der mit seiner Familie und seinem Hofstaat im Salzburger Exil lebte. Der in Dresden und Wien gleichermaßen gern gesehenen dynastischen Verbindung zwischen den Häusern Wettin und Habsburg – das junge Paar bewohnte seit der Hochzeit das Taschenbergpalais in Dresden – entsprangen zahlreiche Kinder, unter ihnen der 1893 geborene Thronfolger Georg, auf dessen tragisches Schicksal noch zurückzukommen sein wird. Daß die Ehe nach gut einem Jahrzehnt in einer einzigartigen Katastrophe enden und den größten dynastischen Skandal im zeitgenössischen Europa hervorrufen sollte, konnte keiner der damals beteiligten Akteure vorhersehen.

Die Frau des künftigen sächsischen Thronfolgers war eine unkonventionelle und lebenslustige, aber auch selbstverliebte und egozentrische Persönlichkeit, modesüchtig und leicht überspannt, deren künstlerisch interessierter und intellektuell reger Geist mit der extrem konservativen, vielfach als muffig und vergreist empfundenen Etikette des Dresdner Hofes rasch in Kollision geriet. Insbesondere den klerikal-bigotten Habitus des seit 1902 amtierenden neuen Königs Georg empfand dessen Schwiegertochter als derart unerträglich, daß sie am 9. Dezember 1902 Dresden unter dem Vorwand, eine Reise zu ihren Eltern zu unternehmen, verließ – um, in Salzburg angekommen, zu erklären, den Ehemann und die gemeinsamen Kinder nie mehr wiedersehen zu wollen. Es ist unschwer nachzuvollziehen, welches Wechselbad der Gefühle Friedrich August in jenen Tagen und Wochen erlebt haben mag. Seine völlige Passivität, ja Apathie während jener Zeit muß nicht unbedingt als Ausdruck mangelnder emotionaler Anteilnahme an dem Gesamtgeschehen gedeutet werden. Der Dresdner Hof jedenfalls reagierte rasch und konsequent: Ab 30. Dezember 1902 beriet ein von König Georg eingesetztes Sondergericht auf Antrag Friedrich Augusts über die Aufhebung der ehelichen Gemeinschaft zwischen Kronprinz und Kronprinzessin, nach päpstlicher Zustimmung und eingefordertem Verzicht Luises auf ihre Rechtsstellung als Mitglied des sächsischen Königshauses wurde die Ehe des Thronfolgerpaares am 11. Februar 1903 geschieden. Luise erhielt den Titel einer «Gräfin von Montignoso» und verpflichtete sich, Sachsen niemals wieder zu betreten. Als sie im Dezember 1904 dennoch in Dresden auftauchte, wurde sie umgehend des Landes verwiesen – Friedrich August III. gestand ihr in den folgenden Jahren eine großzügige Leibrente zu, die er aus eigenen Mitteln zahlte. Luise hat es ihm nicht gedankt. In ihren 1926 veröffentlichten Lebenserinnerungen schilderte sie ihren mittlerweile entthronten Gatten als zwar gutmütigem, aber einfältigen und langweiligen Ehemann und erging sich in larmoyanten, von Selbstmitleid getragenen Klagen über die unverdiente Härte ihres angeblich unverschuldeten Schicksals. Die zeitlebens in Illusionen, Emotionen und Liebesaffären verstrickte ehemalige sächsische Kronprinzessin starb verarmt, vergessen und völlig heruntergekommen, 77 jährig am 23. März 1947 in einem drittklassigen Hotel in Brüssel.

Friedrich August lebte hinfort – als Kronprinz wie auch später als König – fürsorglich seinen sechs Kindern zugewandt, die, ohne Mutter, bei ihm blieben und dem Vater ihrerseits mit großer Anhänglichkeit begegneten. Über die menschlichen und charakterlichen Eigenschaften Friedrich Augusts III. sind sich zeitgenössische wie auch nachfolgende Betrachter, unbeschadet ihrer jeweiligen politischen Einstellung, gleichermaßen einig. Sie vermitteln übereinstimmend das Bild eines warmherzigen, liebenswürdigen und kontaktfreudigen, persönlich völlig anspruchslosen Mannes von äußerster Schlichtheit und Bescheidenheit, eines Gegners höfischen Prunkes und gespreizter Etikette, unprätentiös und ungezwungen im Umgang, dessen persönliche Vorlieben – Wandern und Bergsteigen, Reiten und Jagen – ihn als einen natur-, heimat- und volksverbundenen «Landesvater» von beinahe bürgerlichem Lebenszuschnitt auswiesen. Ein Aktivposten für seine Popularität war zweifellos auch die Tatsache, daß er die Sprache seines Landes mit ihrer charakteristischen dialektalen Färbung sprach. Außerhalb Sachsens wurde dieser Umstand mitunter gönnerhaft vermerkt – so etwa von Reichskanzler Bernhard von Bülow, der sich gelegentlich über den «komischen Anstrich» mokierte, den Friedrich August «nicht nur seine gar zu ausgesprochen sächsische Mundart, sondern die Unbeholfenheit seines Wesens und die läppische Art seiner Fragen und Bemerkungen» verliehen. Aus Berliner Perspektive mochte sich dies vielleicht so darstellen, in Dresden, Leipzig oder Chemnitz indes sah man das völlig anders und empfand «dn Geenich» – nach einem Dictum des Leipziger Schriftstellers Hans Reimann – mit Genugtuung als «Inkarnation des Sachsentums».

Mit alledem jedenfalls brachte Friedrich August III. gerade jene Voraussetzungen mit, um die zunächst wohl wichtigste Aufgabe erfüllen zu können, die ihm als neuem sächsischen König – nach dem Tod seines äußerst unpopulären Vaters Georg am 15. Oktober 1904 – zufiel. Diese Aufgabe bestand darin, das Vertrauensverhältnis zwischen Herrscherhaus und Bevölkerung, das durch eine stark von dynastischem Egoismus bestimmte Politik des nur zwei Jahre amtierenden königlichen Vorgängers in eine Krise geraten war, wiederherzustellen und die durch Georgs vor allem finanziell intransingentes Verhalten provozierten Spannungen und Mißhelligkeiten abzubauen, was auch relativ rasch gelang.

II.

Friedrich August III. übernahm im Oktober 1904 die Regentschaft im kleinsten der vier noch existierenden deutschen Königreiche, das – laut Volkszählung vom 1. Januar 1900 – mit etwa 4,2 Millionen Einwohnern und knapp 15.000 Quadratkilometern einen zwar noch geringeren territorialen Umfang hatte als das Großherzogtum Baden, jedoch mit Blick auf die Industrialisierung in

Deutschland seit Jahrzehnten die Führung übernommen hatte. Die Bevölkerungsdichte im Königreich Sachsen war, nach Belgien, die höchste in Europa, das Land besaß das dichteste Eisenbahn- und Straßennetz im Reich, florierende Textil-, Metall- und Montanindustrien, Handelszentren, Kulturmetropolen und Bildungseinrichtungen von internationalem Rang und bot mit alledem das dynamische Bild eines aufstrebenden, in voller Entwicklung von einer Agrar- zu einer Industriegesellschaft begriffenen Staatswesens, dessen wirtschaftliche Prosperität allerdings in einem gewissen Mißverhältnis zum politischen System zu stehen schien. Regiert wurde in Sachsen nämlich nach der Verfassung vom 4. September 1831, einer durchaus nicht unliberalen, überdies bis zum Sturz der Monarchie insgesamt elfmal abgeänderten Konstitution, deren – aus «progressiver» Sicht vorhandene – «Mängel» indes vor allem darin bestanden, daß die dem sächsischen König zustehenden Vollmachten um einiges größer waren als bei anderen deutschen Herrschern, und daß der sächsische Landtag nicht nach dem für das Reich geltenden allgemeinen, gleichen, direkten und geheimen Wahlrecht gewählt wurde, sondern – seit der reaktionären Rückbildung des Kammerwahlrechts durch das umstrittene Wahlgesetz von 1896 – mittels eines Dreiklassenwahlrechts, dessen Modalitäten die Übermacht der ländlichen, bäuerlichen, konservativen Wählerschichten gegenüber der städtischen, bürgerlichen, liberalen Bevölkerung sicherte und zudem die Industriearbeiterschaft jeglicher Vertretung im Landtag beraubte. Bei den unter den restriktiven Bestimmungen des sächsischen Wahlrechts abgehaltenen Wahlen von 1901 waren die Sozialdemokraten vollständig aus der sächsischen Zweiten Kammer ausgeschieden, während sie zwei Jahre später, bei den nach allgemeinem und gleichem Wahlrecht durchgeführten Reichstagswahlen von 1903 in Sachsen 22 der insgesamt 23 sächsischen Wahlkreise gewannen – nur Bautzen wählte mehrheitlich konservativ. Fast ein Fünftel aller sozialdemokratischen Reichstagsabgeordneten kam damit aus Sachsen. Das Land selbst jedoch war zu Beginn der Regierungszeit Friedrich Augusts III., neben Preußen, der einzige größere deutsche Flächenstaat, in welchem die – zahlenmäßig überaus stark vertretenen – Sozialdemokraten keinen Anteil an der parlamentarischen Vertretung des Volkes hatten – ganz im Gegensatz etwa zu den süddeutschen Staaten, wo die parlamentarische Einbindung der Sozialdemokratie zu deren allmählicher Annäherung an das bestehende System und zur weitgehenden Akzeptanz der monarchischen Staatsform seitens der dortigen SPD geführt hatte.

Angesichts dieser ungerechten und unklugen Situation, welche die Landtagsverhandlungen für einen großen Teil der vom parlamentarischen Leben faktisch ausgeschlossenen Bevölkerung gegenstands- und damit interesselos werden ließ, erwies sich die Frage einer Wahlreform als das von Beginn an zentrale innenpolitische Problem der Regentschaft Friedrich Augusts III. Man kann nicht sagen, daß er die Brisanz dieses Problems nicht erkannt hätte. Zwar übernahm er bei Regierungsantritt zunächst sämtliche Minister seines hochkonservativen Vaters und Vorgängers, was nicht unbedingt auf den Willen zu einem programmatischen Neuanfang in der inneren Landespolitik hinzudeuten schien. Doch im April 1906 bildete er das Ministerium um und berief den als Reformpolitiker geltenden Grafen Karl Adolf von Hohentahl zum Innenminister. Hohentahl erhielt den ausdrücklichen Auftrag, die Reform des Wahlrechts durchzuführen. Das dann am 5. Mai 1909 erlassene neue Wahlgesetz ersetzte das bisherige Dreiklassenwahlrecht durch ein Pluralwahlrecht, welches jedem Wähler eine Grundstimme und bis zu drei Zusatzstimmen zusprach. Solche Zusatzstimmen gab es für Absolventen der Mittleren Reife, für Inhaber höherer Steueraufkommen und für die über 50 Jahre alten Wähler. Bildung, Besitz und Lebensalter galten also als Qualifikationsmerkmale für den durch Vergabe zusätzlicher Stimmen unterstellten Grad politischer Reife der Wählerschaft. Tatsächlich brachten die ersten Wahlen unter dem neuen Pluralwahlrecht im Oktober 1909 dann auch den erwarteten Zuwachs der Sozialdemokratie, deren Mandatszahl in gleichem Maße in die Höhe schnellte (1907: 1 Mandat; 1909: 25 Mandate), wie die der Konservativen sank (1907: 47 Mandate; 1909: 29 Mandate). Übrigens wurde im Königreich Sachsen nur ein einziges Mal nach dem Pluralwahlrecht gewählt: der Landtag von 1909 tagte unverändert bis 1919, weil seine sechsjährige Periodizität bei Kriegsbeginn bis zu dessen Ende verlängert worden war.

Der persönliche Anteil Friedrich Augusts III. an diesen Geschehenszusammenhängen ist nicht sehr groß gewesen. Und er durfte dies auch gar nicht sein, denn gemäß der sächsischen Verfassung von 1831 waren dem politischen Wirken des Landesherrn klar definierte Grenzen gesetzt. Friedrich August hielt sich an diese Grenzen und agierte als streng konstitutioneller Monarch. Es sind keine Fälle bekannt, in denen er sich widerrechtlich in die laufenden politischen Geschäfte eingemischt oder diesen eine ihm genehme Richtung zu geben versucht hätte. Pseudo-absolutistische Ansprüche eines «persönlichen Regiments» hat er niemals geltend gemacht. Statt dessen lag ihm daran, durch intensives und gewissenhaft betriebenes Aktenstudium Einblicke in die jeweils aktuellen politischen Probleme des Landes zu erlangen, welchem Ziel auch die unzähligen Landesreisen dienten, die Friedrich August nach seiner Thronbesteigung regelmäßig unternahm, um sich «vor Ort» über die Anliegen seiner Bürger zu informieren. Die ihm immer wieder attestierte scharfe Beobachtungsgabe, verbunden mit Menschenkenntnis und Urteilskraft, war einmal mehr dazu angetan, ihn als ausgleichende, parteiübergreifende Instanz bei innenpolitischen Konfliktkonstellationen erscheinen zu lassen. In diesem Sinne war Friedrich Augusts III. Stellung durchaus etwa mit der Position des belgischen Königs vergleichbar. Auch die Verfassung der belgischen Monarchie – im gleichen Jahr verabschiedet wie die sächsische Konstitution von 1831 und dieser in vielen Punkten verwandt – wies dem Monarchen ja die Funktion einer vermittelnden Rolle («pouvoir neutre») jenseits aller tagespolitischen Parteiinteressen zu und hat in diesem Sinne die Institution der Monarchie dort bis heute in geradezu mustergültiger Weise legitimiert.

Die Wahlrechtsfrage war freilich nicht das einzige innenpolitische Problemfeld, das in den 14 Jahren der Regentschaft des letzten Wettiners in Sachsen zur Lösung anstand. Und nicht jedes dieser anstehenden Probleme fand eine der Wahlreform vergleichbare produktive Neuregelung. Vor allem die als dringlich empfundene Reform des Schulwesens – in Sachsen galt noch immer das vormärzliche Schulgesetz von 1835 in der Neufassung von 1873 – kam trotz mehrfach unternommener Anläufe nicht voran, da keine Einigung über ein neues Volksschulgesetz erfolgen konnte, welches das Problem der konfessionellen Schulen und der geistlichen Schulaufsicht aus der Welt zu schaffen vermochte. Hingegen gelang es wiederum erstaunlich rasch, die noch während der Regierungszeit König Alberts entstandene chronische Haushaltsschwäche, die sich ab Ende 1901 zu einer massiven staatlichen Finanzkrise zugespitzt hatte, schon in den ersten Jahren nach dem Herrschaftsantritt Friedrich Augusts III. durch Reduzierung der horrenden Staatsschulden mittels strikter Sparsamkeit relativ gut in den Griff zu bekommen. Dabei vermied es Friedrich August ausdrücklich, sich an den während der Vorkriegszeit von anderen Bundesstaaten, vor allem von Bayern, ausgetragenen Zwistigkeiten mit dem Reich über das Besteuerungsrecht der Einzelstaaten zu beteiligen, um etwa auf diesem Weg die prekäre Finanzlage Sachsens zu verbessern. Eine solche Haltung hätte seinem Politikverständnis als deutscher Bundesfürst ebensowenig entsprochen, wie sie mit seiner Auffassung von der dynastischen Würde und Tradition seines Hauses vereinbar war.

Diesem Gefühl verpflichtenden dynastischen Erbes entsprangen schließlich auch die mannigfachen Aktivitäten Friedrich Augusts III. auf einem Gebiet, das seit jeher zu den ausgewiesensten Tätigkeitsfeldern der Wettiner gehört hatte: der Kunstpflege. Dabei war Friedrich August selbst ein in hohem Maße unkünstlerischer Mensch. Vollkommen unmusikalisch, bereitete ihm das Anhören «schwerer» Musik, etwa der Opern Richard Wagners, physisches Unbehagen; lediglich an Militärmärschen mit Fanfaren und Kesselpauken fand er Gefallen. Der Malerei, dem Theater und der Literatur stand er mit relativer Gleichgültigkeit gegenüber. Dennoch hat er große Summen zur Kunstförderung ausgegeben, die er aus privaten Mitteln bestritt – mehr als ein Drittel seiner persönlichen Apanage floß in Zuwendungen an die Dresdner Gemäldesammlungen, in den Ankauf moderner Kunst, in die Unterstützung der kommunalen Theater- und Opernbetriebe (Dresdner Hoftheater) sowie anderer Kultur- und Bildungseinrichtungen. Beraten und unterstützt wurde der König dabei von seinem jüngeren Bruder Johann Georg, einem ausgewiesenen Kunstkenner, dessen Mäzenatentätigkeit und Sammelleidenschaft dem Dresdner Hof Beachtung in ganz Europa verschaffte. Rege war darüber hinaus des Königs persönliche Anteilnahme an Planung und Realisierung der großen städtischen Kulturbauten, die während seiner Regierungszeit in allen drei sächsischen Metropolen geschaffen worden sind: Kunstgewerbemuseum, Rathaus und Schauspielhaus in Dresden, Deutsche Bücherei, Rathaus und Hauptbahnhof in Leipzig, Theater, Rathaus und Stadtmuseum in Chemnitz. Die unter seiner Herrschaft entstandenen architektonischen und städtebaulichen Hinterlassenschaften zeugen noch heute von der schöpferischen Produktivität, Dynamik und Leistungskraft der Ära des letzten sächsischen Königs, wie sie das Land wohl kaum jemals zuvor und mit Sicherheit niemals wieder danach erlebt hat. Es war Sachsens beste Zeit. Daß sie 1914 unwiderruflich zu Ende ging, lag jenseits der Verantwortung des letzten wettinischen Regenten.

III.

Friedrich August III. hatte von Jugend an eine ungebrochen positive Einstellung zum Soldatischen. Er liebte Uniformen, Manöver, Paraden, aus welcher Neigung sich vielleicht auch die enge persönliche Bindung, ja Freundschaft zu der in Charakter und Habitus so völlig anders gearteten Person Kaiser Wilhelms II. erklären mag, die sich übrigens bis zuletzt erhalten hat. Friedrich August war 1902 zum Befehlshaber des XII. (sächsischen) Armeekorps und – vom Kaiser – zum kommandierenden General berufen worden. 1912 war ihm mit der Ernennung zum Generalfeldmarschall des Deutschen Reiches die höchste militärische Würde verliehen worden, die Deutschland damals zu vergeben hatte. So mochte es überraschen, daß Friedrich August bei Kriegsausbruch 1914 als einziger der vier deutschen Könige nicht den formellen Oberbefehl über seine Armee übernahm, deren Chef er ja war. Dabei leitete ihn die keineswegs unrichtige Überzeugung, als regierender Landesfürst nicht zugleich auch die Funktion eines verantwortlichen Armeeführers ausüben zu können. Oberbefehlshaber der 3. (sächsischen) Armee wurde zunächst der frühere sächsische Kriegsminister Max Freiherr von Hausen, der so mit die Verantwortung dafür trug, daß die sächsische Armee in der Marne-Schlacht Anfang September 1914, kaum fünf Wochen nach Ausbruch des Krieges, über 12.000 Mann, und damit fast ein Drittel ihres gesamten Truppenbestandes verlor.

Friedrich August war mit der Lage an der Front vertraut und unternahm – wie die meisten regierenden Bundesfürsten, einschließlich Kaiser Wilhelms II. – in den folgenden Kriegsjahren alles, um durch Frontreisen, Lazarettbesuche und Inspektionsfahrten die Moral seiner für Deutschland kämpfenden Soldaten zu festigen und sich zugleich immer wieder einen möglichst authentischen Eindruck von der Situation vor Ort zu verschaffen. Im Land selbst kam es, wie fast überall im Reichsgebiet auch, im Verlauf des Krieges zu einer immer stärkeren Zentralisierung und Monopolisierung der Ökonomie, weil zahlreiche kleinere Wirtschaftsbetriebe infolge akuten Rohstoffmangels die Produktion einstellen mußten, was, vor allem im vierten Kriegsjahr, zu Arbeitslosigkeit und wachsenden sozialen Spannungen führte. Eine im eigentlichen Sinne «revolutionäre», die monarchische Staatsform grundsätzlich in Frage stellende Atmosphäre hat es im Königreich Sachsen jedoch bis zuletzt nicht gegeben – und das war auch eine Folge des persönlichen und politischen Kredits, den Friedrich August III. durch sein Verhalten vor und während des Krieges in allen Bevölkerungsschichten des Landes hatte ansammeln können. Die Monarchie war beliebt im Volk, und sie blieb ein aktiver Faktor des zeitgenössischen politischen Lebens – bis hin zu dem allerdings etwas bizarren Versuch, im Rahmen einer separaten sächsischen Kriegszielpolitik dynastische Ansprüche auf Litauen anzumelden und – in Erinnerung an die sächsisch-polnische Union im 18. Jahrhundert – eine sächsisch-litauische Föderation unter dem gemeinsamen Szepter der Wettiner in Vorschlag zu bringen.

Nun: die Wettiner sind 1918, wie man weiß, nicht nur nicht nach Wilna und Kaunas gekommen, sondern auch in ihrer Haupt- und Residenzstadt Dresden des Thrones verlustig gegangen. Ende Oktober 1918 gab es in den größeren Städten des Königreichs zunehmende Proteste gegen die wachsende Verschlechterung der Versorgungslage und erste größere öffentliche Bekundungen, die nach einer Beendigung des Krieges verlangten. Angesichts der steigenden Mißstimmung entschloß Friedrich August sich am 5. November 1918 zu einer Regierungsumbildung und berief ein auch von den Sozialdemokraten gestütztes Kabinett unter Vorsitz des nationalliberalen Reformpolitikers Rudolf Heinze. Dann jedoch überschlugen sich die Ereignisse. Es kam, wie anderswo im Reich auch, zur Bildung von Arbeiter- und Soldatenräten in den meisten größeren Städten Sachsens, in Dresden okkupierten die Meuterer am 9. und 10. November 1918 öffentliche Gebäude und Ämter, hißten eine rote Fahne auf dem Turm des Dresdner Schlosses und erklärten die Monarchie für abgeschafft – all das war überhaupt nur möglich, weil Friedrich August den zu ihm stehenden Offizieren und Soldaten strikt untersagt hatte, mit Waffengewalt gegen die Meuterer vorzugehen. Ohne nennenswerte Aktivitäten mehr zu entfalten, verließ er seine Residenz und erklärte am 13. November von Schloß Guteborn bei Ruhland aus seinen Thronverzicht – allerdings nur für seine Person, nicht im Namen des Hauses Wettin und folglich auch nicht für seine Nachkommen. Man wird – gerade auch unter Berücksichtigung späterer Erinnerungsberichte der damals am Revolutionsgeschehen Beteiligten – den Schluß ziehen können, daß sich das Novembergeschehen in Dresden nicht gegen Friedrich August III. persönlich richtete. Das abrupte Ende seiner Herrschaft – und mit ihm der Abgang der wettinischen Dynastie, die das Schicksal Sachsens über 900 Jahre lang maßgeblich bestimmt hatte – entsprach nicht dem Wunsch der überwiegenden Mehrheit der Bevölkerung. Der sächsische König teilte im November 1918 das Los aller deutschen Bundesfürsten, deren vielerorts noch weitgehend unangefochtene Stellung im Strudel von Kriegsniederlage, militärischem Zusammenbruch und angesichts der Eigendynamik des sich überschlagenden Geschehens implodierte.

IV.

Friedrich August III. nahm nach seinem Sturz ständigen Wohnsitz in Schloß Sibyllenort bei Breslau, das 1884 durch eine Erbschaft in wettinischen Besitz gelangt und bisher als Sommerresidenz und Jagdschloß genutzt worden war – eines der größten und schönsten Schlösser Schlesiens, mit etwa 600 Räumen größer noch als das Dresdner Königsschloß; es wurde, nahezu völlig intakt, nach 1945 als «Junkerburg» gesprengt. Der entthronte Monarch verbrachte die ihm noch verbleibenden 14 Jahre seines Lebens in heiterer Gelassenheit, ganz so, wie es seinem Naturell entsprechen mochte. Über politische Angelegenheiten hat er nach seinem Sturz öffentlich nicht mehr gesprochen, Äußerungen oder gar Aktivitäten, die auf den Wunsch nach Wiedererlangung des Thrones hindeuteten, sucht man bei ihm, anders als im Umfeld der depossedierten Hohenzollern, Wittelsbacher oder Habsburger, vergeblich; ebensowenig finden sich gehässige oder übelwollende Bekundungen hinsichtlich der republikanischen Verfaßtheit des neuen Reiches. Bald schon kam es zu Verhandlungen mit dem Freistaat Sachsen über einen Vermögensausgleich mit dem Haus Wettin, und 1924 fand sich eine beide Seiten zufriedenstellende vertragliche Lösung, als deren wichtigstes Resultat der Verzicht des Königshauses auf alle Rechte am Staatsvermögen einerseits, der Verbleib von Schloß Moritzburg im Besitz der Wettiner und die Zahlung einer Barabfindung an das frühere Fürstenhaus andererseits fixiert und in breitem interfraktionellem Konsens parlamentarisch ratifiziert wurde.

Das Alltagsleben des ehemaligen Monarchen unterschied sich bei alledem kaum von seinem Dasein als regierender Landesfürst. Friedrich August pflegte die Existenz eines Landedelmannes und betrieb die Verwaltung seiner Gutswirtschaft mit Passion und Geschick, er bevorzugte bescheidene Hobbys – Jagen und Reiten wie ehedem, später auch Kegeln und Skatspielen –, hielt aber auch engen Kontakt zu Professoren der Breslauer Universität, die er mehrmals monatlich zu wissenschaftlichen Vorträgen nach Sibyllenort bat. Auch seine Reisetätigkeit nahm er in den 1920er Jahren wieder auf – man sah ihn in den Alpen und an der Nordsee ebenso wie in Brasilien, Indien oder auf Ceylon, häufig und gerne weilte er zudem in seiner sächsischen Heimat, die er ungehindert besuchen durfte. Familiär lebte er, wiewohl seit Jahrzehnten ohne Ehefrau, in großer Geborgenheit – zuletzt von 18 Enkeln umgeben. Das traurige Schicksal seines ältesten Sohnes, des Kronprinzen Georg, hat er nicht mehr erlebt. Der ehemalige sächsische Thronfolger, intellektuell hochbegabt und von starker persönlicher Ausstrahlungskraft, studierte nach dem Sturz des Königtums Katholische Theologie und wurde 1924 zum Priester geweiht – ein in der neueren Geschichte der europäischen Monarchien einzigartiger Fall. 1925 trat Pater Georg von Sachsen in den Jesuitenorden ein und amtierte als überzeugter Verfechter der ökumenischen Bewegung in den 1930er Jahren als Prediger am Canisius-Kolleg in Berlin. Am 14. Mai 1943 ertrank er unter merkwürdigen Umständen beim Baden in Groß Glienicke, die Leiche wurde erst Wochen später gefunden. Man munkelte noch lange über das jähe und mysteriöse Ende des als Philosemit und Regimegegner bekannten Fürstensohnes, zumal sich am Todestag auffällig viele Angehörige der Geheimen Staatspolizei am Glienicker See aufgehalten hatten.

Zum Zeitpunkt dieser niemals aufgehellten Geschehnisse war Friedrich August III. schon über ein Jahrzehnt lang nicht mehr am Leben. Am 18. Februar 1932 fand man ihn frühmorgens bewußtlos und völlig gelähmt im Bett, ein linksseitiger Gehirnschlag hatte den 67jährigen getroffen und führte wenig später seinen Tod herbei: Ohne noch einmal zu sich gekommen zu sein, starb der letzte sächsische König in den späten Abendstunden des gleichen Tages. Die Beisetzung am 23. Februar in der Katholischen Hofkirche zu Dresden gestaltete sich noch einmal zu einem so von niemandem erwarteten oder gar vorhersehbaren postumen Triumphzug für das in der Fremde gestorbene frühere sächsische Staatsoberhaupt. Über eine halbe Million Menschen, weitaus mehr als ganz Dresden damals an Einwohnern zählte, beteiligte sich am Trauerzug für Friedrich August, dessen militärisches Ehrengeleit übrigens von zwei der prominentesten späteren Opfer des 20. Juli 1944 – Generalmajor Ludwig Beck und Oberstleutnant Friedrich Olbricht – befehligt wurde. Die Regierung des Freistaates Sachsen einschließlich des sächsischen Ministerpräsidenten war ebenso im Trauerzug vertreten wie die Oberbürgermeister vieler sächsischer Städte, darunter auch zahlreiche Repräsentanten sozialdemokratisch regierter Kommunen. Angehörige aller Gesellschaftsschichten, unabhängig von ihrer jeweiligen parteipolitischen Einstellung, bewiesen durch die Teilnahme an den Beisetzungsfeierlichkeiten ihre Anhänglichkeit an den alten Souverän – fast anderthalb Jahrzehnte nach dem Sturz des Monarchen und seinem Gang ins Exil.

Das Bild vom «Landesvater» – so wird man bei alledem mit Blick auf den letzten sächsischen König bilanzieren können – war im Falle Friedrich Augusts III. keine leere Propagandaformel, sondern Funktion und Folge einer authentisch gelebten Wirklichkeit. Ihn umgab echte Volkstümlichkeit, die freilich in erster Linie den menschlichen Vorzügen seiner Persönlichkeit, der entwaffnenden Offenheit seines Charakters, seines Humors und seiner Natürlichkeit zu verdanken war, weniger dagegen seinem im engeren Sinne politischen Engagement oder seinem Regierungshandeln, für das ohnehin wenig Spielraum bestand. Aber genau dieses Sich-Zurücknehmen in politischen Angelegenheiten zugunsten persönlich-moralischen Autoritätsgewinns war es ja dann, was vielen europäischen Monarchien im 20. Jahrhundert ihre Überlebensfähigkeit sichern half und sie in die Rolle von überparteilichen Identifikationssymbolen ihrer Staaten hineinwachsen ließ. Auch das sächsische Königtum hätte unter Friedrich August III. einen ähnlichen Weg in Richtung einer modernen, zur demokratischen Staatlichkeit hin offenen Form der Monarchie nehmen können. Daß Krieg und Revolution die Entwicklung dann in andere Bahnen lenkten, war nicht die Schuld, sondern – wenn man so will – das Schicksal des siebten und wohl letzten sächsischen Königs.

Anhang

KOMMENTIERTE BIBLIOGRAPHIE

Die Markgrafen von Meißen
im 12. und 13. Jahrhundert
1089–1291

(Karlheinz Blaschke)

Gesamtdarstellungen zur Geschichte des Hauses Wettin im Mittelalter: *Otto Posse*, Die Wettiner. Genealogie des Gesamthauses Wettin, Berlin, Leipzig 1897; *Karlheinz Blaschke*, Geschichte Sachsens im Mittelalter, Berlin 1990; *ders.*, Der Fürstenzug zu Dresden. Denkmal und Geschichte des Hauses Wettin, Leipzig 1991 (mit weiteren Literaturangaben zu den einzelnen Personen); *Stefan Pätzold*, Die frühen Wettiner. Adelsfamilie und Hausüberlieferung bis 1221, Köln, Weimar, Wien 1997 (Geschichte und Politik in Sachsen, Bd. 6). – Einzelbiographien: *Wolf Rudolf Lutz*, Heinrich der Erlauchte (1218), Markgraf von Meißen und der Ostmark (1221–1288), Landgraf von Thüringen und Pfalzgraf von Sachsen (1247–1263), Erlangen 1977 (Erlanger Studien, Bd. 17); Konrad von Wettin und seine Zeit, hrsg. vom Landesheimatbund Sachsen-Anhalt e. V., Halle/Saale 1999. – Spezialuntersuchungen: *Jörg Rogge*, Die Markgrafschaft Meißen in der Politik der deutschen Könige und Kaiser in der ersten Hälfte des 12. Jahrhunderts, in: Konrad von Wettin und seine Zeit (wie oben), S. 56–69; *ders.*, Herrschaftsweitergabe, Konfliktregelung und Familienorganisation im fürstlichen Hochadel. Das Beispiel der Wettiner von der Mitte des 13. bis zum Beginn des 16. Jahrhunderts, Stuttgart 2002 (Monographien zur Geschichte des Mittelalters, Bd. 49); *ders., Uwe Schirmer* (Hrsg.), Hochadlige Herrschaft im mitteldeutschen Raum (1200 bis 1600): Formen – Legitimation – Repräsentation, Stuttgart 2003 (Quellen und Forschungen zur Sächsischen Geschichte, Bd. 23).

Die Markgrafen von Meißen
im 14. Jahrhundert
1291–1423

(Gerhard Dohrn-van Rossum)

Weiterführende Literaturhinweise in alphabetischer Reihenfolge: *Karlheinz Blaschke*, Geschichte Sachsens im Mittelalter, Berlin 1990; *ders.*, Der Fürstenzug zu Dresden. Denkmal und Geschichte des Hauses Wettin, Leipzig 1991; *ders.*, Kanzleiwesen und Territorialstaatsbildung im wettinischen Herrschaftsbereich bis 1485, in: Archiv für Diplomatik 30

(1984), S. 283–302; *Bettina Marquis*, Meißnische Geschichtsschreibung im späten Mittelalter (ca. 1215–1420), München 1998; *Peter Moraw*, Von offener Verfassung zu gestalteter Verdichtung 1250 bis 1490. Das Reich im späten Mittelalter 1250 bis 1490 (Propyläen Geschichte Deutschlands, Bd. 3), Berlin 1985; *Jörg Rogge*, Herrschaftsweitergabe, Konfliktregelung und Familienorganisation im fürstlichen Hochadel. Das Beispiel der Wettiner von der Mitte des 13. bis zum Beginn des 16. Jahrhunderts (Monographien zur Geschichte des Mittelalters, Bd. 49), Stuttgart 2002; *Walter Schlesinger*, Zur Geschichte der Landesherrschaft in den Marken Brandenburg und Meißen während des 14. Jahrhunderts, in: Hans Patze (Hrsg.), Der deutsche Territorialstaat im 14. Jahrhundert 2, (Vorträge und Forschungen 14), 2. Aufl. Sigmaringen 1986, S. 101–126; *Franz Xaver Wegele*, Friedrich der Freidige, Markgraf von Meißen, Landgraf von Thüringen und Wettiner seiner Zeit (1247–1325). Ein Beitrag zur Geschichte des deutschen Reiches und der wettinischen Länder, Nördlingen 1870.

Die Kurfürsten von Sachsen bis zur Leipziger Teilung 1423–1485

(Enno Bünz)

Allgemeines: Die urkundlichen Quellen finden sich in den zahlreichen Bänden des Codex Diplomaticus Saxoniae Regiae, vor allem im Hauptteil I, Abt. B: Die Urkunden der Markgrafen von Meißen und Landgrafen von Thüringen 1381–1427, hrsg. von Hubert Ermisch u. a., 4 Bände, Leipzig 1899–1941; Überblicksdarstellungen der sächsischen Geschichte im 15. Jahrhundert bieten: *Rudolf Kötzschke, Hellmut Kretzschmar*, Sächsische Geschichte, Augsburg 1995 (Neudruck der Ausgabe 1935); *Siegfried Hoyer*, Der meißnisch-sächsische Territorialstaat Anfang des 14. Jahrhunderts bis 1485, in: Geschichte Sachsens, hrsg. von Karl Czok, Weimar 1989, S. 151–173; *Karlheinz Blaschke*, Geschichte Sachsens im Mittelalter, Berlin 1990; *Herbert Helbig*, Der wettinische Ständestaat. Untersuchungen zur Geschichte des Ständewesens und der landständischen Verfassung in Mitteldeutschland bis 1485 (Mitteldeutsche Forschungen 4), Köln usw. 1955; Geschichte Thüringens 2: Hohes und spätes Mittelalter, 2 Teilbände, hrsg. von Hans Patze und Walter Schlesinger (Mitteldeutsche Forschungen 48, 2–3), Köln 1973–1974; zu den einzelnen Mitgliedern des Hauses Wettin: *Otto Posse*, Die Wettiner. Genealogie des Gesamthauses Wettin Ernestinischer und Albertinischer Linie [...], Leipzig 1994 (erweiterter Nachdruck der Ausgabe Leipzig usw. 1897); *Matthias Donath*, Die Grabdenkmäler im Meißner Dom (Quellen und Materialien zur sächsischen Geschichte und Volkskunde 2), Leipzig 2004; *Hubert Ermisch*, Die geschichtlichen Beinamen der Wettiner, in: Neues Archiv für Sächsische Geschichte 17 (1896), S. 1–32; über den älteren Forschungsstand führen hinaus: *Jörg Rogge*, Herrschaftsweitergabe, Konfliktregelung und Familienorganisation im fürstlichen Hochadel. Das Beispiel der Wettiner von der Mitte des 13. bis zum Beginn des 16. Jahrhunderts (Monographien zur Geschichte des Mittelalters 49), Stuttgart 2002; *Uwe Schirmer*, Kursächsische Staatsfinanzen (1456–1656). Strukturen – Verfassung – Funktionseliten, Habil.-Schrift (masch.) Leipzig 2003. – Friedrich I.: Zur ersten Information vgl. Neue Deutsche Biographie 5, Berlin 1961, S. 597 (*Gottfried Opitz*); *Irmgard von Broesigke*, Friedrich der Streitbare, Markgraf von Meissen und Kurfürst von Sachsen, Phil. Diss. Berlin 1938; Einzelfragen behandeln: *Ernst Hinze*, Der Übergang der sächsischen Kur auf die Wettiner, Phil. Diss. Halle 1906; *Gottfried Opitz*, Urkundenwesen, Rat und Kanzlei Friedrichs IV. (des Streitbaren), Markgrafen von Meißen und Kurfürsten von Sachsen, Phil. Diss. München 1938; *František Šmahel*, Die Hussitische Revolution, 3 Bände (Monumenta Germaniae Historica. Schriften 43), Hannover 2002. – Friedrich II. und Wilhelm III.: Zur ersten Orientierung Neue Deutsche Biographie 5, Berlin 1961, S. 598 (*Gottfried Opitz*); wichtige Einzelaspekte behandeln: *Heinz-Dieter Heimann*, Zwischen Böhmen und Burgund. Zum Ost-Westverhältnis innerhalb des Territorialsystems des Deutschen Reiches im 15. Jahrhundert (Dissertationen zur mittelalterlichen Geschichte 2), Köln usw. 1982 (zu den wettinischen Ansprüchen auf Luxemburg); *Herbert Koch*, Der sächsische Brüderkrieg 1446–1451 (Jahrbücher der Akademie gemeinnütziger Wissenschaft zu Erfurt), Halle a.d. Saale 1909; *Martin Naumann*, Die wettinische Landesteilung von 1445, in: Neues Archiv für Sächsische Geschichte 60 (1939), S. 171–213; eine quellengegründete Neuinterpretation des Prinzenraubs bietet *Uwe Schirmer*, Kunz von Kauffungen und der sächsische Prinzenraub zu Altenburg (1455). Strukturen eines spätmittelalterlichen Konfliktes, in: Zeitschrift für historische Forschung (im Druck). – Ernst: Zur ersten Information Neue Deutsche Biographie 4, Berlin 1959, S. 620 (*Karlheinz Blaschke)*; die wichtigsten Einzelfragen behandeln: *Karlheinz Blaschke*, Die Leipziger Teilung der wettinischen Länder 1485, in: Sächsische Heimatblätter 31 (1985), S. 276–280; *Ernst Hänsch*, Die wettinische Hauptteilung von 1485, und die aus ihr folgenden Streitigkeiten bis 1491, Phil. Diss. Leipzig 1909; *Hellmut Kretzschmar*, Die Beziehungen zwischen Brandenburg und den wettinischen Landen unter den Kurfürsten Albrecht Achilles und Ernst, in: Forschungen zur brandenburgischen und preußischen Geschichte 35 (1923), S. 21–44 und 37 (1925), S. 204–244; *Gregor Richter*, Die ernestinischen Landesordnungen und ihre Vorläufer von 1446 und 1482 (Mitteldeutsche Forschungen 34), Köln usw. 1964; *Rudolf Zieschang*, Die Anfänge eines landesherrlichen Kirchenregiments in Sachsen am Ausgange des Mittelalters, in: Beiträge zur Sächsischen Kirchengeschichte 23 (1909), S. 1–156. – Über Ernsts Bruder Albrecht den Beherzten siehe den Beitrag über die albertinischen Herzöge 1485–1547.

Die ernestinischen Kurfürsten bis zum Verlust der Kurwürde 1485–1547

(Uwe Schirmer)

Weiterführende Literatur in alphabetischer Reihenfolge: *Karlheinz Blaschke*, Der Fürstenzug zu Dresden. Denkmal und Geschichte des Hauses Wettin, Leipzig 1991; *Carl August Hugo Burkhardt* (Hrsg.), Ernestinische Landtagsakten. Die Landtage von 1487–1532 (Thüringische Geschichtsquellen, NF, Bd. 5), Jena 1902; *Peter Findeisen/Friedrich Magirius*, Die Denkmale der Stadt Torgau (Die Denkmale im Bezirk Leipzig), Leipzig 1976; *Wieland Held*, 1547. Die Schlacht bei Mühlberg/Elbe. Entscheidung auf dem Wege zum albertinischen Kurfürstentum Sachsen, Beucha 1997; *Johannes Herrmann*, Moritz von Sachsen (1521–1553). Landes-, Reichs- und Friedensfürst, Beucha 2003; *Stephan Hoppe*, Die funktionale und räumliche Struktur des frühen Schloßbaus in Mitteldeutschland 1470–1570 (Veröffentlichung der Abteilung Architekturgeschichte des kunsthistorischen Instituts der Universität Köln, Bd. 62), Köln 1996; *Irmgard Höss*, Georg Spalatin 1484–1545. Ein Leben in der Zeit des Humanismus und der Reformation, Weimar 1989; *Helmar Junghans* (Hrsg.), Das Jahrhundert der Reformation in Sachsen, Berlin 1989; *Paul Kirn*, Friedrich der Weise und die Kirche. Seine Kirchenpolitik vor und nach Luthers Hervortreten im Jahre 1517 (Beiträge zur Kulturgeschichte des Mittelalters und der Renaissance, Bd. 30), Leipzig 1926; *Armin Kohnle*, Reichstag und Reformation. Kaiserliche und ständische Religionspolitik von den Anfängen der Causa Lutheri bis zum Nürnberger Religionsfrieden (Quellen und Forschungen zur Reformationsgeschichte, Bd. 72), Gütersloh 2001; *Heiner Lück*, Die kursächsische Gerichtsverfassung 1423–1550 (Forschungen zur Deutschen Rechtsgeschichte, Bd. 17), Köln u. a. 1997; *Ingetraut Ludolphy*, Friedrich der Weise. Kurfürst von Sachsen 1463–1525, Göttingen 1984; *Harald Marx, Cecilie Hollberg* (Hrsg.), Glaube und Macht. Sachsen im Europa der Reformationszeit. Aufsatzband zur 2. Sächsischen Landesausstellung, Dresden 2004; *Matthias Müller*, Das Schloß als fürstliches Manifest. Zur Architekturmetaphorik in den wettinischen Residenzschlössern von Meißen und Torgau, in: Jörg Rogge, Uwe Schirmer (Hrsg.), Hochadlige Herrschaft im mitteldeutschen Raum (1200 bis 1600): Formen – Legitimation – Repräsentation (Quellen und Forschungen zur Sächsischen Geschichte, Bd. 23), Stuttgart 2003, S. 395–441; *Stefan Oehmig* (Hrsg.), 700 Jahre Wittenberg. Stadt – Universität – Reformation, Weimar 1995; *Otto Posse*, Die Wettiner. Genealogie des Gesamthauses Wettin. Ernestinischer und Albertinischer Linie mit Einschluß der regierenden Häuser von Großbritannien, Belgien, Portugal und Bulgarien. Mit Berichtigungen und Ergänzungen der Stammtafeln bis 1993 von Manfred Kobuch, Leipzig 1994; *Jörg Rogge*, Herrschaftsweitergabe, Konfliktregelung und Familienorganisation im fürstlichen Hochadel. Das

Beispiel der Wettiner von der Mitte des 13. bis zum Beginn des 16. Jahrhunderts (Monographien zur Geschichte des Mittelalters, Bd. 49), Stuttgart 2002; *Uwe Schirmer,* Die Hochzeit Herzog Georgs des Bärtigen mit der polnischen Prinzessin Barbara von Sandomierz (1496), in: Manfred Hettling u. a. (Hrsg.), Figuren und Strukturen. Historische Essays für Hartmut Zwahr zum 65. Geburtstag, München 2001, S. 183–204; *ders.,* Kursächsische Staatsfinanzen (1456–1656). Strukturen – Verfassung – Funktionseliten (Quellen und Forschungen zur sächsischen Geschichte 28), Stuttgart 2006; *Peter Schmid,* Kurfürst Friedrich der Weise als Reichspolitiker, in: Heinz Angermeier/Erich Meuthen (Hrsg.), Fortschritte in der Geschichtswissenschaft durch Reichstagsaktenforschung (Schriftenreihe der Historischen Kommission bei der Bayerischen Akademie der Wissenschaften 35), Göttingen 1988, S. 47–64; *Reinhard Schmitt,* Archivalische Quellen zum Leben und Wirken des spätgotischen Baumeisters Hans Zinkeisen, in: Burgen und Schlösser in Sachsen-Anhalt 6 (1997), S. 112–147; *Bernd Stephan,* Beiträge zu einer Biographie Kurfürst Friedrichs III. von Sachsen, des Weisen (1463–1525), Theol. Diss. Leipzig 1980 (masch.); *Dieter Stievermann,* Friedrich der Weise und seine Universität Wittenberg, in: Sönke Lorenz (Hrsg.), Attempto – oder wie stiftet man eine Universität. Die Universitätsgründungen der sogenannten zweiten Gründungswelle im Vergleich, Stuttgart 1999, S. 175–207; *Günther Wartenberg, Matthias Zentner* (Hrsg.), Philipp Melanchthon als Politiker zwischen Reich, Reichsständen und Konfessionsparteien, Wittenberg 1998.

Die albertinischen Herzöge
bis zur Übernahme der Kurwürde
1485–1547

(Enno Bünz und Christoph Volkmar)

Überblicksdarstellungen zur sächsischen Geschichte in dieser Epoche bieten: *Karlheinz Blaschke,* Sachsen im Zeitalter der Reformation (Schriften des Vereins für Reformationsgeschichte 185), Gütersloh 1970; *Siegfried Hoyer,* Das Herzogtum Sachsen in der Zeit des Frühkapitalismus und der frühbürgerlichen Revolution (1485–1547), in: Geschichte Sachsens, hrsg. von Karl Czok, Weimar 1989, S. 174–207; *Heribert Smolinsky,* Albertinisches Sachsen, in: Die Territorien des Reichs im Zeitalter der Reformation und Konfessionalisierung. Land und Konfession 1500–1650, 2: Der Nordosten, hrsg. von Anton Schindling und Walter Ziegler (Katholisches Leben und Kirchenreform im Zeitalter der Glaubensspaltung 50), Münster 2. Aufl. 1990, S. 8–32. – Beiträge zu zeitlich übergreifenden Spezialthemen liefern: *Karlheinz Blaschke,* Der Fürstenzug zu Dresden. Denkmal und Geschichte des Hauses Wettin, Leipzig 1991; *Matthias Donath,* Die Grabdenkmäler im Meißner Dom (Quellen und Materialien zur sächsischen Geschichte und Volkskunde 2), Leipzig 2004. – Weit über die ältere Forschung hinaus führen folgende neue Untersuchungen: *Jörg Rogge*, Herrschaftsweitergabe, Konfliktregelung und Familienorganisation im fürstlichen Hochadel. Das Beispiel der Wettiner von der Mitte des 13. bis zum Beginn des 16. Jahrhunderts (Monographien zur Geschichte des Mittelalters 49), Stuttgart 2002; *Uwe Schirmer*, Kursächsische Staatsfinanzen (1456–1656). Strukturen – Verfassung – Funktionseliten (Quellen und Forschungen zur sächsischen Geschichte 28), Stuttgart 2006. – Zur ersten Information über Albrecht den Beherzten: *Hans-Wolfgang Bergerhausen*, Eine «der merckwürdigsten Urkunden in denen sächsischen Geschichten»: Die Dispositio Albertina von 1499, in: Zeitschrift für historische Forschung 27 (2000), S. 161–177; im Schnittfeld von Quellensammlung und Darstellung: *Woldemar Goerlitz*, Staat und Stände unter den Herzögen Albrecht und Georg 1485–1539 (Sächsische Landtagsakten 1), Leipzig, Berlin 1928; zahlreiche Einzelaspekte beleuchten die Beiträge des Bandes: Herzog Albrecht der Beherzte (1443–1500). Ein sächsischer Fürst im Reich und in Europa, hrsg. von André Thieme (Quellen und Materialien zur Geschichte der Wettiner 2), Köln usw. 2002. – Als zentrale, wenngleich als Fragment nur die Jahre 1517–1527 umfassende Quellensammlung zu Georg dem Bärtigen: Akten und Briefe zur Kirchenpolitik Herzog Georgs von Sachsen, hrsg. von Felician Geß, 2 Bände [1517–1527] (Schriften der Sächsischen Kommission für Geschichte 10), Leipzig 1904–1917 (Nachdruck Leipzig 1985); zur ersten Information: *Siegfried Hoyer*, Georg von Sachsen. Reformer und Bewahrer des alten Glaubens, in: Günther Vogler (Hrsg.), Europäische Herrscher. Ihre Rolle bei der Gestaltung von Politik und Gesellschaft vom 16. bis zum 18. Jahrhundert, Weimar 1988, S. 95–105; Studien mit Schwerpunkt auf der Abwehr der Reformation: *Ludwig Cardauns*, Zur Kirchenpolitik Herzog Georgs von Sachsen vornehmlich in seinen letzten Regierungsjahren, in: Quellen und Forschungen aus italienischen Archiven und Bibliotheken 10 (1907), S. 101–151; *Oswald A. Hecker*, Religion und Politik in den letzten Lebensjahren Herzog Georgs des Bärtigen von Sachsen, Leipzig 1912; *Otto Vossler*, Herzog Georg der Bärtige und seine Ablehnung Luthers, in: Historische Zeitschrift 184 (1957), S. 272–291; den Aspekt der antilutherischen Kontroverstheologie und der Flugschriften gegen die Reformation beleuchten: *Hans Becker*, Herzog Georg von Sachsen als kirchlicher und theologischer Schriftsteller, in: Archiv für Reformationsgeschichte 24 (1927), S. 161–269; *Heribert Smolinsky*, Augustin von Alveldt und Hieronymus Emser. Eine Untersuchung zur Kontroverstheologie der frühen Reformationszeit im Herzogtum Sachsen (Reformationsgeschichtliche Studien und Texte 122), Münster 1983; Studien zu einzelnen Aspekten des Regierungshandelns Herzog Georgs: *Herbert Helbig*, Die Reform der Universität Leipzig im 16. Jahrhundert (Schriften des Vereins für Reformationsgeschichte 171), Gütersloh 1953; *Ludwig Schwabe*, Herzog Georg. Ewiger Gubernator von Friesland, in: Neues Archiv für Sächsische Geschichte und Altertumskunde 12 (1891), S. 1–26; *Christoph Volkmar*, Die Heiligenerhebung Bennos von Meißen (1523/24). Spätmittelalterliche Frömmigkeit, landesherrliche Kirchenpolitik und reformatorische Kritik im albertinischen Sachsen in der frühen Reformationszeit (Reformationsgeschichtliche Studien und Texte 146), Münster 2002; *ders.*, Der sächsisch-albertinische Hofrat in den ersten Regierungsjahren Herzog Georgs von Sachsen, in: Neues Archiv für Sächsische Geschichte 72 (2001), S. 75–95; *Elisabeth Werl*, Elisabeth, Herzogin zu Sachsen, die Schwester Landgraf Philipps von Hessen. Eine deutsche Frau der Reformationszeit, Teil 1: Jugend in Hessen und Ehezeit am sächsischen Hof in Dresden, Phil. Diss. Leipzig 1937, Weida 1938. – Erste Informationen zu Heinrich dem Frommen bieten: *Erich Brandenburg*, Herzog Heinrich der Fromme und die Religionsparteien im Reich (1537–1541), in: Neues Archiv für Sächsische Geschichte und Altertumskunde 17 (1896), S. 121–200 und 241–303; zur Einführung der Reformation: *Enno Bünz*, Das Ende der Klöster in Sachsen. Vom «Auslaufen» der Mönche bis zur Säkularisation (1521 bis 1543), in: Glaube und Macht. Sachsen im Europa der Reformationszeit. Aufsätze, hrsg. von Harald Marx u. a., Dresden 2004, S. 80–90; *Otto Clemen*, Die Einführung der Reformation im albertinischen Sachsen, in: Sächsisches Kirchenblatt 3 (1939), S. 17–22; *Helga-Maria Kühn*, Die Einziehung des geistlichen Gutes im albertinischen Sachsen 1539–1553 (Mitteldeutsche Forschungen 43), Köln 1966; *Günther Wartenberg*, Landesherrschaft und Reformation. Moritz von Sachsen und die albertinische Kirchenpolitik bis 1546 (Arbeiten zur Kirchengeschichte 10), Weimar 1988.

Moritz
1541/47–1553
(Manfred Rudersdorf)

Es werden hier nur die wichtigsten Titel genannt, die einen unmittelbaren Bezug zu Person und Wirken des Moritz von Sachsen haben. Die biographische Literatur überwiegt zwar, aber eine abschließende, moderne, alle neuen Forschungsergebnisse würdigende Gesamtbiographie steht noch immer aus. Diese kann, aufbauend auf dem neuesten instruktiven Versuch von *Johannes Herrmann*, am ehesten aus dem Umfeld der Edition der Fürstenkorrespondenz von Moritz erwartet werden. Das zentrale mehrbändige Quellenkorpus ist im Jahr 2006 abgeschlossen worden: Politische Korrespondenz des Herzogs und Kurfürsten Moritz von Sachsen, Bd. 1: Bis zum Ende des Jahres 1543, hrsg. von Erich Brandenburg, Leipzig 1900, Nachdruck Berlin 1982; Bd. 2: Bis zum Ende des Jahres 1546, hrsg. von Erich Brandenburg, Leipzig 1904, Nachdruck Berlin 1983; Bd. 3: 1. Januar 1547–25. Mai 1548, bearb. von Johannes Herrmann und Günther Wartenberg, Berlin 1978; Bd. 4: 26. Mai 1548–8. Januar 1551, bearb. von Johannes Herrmann und Günther Wartenberg, Berlin 1992; Bd. 5: 9. Januar 1551–1. Mai 1552, bearb. von Johannes Herrmann, Günther Wartenberg und Christian Winter, Berlin 1998;

Bd. 6: 2. Mai 1552–Juli 1553, bearb. von Johannes Herrmann, Günter Wartenberg und Christian Winter, Berlin 2006. – Literatur: *Wilhelm Maurenbrecher*, Karl V. und die deutschen Protestanten 1545–1555, Düsseldorf 1865; ders., Zur Beurtheilung des Kurfürsten Moritz von Sachsen, in: Historische Zeitschrift 20 (1868), S. 271–337; *Ernst Schlomka*, Kurfürst Moritz und Heinrich II. von Frankreich von 1550–1552, Halle/Saale 1884; *Simon Ißleib*, Aufsätze und Beiträge zu Kurfürst Moritz von Sachsen (1877–1907), 2 Bde., hrsg. von Reiner Groß, Köln, Wien 1989; *Erich Brandenburg*, Moritz von Sachsen, Bd. 1: Bis zur Wittenberger Kapitulation (1547), Leipzig 1898; *Rudolf Kötzschke*, Die Landesverwaltungsreform im Kurstaat Sachsen unter Kurfürst Moritz 1547/48, in: Zeitschrift des Vereins für Thüringische Geschichte, NF 34 (1940), S. 191–217; *Karl Erich Born*, Moritz von Sachsen und die Fürstenverschwörung gegen Karl V., in: Historische Zeitschrift 191 (1960), S. 18–66; *Heinrich Bornkamm*, Kurfürst Moritz von Sachsen. Zwischen Reformation und Staatsräson, in: ders., Das Jahrhundert der Reformation. Gestalten und Kräfte, Göttingen 1961, S. 225–242; *Christa Hülm*, Kurfürst Moritz von Sachsen. Wandel des Urteils über seine Politik. Diss. phil. Leipzig 1961; *Karlheinz Blaschke*, Moritz von Sachsen. Ein Reformationsfürst der zweiten Generation, Göttingen, Zürich 1983; *Günther Wartenberg*, Die Politik des Kurfürsten Moritz von Sachsen gegenüber Frankreich zwischen 1548 und 1550, in: Heinz Duchhardt, Eberhard Schmitt (Hrsg.), Deutschland und Frankreich in der Neuzeit, München 1987, S. 71–102; ders., Moritz von Sachsen. Zur Politik des ersten albertinischen Kurfürsten zwischen Reformation und Reich, in: Günter Vogler (Hrsg.), Europäische Herrscher. Ihre Rolle bei der Gestaltung von Politik und Gesellschaft vom 16. bis zum 18. Jahrhundert, Weimar 1988, S. 106–122; ders., Landesherrschaft und Reformation. Moritz von Sachsen und die albertinische Kirchenpolitik bis 1546, Weimar 1988; ders., Moritz von Sachsen (1521–1553), in: Theologische Realenzyklopädie 23 (1994), S. 302–311; ders., Die Würdigung des Kurfürsten Moritz von Sachsen in Leichenpredigten und Gedenkreden, in: Michael Beyer, Andreas Gößner und Günther Wartenberg (Hrsg.), Kirche und Regionalbewußtsein in Sachsen im 16. Jahrhundert. Regionenbezogene Identifikationsprozesse im konfessionellen Raum, Leipzig 2003, S. 15–26; ders., Wittenberger Reformation und territoriale Politik. Ausgewählte Aufsätze, hrsg. von Jonas Flöter und Markus Hein, Leipzig 2003; *Johannes Herrmann*, Moritz von Sachsen (1521–1553). Landes-, Reichs- und Friedensfürst, Beucha 2003; Kurfürst Moritz und die Renaissance (= Dresdner Hefte 52, Beiträge zur Kulturgeschichte), Dresden 1997; *André Thieme, Jochen Vötsch* (Hrsg.), Hof und Hofkultur unter Moritz von Sachsen (1521–1553), Beucha 2004; Glaube und Macht. Sachsen im Europa der Reformationszeit. Aufsätze. Begleitband zur 2. Sächsischen Landesausstellung in Torgau, Schloß Hartenfels, hrsg. von Harald Marx und Cecilie Hollberg, Dresden 2004; *Karlheinz Blaschke* (Hrsg.), Moritz von Sachsen. Ein Fürst der Reformationszeit zwischen Territorium und Reich, Stuttgart 2007. – Speziell zum Zäsurjahr

1547: *Wolfgang Flügel*, Bildpropaganda zum Übergang der sächsischen Kurwürde von den Ernestinern auf die Albertiner, in: Neues Archiv für Sächsische Geschichte 67 (1996), S. 71–96; *Wieland Held*, 1547. Die Schlacht bei Mühlberg/Elbe. Entscheidung auf dem Weg zum albertinischen Kurfürstentum Sachsen, Beucha 1997; *Thomas Töpfer*, Die Leucorea am Scheideweg. Der Übergang der Universität Wittenberg an das albertinische Kursachsen 1547/48. Eine Studie zur Entstehung der mitteldeutschen Bildungslandschaft am Beginn der Neuzeit, Leipzig 2004. – Zur spezifischen Einordnung in den sächsisch-mitteldeutschen Kontext: *Helmar Junghans* (Hrsg.), Das Jahrhundert der Reformation in Sachsen, Berlin 1989; *Dieter Stievermann*, Die Wettiner als Hegemonen im mitteldeutschen Raum (um 1500), in: Jörg Rogge, Uwe Schirmer (Hrsg.), Hochadlige Herrschaft im mitteldeutschen Raum (1200 bis 1600), Stuttgart 2003, S. 379–393; *Thomas Nicklas*, Macht oder Recht. Frühneuzeitliche Politik im Obersächsischen Reichskreis, Stuttgart 2002. – Vergleichende Aspekte zu einer problemorientierten Einordnung in die allgemeine Reichs- und Reformationsgeschichte: *Fritz Hartung*, Karl V. und die deutschen Reichsstände von 1546 bis 1555, Halle/Saale 1910; *Horst Rabe*, Reichsbund und Interim. Die Verfassungs- und Religionspolitik Karls V. und der Reichstag von Augsburg 1547/1548, Köln, Wien 1971; *Gabriele Haug-Moritz*, Kursachsen und der Schmalkaldische Bund, in: Christine Roll (Hrsg.), Recht und Reich im Zeitalter der Reformation, Frankfurt am Main 1996, S. 507–524; *dies.*, Der Schmalkaldische Bund 1530–1541/42. Eine Studie zu den genossenschaftlichen Strukturelementen der politischen Ordnung des Heiligen Römischen Reiches Deutscher Nation, Leinfelden 2002; *Franz Brendle*, Karl V. und die reichsständische Opposition, in: Alfred Kohler, Barbara Haider und Christine Ottner (Hrsg.), Karl V. 1500–1558. Neue Perspektiven seiner Herrschaft in Europa und Übersee, Wien 2002, S. 691–705; *Alfred Kohler*, Karl V. 1500–1558. Eine Biographie, 3. Aufl. München 2001; *ders.*, Ferdinand I. 1503–1564. Fürst, König und Kaiser, München 2003; *Winfried Becker* (Hrsg.), Der Passauer Vertrag von 1552. Politische Entstehung, reichsrechtliche Bedeutung und konfessionsgeschichtliche Bewertung, Neustadt an der Aisch 2003; *Volker Press*, Wettiner und Wittelsbacher – die Verlierer im dynastischen Wettlauf des Alten Reiches: Ein Vergleich, in: Sachsen und die Wettiner. Chancen und Realitäten, Dresden 1990, S. 63–71; *Anton Schindling, Walter Ziegler* (Hrsg.), Die Territorien des Reichs im Zeitalter der Reformation und Konfessionalisierung. Land und Konfession 1500–1650, Bde. 1–7, Münster 1989–1997; *Manfred Rudersdorf*, Die Reformation und ihre Gewinner. Konfessionalisierung, Reich und Fürstenstaat im 16. Jahrhundert, in: Erich Donnert (Hrsg.), Europa in der Frühen Neuzeit. Festschrift für Günter Mühlpfordt, Bd. 6, Köln, Weimar, Wien 2002, S. 115–141; *Manfred Rudersdorf, Thomas Töpfer*, Fürstenhof, Universität und Territorialstaat. Der Wittenberger Humanismus, seine Wirkungsräume und Funktionsfelder im Zeichen der Reformation, in: Thomas Maissen/Gerrit Walther (Hrsg.), Funktionen des Humanismus. Studien zum Nutzen des Neuen in der humanistischen Kultur, Göttingen 2006, S. 214–261.

August
1553–1586

(Jens Bruning)

Eine Edition der umfangreichen Korrespondenz Kurfürst Augusts existiert nicht, siehe hierzu: *Wieland Held*, Die politische Korrespondenz des sächsischen Kurfürsten August (1553–1586). Ein Editionsdesiderat, in: Neues Archiv für sächsische Geschichte 70 (1999), S. 237–244. – Zahlreiches Material zur kursächsischen Reichspolitik unter Kurfürst August findet sich in folgenden Quelleneditionen: *Friedrich von Bezold* (Hrsg.), Briefe des Pfalzgrafen Johann Casimir mit verwandten Schriftstücken, 3 Bde., München 1882–1903; *Viktor Bibl* (Hrsg.), Die Korrespondenz Maximilians II., 2 Bde., Wien 1916/21; *Viktor Ernst* (Hrsg.), Briefwechsel des Herzogs Christoph von Wirtemberg (1550–1559), 4 Bde., Stuttgart 1899–1907; *Thomas Fröschl* (Hrsg.), Der Reichsdeputationstag zu Worms 1586, Göttingen 1994; *Walter Heinemeyer* (Hrsg.), Politisches Archiv des Landgrafen Philipp des Großmütigen von Hessen. Inventar der Bestände, Bd. 3: Staatenabteilungen Oldenburg bis Würzburg, Marburg 1954; *August Kluckhohn* (Hrsg.), Briefe Friedrichs des Frommen, Kurfürsten von der Pfalz, mit verwandten Schriftstücken, 2 Bde., Braunschweig 1868/72; *Maximilian Lanzinner* (Hrsg.), Der Reichstag zu Speyer 1570, 2 Bde., Göttingen 1988; *ders., Dietmar Heil* (Hrsg.), Der Reichstag zu Augsburg 1566, 2 Bde., München 2002; *Josef Leeb* (Hrsg.), Der Kurfürstentag zu Frankfurt 1558 und der Reichstag zu Augsburg 1559, 3 Bde., Göttingen 1999; *Reiner Zimmermann* (Hrsg.), Evangelisch-katholische Fürstenfreundschaft. Korrespondenzen zwischen den Kurfürsten von Sachsen und den Herzögen von Bayern von 1513–1586, Frankfurt a.M. u.a. 2004. – Ergänzend zu den bekannten Gesamtdarstellungen: *Karlheinz Blaschke*, Der Fürstenzug zu Dresden. Denkmal und Geschichte des Hauses Wettin, Leipzig 1991; *ders.*, Beiträge zur Verfassungs- und Verwaltungsgeschichte Sachsens. Ausgewählte Aufsätze, hrsg. von Uwe Schirmer und André Thieme, Leipzig 2002; *Reiner Groß* (Hrsg.), Sachsen und die Wettiner. Chancen und Realitäten. Internationale wissenschaftliche Konferenz, Dresden 1989 (Dresdner Hefte, Sonderausgabe), Dresden 1990; *Otto Posse*, Die Wettiner. Genealogie des Gesamthauses Wettin Ernestinischer und Albertinischer Linie, Berlin, Leipzig 1897, Nachdruck Leipzig 1994 mit Berichtigungen und Ergänzungen von Manfred Kobuch; *Jörg Rogge*, Die Wettiner. Aufstieg einer Dynastie im Mittelalter (bis 1586), Ostfildern 2005. *Albert Prinz von Sachsen Herzog zu Sachsen*, Die Wettiner in Lebensbildern, Graz, Wien, Köln 1995. – Biographische Darstellungen und Skizzen (eine auch nur halbwegs befriedigende biographische Abhandlung zu Kurfürst August existiert nicht): *Karl Czok*, Kurfürst August I. von Sachsen (1526–1586), in: Kaiser – König – Kardinal. Deutsche Fürsten 1500–1800, hrsg. von Rolf Straubel und Ulman Weiß, Leipzig 1991, S. 115–123; *Reiner Groß*, Kurfürst August von Sachsen – Representant frühneuzeitlicher Landesherrschaft in Kursachsen, in: Dresdner Hefte 9 (1986), S. 2–12; *Konrad Sturmhoefel*, Kurfürstin Anna von Sachsen. Ein politisches und sittengeschichtliches Lebensbild aus dem 16. Jahrhundert, Leipzig, Halle 1905. – Spezialstudien: *Jutta Bäumel*, Das Zeremoniell der Belehnung Herzog Augusts von Sachsen mit der sächsischen Kurwürde 1566 in Augsburg, in: Dresdener Kunstblätter 30 (1986), S. 71–77; *Jens Bruning*, Landesvater oder Reichspolitiker? Kurfürst August von Sachsen und sein Regiment in Dresden 1553–1586, in: Figuren und Strukturen. Historische Essays für Hartmut Zwahr zum 65. Geburtstag, hrsg. von Manfred Hettling, Uwe Schirmer und Susanne Schötz, München 2002, S. 205–224; *Andreas Edel*, Der Kaiser und Kurpfalz. Eine Studie zu den Grundelementen politischen Handelns bei Maximilian II. (1564–1576), Göttingen 1997; *Axel Gotthard*, Säulen des Reiches. Die Kurfürsten im frühneuzeitlichen Reichsverband, 2 Bde., Husum 1999; *Hans-Peter Hasse*, Zensur theologischer Bücher in Kursachsen im konfessionellen Zeitalter. Studien zur kursächsischen Literatur- und Religionspolitik in den Jahren 1569 bis 1575, Leipzig 2000 (mit ausführlichen biographischen Profilen zu Kurfürst August und Kurfürstin Anna); *Axel Gotthard*, Der Augsburger Religionsfrieden, Münster 2004; *Dietmar Heil,* Die Reichspolitik Bayerns unter der Regierung Herzog Albrechts V. (1550–1579), Göttingen 1998; *Felix Joël*, Herzog August von Sachsen bis zur Erlangung der Kurwürde, in: Neues Archiv für sächsische Geschichte und Altertumskunde 19 (1898), S. 116–153 und S. 244–291; *Helmar Junghans* (Hrsg.), Das Jahrhundert der Reformation in Sachsen, 2., erw. Aufl., Leipzig 2005; *Katrin Keller*, Kurfürstin Anna von Sachsen (1532–1585). Von Möglichkeiten und Grenzen einer «Landesmutter», in: Das Frauenzimmer. Die Frau bei Hofe in Spätmittelalter und früher Neuzeit, hrsg. von Jan Hirschbiegel und Werner Paravicini, Stuttgart 2000, S. 263–285; *dies.,* Kommunikationsraum Altes Reich. Zur Funktionalität der Korrespondenznetze von Fürstinnen im 16. Jahrhundert, in: Zeitschrift für Historische Forschung 31 (2004), S. 205–230; *Ernst Koch*, Der kursächsische Philippismus und seine Krise in den 1560er und 1570er Jahren, in: Die reformierte Konfessionalisierung in Deutschland. Das Problem der «Zweiten Reformation», hrsg. von Heinz Schilling, Gütersloh 1986, S. 60–77; *Maximilian Lanzinner,* Friedenssicherung und politische Einheit des Reiches unter Kaiser Maximilian II. (1564–1576), Göttingen 1993; *ders.,* Das konfessionelle Zeitalter 1555–1618, in: Gebhardt, Handbuch der deutschen Geschichte, Bd. 10, hrsg. von Wolfgang Reinhard, 10. Aufl., Stuttgart 2001, S. 1–203; *Jason Edward Lavery*, Germany's Northern Challenge. The Holy Roman Empire and the Scandinavian Struggle for the Baltic, 1563–1576, Boston, Leiden 2002; *Albrecht Pius Luttenberger*, Kurfürsten, Kaiser und Reich. Politische Führung und Friedenssicherung unter Ferdinand I. und Maximilian II., Mainz 1994; *Anja Meußer,* Für Kaiser und Reich. Politische Kommunikation in der frühen Neuzeit – Johann Ulrich Zasius (1521–1570) als Rat und Gesandter der Kaiser Ferdinand I. und Maximilian II., Husum 2004; *Thomas Nicklas*,

Reichspolitische Beziehungsgeflechte im 16. Jahrhundert. Lazarus von Schwendi und der Dresdner Hof, in: Neue Studien zur frühneuzeitlichen Reichsgeschichte, hrsg. von Johannes Kunisch, Berlin 1997, S. 181–206; *ders.*, Das Tagebuch eines Reichspolitikers. Persönlichkeit und Paradigma im 16. Jahrhundert, in: Archiv für Kulturgeschichte 81 (1999), S. 59–79 (zur Rolle des wichtigen kursächsischen Rates Georg Cracow); *ders.*, Macht oder Recht. Frühneuzeitliche Politik im Obersächsischen Reichskreis, Stuttgart 2002; *Christine Pflüger*, Kommissare und Korrespondenzen. Politische Kommunikation im Alten Reich (1552–1558), Köln 2005; *Volker Press*, Wilhelm von Grumbach und die deutsche Adelskrise der 1560er Jahre, in: Adel im Alten Reich. Gesammelte Vorträge und Aufsätze von Volker Press, hrsg. von Franz Brendle und Anton Schindling, Tübingen 1998, S. 383–421; *Manfred Rudersdorf*, Patriarchalisches Fürstenregiment und Reichsfriede. Zur Rolle des neuen lutherischen Regententyps im Zeitalter der Konfessionalisierung, in: Reichsständische Libertät und habsburgisches Kaisertum, hrsg. von Heinz Duchhardt und Matthias Schnettger, Mainz 1999, S. 309–327; *Uwe Schirmer*, Kursächsische Staatsfinanzen (1456–1656). Strukturen – Verfassung – Funktionseliten, Leipzig 2006; *Heribert Smolinsky*, Albertinisches Sachsen, in: Die Territorien des Reichs im Zeitalter der Reformation und der Konfessionalisierung. Land und Konfession 1500–1650, hrsg. von Anton Schindling und Walter Ziegler, Bd. 2, Münster 1990, S. 8–32; *Günther Wartenberg*, Fürst und Reformator. Philipp Melanchthon als Berater des Kurfürsten August von Sachsen in Bildungs- und Kirchenfragen, in: Herbergen der Christenheit. Jahrbuch für deutsche Kirchengeschichte 24 (2000), S. 75–101; *Gustav Wolf*, Die Anfänge der Regierung des Kurfürsten August, in: Neues Archiv für sächsische Geschichte und Altertumskunde 17 (1896), S. 304–357.

Christian I., 1586–1591
und Christian II., 1591–1611

(Thomas Nicklas)

Die Beschäftigung mit der Regierungszeit Christians I. lohnt sich vor allem unter dem Aspekt der «Zweiten Reformation» und ihres Scheiterns. Dazu die maßgebliche Darstellung von *Thomas Klein*, Der Kampf um die Zweite Reformation in Kursachsen 1586–1591, Köln 1962. Ferner: *Karlheinz Blaschke*, Religion und Politik in Kursachsen 1586–1591, in: Heinz Schilling (Hrsg.), Die reformierte Konfessionalisierung in Deutschland. Das Problem der «Zweiten Reformation», Gütersloh 1986, S. 79–97; *Axel Gotthard*, 1591 – Zäsur der sächsischen und der deutschen Geschichte, in: Neues Archiv für Sächsische Geschichte 71 (2000), 275–284. Als Vergleichsgröße kann die erfolgreiche Zweite Reformation im nördlichen Nachbarland dienen: *Bodo Nischan*, Prince, people and Confession. The Second Reformation in Brandenburg, Philadelphia 1994. – Über

Nikolaus Krell finden sich veraltete und ungenügende Darstellungen: *August Viktor Richard*, Der Kurfürstlich sächsische Kanzler Dr. Nikolaus Krell, 2 Bde., Dresden 1859; *Benno Bohnenstädt*, Das Processverfahren gegen den kursächsischen Kanzler Dr. Nikolaus Krell 1591–1601, Diss. Halle 1901 (beruht zwar auf den Verhörprotokollen, behandelt diese jedoch unangemessen nach formaljuristischen Kriterien). Zum Philippismus und dessen Sturz noch immer anregend und informativ: *August von Kluckhohn*, Der Sturz der Kryptocalvinisten in Sachsen 1574, in: Historische Zeitschrift 18 (1867), S. 78–127. Daneben auch: *Thomas Nicklas*, Das Tagebuch eines Reichspolitikers. Persönlichkeit und Paradigma im 16. Jahrhundert, in: Archiv für Kulturgeschichte 81 (1999), S. 59–79 (Georg Cracow). – Einzelne Themen zur Regierungszeit Christians I. wurden verschiedentlich bearbeitet, so die Außenpolitik: *Rudolf Zachmann*, Die Politik Kursachsens unter Christian I. 1586–1591, Diss. Leipzig 1911 (Materialsammlung); zur Verwaltung: *Werner Ohnsorge*, Die Verwaltungsreform unter Christian I., in: Neues Archiv für die sächsische Geschichte 63 (1943), S. 26–80. – Viel unerfreulicher ist die Forschungssituation für die Vormundschaftsregierung unter Christian II. (1591–1601). Zum Administrator Friedrich Wilhelm von Sachsen-Weimar liegt eine gediegene, aber sehr betagte Darstellung vor: *Johann Gerhard Gruner*, Geschichte Friedrich Wilhelms I. Herzogs zu Sachsen. Ein Beitrag zur Geschichte des Hauses Sachsen, Coburg 1791. Allenfalls noch: *Hans Patze, Walter Schlesinger* (Hrsg.), Geschichte Thüringens, Bd. V/1, Köln 1982, S. 43–55; *Thomas Nicklas*, Macht oder Recht. Frühneuzeitliche Politik im Obersächsischen Reichskreis, Stuttgart 2002, S. 129–163. – Vollends hat Christian II. noch nie einen Biographen gefunden und wird wohl niemals einen finden. Das Interesse galt allenfalls der Außenpolitik in seiner Regierungszeit: *Axel Gotthard*, «Politice seint wir bäpstisch.» Kursachsen und der deutsche Protestantismus im frühen 17. Jahrhundert, in: Zeitschrift für historische Forschung 20 (1993), S. 275–319. Eine ältere Materialsammlung bietet *Gerhard Zeißler*, Kursachsens Politik in den letzten Regierungsjahren Christians II. (1608–1611), Weida 1910. – Überragende Darstellung des Streites um die Erbfolge in Kleve aus sächsischer Sicht: *Moriz Ritter,* Sachsen und der Jülicher Erbfolgestreit (1483–1610), in: Abhandlungen der Historischen Classe der Kgl. Bayerischen Akademie der Wissenschaften 12/2, München 1874, S. 1–80.

Johann Georg I.
1611–1656

(Axel Gotthard)

Von den wenigen Lebensbildern ist dieses das lesenswerteste: *Karlheinz Blaschke*, Der Fürstenzug zu Dresden. Denkmal und Geschichte des Hauses Wettin, Leipzig 1991, S. 160–165. Den «Menschen», die «Persönlichkeit» des Kurfürsten beleuchtet ausgiebig und in sehr freundlichem

Licht *Karl August Müller*, Kurfürst Johann Georg der Erste, seine Familie und sein Hof, 1838. – Besser aufgearbeitet als die Regierungstätigkeit Johann Georgs ist das Los kursächsischer Landstriche und Städte im Krieg. Ein facettenreiches Bild boten zuletzt die Dresdner Hefte 56 (1998), mit Aufsätzen von Johannes Burkhardt (der auch die Politik Johann Georgs streift, sie weniger kritisch als der Autor dieses Lebensbildes beurteilt), Reiner Groß, Eva Papke, Hagen Schulz, Elke Schlenkrich, Petra Grubitzsch, Siegfried Wollgast, Klaus-Peter Möller, Wolfram Steude, Uwe Schirmer und Katrin Keller. – Versuch, den politischen Kurs Kursachsens in dieser Zeit zu charakterisieren: *Axel Gotthard*, «Politice seint wir Bäpstisch». Kursachsen und der deutsche Protestantismus im frühen 17. Jahrhundert, in: Zeitschrift für historische Forschung 20 (1993), S. 275–319; Kontrastierung der unter Johann Georg betriebenen Politik zu anderen Politikstilen im Reich: *ders.*, «Wer sich salviren könd, solts thun». Warum der deutsche Protestantismus in der Zeit der konfessionellen Polarisierung zu keiner gemeinsamen Politik fand, in: Historisches Jahrbuch 121 (2001), S. 64–96; Kursachsens Anteil an den Reichsversammlungen der Zeit einschließlich der Haltung zur Kurtranslation beleuchtet *ders.*, Säulen des Reiches. Die Kurfürsten im frühneuzeitlichen Reichsverband, Husum 1999. – Eine vorzügliche Analyse der sächsischen Haltung zum böhmischen Aufstand hat jüngst *Frank Müller* vorgelegt: Der Absturz vom Grat. Die Niederlage der kursächsischen Deeskalationsstrategie nach dem Ausbruch des Dreißigjährigen Krieges, in: Winfried Schulze (Hrsg.), Friedliche Intentionen – kriegerische Effekte. War der Ausbruch des Dreißigjährigen Krieges unvermeidlich?, St. Katharinen 2002, S. 52–70.

Johann Georg II.
1656–1680

(Christian Hecht)

Johann Georg II. wird in den üblichen Werken zur sächsischen Geschichte eher stiefmütterlich behandelt, wie etwa Theodor Flathes Ausführungen deutlich machen: *Theodor Flathe*, Geschichte des Kurstaates und Königreiches Sachsen, von Dr. C. W. Börriger. 2. Aufl., bearb. von Dr. Th. Flathe, Bd. 2, Gotha 1870. – Die neuesten und auch differenziertesten Untersuchungen zu Johann Georg II. finden sich im Heft 33 der «Dresdner Hefte», das ausschließlich diesem Herrscher und seiner Zeit gewidmet ist; besonders hervorzuheben sind: *Ulrich Kluge*, Sachsen nach dem Dreißigjährigen Krieg. Zwischen Krise und Modernisierung (1648–1700), in: Dresdner Hefte 33 (1993), S. 2–12; *Helmut Bräuer*, Zur wirtschaftlichen Entwicklung Sachsens nach dem Dreißigjährigen Krieg, ebd., S. 13–24; *Joachim Menzhausen*, Kulturelle Entwicklungen unter Kurfürst Johann Georg II., ebd., S. 32–41; *Gerald Heres*, Die Dresdner Kunstkammer zur Zeit Johann Georgs II., ebd., S. 61–68; *Wolfram Steude*, Zur

Musik am sächsischen Hof in Dresden während der Regierung Kurfürst Johann Georgs II., ebd., S. 69–79. – Die wirtschaftliche Entwicklung der Zeit wird sehr detailreich geschildert bei: *Rudolf Forberger*, Die Manufaktur in Sachsen vom Ende des 16. bis zum Anfang des 19. Jahrhunderts, Berlin 1958. – Eine übersichtliche Darstellung zu den Sekundogeniturfürstentümern findet sich bei: *Hellmut Kretzschmar*, Zur Geschichte der sächsischen Sekundogeniturfürstentümer, in: Ders., Vom Anteil Sachsens an der neueren deutschen Geschichte. Ausgewählte Aufsätze (Quellen und Forschungen zur sächsischen Geschichte 16), Leipzig, Stuttgart 1999, S. 141–203 (erstmals 1925 bzw. 1927). – Die intensivsten Studien zur Architektur der Zeit bieten: *Kathrin Reeckmann*, Anfänge der Barockarchitektur in Sachsen. Johann Georg Starcke (ca. 1630–1695) und seine Zeit, Phil. Diss. Bonn 2000; *Günter Passavant*, Wolf Caspar von Klengel (Dresden 1630–1691). Reisen – Skizzen – Baukünstlerische Tätigkeit (Kunstwissenschaftliche Studien 87), München, Berlin 2001.

Johann Georg III., 1680–1691
und Johann Georg IV., 1691–1694

(Detlef Döring)

Der zentrale Quellenbestand zu den Regierungszeiten Johann Georgs III. und Johann Georgs IV. liegt, wie zu allen sächsischen Herrschern, im Sächsischen Hauptstaatsarchiv in Dresden. Aus diesen Beständen ist das für die Jugend Johann Georgs IV. aufschlußreiche (nicht von ihm selbst geführte) Reisetagebuch veröffentlicht worden: «Mein Herr befindet sich gottlob gesund und wohl». Sächsische Prinzen auf Reisen, hrsg. von *Katrin Keller*, Leipzig 1994. Eine im vorliegenden Text mehrfach herangezogene sehr aussagekräftige Quelle bildet das umfangreiche Tagebuch des am Hofe tätig gewesenen Geheimschreibers Johann Reiche (Universitätsbibliothek Leipzig, Ms 01335), das die Jahre von 1685 bis 1698 umfaßt und eine intime Kenntnis der Vorgänge am Hof belegt. Häufige Mitteilungen und Meinungsäußerungen zur Politik Sachsens unter den beiden Kurfürsten finden sich in den zeitgenössischen Korrespondenzen der gebürtigen Sachsen Gottfried Wilhelm Leibniz und Samuel von Pufendorf: *G. W. Leibniz*, Sämtliche Schriften und Briefe. I. Reihe: Allgemeiner politischer und historischer Briefwechsel, 1923 ff. (bisher 17 Bde.); *Samuel Pufendorf*, Gesammelte Werke. 1. Band: Briefwechsel, hrsg. von Detlef Döring, Berlin 1996. Eine mit Vorsicht zu gebrauchende Quelle bildet der bekannte Roman von *Carl Ludwig von Pöllnitz*, Das galante Sachsen, München 1995 (französische Erstausgabe Amsterdam 1735). – An eigenständigen neueren Untersuchungen zu den beiden Kurfürsten fehlt es ganz und gar. Zur Außenpolitik sind immer noch folgende ältere Aufsätze von Bedeutung: *Karl Gustav Helbig*, Kurfürst Johann Georg der Dritte in seinen Beziehungen zum Kaiser und zum Reich 1682 und 1683, in: Archiv für Sächsische Geschichte 9

(1871), S. 79–110; *ders.*: Kurfürst Johann Georg IV. und Feldmarschall Hans Adam von Schöning 1691–1694, in: Archiv für Sächsische Geschichte 11 (1873), S. 351–408. Folgender neuerer Abriß der Biographie Johann Georgs III. konzentriert sich vor allem auf die Ereignisse 1683 vor Wien: *Holger Schuckelt*, Kurfürst Johann Georg III. von Sachsen. Zu seinem 300. Todestag am 12. September 1991, in: Dresdner Kunstblätter 5 (1991), S. 130–139. Ansonsten ist auf die einschlägigen Gesamtdarstellungen der sächsischen Geschichte zu verweisen. – Wesentlich vielfältiger ist die Literatur zur Hofkultur. Ich nenne dennoch einen älteren Titel, da die dortige Darstellung sich an den Regierungszeiten der Kurfürsten orientiert und auf einer breiten Quellenkenntnis beruht: *Moritz Fürstenau*, Zur Geschichte der Musik und des Theaters am Hofe zu Dresden, 2 Bde., Dresden 1861/62 (Reprint Leipzig 1979). – Über die pietistischen Unruhen in Leipzig ist trotz verschiedener neuerer Untersuchungen immer noch zentral: *Hans Leube*, Die Geschichte der pietistischen Bewegung in Leipzig, in: Ders., Pietismus und Orthodoxie, hrsg. von Dietrich Blaufuß, Bielefeld 1975, S. 153–267.

Friedrich August I.
1694–1733
(Helmut Neuhaus)

Eine angemessene wissenschaftliche Biographie des sächsischen Kurfürsten Friedrich August I. beziehungsweise des polnischen Königs August II. gibt es bis heute nicht. Auch das zuletzt am breitesten angelegte Bemühen *Karl Czoks* in seiner Monographie «August der Starke und Kursachsen», Leipzig 1987, München 1988, ist in dem Bewußtsein abgeschlossen worden, keine umfassende Biographie vorgelegt zu haben. Das gilt auch für *Karl Czoks* zweite Biographie «August der Starke und seine Zeit. Kurfürst von Sachsen, König in Polen», Leipzig 1989, ³1997. – Die Probleme einer Biographie Augusts des Starken werden anhand der beiden lange Zeit wichtigsten Werke aus den 1920er Jahren, die *Hans Beschorner* 1927 vorgestellt hat, deutlich: August der Starke und seine neuesten Biographen, in: Neues Archiv für Sächsische Geschichte und Altertumskunde [= NASG] 48 (1927), S. 236–248. Entweder wurde des Wettiners kunst- und kulturgeschichtliche Bedeutung besonders herausgestellt – so bei *Cornelius Gurlitt* in dessen zweibändiger Biographie «August der Starke. Ein Fürstenleben aus der Zeit des deutschen Barock», Dresden 1924 –, oder es stand der Kurfürst und König als Politiker im Mittelpunkt, wie ihn *Paul Haake* in seiner Monographie «August der Starke», Berlin, Leipzig 1927, darstellte. – Politikgeschichtliche oder kulturgeschichtliche Akzentuierungen kennzeichnen auch knappe biographische Versuche wie *Werner Schlegel*, «August der Starke, Kurfürst von Sachsen, König von Polen», Berlin 1938 oder *Herbert Pönicke*, «August der Starke. Ein Fürst des Barock», Göttingen 1972. – Daneben sind als biographische Skizzen erwähnenswert: *Rudolf Kötzschke*, August der Starke. Lebensgang und Stellung in der deutschen Geschichte, in: Vergangenheit und Gegenwart 23 (1933), S. 65–88, sowie *Karlheinz Blaschke*, Kurfürst und König Friedrich August I. (August II., August der Starke), in: Ders., Der Fürstenzug zu Dresden. Denkmal und Geschichte des Hauses Wettin, Leipzig 1991, S. 172–184. – Zur älteren Historiographie siehe *Paul Haake*, August der Starke im Urteil seiner Zeit und der Nachwelt, Dresden 1922; ferner *Johannes Ziekursch*, Die polnische Politik der Wettiner im 18. Jahrhundert, in: NASG 26 (1905), S. 107–121; *Otto Eduard Schmidt*, Zur Charakteristik Augusts des Starken, in: ebd., S. 121–127. – Eine breitere Einbettung in die Landesgeschichte erfuhr Friedrich August I. in: *Rudolf Kötzschke, Hellmut Kretzschmar*, Sächsische Geschichte. Werden und Wandlungen eines Deutschen Stammes und seiner Heimat im Rahmen der Deutschen Geschichte, Frankfurt am Main ³1977, S. 267–278, und in: Geschichte Sachsens, hrsg. von *Karl Czok*, Weimar 1989, S. 249–287. – Überaus zahlreich sind die Arbeiten, die die Person des sächsischen Kurfürsten und polnischen Königs in verschiedenen Zusammenhängen behandeln. Der von *Christine Klecker* betreute Tagungsband vermittelt davon einen guten Eindruck: August der Starke und seine Zeit. Beiträge des Kolloquiums vom 16./17. September 1994 auf der Festung Königstein (= Saxonia. Schriftenreihe des Vereins für sächsische Landesgeschichte e. V., Bd. 1), Dresden 1995. – Ältere und jüngere Arbeiten in alphabetischer Reihenfolge: *Hans Beschorner*, Augusts des Starken Leiden und Sterben, in: NASG 58 (1937), S. 48–84; *Karl Czok*, Der Adel in Kursachsen und August der Starke, in: Adel in der Frühneuzeit. Ein regionaler Vergleich, hrsg. von Rudolf Endres (Bayreuther Historische Kolloquien, Bd. 5), Köln, Wien 1991, S. 119–140; *ders.*, August der Starke. Sein Verhältnis zum Absolutismus und zum sächsischen Adel, Berlin 1991; *ders.*, Leipzig und seine Messen im Augusteischen Zeitalter, in: Leipzigs Messen 1497–1997. Gestaltwandel – Umbrüche – Neubeginn, Teilbd. 1: 1497–1914, hrsg. von Hartmut Zwahr, Thomas Topfstedt, Günter Bentele (= Geschichte und Politik in Sachsen, Bd. 9/1), Köln, Weimar, Wien 1999, S. 183–192; *ders.*, Der sächsische Kurfürst Friedrich August I. (1694–1733), in: Der Herrscher in der Doppelpflicht. Europäische Fürsten und ihre beiden Throne, hrsg. von Heinz Duchhardt, Mainz 1997, S. 189–205; *ders.*, Die Personalunion als Problem des Monarchen, in: Leipzig und Sachsen. Beiträge zur Stadt- und Landesgeschichte vom 15.–20. Jahrhundert. Siegfried Hoyer zum 70. Geburtstag, Beucha 2000, S. 48–67; *Friedbert Ficker*, Die Kunst in Sachsen im Zeitalter Augusts des Starken, in: Zeitschrift für bayerische Landesgeschichte 34 (1971), S. 701–714; *Paul Haake*, August der Starke, Kurprinz Friedrich August und Premierminister Graf Flemming im Jahre 1727, in: NASG 49 (1928), S. 37–58; *ders.*, Christiane Eberhardine und August der Starke. Eine Ehetragödie, Dresden 1930; *ders.*, Der Glaubenswechsel Augusts des Starken, in: Historische Vierteljahrschrift 10 (1907), S. 382–392; *ders.*, Jacob Heinrich Graf von Flemming, in: Sächsische Lebensbilder, Bd. 2, Leipzig 1938, S. 149–160; *ders.*, Die Jugenderinnerungen König Augusts des Starken, in: Historische Vierteljahrschrift 3 (1900), S. 395–403; *ders.*, Ein politisches Testament König Augusts des Starken, in: Historische Zeitschrift 87 (1901), S. 1–21; *ders.*, Die Türkenfeldzüge Augusts des Starken 1695 und 1696, in: NASG 24 (1903), S. 134–154; *ders.*, Die Wahl Augusts des Starken zum König von Polen, in: Historische Vierteljahrschrift 9 (1906), S. 31–84, 277–280; *Wieland Held*, Der Adel und August der Starke. Konflikt und Konfliktaustrag zwischen 1694 und 1707 in Kursachsen, Köln, Weimar, Wien 1999; *Gerald Heres*, Die Museumsprojekte Augusts des Starken, in: Jahrbuch für Regionalgeschichte 16/I (1989), S. 102–115; *Philipp Hiltebrandt*, Die polnische Königswahl von 1697 und die Konversion Augusts des Starken, in: Quellen und Forschungen aus italienischen Archiven und Bibliotheken 10 (1907), S. 152–215; *Fritz Kaphahn*, Kurfürst und kursächsische Stände im 17. und beginnenden 18. Jahrhundert, in: NASG 43 (1922), S. 62–79; *Katrin Keller* (Hrsg.), «Mein Herr befindet sich gottlob gesund und wohl ...». Zwei sächsische Prinzen auf Reisen (Deutsch-französische Kulturbibliothek, Bd. 3), Leipzig 1994; *Joachim Menzhausen, Klaus G. Beyer*, Am Hofe des Großmoguls. Der Hofstaat zu Delhi am Geburtstage des Großmoguls Aureng-Zeb. Kabinettstück von Johann Melchior Dinglinger, Hofjuwelier des Kurfürsten von Sachsen und Königs von Polen August II., genannt August der Starke, Leipzig, München 1965; *Jacek Staszewski*, Der polnische König August II. (1697–1733), in: Der Herrscher in der Doppelpflicht. Europäische Fürsten und ihre beiden Throne, hrsg. von Heinz Duchhardt, Mainz 1997, S. 207–222; Um die polnische Krone. Sachsen und Polen während des Nordischen Krieges 1700–1721, bearb. von Johannes Kalisch und Josef Gierowski, Berlin 1962; *Johannes Ziekursch*, August der Starke und die katholische Kirche in den Jahren 1697–1720, in: Zeitschrift für Kirchengeschichte 24 (1903), S. 232–280; *ders.*, Sachsen und Polen im achtzehnten Jahrhundert, in: Historische Vierteljahrschrift 9 (1906), S. 275–277.

Friedrich August II., 1733–1763 und Friedrich Christian, 1763

(Thomas Nicklas)

Vor einigen Jahren erschien eine Biographie Friedrich Augusts II. auch in deutscher Sprache, die ihn vor allem als August III., als König von Polen, in das rechte Licht rückt: *Jacek Staszewski*, August III. Kurfürst von Sachsen und König von Polen. Eine Biographie. Aus dem Polnischen übersetzt von Eduard Merian, Berlin 1996. Von dieser Darstellung haben alle kommenden Arbeiten über den Kurfürsten und König auszugehen, sie haben aber auch über sie hinauszugehen. – Dem Premierminister Friedrich Augusts widmet sich ebenfalls eine gediegene neuere

Biographie, die sich mit einer Umwertung seines Bildes versucht und dabei manchmal über das Ziel hinausschießt: *Walter Fellmann*, Heinrich Graf Brühl. Ein Lebens- und Zeitbild, Berlin ⁴2000. Dort die ältere Literatur. Als Bestandsaufnahme zu verstehen ist der knappe, aber gehaltvolle Band aus der Reihe der Dresdner Hefte: Der stille König: August III. zwischen Kunst und Politik, hrsg. von Hans-Peter Lühr, Dresden 1996. – Die konfessionspolitische Erregung über die Umstände der Konversion des jungen Friedrich August ist noch spürbar in zwei bedeutenden Studien: *Johannes Ziekursch*, August der Starke und die katholische Kirche in den Jahren 1697–1720, in: Zeitschrift für Kirchengeschichte 24 (1903), S. 86–135, 232–280 (protestantische Sichtweise); *Bernhard Duhr*, Die Konversion des Kurprinzen Friedrich August von Sachsen (1712–1717), in: Stimmen der Zeit 111 (1926), S. 104–117 (katholische Sichtweise). – Einem Lehrjahr des künftigen Kurfürsten widmet sich: *Paul Haake*, August der Starke, Kurprinz Friedrich August und Premierminister Graf Flemming im Jahre 1727, in: Neues Archiv für Sächsische Geschichte 49 (1928), S. 37–58. – Einen beachtlichen Beitrag zur juristischen Aufarbeitung der Ära Brühl nach 1763 bietet: *Georg Lehmann*, Der Prozeß gegen Karl Heinrich von Heineken und Genossen, in: Neues Archiv für Sächsische Geschichte 25 (1904), S. 264–295. – Jede Beschäftigung mit Friedrich Christians Wirken und mit dem «Rétablissement» hat von zwei hervorragend kommentierten Quelleneditionen auszugehen, die zum einen die Gutachten der von Thomas von Fritsch geleiteten «Restaurationskommission», zum anderen die persönlichen und politischen Reflexionen des Kurprinzen wiedergeben: *Horst Schlechte*, Die Staatsreform in Kursachsen 1762–1763. Quellen zum kursächsischen Rétablissement nach dem Siebenjährigen Kriege, Berlin 1958; *ders.*, Das geheime politische Tagebuch des Kurprinzen Friedrich Christian 1751 bis 1757, Weimar 1992. Letzteres wie die Vorlage in französischer Sprache. – Als Einführung in die Wende der kursächsischen Politik von 1763 kann dienen: *Thomas Nicklas*, Reformansätze im Zeichen der Ökonomie: Kursachsens Rétablissement, in: Eberhard Laux, Karl Teppe (Hrsg.), Der neuzeitliche Staat und seine Verwaltung. Beiträge zur Entwicklungsgeschichte seit 1700, Stuttgart 1998, S. 85–98. – An älteren Darstellungen behält einen besonderen Wert: *Paul Martin*, Graf Wackerbarth-Salmour, Oberhofmeister des sächsischen Kurprinzen Friedrich Christian. Ein Beitrag zur Geschichte der Reorganisation des sächsischen Staates 1763, Leipzig 1912.

Friedrich August III./I.
1763/1806–1827

(Winfrid Halder)

Edierte Quellen zur Regierungszeit Friedrich Augusts III./I. liegen nur sehr spärlich vor, immerhin jüngst erschienen: *Jochen Vötsch,* Konfession und Dynastie. Zum politischen Testament des sächsischen Kurfürsten Friedrich Augusts III. von 1787. Mit Teil-Edition, in: Neues Archiv für Sächsische Geschichte 73 (2002), S. 63–86; dies ergänzt *[Karl von Weber],* Das politische Testament des Kurfürsten Friedrich August III. 1787, in: Archiv für Sächsische Geschichte 10 (1872), S. 337–390. Hilfreich auch: *Günter Jäckel* (Hrsg.), Dresden zur Goethezeit 1760–1815, Berlin [Ost] 1988; *ders.* (Hrsg.), Dresden zwischen Wiener Kongreß und Maiaufstand. Die Elbestadt von 1815 bis 1850, Berlin [Ost] 1989. – Eine wissenschaftlichen Ansprüchen genügende Biographie über Friedrich August III./I. liegt nicht vor. Einen instruktiven Zugang zu dessen Bedeutung vermittelt *Karlheinz Blaschke,* Der Fürstenzug zu Dresden. Denkmal und Geschichte des Hauses Wettin, Leipzig 1991, S. 191–197; ferner *ders.,* Sachsen im ersten Drittel des 19. Jahrhunderts. Schicksale, Persönlichkeiten, Leistungen. Ein Essay, in: Renate Wißuwa, Gabriele Viertel, Nina Krüger (Hrsg.), Sachsen. Beiträge zur Landesgeschichte, Dresden 2002, S. 341–370. Die einzige einschlägige größere wissenschaftliche Arbeit aus jüngerer Zeit stammt von *Dorit Petschel,* Sächsische Außenpolitik unter Friedrich August I. Zwischen Rétablissement, Rheinbund und Restauration (Dresdner Historische Studien, Bd. 4), Köln, Weimar, Wien 2000; zuvor *dies.,* Die Persönlichkeit Friedrich Augusts des Gerechten, Kurfürsten und Königs von Sachsen, in: Uwe Schirmer (Hrsg.): Sachsen 1763–1832. Zwischen Rétablissement und bürgerlichen Reformen (Schriften der Rudolf-Kötzschke-Gesellschaft 3), Beucha 1996, S. 77–100. Nur bedingt wissenschaftlich verwertbar, aber faktenreich sind die Arbeiten von *Walter Fellmann,* Sachsens Könige 1806 bis 1918, München 2000, S. 11–64, und *Albert Herzog zu Sachsen,* Die Albertinischen Wettiner. Geschichte des sächsischen Königshauses 1763–1932, 2. Aufl., Gräfelfing 1991, S. 15–44, sowie *ders.,* Die Wettiner in Lebensbildern, Graz, Köln, Wien 1995, S. 129–138. Die einzige größere biographische Arbeit über Friedrich August aus dem 20. Jahrhundert stammt von *André Bonnefois,* Un allié de Napoléon. Frédéric-Auguste, premier Roi des Saxe et Grand-Duc de Varsovie 1763–1827, Paris 1902. Für diverse Arbeiten aus dem 19. Jahrhundert, die zum Teil noch zu Lebzeiten Friedrich Augusts vorgelegt wurden, hat man mehrfach festgestellt, daß sie überwiegend «panegyrischen» Charakter haben. Eine populäre Darstellung neueren Datums ist *Dagmar Schäfer,* Der gefangene Sachsenkönig. Eine Erinnerung an Sachsens ersten König Friedrich August I. (1750–1827), Taucha 1996. – Zum allgemeinen Überblick bzw. zu Einzelaspekten: *Uwe Schirmer* (Hrsg.), Sachsen 1763–1832. Zwischen Rétablissement und bürgerlichen Reformen, Beucha 1996; *Rudolf Kötz-*

schke, Hellmut Kretzschmar, Sächsische Geschichte [Reprint von 1935/ 1965], Augsburg 1995; *Hellmut Kretzschmar,* Das sächsische Königtum im 19. Jahrhundert. Ein Beitrag zur Typologie der Monarchie in Deutschland, in: Ders., Vom Anteil Sachsens an der neueren deutschen Geschichte. Ausgewählte Aufsätze, hrsg. von R. Groß und M. Kobuch, Stuttgart 1999, S. 478–513; *Reiner Groß,* Von Moskau nach Leipzig – Sachsen an Napoleons Seite und unter russischer Oberhoheit, in: Dresdner Hefte 21 (2003), S. 20–26; *Hubert Kiesewetter,* Industrialisierung und Landwirtschaft. Sachsens Stellung im regionalen Industrialisierungsprozeß Deutschlands im 19. Jahrhundert (Mitteldeutsche Forschungen, Bd. 94), Köln, Wien 1988; *Anneliese Klingenberg* (Hrsg.), Sächsische Aufklärung (Leipziger Studien zur Erforschung von regionenbezogenen Identifikationsprozessen, Bd. 7), Leipzig 2001; *Henryk Kocój,* Der sächsische Kurfürst Friedrich August III. und die Verfassung vom 3. Mai 1791, in: Sachsen und die Wettiner. Chancen und Realitäten, Dresden 1990, S. 145–151; *Agatha Kobuch,* Chance einer Erneuerung der Verbindung mit Polen im Jahre 1791? Zum Angebot der polnischen Königskrone an Kurfürst Friedrich August III. von Sachsen im Lichte zeitgenössischer mitteldeutscher Publizistik, in: Ebd., S. 152–159; *Josef Matzerath,* «Pflicht ohne Eigennutz». Das kursächsische Rétablissement: Restauration einer Ständegesellschaft, in: Neues Archiv für Sächsische Geschichte 66 (1995), S. 157–182; *Siegfried Hoyer,* Der Beginn der Französischen Revolution und Kursachsen. Verbindungen zum sächsischen Bauernaufstand, in: Heiner Timmermann (Hrsg.), Die französische Revolution und Europa 1789–1799, Saarbrücken-Scheidt 1989, S. 369–379; *Olivier Podevins,* Die sächsische Außenpolitik nach dem Wiener Kongreß 1815–1830. Handlungsmöglichkeiten einer deutschen Mittelmacht im Deutschen Bund, in: Neues Archiv für Sächsische Geschichte 70 (1999), S. 79–104; *Simone Mergen,* Entstehung und Entwicklung von Monarchiejubiläen in Sachsen und Bayern im 19. Jahrhundert, in: Winfried Müller (Hrsg.), Das historische Jubiläum. Genese, Ordnungsleistung und Inszenierungsgeschichte eines institutionellen Mechanismus, Münster 2000, S. 219–243.

Anton
1827–1836

(Wolfgang Tischner)

Von einem Forschungsstand zu König Anton kann kaum die Rede sein; er hat bislang nicht im Zentrum wissenschaftlichen Interesses gestanden. Zwei direkt nach seinem Tod erschienene Skizzen, stark hagiographisch orientiert, erlauben zumindest einen Blick auf die zeitgenössische Wertung: *Hermann Meynert,* Anton, König von Sachsen, sein Leben und Sterben. Eine kurze biographische Skizze, Leipzig 1836; *Wilhelm Schäfer,* Anton der Gütige, erster constitutioneller König der Sachsen, und seine Zeit; eine historische Skizze zu einer Biographie und Zeitgeschichte dieses trefflichen Fürsten, Dresden, Leipzig 1836. – Relativ ausführlich sind die Bemerkungen zu Antons Regierungszeit bei *Theodor Flathe*, Geschichte des Kurstaates und Königreiches Sachsen, Bde. 1–3, Gotha 1873 (Bd. 3: Neuere Geschichte Sachsens von 1806–1866, S. 414–486). Vom selben Autor stammt auch der Artikel in der Allgemeinen Deutschen Biographie, Bd. 1, S. 493. Von den dort getroffenen Wertungen, die noch deutlich aus der Perspektive des Mitlebenden stammen, hat sich die Forschung bislang kaum entfernt. Für ein breiteres Publikum geschrieben, findet sich eine abgewogene Gesamtdarstellung auf neuestem Stand bei *Walter Fellmann*, Sachsens Könige 1806 bis 1918, München, Berlin 2000 (S. 66–98, 241–246). – Wichtige Quellen und Einzelinformationen finden sich in der zitierten Einschätzung seines Neffen Friedrich August; vgl. *Woldemar Lippert*, Friedrich Augusts II. Entwicklungsgang. Fragment einer Selbstbiographie, in: Neues Archiv für Sächsische Geschichte 45 (1924), S. 80–103. Die zentralen Ereignisse bei der Einsetzung der Regentschaft, vor allem der Augenzeugenbericht von Könneritz, sind zusammengestellt bei *Karl von Weber*, Detlev Graf von Einsiedel, in: Archiv für die sächsische Geschichte 1 (1863), S. 58–116, S. 129–193. – Immer noch unersetzbar zur Staatsreform ist *Caesar Dietrich von Witzleben*, Die Entstehung der constitutionellen Verfassung des Königreichs Sachsen, Leipzig 1881; weniger analytisch dagegen *Alexander Schlechte*, Die Vorgeschichte der sächsischen Verfassung vom 4. September 1831, Diss. phil. Leipzig 1927. Eine Gesamtschau bietet *Hellmut Kretzschmar*, Die sächsische Verfassung vom 4. September 1831, in: Neues Archiv für Sächsische Geschichte 52 (1931), S. 207–248. Die derzeit beste Gesamtdarstellung der Reformen findet sich bei *Gerhard Schmidt*, Die Staatsreform in Sachsen in der ersten Hälfte des 19. Jahrhunderts, Weimar 1966. – Über Antons Privatleben gibt es Einzelinformationen bei *Robert Waldmüller*, Aus den Memoiren einer Fürstentochter, Dresden 1883. – Neben dem veröffentlichten Quellenmaterial sind die Nachlässe von Anton sowie seiner Gattin Therese im Sächsischen Hauptstaatsarchiv in Dresden nicht ohne Interesse; Anton hat ein Reisetagebuch geführt, das nur wenig politische Bezüge enthält, aber die Notizen seiner Frau erlauben einen gewissen Einblick in die Gedankenwelt des Königspaares. Die Abrechnung seines letzten Haushaltes sowie die Eheverträge finden sich im Nachlaß Friedrich Augusts II., Antons Testament und die Berichte über Tod und Beisetzung im Bestand Gesamtministerium.

Friedrich August II.
1836–1854

(Hans-Christof Kraus)

Zu Friedrich August II. existieren nur wenige Texteditionen; die vollständige Ausgabe etwa eines seiner politischen Briefwechsel gibt es bis heute nicht. – Bereits zu Lebzeiten des Königs erschien seine kleine

Schrift über die böhmische Flora im Raum von Marienbad, die zusammen mit einem nachgelassenen Text Goethes veröffentlicht wurde: *Carl Joseph Heidler* (Hrsg.), Pflanzen und Gebirgsarten von Marienbad, gesammelt und beschrieben von dem Prinzen Friedrich, Mitregent von Sachsen und von Johann Wolfgang von Goethe, Prag 1837. Das knappe Fragment einer vermutlich zwischen 1850 und 1854 verfaßten Autobiographie, die nur die Kindheit und die Jahre vor der Thronbesteigung umfaßt, wurde ediert von *Woldemar Lippert*, Friedrich Augusts II. Entwicklungsgang. Fragment einer Selbstbiographie, in: Neues Archiv für Sächsische Geschichte und Landeskunde 45 (1924), S. 80–103. Insgesamt vierzehn wichtige Briefe Friedrich Augusts II. an Friedrich Wilhelm IV. von Preußen aus den bewegten Revolutionsjahren 1848/49 finden sich in der Sammlung von *Karl Haenchen* (Hrsg.), Revolutionsbriefe 1848. Ungedrucktes aus dem Nachlaß König Friedrich Wilhelms IV. von Preußen, Leipzig 1930. Gegenbriefe des Preußenkönigs aus den Jahren 1829 bis 1851 edierte wenig später *Hellmut Kretzschmar*, König Friedrich Wilhelms IV. Briefe an König Friedrich August von Sachsen, in: Preußische Jahrbücher 227 (1932), S. 28–50, 142–153, 245–263. Einzelne Briefe des Mitregenten Friedrich August aus den späten 1820er und frühen 1830er Jahren finden sich in: *Otto Eduard Schmidt* (Hrsg.), Drei Brüder Carlowitz – Carl Adolf, Hans Georg und Anton von Carlowitz. Lebensbilder und Briefe aus dem Zeitalter der Romantik, der Freiheitskriege und der Verfassungskämpfe (1770–1840), Leipzig 1933. – Die einzige Edition aus neuerer Zeit, die Texte von Friedrich August enthält, bringt erstmals wichtige Aufzeichnungen und Briefe des sächsischen Königs aus der Zeit der Revolution 1848/49 ans Licht, darunter eine gerade in ihrer subjektiven Perspektive sehr aufschlußreiche Darstellung der Maiereignisse von 1849: *Josef Matzerath* (Hrsg.), Der sächsische König und der Dresdner Maiaufstand. Tagebücher und Aufzeichnungen aus der Revolutionszeit 1848/49, Köln, Weimar, Wien 1999. – Daneben existieren weitere Quellenwerke, in denen mancherlei Material über Friedrich August II. zu finden ist. Zu ihnen gehören die Lebenserinnerungen des jüngeren Bruders und Nachfolgers: *Johann von Sachsen*, Lebenserinnerungen des Königs Johann von Sachsen. Eigene Aufzeichnungen des Königs über die Jahre 1801–1854, hrsg. von *Hellmut Kretzschmar*, Göttingen 1958; sodann auch dessen Briefwechsel mit den beiden Vettern, den Preußenprinzen: *Johann Georg Herzog zu Sachsen* (Hrsg.), Briefwechsel zwischen König Johann von Sachsen und den Königen Friedrich Wilhelm IV. und Wilhelm I. von Preußen, Leipzig 1911. – Auch einzelne der großen Reisen des Königs sind dokumentiert; so etwa die Englandreise von 1844 in der bedeutenden Darstellung des Leibarztes Carus und die Balkanreise des folgenden Jahres in den Aufzeichnungen des Flügeladjutanten Ernst Reichard: *Carl Gustav Carus*, England und Schottland im Jahre 1844, Bde. I–II, Berlin 1845; *Hubert Richter*, Reise König Friedrich Augusts II. von Sachsen nach Kroatien und Dalmatien im Jahre 1845 (Nach dem bisher unveröffentlichten Reisejournal seines

Flügeladjutanten), in: Neues Archiv für Sächsische Geschichte und Altertumskunde 35 (1914), S. 113–125. – Wichtig zum Verständnis des Königs und seiner Zeit sind ebenfalls die Memoiren bedeutender Zeitgenossen, z. B. *Carl Gustav Carus*, Lebenserinnerungen und Denkwürdigkeiten, Bde. I–IV, Leipzig 1865–1866; *Richard Wagner*, Mein Leben, neu hrsg. von Martin Gregor-Dellin, München 1963; *Richard Freiherr von Friesen*, Erinnerungen aus meinem Leben, Bde. I–II, Dresden 1880; *Friedrich Ferdinand von Beust*, Aus drei Vierteljahrhunderten, Bde. I–II, Stuttgart 1887; *Karl Biedermann*, Mein Leben und ein Stück Zeitgeschichte, Bde. I–II, Breslau, Berlin 1886–1887. Die Revolutionszeit wird aus doppelter Perspektive aufschlußreich beleuchtet in den Quellentexten der Sammlung von *Hellmut Kretzschmar, Horst Schlechte* (Hrsg.), Französische und sächsische Gesandtschaftsberichte aus Dresden und Paris 1848–1849, Berlin 1956. – Bis heute existiert keine auch nur halbwegs befriedigende Biographie König Friedrich Augusts II. Hagiographische Darstellungen bieten etwa *Julius Schladebach*, Friedrich August II. König von Sachsen. Ein Denkmal für alle seine Verehrer, Dresden 1854; *Karl Friedrich August Nobbe*, Friedrich August der Vertrauensvolle, König von Sachsen. Leipzig 1854; *Wilhelm Schäfer*, Friedrich August II., König von Sachsen, Eine biographische Skizze, Leipzig, Dresden 1854, *Johann Gottfried Abraham Frenzel*, König Friedrich August als Kunstfreund und Kunstsammler, Dresden 1854. – Für einen größeren Leserkreis bestimmt sind die populärwissenschaftlich gestalteten Überblicke bei *Albert Prinz zu Sachsen Herzog zu Sachsen*, Die Albertinischen Wettiner – Geschichte des Sächsischen Königshauses 1763–1932, Gräfelfing, 2. Aufl. 1991, S. 69–139; *ders.*, Die Wettiner in Lebensbildern, Graz, Wien, Köln 1995, S. 150–155; *Walter Fellmann*, Friedrich August II., der Hoffnungsträger, in: Ders., Sachsens Könige 1806 bis 1918, München, Berlin 2000, S. 99–126, 247–252. – Unverzichtbar bleibt eine Reihe von Spezialstudien des Landeshistorikers *Hellmut Kretzschmar*, Vom Anteil Sachsens an der neueren deutschen Geschichte. Ausgewählte Aufsätze, hrsg. von Reiner Groß und Manfred Kobuch, Stuttgart 1999.

Johann
1854–1873

(Reiner Groß)

Die folgende knappe bibliographische Übersicht erfaßt in Auswahl das wichtigste Schrifttum etwa aus den letzten fünfzehn Jahren. Aus dem 2001 erschienenen Ausstellungskatalog: Zwischen zwei Welten. König Johann von Sachsen, hrsg. von der Sächsischen Schlösserverwaltung und dem Staatlichen Schloßbetrieb Weesenstein, Redaktion *Uwe John*, Halle a. d. Saale 2001, sind aus den Literaturangaben zu den Einzelbeiträgen und dem Verzeichnis der abgekürzt zitierten Literatur (S. 599–615) nahezu vollständig die Veröffentlichungen von Johann sowie über ihn und seine Zeit mühelos zu entnehmen. – Aus der Fülle der Publikationen wird nochmals besonders hingewiesen auf die Quelleneditionen von *Otto Schwerdfeger*, König Johann von Sachsen als Vorkämpfer für Wahrheit und Recht. Reden und Sprüche aus 20 Jahren seines parlamentarischen Wirkens, Dresden 1884; Büchlein von König *Johann von Sachsen*, Leipzig 1867; Lebenserinnerungen des Königs Johann von Sachsen. Eigene Aufzeichnungen des Königs über die Jahre 1801 bis 1854, hrsg. von *Hellmut Kretzschmar*, Göttingen 1958; Briefwechsel zwischen König Johann von Sachsen und den Königen Friedrich Wilhelm IV. und Wilhelm I. von Preußen, hrsg. von *Johann Georg Herzog zu Sachsen*, Leipzig 1911; Briefwechsel König Johanns von Sachsen mit George Ticknor, hrsg. von *Johann Georg Herzog zu Sachsen* mit *Ernst Daenell*, Leipzig, Berlin 1920; *Friedrich Ferdinand Graf von Beust*, Aus drei Vierteljahrhunderten. Erinnerungen und Aufzeichnungen, 2 Bde., Stuttgart 1887; *Richard Freiherr von Friesen*, Erinnerungen aus meinem Leben, 3 Bde., Dresden 1880–1910. – Gesamtdarstellungen und weiterführende Einzeldarstellungen: *Rudolf Kötzschke, Hellmut Kretzschmar*, Sächsische Geschichte (Dresden 1935), Nachdrucke Frankfurt am Main 1965, Augsburg 1995; Geschichte Sachsens, hrsg. von *Karl Czok*, Weimar 1989; *Albert Herzog zu Sachsen*, Die Wettiner in Lebensbildern, Graz, Wien, Köln 1995; *Reiner Groß*, Geschichte Sachsens, 3. Aufl. Leipzig 2004; *Hellmut Kretzschmar*, Die Zeit König Johanns von Sachsen 1854–1873, Berlin 1960; *ders.*, Vom Anteil Sachsens an der neueren deutschen Geschichte. Ausgewählte Aufsätze, hrsg. von Reiner Groß und Manfred Kobuch, Leipzig, Stuttgart 1999; *Christine Klecker, Klaus-Dieter Wintermann*, Wahre Geschichten um König Johann, Taucha 1994. – Aufsatzsammlungen: König Johann von Sachsen. Leben – Werk – Zeit. Symposium auf Schloß Weesenstein 1991 (= Sächsische Heimatblätter 38); König Johann von Sachsen 1801/ 1854–1873. Ein Blick auf Deutschland (= Saxonia. Schriftenreihe des Vereins für sächsische Landesgeschichte e. V., Bd. 7), Dresden 2000. – Der schriftliche Nachlaß von König Johann wird im Sächsischen Hauptstaatsarchiv in Dresden, Fürstennachlässe, Nachlaß Johann, verwahrt.

Albert
1873–1902

(Sönke Neitzel)

Eine wissenschaftlichen Ansprüchen genügende Biographie über Albert von Sachsen liegt nicht vor. Der neueste und ausgewogenste biographische Abriß findet sich bei *Walter Fellmann*, Sachsens Könige, München, Berlin 2000, S. 155–178. Daneben ist auf die Skizze «Albert von Sachsen. Kronprinz, Soldat, König», Dresden 2002 hinzuweisen, die vom Militärhistorischen Museum Dresden anläßlich einer gleichnamigen Albert-Ausstellung herausgegeben wurde. – Alle umfangreicheren Werke über Albert sind vor dem Zweiten Weltkrieg, meist sogar vor 1900 erschienen. In diesen hagiographischen Schriften wird Albert in einem ausschließlich positiven Licht dargestellt. Die Bücher von *Paul Hassel*, Aus dem Leben des Königs Albert von Sachsen, 2 Bde., Berlin 1898–1900, und von *Johann Georg Herzog zu Sachsen*, König Albert von Sachsen, Leipzig 1922, basieren auf teilweise verlorengegangener privater Korrespondenz Alberts und sind daher noch immer wertvoll. – Eine den methodischen Anforderungen der modernen Militärgeschichte entsprechende Darstellung der Einigungskriege liegt bislang nicht vor. So vermochte man die Rolle Alberts in diesen Kriegen bislang nicht in hinreichender Differenziertheit darzustellen. Neben der genauen Rekonstruktion der operativen Leistungen wäre vor allem danach zu fragen, wie Albert den neuartigen Volkskrieg in Frankreich wahrnahm, welche Haltung er zur Franktireurproblematik einnahm und welche Gedanken er sich über die durch den Krieg veränderten Konstellationen in der europäischen Pentarchie machte. Als Lektüreeinstieg zum Deutschen Krieg können *Gerd Fesser*, 1866, Königgrätz, Sadowa, Berlin 1994, und *Frank Zimmer*, Bismarcks Kampf gegen Kaiser Franz Joseph. Königgrätz und seine Folgen, Wien, Köln 1996, empfohlen werden. Das deutsche Standardwerk zum militärischen Verlauf des Deutsch-französischen Krieges ist noch immer: Entscheidung 1870. Der Deutsch-französische Krieg, hrsg. vom Militärgeschichtlichen Forschungsamt durch *Wolfgang von Groote* und *Ursula von Gersdorff*, Stuttgart 1970.

Georg
1902–1904

(Hendrik Thoß)

Es gibt bislang keine Edition der Korrespondenz Georgs mit Familienangehörigen, Vertrauten und Zeitgenossen. Zu Kindheit und Jugend Georgs geben die von *König Johann von Sachsen* verfasste und 1911 in Leipzig erschienene Korrespondenz mit König Friedrich Wilhelm IV. von Preußen sowie die Lebenserinnerungen König Johanns von Sachsen, hrsg. von *Hellmut Kretzschmar*, Göttingen 1958, einigen Aufschluß. – Biographische Skizzen Georgs existieren aus der Feder von *Konrad Sturmhoefel*, Zu König Georgs Gedächtnis. Ein Abriß seines Lebens, Dresden 1905; *J. H. Schütz, M. Adam*, Die Sachsenkönige Albert und Georg, vorbildliche Heerführer und Soldatenfreunde, Cöln 1914; *Otto Uhlig*, Die letzten Wettiner auf dem sächsischen Königsthron, München 1920; *Albert Prinz von Sachsen Herzog zu Sachsen*, Die Albertinischen Wettiner. Geschichte des sächsischen Königshauses 1763–1932, 2., akt. Aufl., Gräfelfing 1991; *Walter Fellmann*, Sachsens Könige. 1806–1918, München, Berlin 2000; *Jürgen Helfricht*, Die Wettiner. Sachsens Könige, Kurfürsten, Herzöge und Markgrafen, 2. akt. und erw. Aufl., Leipzig 2003. – Von Bedeutung ist die Autobiographie *Luise von Toskanas*, Mein Lebenslauf, Berlin 1919, erw. Neuaufl. Dresden 1991; ferner die Darstellungen von

Ludwig Bernhard, Luise von Toskana. Kronprinzessin von Sachsen, Weinböhla 1928, und *Erika Bestenreiner*, Luise von Toskana, München 2000. – Neuere Handbücher und Überblicksdarstellungen: *Karl Czok* (Hrsg.), Geschichte Sachens, Weimar 1989; *Reiner Gross*, Geschichte Sachsens, Leipzig 2001. – Zum Beitrag der sächsischen Armee am Krieg gegen Frankreich 1870/71: *Theodor Fontane,* Der Krieg gegen Frankreich 1870–1871, 4 Bde., Berlin 1873–1876, Neudr. Zürich 1985; *ders.,* Aus den Tagen der Okkupation. Eine Osterreise durch Nordfrankreich und Elsaß-Lothringen 1871, Berlin 1871, Neudr. Berlin 2000; umfassend zur Schlacht von Gravelotte-St. Privat: *Paul Haake*, Kronprinz Albert und Prinz Georg von Sachsen am 18. August 1870, in: Neues Archiv für Sächsische Geschichte und Altertumskunde 33 (1912), S. 96–141. – Verfassungs- und Parlamentarismusgeschichte bei *Elvira Döscher, Wolfgang Schröder*, Sächsische Parlamentarier 1869–1918. Die Abgeordneten der II. Kammer des Königreichs Sachsen im Spiegel historischer Photographien, Düsseldorf 2001; *Christoph Goldt*, Parlamentarismus im Königreich Sachsen. Zur Geschichte des sächsischen Landtags 1871–1918, Phil. Diss. Münster 1996; *Simone Lässig*, Wahlrechtskampf und Wahlreform in Sachsen 1895–1909. Köln, Weimar 1996. – Für die Verwaltungsgeschichte im Königreich Sachsen vorzüglich *Thomas Klein* (Hrsg.), Grundzüge deutscher Verwaltungsgeschichte, 1815–1945, Reihe B, Bd. 14: Sachsen, Marburg/Lahn 1982.

Friedrich August III.
1904–1918

(Frank-Lothar Kroll)

Biographische Studien und Skizzen: *Friedrich Kracke*, Friedrich August III. Sachsens volkstümlichster König. Ein Bild seines Lebens und seiner Zeit, München 1964; *Walter Fellmann*, Sachsens letzter König Friedrich August III., Leipzig 1992; *ders.*, Friedrich August III., Sachsens letzter König (1904–1918), in: ders., Sachsens Könige 1806 bis 1918, München, Berlin 2000, S. 195–222, 264–267; *ders.,* Der volkstümliche Monarch, in: Dresdner Hefte 80/4 (2004), S. 92–98; ferner: *Dieter Nadolski*, Sachsens letzter König, Leipzig 1995; *Hellmut Kretzschmar*, Friedrich August III., in: Neue Deutsche Biographie 5 (1961), S. 577; *Bernd Rüdiger*, Der letzte regierende König Sachsens Friedrich August III. und seine Zeit, in: Jahrbuch zur sächsischen Geschichte 1992, S. 60–65; *Frank-Lothar Kroll,* Sachsens letzter König Friedrich August III., in: Dresdner Hefte 80/4 (2004), S. 83–91. – Zeitgenössische Darstellungen, Erinnerungsberichte und Memoiren in alphabetischer Reihenfolge: *Paul Franz Bang*, König Friedrich August III. von Sachsen. Ein Lebens- und Charakterbild, Dresden 1915; *Ludwig Ihmels*, Trauerrede zum Gedächtnis unseres früheren Königs Friedrich August III., Dresden 1932; *Wolf von Metzsch*, Friedrich August III., König von Sachsen. Ein Lebensbild, 2. Aufl. Dresden 1906; *Luise von Toscana*, Mein Lebensweg, Berlin 1926, Neudruck Dresden 1991; *Julius*

Richter, Unser König Friedrich August, Leipzig 1932; *Ernst Heinrich Herzog zu Sachsen*, Mein Lebensweg. Vom Königsschloß zum Bauernhof, Frankfurt a. M. 1979; *Pater Georg Herzog zu Sachsen*, Erinnerungen an meinen lieben Vater, Wien 1933; *Herrman Schindler*, König Friedrich August III. Ein Lebens- und Charakterbild, Dresden 1919; *Otto Schreiter*, König Friedrich August III. in Wort und Bild, Dresden 1932; *Richard Stecher*, König Friedrich August III., Dresden 1905; *Otto Uhlig*, Die letzten Wettiner auf dem sächsischen Königsthron, München 1920; *Fritz Wecker*, Unsere Landesväter. Wie sie gingen, wo sie blieben, Berlin 1928, S. 69–87; *Franz Josef Weiszt*, Das war unser König Friedrich August. Ein Charakterbild, Dresden 1933. – Strukturgeschichtliche Querschnitte, Überblicksdarstellungen und Detailstudien: *Karlheinz Blaschke*, Hof und Hofgesellschaft im Königreich Sachsen während des 19. Jahrhunderts, in: Karl Möckl (Hrsg.), Hof und Hofgesellschaft in den deutschen Staaten im 19. und beginnenden 20. Jahrhundert. Boppard am Rhein 1990, S. 177–206; *ders*., Das Königreich Sachsen 1815–1918, in: Klaus Schwabe (Hrsg.), Die Regierungen der deutschen Mittel- und Kleinstaaten 1815–1933, Boppard am Rhein 1983, S. 81–102; *ders*., Der Fürstenzug zu Dresden. Denkmal und Geschichte des Hauses Wettin, Leipzig 1991; *ders*., Grundzüge sächsischer Geschichte zwischen der Reichsgründung und dem Ersten Weltkrieg, in: Simone Lässig, Karl Heinrich Pohl (Hrsg.), Sachsen im Kaiserreich. Politik, Wirtschaft und Gesellschaft im Umbruch, Dresden 1997, S. 11–26; *Reiner Groß*, Geschichte Sachsens, Leipzig 2001, S. 233–252; *Hellmut Kretzschmar*, Die Wettiner, in: ders., Vom Anteil Sachsens an der neueren deutschen Geschichte. Ausgewählte Aufsätze, hrsg. von Reiner Groß und Manfred Kobuch, Stuttgart 1990, S. 25–46; *ders*., Das sächsische Königtum im 19. Jahrhundert. Ein Beitrag zur Typologie der Monarchie in Deutschland, in: ebd., S. 478–513; *Frank-Lothar Kroll*, Monarchen als Gelehrte. Zum Typus des ‹homme de lettre› in den deutschen Fürstenstaaten des 19. Jahrhunderts, in: König Johann von Sachsen. Zwischen zwei Welten, hrsg. von der Sächsischen Schlösserverwaltung und dem Staatlichen Schloßbetrieb Schloß Weesenstein, Halle an der Saale 2001, S. 135–140; *Rudolf Kötzschke, Hellmut Kretzschmar*, Sächsische Geschichte. Werden und Wandlungen eines Deutschen Stammes und seiner Heimat im Rahmen der deutschen Geschichte, Dresden 1935, Nachdruck Frankfurt a. M. 1965; *Simone Lässig*, Wahlrechtskampf und Wahlreform in Sachsen (1895–1909), Köln, Weimar, Wien 1996; *Gabriele Praschl-Bichler*, Dresden und Wien. Allianz der Dynastien. Habsburger und Wettiner, München 2001; *James Retallack*, Wahlrechtskämpfe in Sachsen nach 1896, in: Dresdner Hefte 80/4 (2004), S. 13–24; *Albert Prinz von Sachsen Herzog zu Sachsen*, Die Albertinischen Wettiner. Geschichte des sächsischen Königshauses 1763–1932, 3. Aufl. Gräfelfing 1995; *ders*., Die Wettiner in Lebensbildern, Graz, Wien, Köln 1995; Sammler – Pilger – Wegbereiter. Die Samlung des Prinzen Johann Georg von Sachsen. Katalog zur Ausstellung, Mainz 2004.

Zeittafel zur Geschichte Sachsens

929 Gründung der Burg Meißen durch König Heinrich I.
968 Stiftung des Bistums Meißen durch Kaiser Otto I.
1089 Belehnung Heinrichs von Eilenburg aus dem Hause Wettin mit der Mark Meißen durch Kaiser Heinrich IV.
1089–1103 Markgraf Heinrich I.
1103–1123 Markgraf Heinrich II.
1123 Belehnung Konrad von Wettins mit der Mark Meißen
1123–1156 Markgraf Konrad (der Große)
1156–1190 Markgraf Otto (der Reiche)
1190–1195 Markgraf Albrecht (der Stolze)
1197–1221 Markgraf Dietrich (der Bedrängte)
1221–1288 Markgraf Heinrich (der Erlauchte)
1247 Belehnung Heinrichs des Erlauchten mit der Landgrafschaft Thüringen
1288–1307 Markgraf Albrecht (der Entartete)
1307–1323 Markgraf Friedrich I. (der Freidige, der Gebissene)
1323–1349 Markgraf Friedrich II. (der Ernsthafte)
1349–1381 Markgraf Friedrich III. (der Strenge)
1381–1428 Markgraf (und seit 1423 Kurfürst) Friedrich IV./I. (der Streitbare)
1382 Chemnitzer Teilung
1409 Gründung der Universität Leipzig
1423 Belehnung Friedrichs des Streitbaren mit dem Herzogtum und (seit 1356) Kurfürstentum Sachsen-Wittenberg durch König Sigmund als Dank für Verdienste im Kampf gegen die Hussiten
1428–1464 Kurfürst Friedrich II. (der Sanftmütige)
1445 Altenburger Teilung
1464–1486 Kurfürst Ernst
1464–1500 Herzog Albrecht (der Beherzte)
1485 Leipziger Teilung. Zwischen den gemeinsam regierenden Brüdern Ernst und Albrecht wird Sachsen in die ernestinische (Thüringen, Vogtland, Wittenberg und Torgau) und in die albertinische Linie (Pleißner Land mit Dresden, Meißen, Leipzig und Freiberg) geteilt. Die Ernestiner erhalten die Kurwürde, die Albertiner die Herzogswürde
1486–1525 Kurfürst Friedrich (der Weise)
1502 Gründung der Universität Wittenberg
1517 Thesenanschlag Martin Luthers an der Schloßkirche von Wittenberg

1525/26	Einführung der Reformation im ernestinischen Kurfürstentum Sachsen
1500–1539	Herzog Georg der Bärtige
1525–1532	Kurfürst Johann (der Beständige)
1539–1541	Herzog Heinrich (der Fromme)
1539	Einführung der lutherischen Reformation im albertinischen Herzogtum Sachsen
1532–1547	Kurfürst Johann Friedrich (der Großmütige)
1541–1553	Herzog (und seit 1547 Kurfürst) Moritz
1547	Schlacht bei Mühlberg. Nach seiner Niederlage muß der als Führer der protestantischen Reichsfürsten kämpfende ernestinische Kurfürst Johann Friedrich die Kurwürde und große Gebietsteile (Wittenberg) an den auf seiten der katholischen habsburgischen Kaisermacht stehenden albertinischen Herzog Moritz abtreten. Die im Besitz der Ernestiner verbleibenden thüringischen Landesteile werden in der Folgezeit durch zahlreiche Erbteilungen in mehrere Einzelterritorien zersplittert
1553–1586	Kurfürst August (Vater August)
1574	Bildung des Geheimen Rats (bis 1831) als oberste Regierungs- und Verwaltungsbehörde und unmittelbares Machtinstrument des Kurfürsten
1586–1591	Kurfürst Christian I.
1591–1611	Kurfürst Christian II.
1611–1656	Kurfürst Johann Georg I.
1635	Friede von Prag. Kursachsen gewinnt die beiden Lausitzen
1656–1680	Kurfürst Johann Georg II.
1680–1691	Kurfürst Johann Georg III.
1691–1694	Kurfürst Johann Georg IV.
1694–1733	Kurfürst (und seit 1697 als August II. polnischer König) Friedrich August I. (der Starke)
1697	Übertritt Friedrich Augusts I. zum katholischen Glauben
1709/10	Erfindung des weißen Porzellans durch Friedrich Böttger in Dresden Gründung der Königlichen Porzellanmanufaktur Meißen
1733–1763	Kurfürst (und als August III. polnischer König) Friedrich August II.
1746	Graf Heinrich von Brühl wird (bis 1763) Premierminister
1756	Ausbruch des Siebenjährigen Krieges (bis 1763). Sachsen wird als Gegner Preußens zu einem der Hauptkriegsschauplätze
1763	Kurfürst Friedrich Christian. Einsetzung der Restaurationskommission. Umfassende Maßnahmen zur Konsolidierung von Wirtschaft, Finanzen und Verwaltung (Retablissement)
1763–1827	Kurfürst (und seit 1806 König) Friedrich August III./I. (der Gerechte)

1765	Endgültiger Verzicht der Wettiner auf die polnische Krone. Gründung der Bergakademie Freiberg
1806	Kurfürst Friedrich August III. nimmt im Bündnis mit dem napoleonischen Frankreich den Titel eines Königs von Sachsen an. Beitritt Sachsens zum Rheinbund
1807	Friede von Tilsit. Sachsen erhält das neu gebildete Großherzogtum Warschau
1813	Völkerschlacht bei Leipzig
1815	Auf dem Wiener Kongreß verliert Sachsen den nördlichen Teil seines Staatsgebiets an Preußen, das daraus die Provinz Sachsen bildet
1827–1836	König Anton (der Gütige)
1828	Gründung der Technischen Bildungsanstalt Dresden (spätere Technische Universität Dresden)
1830	Revolutionäre Unruhen in Dresden und Leipzig
1831	Verabschiedung einer Verfassung mit Zensuswahlrecht und Zweikammersystem. Sachsen wird konstitutionelle Monarchie (bis 1918)
1831	Die Verwaltungsreform führt zur Bildung von Fachministerien
1832	Die Agrarreform bringt die Ablösung von bäuerlichen Lasten und beseitigt die feudalen Agrarverfassungsverhältnisse
1832/38	Einführung der kommunalen Selbstverwaltung für Städte (Allgemeine Städteordnung) und Landgemeinden (Landgemeindeordnung)
1833/34	Beitritt Sachsens zum Deutschen Zollverein
1834	Die Militärreform bringt Einführung der Allgemeinen Wehrpflicht
1835	Die Schulreform bringt Einführung der achtjährigen Schulpflicht. Die Justizreform bringt eine Vereinfachung und Effektivierung der sächsischen Gerichtsverfassung. Eröffnung der Dampfschiffahrt auf der Elbe
1836	Gründung der Königlichen Gewerbschule in Chemnitz (spätere Technische Universität Chemnitz)
1836–1854	König Friedrich August II.
1839	Eröffnung der Bahnlinie von Leipzig nach Dresden als erste deutsche Ferneisenbahnstrecke
1848	Revolutionäre Unruhen. Einführung der Pressefreiheit
1849	Maiunruhen in Dresden, die mit Hilfe preußischer Truppen niedergeschlagen werden
1854–1873	König Johann
1861	Einführung der Gewerbefreiheit

1866	Im Krieg Österreichs gegen Preußen um die Vormachtstellung in Deutschland kämpft und verliert Sachsen auf der Seite Österreichs.
	Beitritt Sachsens zum Norddeutschen Bund
1870	Ausbruch des Krieges des Norddeutschen Bundes und der süddeutschen Staaten gegen Frankreich (bis 1871)
1871	Das Königreich Sachsen wird Teilstaat des neugegründeten Deutschen Reiches
1873–1902	König Albert
1878	Eröffnung des Königlichen Hoftheaters in Dresden (Semper-Oper)
1879	Errichtung des Reichsgerichts in Leipzig als höchstes Gericht des Deutschen Reiches
1889	800-Jahrfeier des Hauses Wettin
1896	Neues Wahlgesetz. Einführung des Dreiklassenwahlrechts
1902–1904	König Georg
1909	Wahlrechtsreform. Einführung des Pluralwahlrechts
1904–1918	König Friedrich August III.
1914–1918	Erster Weltkrieg
1918	Revolutionäre Unruhen.
	Thronverzicht König Friedrich Augusts III. Ende der Wettinischen Herrschaft in Sachsen.
	Ausrufung der Republik Sachsen
1920	Inkrafttreten der Verfassung des Freistaats Sachsen
1939–1945	Zweiter Weltkrieg
1945	Sachsen (einschließlich der westlich der Oder-Neiße-Linie liegenden Gebiete Niederschlesiens) wird Teil der Sowjetischen Besatzungszone
1945	Bodenreform
1947	Verabschiedung der Verfassung des Landes Sachsen
1949	Das Land Sachsen wird Bestandteil der neugegründeten Deutschen Demokratischen Republik
1952	Auflösung des Landes Sachsen und Einteilung in die drei Bezirke Leipzig, Dresden und Chemnitz (1953–1990: Karl-Marx-Stadt)
1990	Nach Auflösung der Deutschen Demokratischen Republik Neubildung des Landes Sachsen und dessen Eingliederung in die Bundesrepublik Deutschland

Stammtafeln der Wettiner

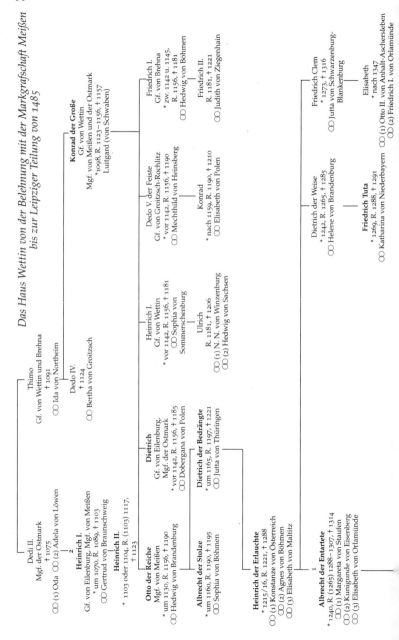

STAMMTAFELN DER WETTINER

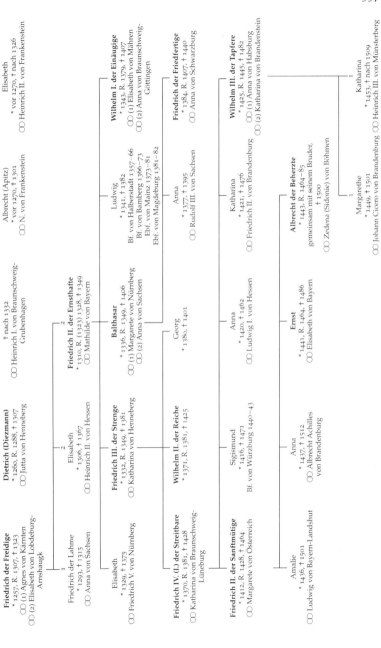

358 STAMMTAFELN DER WETTINER

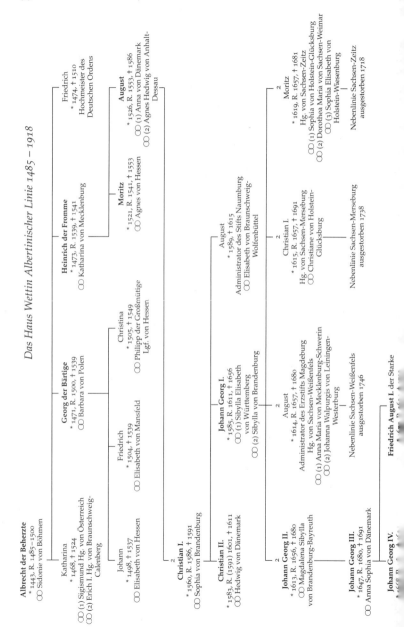

STAMMTAFELN DER WETTINER

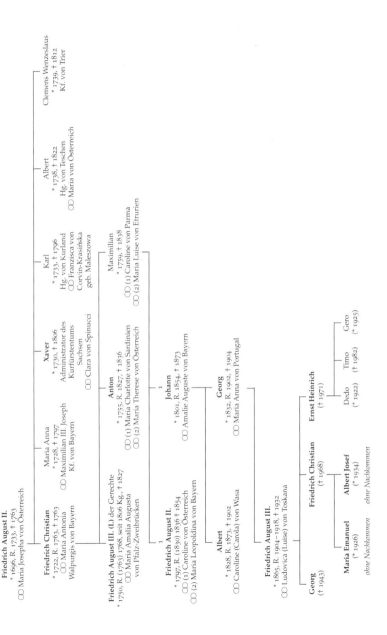

360 STAMMTAFELN DER WETTINER

Das Haus Wettin Ernestinischer Linie (bis 1547)

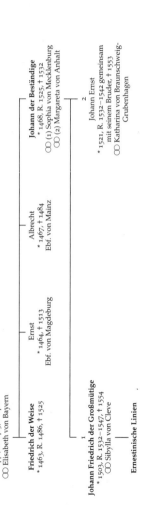

Ernst
* 1441, R. 1485, † 1486
⚭ Elisabeth von Bayern

Friedrich der Weise
* 1463, R. 1486, † 1525

Ernst
* 1464, † 1513
Ebf. von Magdeburg

Albrecht
* 1467, † 1484
Ebf. von Mainz

Johann der Beständige
* 1468, R. 1525, † 1532
⚭ (1) Sophia von Mecklenburg
⚭ (2) Margareta von Anhalt

1
Johann Friedrich der Großmütige
* 1503, R. 1532–1547, † 1554
⚭ Sibylla von Cleve

Ernestinische Linien

2
Johann Ernst
* 1521, R. 1532–1542 gemeinsam mit seinem Bruder, † 1553
⚭ Katharina von Braunschweig-Grubenhagen

Bildnachweis

Seite 14   Markgraf Heinrich III., der Erlauchte.
           Buchmalerei, Zürich um 1310–1340. Codex Manesse, Heidelberg, Universitätsbibliothek, Cod. Pal. Germ. 848, fol. 14v.
           Foto: akg-images
Seite 27   Die Markgrafen Friedrich I., der Freidige; Friedrich II., der Ernsthafte; Friedrich III., der Strenge.
           Sequenz aus dem Fürstenzug in Dresden. Aus: Karlheinz Blaschke, Der Fürstenzug zu Dresden. Denkmal und Geschichte des Hauses Wettin. Leipzig 1991
Seite 41   Kurfürst Friedrich I., der Streitbare.
           Tumba in der Fürstenkapelle des Doms zu Meißen, Deckplatte.
           Foto: Hochstift Meißen
Seite 43   Kurfürst Friedrich II.
           Grabplatte in der Fürstenkapelle des Doms zu Meißen.
           Foto: Hochstift Meißen
Seite 45   Kurfürst Ernst.
           Grabplatte in der Fürstenkapelle des Doms zu Meißen.
           Foto: Hochstift Meißen
Seite 56   Die Kurfürsten Friedrich III., der Weise; Johann der Beständige; Johann Friedrich I., der Großmütige.
           Lucas Cranach d. Ä. (1472–1553). Tafelbild, 1532
           Hamburg: Hamburger Kunsthalle.
           Foto: Elke Walford
Seite 78   Herzog Albrecht der Beherzte.
           Miniaturkopie nach Heinrich Göding d. Ä., nach 1645.
           Foto: Bildarchiv Preußischer Kulturbesitz
Seite 81   Herzog Georg der Bärtige.
           Kupferstich nach einem Gemälde von Lucas Cranach d.Ä., 1534.
           Foto: Bildarchiv Preußischer Kulturbesitz
Seite 86   Herzog Heinrich der Fromme.
           Lucas Cranach d. Ä. (1472–1553). Bildnis von Lindenholz auf Leinwand übertragen; 184 x 82,5 cm, 1514.
           Dresden: Galerie Alte Meister 1906 G.
           Foto: Andre Rous/Deutsche Fotothek, Dresden
Seite 92   Kurfürst Moritz.
           Heliogravure nach einem Gemälde von Lucas Cranach d. J. (1515–1586), um 1548.
           Foto: Bildarchiv Preußischer Kulturbesitz

Seite 112 Kurfürst August.
Lucas Cranach d. J. (1515–1586).
Bildnis auf Pappe, 40,5 x 32,5 cm.
Dresden: Galerie Alte Meister 1947.
Foto: Andre Rous/Deutsche Fotothek, Dresden

Seite 128 Kurfürst Christian I.
Andreas Riehl d. J. (1551–1613).
Bildnis Öl/Lw., 67,7 x 54 cm, um 1590.
Dresden: Rüstkammer H 24.
Deutsche Fotothek, Dresden

Seite 129 Kurfürst Christian II.
Brustbild, Öl/Lw., 1609. Dresden: Rüstkammer.
Deutsche Fotothek, Dresden

Seite 138 Kurfürst Johann Georg I.
Daniel Bretschneider (um 1550 – nach 1625). Illustration aus: Vorzeichnich Was Ihre Churf. Durchl. zu Sachsen in Vierzig Jahren.
Aquarell, 31 x 35 cm. Dresden, SLIB Mscr. Dresd. R 7b.
Foto: Regine Richter/Deutsche Fotothek, Dresden

Seite 150 Kurfürst Johann Georg II.
Philipp Kilian (1629–1693). Kupferstich, undatiert.
Berlin: Sammlung Archiv für Kunst & Geschichte.
Foto: akg-images

Seite 162 Kurfürst Johann Georg III.
Samuel Bottschild. Öl/Lw., 1685.
Dresden: Grünes Gewölbe.
Foto: Walter Möbius/Deutsche Fotothek, Dresden

Seite 164 Kurfürst Johann Georg IV.
Johann Christoph Boecklin (1657–1709). Kupferstich, um 1690.
Berlin: Sammlung Archiv für Kunst & Geschichte.
Foto: akg-images

Seite 174 Kurfürst Friedrich August I., der Starke (als König von Polen August II.).
Louis de Silvestre (1675–1760).
Bildnis Öl/Lw., 267 x 208 cm, um 1718.
Dresden: Gemäldegalerie, Alte Meister.
Foto: akg-images

Seite 194 Kurfürst Friedrich August II. (als König von Polen August III.).
Anton Raphael Mengs (1728–1779).
Bildnis, Papier, 55,5 x 42 cm.
Dresden: Galerie Alte Meister P 173.
Foto: Hans Reinecke/Deutsche Fotothek, Dresden

Seite 196 Kurfürst Friedrich Christian.
Rosalba Carriera (1675–1757).
Bildnis, Pastell/Papier, 63,5 x 51,5 cm, 1739.
Dresden: Galerie Alte Meister P 2.
Foto: Martin Würker/Deutsche Fotothek, Dresden

BILDNACHWEIS 363

Seite 204 Kurfürst und König Friedrich August III./I.
Johann Adolf Rosmaesler. Punktierstich, um 1812.
Foto: akg-images

Seite 224 König Anton.
Karl Vogel von Vogelstein (1788–1868).
Bildnis, Öl/Lw., 114 x 92 cm.
Dresden: Galerie Neue Meister 3340.
Foto: Hans Reinecke/Deutsche Fotothek, Dresden

Seite 238 König Friedrich August II.
Georg Weinhold (1813–1880) nach Adolf Erhardt (1813–1899).
Steindruck, 423 x 321 mm.
Dresden: Kupferstich-Kabinett A 138661 in Drsdn Sax 2 Singer 29391.
Foto: Regine Richter/Deutsche Fotothek, Dresden

Seite 265 König Johann.
Friedrich Gonne (1813–1906). Gemälde, um 1855. Leipzig, Ratssaal im Alten Leipziger Rathaus.
Deutsche Fotothek, Dresden

Seite 281 König Albert.
Fotografie von R.G. Kantor, um 1900, koloriert, emailliert.
Foto: Wolfgang Pulfer, München

Seite 291 König Georg.
Hermann Prell (1854–1922). Pastellbild, 71 x 53 cm, 1902. Dresden: Stadtmuseum 1980/k 170.
Foto: Andre Rous/Deutsche Fotothek Dresden

Seite 307 König Friedrich August III.
Fotografie, um 1925. Foto: Studiengruppe für Sächsische Geschichte und Kultur e.V.

Die Autoren

Blaschke, Karlheinz, geb. 1927, em. Professor für Sächsische Landesgeschichte an der Technischen Universität Dresden

Bruning, Jens, geb. 1968, Wissenschaftlicher Mitarbeiter an der Professur für Geschichte der Frühen Neuzeit an der Universität Leipzig

Bünz, Enno, geb. 1961, Professor für Sächsische Landesgeschichte an der Universität Leipzig

Dohrn-van Rossum, Gerhard, geb. 1947, Professor für Geschichte des Mittelalters an der Technischen Universität Chemnitz

Döring, Detlef, geb. 1952, Professor im Historischen Seminar an der Universität Leipzig; Arbeitsstellenleiter an der Sächsischen Akademie der Wissenschaften zu Leipzig

Gotthard, Axel, geb. 1959, Privatdozent für Neuere Geschichte an der Friedrich-Alexander-Universität Erlangen

Groß, Reiner, geb. 1937, em. Professor für Regionalgeschichte Sachsens an der Technischen Universität Chemnitz

Halder, Winfrid, geb. 1962, Privatdozent

Hecht, Christian, geb. 1965, Privatdozent für Kunstgeschichte an der Friedrich-Alexander-Universität Erlangen

Kraus, Hans-Christof, geb. 1958, Privatdozent für Neuere und Neueste Geschichte an der Universität München

Kroll, Frank-Lothar, geb. 1959, Professor für Europäische Geschichte des 19. und 20. Jahrhunderts an der Technischen Universität Chemnitz

Neitzel, Sönke, geb. 1968, Professor für Neuere und Neueste Geschichte an der Universität Mainz

Neuhaus, Helmut, geb. 1944, Professor für Neuere Geschichte an der Friedrich-Alexander-Universität Erlangen

Nicklas, Thomas, geb. 1967, Professor für Neuere Geschichte an der Friedrich-Alexander-Universität Erlangen

Rudersdorf, Manfred, geb. 1952, Professor für Geschichte der Frühen Neuzeit an der Universität Leipzig

Schirmer, Uwe, geb. 1962, Privatdozent; Direktor des Universitätsarchivs Leipzig

Thoß, Hendrik, geb. 1969, Wissenschaftlicher Mitarbeiter an der Professur für Europäische Geschichte des 19. und 20. Jahrhunderts an der Technischen Universität Chemnitz

Tischner, Wolfgang, geb. 1967, Wissenschaftlicher Mitarbeiter am Historischen Seminar an der Universität Leipzig

Volkmar, Christoph, geb. 1977, Wissenschaftlicher Mitarbeiter an der Professur für Sächsische Landesgeschichte an der Universität Leipzig

Personenregister

Adolf von Nassau, deutscher König (1292–1298) 24, 28 f.
Agnes, Tochter des böhmischen Königs, zweite Ehefrau Heinrichs des Erlauchten 23 f.
Agnes, Tochter des Grafen Meinhard von Görz und Tirol, Ehefrau Friedrichs I., des Freidigen 27
Agnes, Tochter Philipps I. von Hessen, Ehefrau des Herzogs und Kurfürsten Moritz 95
Agnes Hedwig, Tochter des Fürsten Joachim Ernst von Anhalt-Dessau, Ehefrau des Kurfürsten August 113
Alba, Herzog von, siehe Fernando Alvarez de Toledo
Albert, König von Sachsen (1873–1902) 268, 279–289, 291 ff., 295, 298 ff., 305, 307, 313
Albrecht, genannt Adalbert, Sohn Kurfürst Ernsts, Erzbischof von Mainz (1482–1484) 50, 65, 79
Albrecht Achilles, Kurfürst von Brandenburg (1471–1486) 46
Albrecht Alkibiades, Markgraf von Brandenburg-Kulmbach-Bayreuth (1541–1554) 106, 113 f.
Albrecht der Bär, Herzog von Sachsen und Markgraf der Lausitz, der Nordmark und von Brandenburg (1123–1170) 18
Albrecht der Beherzte, Herzog von Sachsen (1464–1500) 7, 49–54, 56, 76–79, 80, 86
Albrecht der Entartete, Markgraf von Meißen (1288–1307) 23 f., 26 ff., 31
Albrecht der Stolze, Markgraf von Meißen (1190–1195) 20
Albrecht I. von Habsburg, deutscher König (1298–1308) 27, 29
Albrecht III., Herzog von Bayern (1438–1460) 54, 57
Albrecht V., Herzog von Bayern (1550–1579) 87, 105
Alighieri, Dante, Dichter 266
Amalie Augusta, Tochter Maximilians I., Königs von Bayern, Ehefrau König Johanns von Sachsen 264
Anna, Tochter König Christians III. von Dänemark, Ehefrau des Kürfürsten August 112, 122, 126
Anna von Habsburg, Tochter Kaiser Albrechts II., Ehefrau Herzog Wilhelms III., des Tapferen 46, 48
Anna Sophie, Ehefrau Kurfürst Johann Georgs III. 161, 176,
Angellini, Giovanni Andrea, Musiker 157
Anton der Gütige, König von Sachsen (1827–1836) 223–236, 242 ff., 246, 264, 279
Arndt, Ernst Moritz, Schriftsteller, Publizist und Politiker 292
August, Herzog von Sachsen, Administrator des Erzstifts Magdeburg und Begründer der Linie Sachsen-Weißenfels 151
August, Kurfürst von Sachsen (1553–1586) 8, 72, 88, 110–115, 126, 128 f., 267
Augusta Constantia, uneheliche Tochter Kurfürst Friedrich Augusts I., des Starken 180
Aventinus, Johannes, Historiker 63

Bach, Johann Sebastian, Komponist 175, 247, 190, 247
Balthasar, Sohn Friedrichs II., des Ernsthaften, Landgraf von Thüringen (1382–1406) 32 ff., 39
Bähr, George, Baumeister 188
Barbara, Tochter des polnischen Königs Kasimir Andreas IV., Ehefrau Herzog Georgs des Bärtigen 58, 65, 84 f.
Barberi, Jacopo de, Maler 63
Bartholdy, Felix Mendelssohn, Komponist 247
Bazaine, François-Achille, französischer Marschall 298
Bebel, August, Führer der deutschen Arbeiterbewegung und Mitbegründer der SPD 304
Beck, Ludwig, Generalmajor 318
Benno, Bischof von Meißen (1066–1106) 82, 87
Bertha, Tochter des Grafen Wiprecht von Groitzsch, Ehefrau Dedos IV. 16
Beust, Ferdinand von, sächsischer Staatsmann 254, 259, 271, 273
Bismarck, Otto von, preußischer Ministerpräsident und deutscher Reichskanzler 271, 283, 288, 296
Blaschke, Karlheinz, Historiker, 50, 53, 95, 133, 234
Blum, Robert, Revolutionär und Politiker 251
Boccum, Ursula Katharina von, Geliebte Kurfürst Friedrich Augusts I., des Starken 180
Bodenstein, Andreas, genannt Karlstadt, Theologe und Jurist 81
Bontempi, siehe Angellini, Giovanni Andrea
Böttger, Johann Friedrich, Alchimist und Erfinder 183, 189
Brandenstein, Esaias von, kursächsischer Rat 134

Braun, Alexander Hermann, sächsischer Staatsmann 252
Brockdorff, Anna Constantia von, Geliebte Kurfürst Friedrich Augusts I., des Starken, als Gräfin von Cosel geadelt 180, 182, 189
Breuer, Friedrich Ludwig, Astronom 242
Bugenhagen, Johannes, Theologe 69
Bülow, Bernhard von, deutscher Reichskanzler 310
Burkhard I., Herzog von Schwaben, wahrscheinlich Großvater Dietrichs/Dedis und damit Stammvater der Wettiner (917–926) 13
Brühl, Heinrich Graf, sächsischer Premierminister 192, 195, 197 f., 200 ff.

Carissimi, Giacomo, Musiker 157
Caprivi, Leo von, deutscher Reichskanzler 288
Carlowitz, Christoph von, kursächsischer Rat 96
Carlowitz, Hans Georg von, sächsischer Staatsmann 241
Carlowitz, Georg von, kursächsischer Rat 89, 94, 96, 98
Carola, Tochter des Prinzen Gustav Wasa von Schweden, Ehefrau König Alberts 282, 287
Caroline Maria Theresia von Parma, Infantin von Spanien und Frau Maximilians, Bruders König Antons 225, 239, 264
Carpzov, Friedrich Benedikt, Baumeister 171
Carus, Carl Gustav, königlich sächsischer Leibarzt 236, 256, 261
Cellarius, Johannes, Superintendent in Dresden 87
Christian I. Kurfürst von Sachsen (1586–1591) 11, 112, 117, 126–133, 135

Christian II., Kurfürst von Sachsen (1591–1611) 11, 133–136, 137
Christian III., König von Dänemark und Norwegen (1534–1559) 112
Christiane Eberhardine, Tochter Christian Ernsts von Brandenburg-Bayreuth, Ehefrau Kurfürst Friedrich Augusts I., des Starken 161, 178f., 184, 193
Christina, Tochter Herzog Georgs des Bärtigen, Ehefrau Landgraf Philipps I., des Großmütigen von Hessen 85
Cracow, Georg, kursächsischer Kanzler 121, 128
Cochlaeus, Johannes, Theologe 83
Constanze von Österreich, Ehefrau Heinrichs des Erlauchten 22
Cosel, Gräfin von, siehe Brockdorff, Anna Constantia von
Cranach, Lucas d. Ä., Maler und Kupferstecher 63, 75, 158

Dahlmann, Friedrich Christoph, Gelehrter und Wortführer der «Göttinger Sieben» 280
Dedo, Sohn Konrad von Wettins, Graf von Groitzsch-Rochlitz (1156–1190) 18
Dedo IV., ältester Sohn Thimo von Kistritz', Bruder Konrad von Wettins 15f.
Detlef Graf von Einsiedel, sächsischer Staatsmann 221, 228ff., 274
Devrient, Eduard, Dramaturg 247
Dietrich, oder Dedi, Graf im Gau Quezici um Eilenburg (um 980) 13, 15
Dietrich, Sohn Konrads von Wettin 18
Dietrich der Bedrängte, Markgraf von Meißen (1198–1221) 20ff.

Dietrich, Sohn Dietrichs des Bedrängten und Halbbruder Heinrichs des Erlauchten, Bischof von Naumburg (1242–1272) 22
Dietrich, genannt Diezmann, Markgraf der Ostmark (Niederlausitz), Bruder Friedrichs I., des Freidigen 28f.
Dinglinger, Johann Melchior, Hofjuwelier 175, 189
Duparc, Angélique, Geliebte Kurfürst Friedrich Augusts I., des Starken 180
Dürer, Albrecht, Künstler 63

Eck, Johannes, Theologe 81
Eckstädt, Graf Karl Friedrich Vitzthum von, sächsischer Gesandter in London 293
Edward III., König von England (1327–1377) 31
Einsiedel, Johann Georg von, sächsischer Staatsmann 202
Eleonore Erdmuthe Luise, Tochter Johann Georgs I. von Eisenach, Ehefrau Kurfürst Johann Georgs IV. 169
Elisabeth, Tochter Wilhelms II., des Mittleren, Landgrafen von Hessen, genannt Elisabeth von Rochlitz 85, 87, 94f.
Elisabeth, Tochter des Grafen Ernst II. von Mansfeld, Ehefrau Friedrichs, des Sohnes Herzog Georgs des Bärtigen 85
Elisabeth, Tochter des Kürfürsten August 121
Elisabeth von Bayern, Tochter des Herzogs Albrecht III. von Bayern, Ehefrau Kurfürst Ernsts 54, 57
Elisabeth von Lobdeburg-Arnshaugk, zweite Ehefrau Friedrichs I., des Freidigen 27, 30f.
Elisabeth I., Königin von England (1558–1603) 135

Emser, Hieronymus, Theologe 83
Erasmus von Rotterdam, Humanist, 63, 80
Ernst, Kurfürst von Sachsen (1464–1486) 7, 48, 49–54, 56 f., 60, 65, 76 f.
Ernst, Sohn Kurfürst Ernsts, Erzbischof von Magdeburg (1476–1513), Bischof von Halberstadt (1480–1513) 49, 65
Eugen, Prinz von Savoyen, österreichischer Feldherr und Staatsmann 178

Fachs, Ludwig, kursächsischer Rat 96
Falkenstein, Johann von, sächsischer Staatsmann 228, 278
Fäsch, Johann Rudolph, Baumeister 188
Feilitzsch, Fabian von, kursächsischer Rat 65
Ferber, Friedrich Wilhelm, Kabinettssekretär 202
Ferdinand I., deutscher König und Kaiser (1531/1556–1564) 70, 73, 90, 96, 98 f., 102, 106 ff., 112
Ferdinand II., deutscher Kaiser (1619–1637) 141
Ferdinand III., deutscher Kaiser (1637–1657) 151
Fernando II., Titularkönig (1837–1885) und Regent (1853–1855) von Portugal 294
Fernando Alvarez de Toledo, Herzog von Alba, Feldherr 75
Flathe, Theodor, Historiker 148, 229
Flemming, Jakob Heinrich Graf von, Kabinettsminister 182, 187, 189, 195
Francke, August Hermann, Theologe und Pädagoge 172
Franz I., König von Frankreich (1515–1547) 64

Franz II./I. deutscher Kaiser/Kaiser von Österreich (1792–1806/1804–1835) 211, 213, 217 f., 241
Franz Joseph, Kaiser von Österreich (1848–1916) und König von Ungarn (1867–1916) 272, 280, 287
Friederike Alexandrine, uneheliche Tochter Kurfürst Friedrich Augusts I., des Starken 180
Friedrich, Sohn Albrechts des Beherzten, Hochmeister des Deutschen Ordens (1498–1510) 79
Friedrich der Friedfertige, Sohn Balthasars, Landgraf von Thüringen (1406–1440), einer der drei Markgrafen von Meißen 37, 44
Friedrich der Lahme, Sohn Friedrichs I., des Freidigen 30
Friedrich I., Barbarossa, deutscher König und Kaiser (1152/1155–1190) 20
Friedrich I., der Freidige (der Gebissene), Landgraf von Thüringen (1291–1323), und Markgraf von Meißen (1307–1323) 25–31
Friedrich II., deutscher König und Kaiser (1212/1220–1250) 21 ff., 26
Friedrich II., der Ernsthafte, Markgraf von Meißen (1323–1349) 27, 30, 31–33
Friedrich II., der Große, König von Preußen (1740–1786) 179, 190 ff., 198, 200, 208 f., 222
Friedrich III., der Strenge, Markgraf von Meißen (1349–1381) 33–36, 39
Friedrich III., deutscher König und Kaiser (1440–1493) 53, 77
Friedrich III., König von Preußen und deutscher Kaiser (1888) 292
Friedrich III., der Weise, Kurfürst von Sachsen (1486–1525) 8, 55, 56–65, 66 ff., 70, 75, 80, 82, 107

Friedrich III./I., Kurfürst von Brandenburg und König von Preußen (1688/1701–1713) 173

Friedrich IV./I., der Streitbare, Markgraf des Osterlandes (1381–1428), einer der drei Markgrafen von Meißen (1407–1428), Herzog und Kurfürst von Sachen (1423–1428) 36–38, 39–42, 43

Friedrich V., Burggraf von Nürnberg 33

Friedrich V./II., der Sanftmütige, Herzog und Kurfürst von Sachsen (1428–1464) 8, 42–48, 49, 56, 76

Friedrich August, unehelicher Sohn Kurfürst Friedrich Augusts I., des Starken 180

Friedrich August I., der Starke, Kurfürst von Sachsen (1694–1733)/als August II. König von Polen (seit 1697) 9, 109f., 148, 154, 161, 163, 169, 173–191, 192f., 195, 203f., 268

Friedrich August II., Kurfürst von Sachsen (1733–1763) und als August III. König von Polen (1733/34–1763) 9, 184, 192–202, 204

Friedrich August III./I., der Gerechte, Kurfürst und König von Sachsen (1763/1806–1827) 202, 203–222, 225ff., 243, 264, 267

Friedrich August II., König von Sachsen (1836–1854), Mitregent seit 1830 225f., 231f., 234f., 237–262, 274, 290, 292

Friedrich August III., König von Sachsen (1904–1918) 290, 301ff., 306–319

Friedrich Christian, Kurfürst von Sachsen (1763) 192, 199ff., 204f., 207, 223, 268

Friedrich Wilhelm, Herzog zu Sachsen-Weimar-Altenburg, Regent von Kursachsen (1591–1600) 133f., 135, 137

Friedrich Wilhelm I., König von Preußen (1713–1740) 190

Friedrich Wilhelm II., König von Preußen (1786–1797) 209

Friedrich Wilhelm III., König von Preußen (1797–1840) 222, 245

Friedrich Wilhelm IV., König von Preußen (1840–1861) 234f., 237, 252, 254f., 262, 267

Fritsch, Thomas von, Gelehrter 197, 200f.

Gebhard Truchseß von Waldburg, Erzbischof von Köln 124

Georg, Sohn Friedrichs III., des Strengen, einer der Markgrafen des Osterlandes 39

Georg der Bärtige, Herzog von Sachsen (1500–1539) 58, 65, 67, 79–85, 86ff., 95

Georg, Sohn König Friedrich Augusts III., Kronprinz von Sachsen, späterer Pater Georg von Sachsen 308, 317f.

Georg, König von Sachsen (1902–1904) 287, 290–305, 307, 309f., 312

Georg von Kunstadt zu Podiebrad, König von Böhmen (1458–1471) 48, 76

Georg I., König von England (1714–1727) 173

Gerstenberg, Max, kursächsischer Rat 134

Goethe, Johann Wolfgang von, Dichter 241

Grumbach, Wilhelm von, fränkischer Ritter 72, 115, 120

Gustav II. Adolf, König von Schweden (1611–1632) 143ff., 152

Gutschmid, Christian Gotthelf von, Jurist 206

Hadrian VI., Papst (1522–1523) 82
Haupt, Moritz, Philologe 258
Hausen, Max Freiherr von, sächsischer Kriegsminister und General 315
Haxthausen, Christian August von, Erzieher Kurfürst Friedrich Augusts I., des Starken 176
Hedwig, Tochter Albrechts des Bären, Ehefrau Ottos des Reichen, 18 f.
Hedwig, Schwester der Kurfürsten Ernst und Albrecht, Äbtissin von Quedlinburg (1458–1511) 50
Hedwig, Tochter Friedrichs II. von Dänemark, Ehefrau Kurfürst Christians II. 136
Heidler, Carl Joseph, Botaniker 241
Heinrich der Erlauchte, Markgraf von Meißen (1221–1288) 22 ff., 27 f.
Heinrich der Fromme, Herzog von Sachsen (1539–1541) 78 ff., 85–89, 94, 111
Heinrich das Kind, Landgraf von Thüringen (1244–1264) 23
Heinrich von Plauen, Burggraf von Meißen (1426–1446) 46
Heinrich Raspe, Landgraf von Thüringen (1242–1247) 23
Heinrich I., deutscher König (919–936) 13
Heinrich I. von Eilenburg, Markgraf von Meißen (1089–1103) 7, 15
Heinrich II. von Eilenburg, Markgraf von Meißen (1103–1123) 15
Heinrich II., König von Frankreich (1547–1559) 105
Heinrich IV., deutscher Kaiser (1056–1106) 7, 15
Heinrich IV., König von Frankreich (1589–1610) 132, 135
Heinrich VI., deutscher König und Kaiser (1169/91–1197) 20
Heinrich VII. von Luxemburg, deutscher König und Kaiser (1308/1312–1313) 27, 29 f.
Heinze, Rudolf, sozialdemokratischer Politiker 316
Held, Gustav Friedrich, sächsischer Staatsmann 254
Herder, Johann Gottfried, Gelehrter 175, 191
Hermann, Landgraf von Thüringen und Schwiegervater Dietrichs des Bedrängten (1190–1217) 22
Hohenthal, Karl Adolf von, sächsischer Innenminister 300, 312
Hotman, François, französischer Staatslehrer 128, 132
Hoym, Adolf Magnus von, kursächsischer Rat 180, 182
Hus, Jan, Universitätslehrer in Prag und Prediger 40, 81

Jahn, Otto, Philologe 258
Joachim I., Kurfürst von Brandenburg (1499–1535) 84
Johann, Erzherzog von Österreich und Reichsverweser 253
Johann der Beständige, Kurfürst von Sachsen (1525–1532), 55, 57, 65–70, 72, 75, 80, 82
Johann, König von Sachsen (1854–1873) 239, 256, 259, 261, 263–278, 287, 290, 292 f., 296, 299
Johann von Luxemburg (der Blinde), König von Böhmen (1311–1346) 29 f.
Johann Cicero, Kurfürst von Brandenburg (1486–1499) 57
Johann Friedrich der Großmütige, Kurfürst von Sachsen (1532–1547) 7, 55, 57, 66 ff., 70–75, 87
Johann Friedrich II., der Mittlere, Herzog von Sachsen-Coburg-Eisenach (1554–1566) 72, 120
Johann Georg, unehelicher Sohn Kurfürst Friedrich Augusts I., des Starken 180

PERSONENREGISTER 373

Johann Georg, Kurfürst von Brandenburg (1571–1598) 132f.
Johann Georg I., Kurfürst von Sachsen (1611–1656) 8, 126, 136, 137–147, 148f.
Johann Georg II., Kurfürst von Sachsen (1656–1680) 148–159, 161, 163, 170, 179
Johann Georg III., Kurfürst von Sachsen (1680–1691) 11, 160–172, 177
Johann Georg IV., Kurfürst von Sachsen (1691–1694) 11, 160, 167–172, 176
Johann Georg, Prinz von Sachsen (1869–1937), Kunstmäzen 314
Johann Wilhelm, Herzog von Sachsen-Weimar (1565–1573) 119
Jonas, Justus, Theologe, 69, 88
Jordan, Johann Ludwig von, preußischer Gesandter in Dresden 279
Joseph I., deutscher Kaiser (1705–1711) 183, 190
Joseph II., deutscher Kaiser (1765–1790) 208
Judith, Tochter König Johanns von Böhmen, Verlobte Markgraf Friedrichs II., des Ernsthaften 30f.
Jutta, Tochter des Landgrafen Hermann von Thüringen und Ehefrau Dietrichs des Bedrängten 22f.

Kasimir Andreas IV., König von Polen (1447–1492) 58, 84
Knoch, Ernst von, Erzieher Kurfürst Friedrich Augusts I., des Starken 176
Knöffel, Christoph, Baumeister 188
Karcher, Johann Friedrich, Baumeister 188
Karl der Kühne, Herzog von Burgund (1467–1477) 46

Karl IV., deutscher König und Kaiser (1346/1355–1378) 32ff., 176
Karl V., deutscher Kaiser (1519–1556) 60, 68, 74f., 80, 85, 90, 96, 98ff., 113, 137
Karl VI., deutscher Kaiser (1711–1740) 183, 197
Karl VII., deutscher Kaiser (1742–1745) 173
Karl X., König von Frankreich (1824–1830) 269
Karl XII., König von Schweden (1697–1718) 185f., 193
Karl Albrecht, Kurfürst von Bayern, siehe Kaiser Karl VII.
Katharina, uneheliche Tochter Kurfürst Friedrich Augusts I., des Starken 180
Katharina von Henneberg, Ehefrau Kurfürst Friedrichs III., des Strengen 33f.
Katharina, Tochter des Herzogs Magnus II. von Mecklenburg, Ehefrau Herzog Heinrichs des Frommen 87, 94, 111
Kirchner, Johann Christian, Bildhauer 188
Klengel, Wolf Caspar von, Baumeister 156, 159, 176
Konrad von Wettin (der Große), Markgraf von Meißen (1123–1156) 15ff.
Konrad IV., deutscher König (1250–1254) 23
Konradin von Hohenstaufen, Herzog von Schwaben, Sohn König Konrads IV. 26
Könneritz, Julius Traugott Jakob von, sächsischer Staatsmann 228, 234, 249, 252, 274
Kötzschke, Rudolf, Historiker 54
Krebs, Konrad, Baumeister 72
Krell, Nikolaus, Kanzler Kurfürst Christians I. 127ff.

Kretzschmar, Hellmut, Historiker 10, 237f., 248, 262f.
Krieger, Johann Philipp, Komponist 151
Kunz von Kauffungen, Ritter 48, 76

Langenn, Friedrich August von, Historiker und Jurist 280, 291
Leimbach, Hans, Leipziger Kaufmann und Bankier 61
Leo XII., Papst (1823–1829) 230
Leopold von Toskana, Großherzog: siehe Kaiser Leopold II.
Leopold I., deutscher Kaiser (1658–1705) 152, 164f., 178, 180
Leopold II., deutscher Kaiser (1790–1792) 209, 224
Lindemann, Lorenz, kursächsischer Rat 114, 121
Lindenau, Bernhard August von, sächsischer Staatsmann 228, 232, 234, 243, 249, 274
List, Friedrich, Nationalökonom 248
Longuelune, Zacharias, Baumeister 188
Ludwig, Sohn Friedrichs II., des Ernsthaften, Erzbischof von Mainz (1373–1381) 33
Ludwig der Bayer, deutscher König und Kaiser (1314/1328–1347) 30ff.
Ludwig I., König von Bayern (1825–1848) 269
Ludwig, IV., Landgraf von Thüringen, Schwager Dietrichs des Bedrängten (1217–1227) 22
Ludwig XIV., König von Frankreich (1643–1715) 151f., 166, 174, 177
Ludwig XV., König von Frankreich (1715–1776) 193, 195
Luise, Tochter Großherzog Ferdinands IV. von Toskana, Ehefrau König Friedrich Augusts III. 300ff., 308f.

Luther, Martin, Theologe und Reformator, 58, 62, 64, 66, 69, 71, 81ff., 85, 102, 194
Mac Mahon, Maurice de, französischer Marschall 298
Magdalena Sibylla, Tochter Herzog Albrecht Friedrichs von Preußen, Ehefrau Kurfürst Johann Georgs I. 137
Magdalena Sibylla, Tochter Markgraf Christian Friedrichs von Brandenburg-Bayreuth, Ehefrau Kurfürst Johann Georgs II. 148, 161
Magdalena Sybille von Neitschütz, Mätresse Kurfürst Johann Georgs IV. und spätere Gräfin von Rochlitz 160, 169
Magnus II., Herzog von Mecklenburg (1477–1503) 87
Manteuffel, Georg August Ernst Freiherr von, sächsischer Staatsmann 273f.
Maria von Bayern, Tochter König Maximilians I. von Bayern, Ehefrau König Friedrich Augusts II. 241, 245
Maria Amalia, Tochter Friedrichs von Pfalz-Zweibrücken, Ehefrau König Friedrich Augusts III./I. 206
Maria Anna, Tochter König Pedros V. von Portugal, Infantin von Portugal und Ehefrau König Georgs 293f., 307
Maria Antonia Walpurgis, Tochter Kurfürst Karl Albrechts von Bayern, Ehefrau Kurfürst Friedrich Christians 200, 204, 206
Maria Aurora Gräfin von Königsmarck, Mätresse Kurfürst Friedrich Augusts I., des Starken und spätere Pröpstin des Stifts Quedlinburg 179, 193
Maria Charlotta Antoinetta von Savoyen, Tochter des Königs

Personenregister 375

Viktor Amadeus III. von Sardinien, Ehefrau König Antons 223 ff.
Maria Magdalena, Gräfin von Dönhoff, Geliebte Kurfürst Friedrich Augusts I., des Starken 180
Maria Josepha, Tochter Kaiser Josephs I., Ehefrau Kurfürst Friedrich Augusts II. 195, 199
Maria Therese von Toskana, Tochter Kaiser Leopolds II., Ehefrau König Antons 224 f., 228 f.
Marie Caroline, Tochter des Kaisers Franz II./I. von Österreich, Ehefrau König Friedrich Augusts II. 241
Margareta, Tochter Kaiser Friedrichs II., Ehefrau Markgraf Albrechts des Entarteten 23, 26, 28
Margarete von Habsburg, Tochter Ernsts des Eisernen von Österreich, Ehefrau Kurfürst Friedrichs II., des Sanftmütigen 8, 44, 76
Margaretha, Tochter des Fürsten Waldemar VI. von Anhalt, Ehefrau Kurfürst Johanns des Beständigen 66, 72
Martin V., Papst (1417–1431) 40, 42
Matthias, deutscher Kaiser (1612–1619) 139
Matthias I. Corvinus, König von Ungarn (1469–1490) 77
Max Emanuel, Kurfürst von Bayern (1679–1651) 178
Maximilian von Sachsen, Bruder König Antons 225 f., 232, 239, 264, 279
Maximilian I., deutscher König und Kaiser (1486/1508–1519) 53, 58 f., 63 f., 78 f
Maximilian II., deutscher Kaiser (1564–1576) 106, 112, 119 f., 137

Mechthild, Tochter König Ludwigs des Bayern, Ehefrau Markgraf Friedrichs II., des Ernsthaften 31
Melanchthon, Philipp, lutherischer Theologe 63, 102, 117, 121 f., 126
Mencke, Otto, Gelehrter 171
Menius, Justus, Theologe 88
Meit, Konrad, Bildhauer und Bildschnitzer 63
Mergenthal, Hans von, kursächsischer Landrentenmeister 77
Metternich, Klemens Wenzel Lothar Fürst von, österreichischer Staatsmann 217, 234, 245
Metzsch-Reichenbach, Karl Georg Levin von, sächsischer Innenminister 288, 300, 302
Meynert, Hermann, Historiker 227
Miltitz, Carl von, Komponist 242
Mirus, Martin, Hofprediger 130
Moltke, Helmuth von, preußischer Generalfeldmarschall 280, 284 ff.
Mommsen, Theodor, Historiker 258
Mordeisen, Ulrich, kursächsischer Rat 121
Moritz, unehelicher Sohn Kurfürst Friedrich Augusts I., des Starken 180
Moritz, Herzog (1541–1553) und Kurfürst (1547–1553) von Sachsen 7, 11, 54, 70, 73 ff., 87 ff., 90–109, 113 ff., 118 ff., 147, 268
Müntzer, Thomas, Theologe 66 f., 84

Napoleon I. Bonaparte, Kaiser der Franzosen (1804–1814/1815) 212 ff., 222, 237, 240, 263
Napoleon III., Kaiser der Franzosen (1852–1870) 270, 286, 296 f.

Olbricht, Friedrich, Oberstleutnant 318
Otto der Reiche, Markgraf von Meißen (1156–1190) 18 ff.
Otto I., König der Hellenen (1833–1862) 269
Otto II., deutscher Kaiser (973–983) 13
Otto IV., deutscher Kaiser (1209–1214) 20

Pack, Otto von, kursächsischer Rat 84
Peranda, Marco Giuseppe, Musiker 157
Permoser, Balthasar, Bildhauer 157
Perthes, Clemens Theodor, Gelehrter 292
Peter I., der Große, russischer Zar (1682–1725) 186 f.
Pfeiffer, Heinrich, Theologe 84
Philipp I., der Großmütige, Landgraf von Hessen (1509–1567) 67, 69, 73 f., 84 f., 87, 94 f., 100, 104 f.
Philipp der Gute, Herzog von Burgund (1419–1467) 46
Pöppelmann, Mathäus Daniel, Baumeister 175, 188 f.
Pufendorf, Samuel von, Historiker und Jurist 166

Reichenbach, Heinrich Gottlieb, Mineraloge 242
Reimann, Hans, Schriftsteller 310
Repnin-Wolkonski, Nikolaus, Fürst, russischer Offizier, Diplomat und 1813/1814 Generalgouverneur von Sachsen 219 f.
Richter, Ludwig, Maler und Zeichner 247
Rietschel, Ernst, Bildhauer 247
Röckel, August, Kapellmeister 258
Rudolf von Habsburg, deutscher König (1273–1291) 28

Rudolf II., deutscher König und Kaiser (1575/1576–1612) 119, 134 f.
Rumohr, Carl Friedrich von, Schriftsteller und Kunsthistoriker 242

Schirmer, Uwe, Historiker 51
Schütz, Heinrich, Komponist und sächsischer Hofkapellmeister 157
Schladebach, Julius, Historiker 259
Schöning, Hans Adam von, General 168 f.
Schumann, Robert, Komponist 247
Schurig, Heinrich-Rudolf, sächsischer Justizminister 288
Semper, Gottfried, Baumeister und Kunsttheoretiker 247, 258
Seneca, Philosoph 159
Sibylla von Cleve, Tochter Johanns III. von Jülich-Cleve-Berg, Ehefrau Kurfürst Johann Friedrichs des Großmütigen 69, 72
Sidonie/Zdena, Tochter König Georg Podiebrads von Böhmen, Ehefrau Herzog Albrechts des Beherzten 48, 76, 79
Sigismund, Bruder Kurfürst Friedrichs II., des Sanftmütigen, Bischof von Würzburg (1440– 1442) 44 ff.
Sigismund (Sigmund), deutscher König und Kaiser (1410/1433–1437) 37, 40, 42, 44, 46
Sigismund II. August, König von Polen (1548–1572) 184
Sixtus IV., Papst (1471–1484) 77
Sophia, Herzogin von Mecklenburg, Tochter des Herzogs Magnus II. von Mecklenburg, Ehefrau Kurfürst Johanns des Beständigen 65
Sophie, Tochter Kurfürst Johann Georgs von Brandenburg, Ehefrau Kurfürst Christians I. 127, 131, 133, 135 f.

Spalatin, Georg, Humanist, Hofkaplan und Historiker 57 ff., 63, 70 f., 88

Spener, Philipp Jakob, Theologe 171

Spengler, Lazarus, Jurist und Ratsherr in Nürnberg 83

Stanislaus Leszczynski, König von Polen (1704–1709) 185 f., 195 f.

Stanislaus II. Poniatowski, König von Polen (1764–1795) 210

Staupitz, Johann von, Augustiner-Eremit 62 f.

Strungk, Nicolaus Adam, Musiker und Komponist 170

Sulkowski, Józef Alexander von, polnischer Aristokrat 196

Thietmar, Bischof von Merseburg und Chronist 13

Thimo von Kistritz, Graf von Wettin und von Brehna, Onkel Markgraf Heinrichs I. von Eilenburg 15

Thomasius, Christian, Staatslehrer 171

Tieck, Ludwig, Dichter 242, 247

Tilly, Johann Tserclaes Graf, Feldherr 145

Treitschke, Heinrich von, Historiker 110, 306

Velten, Johann, Schauspielerdirektor 170

Viktor Amadeus III., König von Sardinien (1733–1796) 223

Weber, Carl Maria von, Komponist 242, 247

Wenzel, deutscher König (1378–1400) und als Wenzel IV. König von Böhmen (1378–1419) 37, 40

Wilhelm I., der Einäugige, Sohn Markgraf Friedrichs II, des Ernsthaften, einer der Markgrafen von Meißen (1382–1407) 33 ff., 39, 65

Wilhelm I. von Oranien, Statthalter der Niederlande (1572–1584), 121

Wilhelm I., König von Preußen und deutscher Kaiser (1861/1871–1888) 271, 294, 298

Wilhelm II., König von Preußen und deutscher Kaiser (1888–1918) 304, 306, 314 f.

Wilhelm II., der Mittlere, Landgraf von Hessen (1493–1509) 85

Wilhelm II., der Reiche, Sohn Markgraf Friedrichs III., des Strengen, einer der drei Markgrafen von Meißen (1381–1425) 37, 39, 42

Wilhelm III., König von England (1689–1702) 173, 177

Wilhelm III., der Tapfere, Bruder Kurfürst Friedrichs II., des Sanftmütigen, 46 ff.

Wiprecht von Groitzsch, Markgraf von Meißen 16

Wagner, Richard, Komponist 247 f., 258, 314

Xaver, Sohn Kurfürst Friedrich Augusts II., Administrator Kurfürst Friedrich Augusts. I., des Gerechten 199, 202, 206, 210

Zedler, Johann Heinrich, Universalgelehrter 190

Zürner, Adam Friedrich, Hofgeograph 189

Eingeklammerte Jahreszahlen sind Herrschaftsdaten regierender Fürsten.

AUS DEM VERLAGSPROGRAMM

Epochenübergreifende Darstellungen

Etienne François / Hagen Schulze (Hrsg.)
Deutsche Erinnerungsorte
Eine Auswahl
2005. 549 Seiten mit 58 Abbildungen. Gebunden

Pierre Nora
Erinnerungsorte Frankreichs
Aus dem Französischen von Michael Bayer, Enrico Heinemann,
Elsbeth Ranke, Ursel Schäfer, Hans Thill und Reinhard Tiffert
2005. 668 Seiten mit 38 Abbildungen. Leinen

Bernhard Jussen
Die Macht des Königs
Herrschaft in Europa vom Frühmittelalter bis in die Neuzeit
2005. 478 Seiten mit 22 Abbildungen. Leinen

Stig Förster / Dierk Walter / Markus Pöhlmann
Kriegsherren der Weltgeschichte
22 historische Portraits
2006. 415 Seiten. Gebunden

Frank-Lothar Kroll
Preußens Herrscher
Von den ersten Hohenzollern bis Wilhelm II.
2006. 364 Seiten mit 20 Abbildungen. Paperback
Beck'sche Reihe Band 1683

Norman Davies
Im Herzen Europas
Geschichte Polens
Mit einem Geleitwort von Bronislaw Geremek
Aus dem Englischen von Friedrich Griese
4. Auflage. 2002. XVIII, 505 Seiten mit 12 Karten, 4 Diagrammen
und 30 Abbildungen. Leinen

Biographien und Lebenszeugnisse

Johannes Kunisch
Friedrich der Große
Der König und seine Zeit
5. Auflage. 2005. 624 Seiten mit 29 Abbildungen und 16 Karten.
Leinen

Johannes Willms
Napoleon
Eine Biographie
2. Auflage. 2005. 840 Seiten mit 36 Abbildungen und
21 zweifarbigen Karten. Leinen

Manfred Kühn
Kant
Eine Biografie
5. Auflage. 2004. 639 Seiten mit 27 Abbildungen. Leinen

Stefan Rebenich
Theodor Mommsen
Eine Biographie
2007. 272 Seiten mit 21 Abbildungen. Paperback
Beck'sche Reihe Band 1730

Leonie Berger/Joachim Berger
Anna Amalia von Weimar
Eine Biographie
2006. 298 Seiten mit 17 Abbildungen. Gebunden

Hermann Kurzke
Thomas Mann
Das Leben als Kunstwerk. Eine Biographie
12. Tausend. 1999. 672 Seiten mit 40 Abbildungen. Leinen

C. H. Beck Wissen

Thomas Kaufmann
Martin Luther
2006. 128 Seiten mit 4 Abbildungen und 1 Karte. Paperback
Beck'sche Reihe Band 2388

Peter Blickle
Der Bauernkrieg
Die Revolution des Gemeinen Mannes
3. Auflage. 2006. 144 Seiten mit 10 Abbildungen und 1 Karte.
Paperback
Beck'sche Reihe Band 2103

Jürgen Heyde
Geschichte Polens
2006. 128 Seiten mit 3 Karten. Paperback
Beck'sche Reihe Band 2385

Werner Schneiders
Das Zeitalter der Aufklärung
3. Auflage. 2005. 140 Seiten. Paperback
Beck'sche Reihe Band 2058

Georg Schmidt
Der Dreißigjährige Krieg
7. Auflage. 2006. 124 Seiten. Paperback
Beck'sche Reihe Band 2005

Frank-Lothar Kroll
Geschichte Hessens
2006. 128 Seiten mit 2 Karten.. Paperback
Beck'sche Reihe Band 2607